Palastmuseum Peking
Schätze aus der Verbotenen Stadt

Palastmuseum Peking
Schätze aus
der Verbotenen Stadt

Herausgegeben von
Lothar Ledderose
unter Mitarbeit von
Herbert Butz
Berliner Festspiele
Insel Verlag

紫禁城

故宮博物院

珍寶展覽

啟功題

**Palastmuseum Peking
Schätze aus der Verbotenen Stadt**
12. Mai bis 18. August 1985

Eine Ausstellung des
3. Festivals der Weltkulturen,
Horizonte '85
im Martin-Gropius-Bau Berlin
Stresemannstraße 110
1000 Berlin 61

Veranstalter:
Berliner Festspiele GmbH
Intendant: Ulrich Eckhardt
Horizonte '85
Leitung: Gereon Sievernich

Ausstellung

Leitung:
Lothar Ledderose
Gereon Sievernich
Wissenschaftliche Leitung
Lothar Ledderose

Ausstellungsgestaltung:
Jürg Steiner
Christian Axt

Produktion:
Jürg Steiner

Technische Leitung:
Christian Axt

Mitarbeit:
Sabine Hollburg
Christoph Schwarz

Restauratoren:
Klaus Büchel
Ernst Bartelt
Waldemar Porzezinski
Carola Zeman

Transporte:
Fa. Hasenkamp, Hamburg, Berlin

Versicherung:
Oskar Schunck KG, Berlin

Ausstellungstechnik:
Gaby Sehringer
Martina Birnstiel
Wolfgang Bouvié
Ruben Erber
Thomas Kupferstein
Friedhelm Schöler
Eva Weiss

Sekretariat:
Christina Hillebrand
Imke Mees
Sabine Peters
Katharina Wendt

Katalog

Palastmuseum Peking
Schätze aus der Verbotenen Stadt

Herausgeber:
Lothar Ledderose
unter Mitarbeit von Herbert Butz
im Auftrag der Berliner Festspiele GmbH

Redaktion:
Herbert Butz
Lothar Ledderose

Wissenschaftliche Mitarbeit:
Herbert Butz (HB)
Gunter Diesinger (GD)
Peter Greiner (PG)
Simon B. Heilesen (SH)
Gerald Holzwarth (GH)
Rudolf Kaschewsky (RK)
Lothar Ledderose (LL)
Ursula Lienert (UL)
Christoph Müller-Hofstede
Matthias Reichert (MR)
Karl Schaifers (KS)
Harro von Senger (HvS)
Ursula Toyka-Fuong (UTF)
Pema Tsering (PT)
Ulrich Wiesner (UW)

Übersetzungen:
Alle Essays und Beschreibungen sind
Originalbeiträge. Übersetzt wurden die
Beiträge:
Yang Boda von Gerald Holzwarth
Roderick Whitfield von Herbert Butz
Hironobu Kohara von
Setsuko Kuwabara
Simon B. Heilesen von Rita Zeppelzauer;
für die Übersetzung der
Objektbeschreibungen (Kat. Nr. 23, 24,
25) dankt Simon B. Heilesen Herrn
Jens Mörk Lauridsen M. A. und Frau
cand. mag. Wiltrud Holstein

Zu den Autoren der Essays:
Yang Boda, Direktor des Palastmuseums
Peking
Lothar Ledderose, Ordinarius für
Ostasiatische Kunstgeschichte,
Universität Heidelberg
Erling von Mende, Ordinarius für

Sinologie, Freie Universität Berlin
Peter Greiner, Professor für Sinologie,
Universität Freiburg
Roderick Whitfield, Leiter der Percival
David Foundation of Chinese Art,
London, Professor an der School of
Oriental and African Studies, Universität
London
Hironobu Kohara, Professor für
Ostasiatische Kunstgeschichte, Nara
Universität
Simon B. Heilesen, Lektor am
Ostasiatischen Institut, Universität
Kopenhagen

Abbildung Umschlag Vorderseite:
Kaiser Kangxi in Staatsrobe, Kat. Nr. 1

Abbildung Umschlag Rückseite:
Neundrachenmauer vor dem Tor der
Kaiserlichen Absolutheit in der
Verbotenen Stadt (Detail)

Titelkalligraphie (Seite 4/5):
Zijincheng Gugong Bowuyuan zhenbao
zhanlan (Verbotene Stadt, Ausstellung
von Schätzen aus dem Palastmuseum);
für die Ausstellung geschrieben von
Qi Gong, Peking.

Insel Verlag Frankfurt am Main
Zweite Auflage 1985
© Texte: Berliner Festspiele GmbH,
1985
© Artikel Yang Boda: Yang Boda,
Peking, 1985
© Abbildungen: Palastmuseum Peking,
1985. Abbildung 42: Britisches Museum,
London
Für die Anzeigen verantwortlich:
Andreas Runze
Anzeigenagentur Runze & Casper, Berlin
Herstellung:
H. Heenemann GmbH & Co, Berlin
Printed in Germany

Vorwort

Zum ersten Mal stellt das Palastmuseum Peking in Europa aus. Nur in Berlin wird die Ausstellung »Schätze aus der Verbotenen Stadt« zu sehen sein. Das Palastmuseum Peking feiert in diesem Jahr seinen 60. Geburtstag, nach chinesischem Verständnis ein besonders wichtiges Jubiläum. Die Berliner Festspiele und ihr Festival der Weltkulturen: Horizonte '85 sind geehrt, diese international bedeutende und wichtige Ausstellung zeigen zu können. Mehr als zwei Jahre lang wurde diese Ausstellung vorbereitet. Deshalb möchten wir an dieser Stelle sehr herzlich dem chinesischen ›Amt für Kulturgüter‹ und hier insbesondere dem Leiter der Auslandsabteilung, Herrn Jin Feng, danken, der die intensiven und ausführlichen Gespräche mit dem Palastmuseum nachhaltig gefördert und unterstützt hat. Unser besonderer Dank gilt Herrn Yang Boda, dem Direktor des Palastmuseums, der mit Geduld und Entgegenkommen unsere Wünsche erfüllt hat. Der Dank gilt auch den Mitarbeitern, den Spezialisten im Palastmuseum, die geholfen haben, diese Ausstellung vorzubereiten.

Ohne die engagierte wissenschaftliche Leitung von Herrn Professor Lothar Ledderose wäre der Plan, diese Ausstellung in Berlin zu zeigen, nicht zu verwirklichen gewesen.

Unser Dank gilt auch dem Verleger Siegfried Unseld, der den Katalog in das Programm des Insel Verlages aufgenommen hat.

Der Senator für Kulturelle Angelegenheiten, Herr Dr. Volker Hassemer, hat sich dieser Ausstellung in persönlicher und begeisternder Weise angenommen.

So soll sie auch als Beitrag zum »Forum für Geschichte und Gegenwart« verstanden werden, das von Volker Hassemer für den Martin-Gropius-Bau entworfen ist.

Ulrich Eckhardt
Gereon Sievernich

1. Kaiser Kangxi in Staatsrobe (Detail)
Katalog Nr. 1

Vorwort der Herausgeber

Das Palastmuseum ist das prominenteste Museum in der Volksrepublik China. Es wurde vor sechzig Jahren in den Gebäuden des ehemaligen Kaiserpalastes eingerichtet und beherbergt daher Gegenstände aus dem kaiserlichen Haushalt und Objekte kaiserlicher Repräsentation der letzten Dynastien, wie sie sich in keinem anderen Museum des Landes in vergleichbarer Weise finden. Zudem bewahrt das Palastmuseum auch das Erbe der Kunstsammlung der chinesischen Kaiser: es ist die Kunstsammlung mit der ältesten Tradition in der Welt.

Die Ausstellung umfaßt dementsprechend zwei große Teile. Der erste zeigt in vier Gruppen Kaiserporträts und Zeremonialgewänder, Kaiserthron und Siegel, detaillierte und aufwendige Illustrationen der kaiserlichen Zeremonien und Bilder, die den Kaiser in verschiedenen Rollen darstellen, als buddhistische Heilsgestalt, als Literat und als Jäger. Der zweite Teil der Ausstellung präsentiert in weiteren acht Gruppen ausgewählte Beispiele aus den Kunstsammlungen des Palastes, nämlich Bronzen, Jaden, Porzellane, Werke der in China als höchste Kunst geschätzten Kalligraphie und schließlich über vierzig Bilder berühmter Maler aus den letzten sechs Jahrhunderten, der Ming- und der Qing-Dynastie.

Der Katalogband enthält einführende kultur- und kunsthistorische Essays und in der zweiten Hälfte Beschreibungen und Kommentare zu allen ausgestellten Werken.

Ohne die Geduld und Unterstützung des Direktors des Palastmuseums, Herrn Yang Boda, wäre diese Ausstellung nicht zustande gekommen. Dankenswerterweise stellten er und seine Mitarbeiter Informationen über die einzelnen Stücke zur Verfügung. Sehr hilfreich waren auch die Gespräche mit den Spezialisten des Museums bei der Auswahl der Objekte im November 1984 und im Februar 1985. Die Titelkalligraphie für den Katalog verdanken wir Herrn Qi Gong aus Peking, selbst ein Nachkomme des Qing-Kaiserhauses.

Besonderer Dank gilt auch den Kollegen, die die Essays geschrieben und die Katalogbeiträge verfaßt haben. Herr Gerald Holzwarth besorgte außerdem die Übersetzung der architektonischen Nomenklatur für die Stadt- und Palastanlage in Peking, und Herr Matthias Reichert stellte die Bibliographie und die Liste mit den chinesischen Zeichen zusammen. Die Schriftzeichen schrieb Frau Chunmei Tschiersch-Lin, die auch bei der Übersetzung der chinesischen Texte half.

Unverzichtbar für die Fertigstellung waren schließlich die Tatkraft und der Enthusiasmus von Herrn Gereon Sievernich und seinen Mitarbeitern bei den Berliner Festspielen.

Herbert Butz
Lothar Ledderose

*2. Kaiser Qianlong beim Betrachten von
Bildern, Giuseppe Castiglione (1688-1766)
Detail, Katalog Nr. 41*

Inhalt

3. Karte von China

Zeittafel

Dynastien

Shang	16.-11. Jh. v. Chr.
Zhou	11. Jh.-221 v. Chr.
Qin	221-207 v. Chr.
Han	206 v. Chr.-220 n. Chr.
Drei Reiche	220- 265
Jin	265- 420
Nördl. und Südl. Dynastien	420- 589
Sui	589- 618
Tang	618- 907
Fünf Dynastien	907- 960
Nördl. Song	960-1127
Südl. Song	1127-1279
Yuan	1271-1368
Ming	1368-1644
Qing	1644-1911
Republik China	1912-1949

Regierungsdevisen der Ming- und Qing-Dynastie

Ming (1368—1644)

Hongwu	1368-1398
Jianwen	1399-1402
Yongle	1403-1424
Hongkang	1425-1425
Xuande	1426-1435
Zhengtong	1436-1449
Jingtai	1450-1456
Tianshun	1457-1464
Chenghua	1465-1487
Hongzhi	1488-1505
Zhengde	1506-1521
Jiajing	1522-1566
Longqing	1567-1572
Wanli	1573-1619
Taichang	1620-1620
Tianqi	1621-1627
Chongzhen	1628-1644

Qing (1644-1911)

Shunzhi	1644-1661
Kangxi	1662-1722
Yongzheng	1723-1735
Qianlong	1736-1795
Jiaqing	1796-1820
Daoguang	1821-1850
Xianfeng	1851-1861
Tongzhi	1862-1874
Guangxu	1875-1908
Xuantong	1909-1911

Redaktionelle Vorbemerkungen

Umschrift

Für die Transkription der chinesischen Namen und Begriffe (vgl. das alphabetische Verzeichnis im Anhang) wurde die Pinyin-Umschrift verwendet. Aus Gründen der Einheitlichkeit erscheinen auch alle geographischen Namen mit Ausnahme von Peking in der Pinyin-Umschrift.

Aussprache

Vokale:
ai	wie ai in Saite
ei	wie englisch eight
e	zwischen kurzem ö (wie in Möller) und kurzem e (wie in Halle)
i	(nach c, sh, z, zh) wie e in Halle; sonst wie i in Liebe
o	in der Silbe wie kurzes u in Hummel; als Endlaut wie o in Sommer
ou	wird als Diphthong gesprochen
u	(nach j, g, x, y) wie ü in trübe; sonst wie u in gut

Konsonanten:
c	wie z in Zunge
ch	etwa wie tsch in Peitsche
h	wie ch in Buch
q	wie ch in Chili
r	etwa wie das englische r
sh	wie sch in schön
x	etwa wie ch in Richter
y	wie j in Jahr
z	wie z im englischen zero
zh	wie j im englischen job

Benennung der Kaiser

Der Einfachheit halber wurden die Kaiser der Ming- und Qing-Dynastie mit dem Namen ihrer jeweiligen Ära bezeichnet: z. B. Kaiser Kangxi statt Kaiser Xuanye.

Leserichtung

Mit Rücksicht auf die Betrachtungsweise chinesischer Querrollen von rechts nach links befindet sich bei den über den Essays durchlaufenden Abbildungen der Anfang einer Querrolle am Ende des jeweiligen Essays.

Maße

Die Maßangaben (Höhe vor Breite) bei Bildern beziehen sich auf die Darstellungen, nicht auf die Montierung. Entsprechendes gilt auch für die Schriftfelder der Kalligraphien.

4. Zwölf Eulogien zu einem Album von Dong Gao. Yongxing (1752-1823) Katalog Nr. 85

御製題董誥方輿寫勝冊

低宗高峻樓璀衡蘊結祥雲觸石生澤不棠朝遍天下甫田禾黍蔭繁

榮泰俶五鳳樓前澌景妍依依新柳起三眠春城掩暎真圖畫風細烟

輕翠縷臺烟鳳城柳崔碧溪清桃李華敷邢上遍桑麻遊人攜手尋芳徑

草綠平鋪一道斜桑邡上大隱由來說武陵春花夾峰錦霞蒸迷津無路

溪能間談紙雲可憑武陵佳茗春深盛建陽武夷溪谷抱清香攜

篁探英沿芳渚雷後兩前事益忙名事建陽秀毓峰陽百尺梧碧陰

堂充天風披拂聆清韻妙合五絃古調中相峰韻陽朱華的爍絢三湘翠線

雲有斐嘉生淇水濱翠影青箴互掩暎欲傳同氣管城君竹翠園玉宇無

塵夜景悠一輪月瀉大江流金波雪浪光澄潔鏡印圓靈萬古秋印月江

秋中丹桂綻芳林馥郁天香希嶺岑金粟離離暎遍湍瀹宮別有一枝

尋秋桂香上塞氣寒秋釀雪同雲冥漠六花飛瓊蕤粉蕚綴巖木不礙周

陸大合圍瓊十月先開冷艷甌清香雪藻絢羅浮山中高士尋芳信

直到瑤京眾上頭香羅雪浮

臣永瑆敬書

Essays

5. *Luftaufnahme des Kaiserpalastes von Norden. Nach Castel (1938)*

Palastmuseum Peking Schätze aus der Verbotenen Stadt

Yang Boda

Schon vor mehr als zweitausend Jahren hat das alte China nicht nur mit den ihm benachbarten Ländern freundschaftlichen Verkehr gepflegt, sondern entlang der Seidenstraße auch mit dem so weit entfernten Römischen Reich Beziehungen geknüpft und einen regen Warenaustausch geführt. Man wußte über dessen Produkte gut Bescheid und sie fanden auch Eingang im damaligen Schrifttum. Doch waren diesen Beziehungen sowohl geographische wie politische Hindernisse in den Weg gelegt, so daß sie nicht auf Dauer aufrechterhalten werden konnten. Mit dem Fortschritt der Geschichte wurden gegen Ende des Mittelalters aufgrund der Entwicklung der Schiffahrt die Handelsbeziehungen Europas mit China wieder intensiver. Ein bedeutender Vermittler zwischen beiden Kulturen war dabei das Porzellan. Das chinesische Porzellan hat die Herzen der Europäer erobert und erregte deren ganz besonderes Interesse; es kam sogar so weit, daß sein Preis einst den von Gold oder wertvollen Edelsteinen überstieg. Über die Seide, das Porzellan und andere Handelsgüter sowie durch Reiseberichte lernten die Europäer Geschichte und Gebräuche Chinas kennen. Hier soll insbesondere an den kulturellen Austausch zwischen Deutschland und China erinnert werden. Einer der Väter der deutschen Aufklärung, Gottfried Wilhelm Leibniz (1646-1716), hat das Denken des chinesischen Volkes und die alten Weisheitslehren Chinas außergewöhnlich geschätzt und ihnen eine sehr hohe Bedeutung beigemessen. Er vertrat die Meinung, daß China auf dem Gebiet der praktischen Philosophie und der Lehre vom *Weg und von der Tugend (daode)* Europa übertraf. Ein anderer Denker der Aufklärung, Christian Wolff (1679-1754), stellte die These auf, die Theorie des Konfuzianismus stehe höher als die christliche Lehre, und erregte damit in seiner Zeit Aufsehen.

Der Einfluß der alten chinesischen Philosophen und Denker (besonders des Konfuzius) sowie des chinesischen Porzellans in Deutschland kann nicht verborgen bleiben; ebenso wenig wie die Verbreitung der Gedichte Goethes und der Symphonien Beethovens in China in Schranken verwiesen werden kann.

Der kulturelle Austausch zwischen dem deutschen und dem chinesischen Volk in den letzten Jahrzehnten ist ein Ergebnis des gegenseitigen Kennenlernens. Die Ausstellung »Palastmuseum Peking: Schätze aus der Verbotenen Stadt«, die unser Museum jetzt auf Einladung der Berliner Festspiele nach Berlin (West) gesandt hat, ist eine weitere Perle in dieser Reihe.

Das Palastmuseum Peking stellt 126 Objekte zur Verfügung, um dem Ausstellungsbesucher einen angemessenen Kunstgenuß zu ermöglichen. Das Abschreiten der Ausstellung soll wie ein persönlicher Besuch im Kaiserpalast erlebt werden, es soll jenen hohen geistigen Genuß vermitteln, als ob der Ausstellungsbesucher sich in der Verbotenen Stadt befinde

Das Palastmuseum Peking (Abb. 5) befindet sich im ehemaligen Kaiserpalast der beiden Dynastien Ming und Qing. Im 4. Jahr der Ära Yongle (1406) wurde mit seinem Bau begonnen, im 18. Jahr derselben Ära (1420) wurde er fertiggestellt. Er bedeckt eine Fläche von etwa 1100 *mu* (72 Hektar). In traditioneller Weise gegliedert in einen vorderen Bereich mit den offiziellen Audienzgebäuden und einen hinteren Bereich mit den privaten Wohngemächern des Kaisers, wurde er nach umfassender Planung, unter Aufbietung der Kräfte des ganzen Reiches in sechzehnjähriger Arbeitszeit vollendet. Nach dem Purpurnen Sternbild *(ziwei)* mit dem Polarstern in der Mitte, der unbeweglich im Zentrum des Himmels steht, wird der Kaiserpalast auch *Purpurne Verbotene Stadt (Zijincheng)* genannt. Er ist umgeben von einem Wassergraben und der Palastmauer.

Die von Gebäuden eingenommene Fläche beläuft sich auf insgesamt 16 000 m², teilt sich in einen äußeren und einen inneren Hof, und ist durch eine mittlere, eine östliche und eine westliche Achse gegliedert. Die mittlere Zentralachse durchläuft die beiden großen Bereiche des vorderen (äußeren) und des hinteren (inneren) Hofes. Im vorderen Bereich repräsentieren drei auf einer Terrasse aus weißem Marmor erbaute Hallen den Kaiserhof und das Reich: Die *Halle der Höchsten Harmonie (Taihedian)*, die *Halle der Mittleren Harmonie (Zhonghedian)* und die *Halle der Wahrung der Harmonie (Baohedian)*. Zu ihrer Rechten ist die *Halle der Literarischen Blüte (Wenhuadian)*, zur Linken die *Halle der Militärischen Tapferkeit (Wuyingdian)* errichtet. Der im hinteren Bereich errichtete Gebäudekomplex mit dem *Palast der Himmlischen Klarheit (Qianqinggong)*, der *Halle der Kosmischen Vereinigung (Jiaotaidian)* und dem *Palast der Irdischen Ruhe (Kunninggong)* beherbergte die privaten Wohngemächer der kaiserlichen Familie, und war der Ort, wo der Kaiser seinen täglichen Regierungsgeschäften nachging.

Legende zum Stadtplan von Peking und zum Plan des Kaiserpalastes

1. Mittagstor (Wumen)
2. Wassergraben (Tongzihe)
3. Palastmauer
4. Eckturm (Jiaolou)
5. Westliches Blütentor (Xihuamen)
6. Östliches Blütentor (Donghuamen)
7. Goldwasserbrücke (Jinshuiqiao)
8. Tor der Höchsten Harmonie (Taihemen)
9. Halle der Höchsten Harmonie (Taihedian)
10. Halle der Mittleren Harmonie (Zhonghedian)
11. Halle der Wahrung der Harmonie (Baohedian)
12. Halle der Militärischen Tapferkeit (Wuyingdian)
13. Garten des Palastes der Barmherzigen Ruhe (Cininggong huayuan)
14. Halle der Allumfassenden Übereinstimmung (Xianruoguan)
15. Palast des Rüstigen Alters (Shoukanggong)
16. Palast des Friedvollen Alters (Shouangong)
17. Halle des Üppigen Blühens (Yinghuadian)
18. Palast der Barmherzigen Ruhe (Cininggong)
19. Halle des Großen Buddha (Dafotang)
20. Pavillon des Blütenregens (Yuhuage)
21. Garten des Palastes der Glücksgründung (Jianfugong huayuan)
22. Halle des Höchsten Prinzips (Taijidian)
23. Halle des Verkörperten Ursprungs (Tiyuandian)
24. Palast des Immerwährenden Frühlings (Changchungong)
25. Palast des Allumfassenden Glücks (Xianfugong)
26. Warteraum des Staatsrats
27. Halle der Pflege des Herzens (Yangxindian)
28. Palast des Ewigen Alters (Yongshougong)
29. Halle der Verkörperten Harmonie (Tihedian)
30. Palast der Gesammelten Eleganz (Chuxiugong)
31. Tor der Himmlischen Klarheit (Qianqingmen)
32. Palast der Himmlischen Klarheit (Qianqinggong)
33. Halle der Kosmischen Vereinigung (Jiaotaidian)
34. Palast der Irdischen Ruhe (Kunninggong)
35. Tor der Irdischen Ruhe (Kunningmen)
36. Kaiserlicher Garten (Yuhuayuan)
37. Halle des Kaiserlichen Seelenfriedens (Qin'andian)
38. Tor des Göttlichen Kriegers (Shenwumen)

Innere Stadt (Mandschustadt)

Äußere Stadt (Chinesenstadt)

39. Palast der Strahlenden Menschlichkeit (Jingrengong)
40. Schatzhalle der Dunklen Himmelstiefe (Xuanqiong baodian)
41. Palast der Gesammelten Essenz (Zhongcuigong)
42. Palast der Ewigen Harmonie (Yonghegong)
43. Palast des Strahlenden Yang-Prinzips (Jingyanggong)
44. Fünf Östliche Wohnhöfe (Dongwusuo)
45. Halle der Literarischen Blüte (Wenhuadian)
46. Pfeilpavillon (Jianting)
47. Halle der Ahnenverehrung (Fengxiandian)
48. Palast des Himmlischen Erbes (Chengqiangong)
49. Drei Südliche Wohnhöfe (Nansansuo)
50. Neun-Drachen-Mauer (Jiulongbi)
51. Tor der Kaiserlichen Absolutheit (Huangjimen)
52. Halle der Kaiserlichen Absolutheit (Huangjidian)
53. Palast des Ruhe vollen Alters (Ningshougong)

54. Garten des Palastes des Ruhevollen Alters (Ningshougong huayuan)
55. Halle der Pflege der Persönlichkeit (Yangxingdian)
56. Halle des Freudvollen Alters (Leshoutang)
57. Pavillon des Heiteren Klangs (Changyin'ge)
58. Palast des Strahlenden Glücks (Jingfugong)
59. Turm der Blüte des Buddhismus (Fanhualou)
60. Halle der Gehorsamen Keuschheit (Shunzhenmen)
61. Mittleres Tor zur Rechten (Zhongyoumen)
62. Mittleres Tor zur Linken (Zhongzuomen)
63. Hinteres Tor zur Rechten (Houyoumen)
64. Hinteres Tor zur Linken (Houzuomen)
65. Tor der Ewigen Festigkeit (Yongdingmen)
66. Altar des Ackerbaus (Xiannongtan)
67. Himmelsaltar (Tiantan)
68. Tor der Mittagssonne (Zhengyangmen)

69. Tor der Großen Qing (Daqingmen)
70. Tor des Himmlischen Friedens (Tiananmen)
71. Tor der Aufrichtigkeit (Duanmen)
72. Altar der Götter des Bodens und der Feldfrüchte (Shejitan)
73. Kaiserlicher Ahnentempel (Taimiao)
74. Kohlenhügel (Jingshan)
75. Tor des Irdischen Friedens (Di'anmen)
76. Trommelturm (Gulou)
77. Glockenturm (Zhonglou)
78. Nördlicher See (Beihai)
79. Jaspisinsel (Qionghuadao)
80. Halle des Purpurglanzes (Ziguangge)
81. Mittlerer See (Zhonghai)
82. Terrasse der Unsterblichen (Yingtai)
83. Südlicher See (Nanhai)
84. Nationale Universität (Guozijian)
85. Konfuziustempel (Wenmiao)
86. Westliches Aufrechtes Tor (Xizhimen)
87. Erdaltar (Ditan)
88. Sonnenaltar (Ritan)
89. Mondaltar (Yuetan)

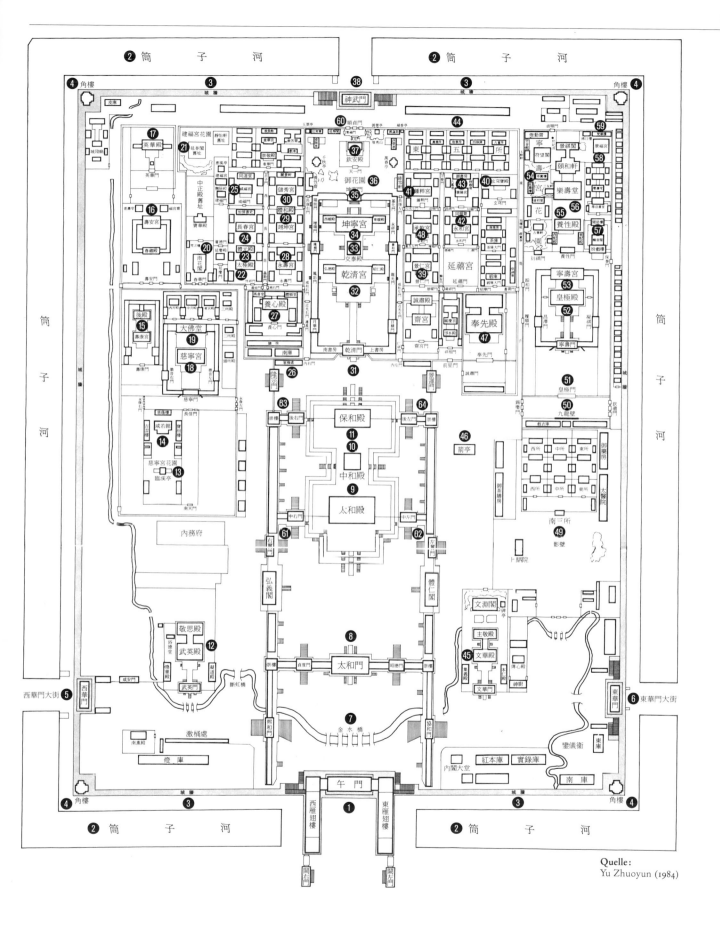

Quelle:
Yu Zhuoyun (1984)

Links und rechts dieser zentralen Gebäudegruppe befinden sich jeweils sechs kleinere Anlagen, die man zusammenfassend die sechs östlichen und die sechs westlichen Paläste nannte, und die den Nebenfrauen und Konkubinen des Kaisers als Wohnung dienten. Ganz außen befinden sich zu beiden Seiten dieser Anlagen wiederum zwei selbständige, in sich abgeschlossene Gebäudekomplexe: der *Palast des Ruhevollen Alters (Ningshougong)* im Osten und der *Palast der Barmherzigen Ruhe (Cininggong)* im Westen. Dieser gewaltige Gebäudekomplex des Kaiserpalastes ist mit seiner symmetrischen Anlage, seiner strengen Konzeption, seiner wechselseitigen Zuordnung von Haupt- und Nebengebäuden, seiner Verteilung von lockerer und dichter Bebauung, mit seinen zinnoberroten Toren und gelb glasierten Ziegeln, seiner geschnitzten Verkragung und seinem bemalten Gebälk von einer majestätischen Würde und großartiger Pracht (Abb. 19).

Die im Innern der Palastgebäude aufgestellten Objekte stammen alle von der Hand namhafter Kunsthandwerker aus allen Teilen des Reiches und sind der Würde ihrer Umgebung entsprechend vortreffliche Kunstwerke von überdurchschnittlicher Qualität. Die Kaiser sammelten auch in großem Umfang Werke der Schriftkunst und der Malerei, alte Bronzen, Porzellan und andere Antiquitäten, die ihnen zur musischen Zerstreuung dienten und sie zu gelehrter Kunstkritik anregten. Die imposanten Palastgebäude und die in ihnen aufbewahrten, nicht weniger wertvollen Kunstwerke gingen nach der erfolgreichen Revolution von 1911 allmählich vom kaiserlichen Haushalt in den Besitz des Staates über. 1914 wurde in den ursprünglich zum äußeren Hof gehörenden drei großen Hallen sowie in der *Halle der Literarischen Blüte (Wenhuadian)* und in der *Halle der Militärischen Tapferkeit (Wuyingdian)* eine ständige Ausstellung alter Kunstobjekte des Palastes eingerichtet *(Guwu chenliesuo).* Nachdem der kranke Kaiser Puyi 1924 aus den Gemächern des hinteren Palastes ausgezogen war, wurde 1925 offiziell das Palastmuseum gegründet, so daß von diesem Zeitpunkt an in der Verbotenen Stadt zwei Museen nebeneinander bestanden. Bei dem Zusammenschluß dieser beiden Museen im Jahre 1947, wurde der Name *Palastmuseum (Gugong bowuyuan)* beibehalten. Heute blickt das Museum also auf eine bereits sechzigjährige Geschichte zurück. Das glückliche Zusammentreffen der Feier des 60. Gründungstages unseres

Museums in diesem Jahr und der Ausstellung in West-Berlin ist für die chinesische wie für die deutsche Seite von denkwürdiger Bedeutung.

Das Reich der Qing-Dynastie war ein vom Volk der Mandschu regierter Vielvölkerstaat, die Dynastie die letzte der Feudalgesellschaft unseres Landes (1644–1911). Sie brachte dem ganzen Land eine 267 Jahre dauernde Feudalherrschaft und in der Außenpolitik aufgrund des massiven An-

8. *Weingefäß, Typ hu. Bronze.*
West-Zhou-Zeit
Katalog Nr. 49

sturms der kapitalistischen Großmächte eine beschränkte Öffnung der Häfen für den Handelsverkehr. Außerdem rief sie die Missionare an den Hof, die die Aufgabe übernommen hatten, Schein und Wirklichkeit des geheimnisvollen Kaiserreiches auszukundschaften. Neben ihrer Lehrtä-

9. *Hohe Vase, Porzellan mit Schmelz-*
farbendekor. Ära Qianlong
Katalog Nr. 75

tigkeit als Vermittler westlicher Naturwis-
senschaften wurden diese auch angewie-
sen, sich mit Astronomie (Armillarsphäre,
Kat. Nr. 22), Landvermessung, Malerei
(*Empfang westmongolischer Fürsten*, Kat.
Nr. 27), Architekturplanung und anderen
Arbeiten zu befassen.

Der Kaiser hielt die höchste Macht des
Staates in seinen Händen, er ergriff neue,
machtvolle Maßnahmen und kontrollierte
unmittelbar Heer und Regierung. Seine
Verordnungen und Befehle verbreiteten
sich entschieden und rasch im ganzen
Reich. Sein Leben war äußerst würdevoll
und von verschwenderischem Prunk. Indem er *Gold wie Sand ausstreute*, suchte er
zu zeigen, daß seine wirtschaftlichen Ausgaben keineswegs über seine Verhältnisse

gingen. Der Kaiser der Qing-Dynastie besaß, genau wie alle anderen höchsten
Herrscher der Geschichte, viele Titel. Er
sah sich selbst als Sohn des *Himmlischen
Herrschers (Shangdi)* an und nannte sich
Sohn des Himmels (tianzi). Außerdem war
er der höchste Repräsentant staatlicher
Macht des feudalistischen Kaiserreichs,
der *Kaiser (huangdi)*, und bezeichnete sich
selbst auch als Inkarnation des Bodhisattva
Manjushrī *(Wenshu pusa)*, was ihm eine religiöse Aura verlieh. Auf diese Weise vereinigte er als Sohn des Himmels, als Kaiser
und als Oberhaupt des Lamaismus drei
Ämter in einer Person und demonstrierte
damit die Macht des Herrschers, des Reiches und der Gesellschaft. Seine Kleidung
und Nahrung, seine Wohnung und sein Le-
benswandel waren von größtmöglichem
Aufwand, dazu mußte er im Laufe eines
Jahres noch einige Dutzend Zeremonien
und Feierlichkeiten vollziehen. Die in der
Ausstellung gezeigten Objekte sind die bis
heute überlieferten originalen Zeugnisse
des Lebens der Kaiser und ihrer verschiedenen Tätigkeiten.

Bei der Inthronisation eines aufgrund der
hinterlassenen Weisung des vorhergehenden Kaisers designierten Nachfolgers war
in der Qing-Zeit die Zeremonie der
Thronbesteigung das wichtigste Ritual, das
sich allerdings von der Krönungszeremo-
nie der europäischen Könige deutlich unterschied. Vor seiner Thronbesteigung
legte der Kaiser die Zeremonialkleidung
an, die Zeremonialkette, den Gürtel, den
Zeremonialhut und die Zeremonialstiefel,
begab sich dann in der Sänfte vor die *Halle
der Höchsten Harmonie*, stieg aus der Sänfte
und betrat die Halle. Nach feierlicher Ver-
kündung des Erhalts des Mandats bestieg
er den Thron, den Platz des Kaisers. Die
kaiserlichen Prinzen und hohen Beamten
knieten dreimal nieder und vollzogen
neunmal den Kotau. Daraufhin wurde die
Inthronisation im ganzen Reich verkündet.
Während der Zeremonie der Thronbesteigung nahm vor der *Halle der Höchsten Harmonie* das kaiserliche Ritualorchester der
*Schönen Musik der Mitte und Harmonie
(zhonghe shaoyue)* Aufstellung (Kat. Nr.
33, 34). Der in der Ausstellung gezeigte
Thron, sowie das dazugehörige Paar von
Friedenselefanten, Räucherpagoden und
andere Objekte (Kat. Nr. 13-17) sind für
den alltäglichen Gebrauch des Kaisers bei
der Abwicklung der Staatsgeschäfte vorgesehen. Das ausgestellte Glockenspiel und
Klangsteinspiel des Orchesters der *Schönen Musik der Mitte und Harmonie* wurden

bei Zeremonien der Kaiserin oder Kaiserinmutter benutzt und sind kleiner als die vor der *Halle der Höchsten Harmonie* aufgestellten. (Kat. Nr. 33-34). Das goldene Siegel mit dem Knauf in Form eines Drachenpaares und der mandschurischen Inschrift *Siegel des Himmelssohnes* (Kat. Nr. 11) wurde vom Kaiser in seiner Eigenschaft als Sohn des *Himmlischen Herrschers* bei den Opferzeremonien für die verschiedenen Götter zum Siegeln des Opfertextes

benutzt. Das Jadesiegel mit der Inschrift *Kaiserliches Dekretsiegel* (Kat. Nr. 12) benutzte der Kaiser zum Unterzeichnen der kaiserlichen Edikte. Die von den Kaisern der Qing-Dynastie überkommenen kaiserlichen Siegel wurden zur Zeit Kaiser Qianlongs inspiziert, wobei eine Auswahl von nur 25 Siegeln getroffen wurde. Diese 25 Kaisersiegel wurden seitdem gemäß einer festgelegten Regelung in der *Halle der Kosmischen Vereinigung* aufbewahrt.

10. Glockenspiel. 1714
Katalog Nr. 33

Die Kaiser der Qing-Dynastie unterschieden sich von denen der Ming-Dynastie. Da sie Mandschuren waren, waren sie die Jagd und ein kühles Klima gewohnt, und veranstalteten deshalb jedes Jahr Jagdexpeditionen in die nördlichen Gebiete, die *Herbstjagden (qiuxian)* genannt wurden. In der ersten Dekade des achten Monats brach

11. Steinspiel. 1714
Katalog Nr. 34

der Kaiser vom Sommerpalast in Chengde *(Bishu shanzhuang)* auf, gefolgt von der jungen Generation des mandschurischen Adels, seiner Leibgarde sowie seinem Gefolge. Von Soldaten der mongolischen Prinzen wurden sie zum kaiserlichen Jagdgebiet Mulan (der heutige Kreis Weichang in der Provinz Hebei) begleitet, wo

sie zehn Tage lang Treibjagden veranstalteten. Die Herbstjagd war ursprünglich ein altes kaiserliches Ritual, hatte jedoch gleichermaßen auch den Sinn einer militärischen Übung, eines Trainings von Körper und Geist, um Härte und Mühsal ertragen zu lernen. Daher wurde es auch *Ausbildung von Soldaten bei der Jagd* genannt und bildete eine wichtige politische Maßnahme des Qing-Kaiserhauses. Um das Bündnis mit dem mongolischen Adel zu stärken,

wurde außerdem jedes Jahr im Jagdpark des Sommerpalastes von Chengde *(Bishu shanzhuang)* für die mongolischen Fürsten ein Bankett zur Belohnung für ihre Dienste gegeben. Diese wiederum stifteten spezielle lokale Produkte und luden ihrerseits den Kaiser zu einem Bankett, bei dem sie ihm mongolisches Pferderennen *(zhama)*, mongolische Musik, Lieder und Tänze *(shibang)*, mongolischen Ringkampf *(xiangpu)* und das Einfangen von Pferden

mit schlingenbewehrten langen Stangen durch die Söhne der Fürsten *(jiaotao)* als vier traditionelle Sportarten vorführten. Der berühmte Hofmaler Jin Tingbiao hat einmal vier Querrollen mit Darstellungen der vier Wettkämpfe gemalt, um diese spektakulären Ereignisse festzuhalten. Das ausgestellte Wandbild *Mongolische Wettkämpfe in Chengde* (Kat. Nr. 28) ist ein von mehreren Hofmalern gemeinsam ausgeführtes Werk, das die vier Wettkämpfe in einem einzigen Bild darstellt und das sich durch Realismus und Unmittelbarkeit auszeichnet. Die beiden Kaiser Kangxi und Qianlong begaben sich jedes Jahr im Sommer für drei Monate in ihren Sommerpalast in Chengde *(Bishu shanzhuang)*, um dort das frische Klima in Muße zu genießen, aber auch um sich der großen Politik zu widmen und die Fürsten und Adligen der Nomadenvölker zu empfangen. Viele Probleme der Grenzgebiete sind dort gelöst worden. Als zum Beispiel im 18. Jahr der Ära Qianlong (1753) unter den verschiedenen Stammesgruppen der westmongolischen Ölöten ein Bruderkrieg um den Rang des obersten Führers ausbrach, hat sich Tseren, das Oberhaupt einer Stammesgruppe der zu den Ölöten zählenden Dörbeten zusammen mit einigen anderen Adligen den von Davatsi entfachten inneren Wirren widersetzt und sich unter die Oberhoheit des Kaiserhofes zurückbegeben. Er hat die mühevolle Reise eines langen Weges auf sich genommen, um zum Sommerpalast nach Chengde zu kommen, wo er von Kaiser Qianlong empfangen wurde, Titel von ihm empfing und am Bankett mit Feuerwerksvorführungen teilnahm. Kaiser Qianlong hat auf Grund der vom Fürsten Tseren aus erster Hand überbrachten Informationen den Beschluß gefaßt, Truppen in das Ili-Gebiet zu entsenden, um die Unruhen zu beenden. Vor seiner Ankunft in Chengde hatte der Kaiser den Jesuiten-Missionar Jean Denis Attiret (1702–1768) zum Sommerpalast vorausgeschickt, damit dieser an dem Bankett mit den Feuerwerksvorführungen und anderen Veranstaltungen teilnehmen, sich ein Bild von den Ereignissen machen, Material sammeln und Skizzen anfertigen konnte. Außerdem hat Attiret Ölporträts von den Fürsten und Adligen der Dörbeten gemalt und dafür das Lob Kaiser Qianlongs erlangt.

12. Glocke, Typ zhong. Bronze.
Ost-Zhou-Zeit
Katalog Nr. 52

Am 9. Tag des 5. Monats im 20. Jahr der Ära Qianlong (1755) erteilte der Kaiser Lang Shining (Giuseppe Castiglione, 1688–1766), Wang Zhicheng (Jean Denis Attiret, 1702–1768) und Ai Qimeng (Ignatius Sichelbart, 1708–1780) die Weisung, zwei große Bilder des Banketts mit dem kaiserlichen Porträt zu malen, sie bis zum 20. Tag des 7. Monats des gleichen Jahres fertigzustellen und sie in der *Halle der Gewundenen Uferbank (Juana shengjingdian)* im Sommerpalast von Chengde auf die Wand aufzuziehen. Das Bild *Empfang westmongolischer Fürsten* (Kat. Nr. 27) ist eines davon. Der Entwurf stammt von Attiret, vollendet wurde es in Zusammenarbeit mit Castiglione, Sichelbart sowie chinesischen Hofmalern. Es hält wirklichkeitsgetreu den Augenblick fest, als Kaiser Qianlong, vom westlichen Tor der Gartenanlage kommend, gerade in seiner Sänfte bei diesem historisch bedeutsamen, prunkvollen Bankett eintrifft. Eine Atmosphäre von Würde und Begeisterung liegt über dem Bild, die Gestalten sind so getreu wiedergegeben, als ob sie lebten. Hier handelt es sich nicht nur um ein unvergängliches großes Kunstwerk, sondern auch um ein Bilddokument von bedeutendem historischem Wert. Die Querrolle *Neujahrsbankett in der Halle des Purpurglanzes* von dem Hofmaler Yao Wenhan (Kat. Nr. 30) zeigt die großen und prunkvollen Feierlichkeiten des Banketts, das Kaiser Qianlong im 26. Jahr seiner Regierung (1761) anläßlich der Einweihung der renovierten *Halle des Purpurglanzes (Ziguangge)* für verdienstvolle hohe Beamte und Heerführer gab.
Wenn die Kaiser Kangxi und Qianlong ihre Reisen in den Norden unternahmen, begleiteten sie nicht nur Beamte der sechs Ministerien, der Inneren Palastverwaltung und andere Angestellte, sondern auch Gelehrte der Hanlin-Akademie und Hofmaler in kaiserlichem Auftrag. Diese hatten dabei Gelegenheit, die Landschaft, Vegetation und andere Naturerscheinungen nördlich der Großen Mauer persönlich kennenzulernen und Skizzen nach der Natur anzufertigen. Daher kam in der Qianlong-Ära der Qing-Zeit eine speziell dem Themenkreis nördlich der Großen Mauer gewidmete Hofmalerei auf, wie sie bereits in der Liao- und Jin-Dynastie geblüht hatte. Die Querrolle mit Darstellungen von *Pflanzen jenseits der Großen Mauer* des Jiang Tingxi (Kat. Nr. 108) spiegelt die weitere Entwicklung dieser auf die Erscheinungswelt nördlich der Großen Mauer spezialisierten Hofmalerei, sowie

ihre zeitbedingten besonderen Merkmale und künstlerischen Errungenschaften.
Bevor das Kaiserhaus der Qing in das Gebiet diesseits der Mauer gekommen war, hatte es die Lehre des Lamaismus angenommen und enge Beziehungen zum Dalai Lama der Gelben Sekte begründet. Kaiser Qianlong war ebenfalls ein ernsthafter Anhänger des Lamaismus. Um diesen unter seine Kontrolle bringen zu können, stellte er die Behauptung auf, die Kaiser der Qing-Dynastie seien Inkarnationen des Bodhisattva Manjushrī und um persönlich religiöse Macht zu gewinnen, reiste er nach Westen in das buddhistische Zentrum am Berg Wutaishan, ließ in großem Maßstab *Erde und Holz bewegen* und einen Tempel errichten, der sowohl chinesische als auch tibetische Stilelemente in sich vereinigte. Den *Tempel des Allgemeinen Friedens (Puningsi)* ließ die Qing-Regierung nach der Niederschlagung der Revolte des Dsungarenführers Davatsi und der Befriedung des Dsungarengebietes zum Gedenken an diese Ereignisse errichten. Seine Hauptgebäude, die *Schatzhalle der Großen Tapferkeit (Daxiong baodian)* und der *Pavillon des Großen Fahrzeugs (Dacheng zhi ge)* sind im traditionellen chinesischen Stil gehalten; vor und hinter ihnen, zu ihrer Rechten und Linken, sind kleine Gebäude des Lamaismus errichtet. Kaiser Qianlong beauftragte lamaistische Maler aus der *Halle der Mitte und Korrektheit (Zhongzhengdian)*, ein kaiserliches Porträt von ihm in lamaistischer Kleidung zu malen und es in allen namhaften lamaistischen Tempeln in Tibet, der Mongolei und in Chengde zu verbreiten. (Kat. Nr. 39) Ein solches Bild mit dem Porträt Kaiser Qianlongs in einem lamaistischen Pantheon wurde im *Tempel des Allgemeinen Friedens* zur Verehrung ausgestellt. Bis heute noch wird in einem Tempel des Potala-Palastes in Lhasa ebenfalls ein kaiserliches Porträt Qianlongs in Lamakleidung verehrt. Diese Gruppe von Porträts diente der Stärkung des Zusammenhaltes zwischen den Führern der drei Völker der Mandschuren, Mongolen und Tibetern, indem sie der für Mongolen und Tibeter typischen Einheit von weltlicher und religiöser Macht entsprach. Die Porträts sind in einem ausgeprägt tibetischen Stil und mit der Farbigkeit des Lamaismus gemalt.
Der Geburtstag des Kaisers war in der damaligen Zeit ein höchst bedeutender, großer Festtag, den die ganze Welt mitfeierte und der *Fest des Zehntausendmal Langen Lebens (wanshoujie)* genannt wurde. Über-

all wurden Glückwunschfeiern abgehalten, wobei die Feiern zum 60. Geburtstag *(huajia)* am pompösesten ausfielen. Den Geburtstag der Kaiserin nannte man das *Fest der Tausend Herbste (qianqiujie),* aber der Umfang der Glückwunschfeiern reichte bei weitem nicht an den des Geburtstages des Kaisers heran. Kaiser Qianlong wurde im Jahre 50 der Ära Kangxi (1711), am 13. Tag des 8. Monats geboren. Nachdem er den Kaiserthron bestiegen hatte, wurde das *Fest des Zehntausendmal Langen Lebens (wanshoujie)* auf den 13. Tag des 8. Monats verlegt.

Er war ein Kaiser mit einer langen Lebensspanne: er erreichte ein Alter von 89 Jahren. Selbst nach sechzig Regierungsjahren auf dem Thron wirkte er noch einmal für mehr als drei Jahre als *Kaiservater (Taishanghuang).* Die Feiern zu seinem 60. und 80. Geburtstag wurden mit der Leistungskraft des gesamten Reiches begangen und waren von solcher Pracht und Großartigkeit, daß sie späteren Kaisern als Vorbild für die Gestaltung ihres eigenen 60. Geburtstagsfestes dienten. Ein Bild mit den Feiern zum 80. Geburtstag Kaiser Qianlongs im 55. Jahr seiner Regierungszeit (1790) sowie ein Bild mit den Feiern zum 60. Geburtstag Kaiser Kangxis waren im *Palast der Himmlischen Klarheit (Qianqinggong)* ausgestellt, verwandelten sich jedoch bei einem Brand in eine Fahne blauen Rauchs. Kaiservater Qianlong erließ daraufhin im 62. Jahr seiner Regierung (das 2. Jahr der Ära Jiaqing, 1797) die Anordnung, zwei in der *Halle der Militärischen Tapferkeit (Wuyingdian)* aufbewahrte Bücher mit Illustrationen zur Feier seines 80. Geburtstages nach Suzhou in die kaiserliche Seidenmanufaktur zu schicken, und nach dieser Vorlage von einigen ausgewählten Kunstmalern zwei Querrollen in Farbe malen zu lassen (Kat. Nr. 31). Ursprünglich sollten die Rollen im siebten oder achten Monat des 3. Jahres der Ära Jiaqing (1798) fertiggestellt sein, um dem Kaiservater an seinem 83. Geburtstag überreicht werden zu können, doch erwies sich die Arbeit als zu gewaltig, so daß Kaiservater Qianlong ihre Vollendung nicht mehr erlebte. Erst nach dem Tod des Kaiservaters am 3. Tag des 4. Jahres der Ära Jiaqing (1799) trafen die Rollen am 25. Tag des 5. Monats desselben Jahres aus Suzhou ein. Sie wurden im *Palast der Himmlischen Klarheit* ausgestellt. Obwohl sie nur eine acht Jahre nach dem 80. Geburtstag Kaiser Qianlongs hergestellte Kopie sind, sind sie doch nach originalen Vorlagen gemalt, so

13. *Teller, Ru-Ware. Nördliche Song-Zeit Katalog Nr. 63*

daß sie für uns, die wir die Originale längst verloren haben, dennoch einen hohen dokumentarischen Wert besitzen.

Als *Sohn des Himmels* hatte der Kaiser die Verpflichtung, regelmäßig dem Himmel und der Erde, den Gottheiten und Ahnen Opfer darzubringen. Um eine reiche Ernte zu erwirken, opferte er auch dem Schutzgott des Ackerbaus, *Houji.* Die Querrolle *Kaiser Yongzheng opfert am Altar des Ackerbaus* (Kat. Nr. 26) schildert den detaillierten Ablauf und die vollständige rituelle Ausstattung einer solchen kaiserlichen Opferzeremonie am Altar des Ackerbaus. Sie wurde von einem kaiserlichen Hofmaler gemäß dem tatsächlichen Vorgang der Opferhandlungen fein und exakt gemalt. An der Pinselführung und der Art der Kolorierung ist zu erkennen, daß er dabei den Stil des Hofmalers Jiao Bingzhen der Kangxi-Zeit weiterführt und noch verfeinert. Die Querrolle gibt einen Eindruck vom Stil und der Eigenart der Hofmalerei der Ära Yongzheng.

Die Kaiser Kangxi und Qianlong machten nicht nur häufige Reisen in den Osten und Norden des Reiches, sondern veranstalteten auch aufwendig-prunkvolle Südreisen, wie man sie noch niemals zuvor gesehen hatte. Kangxi war ein tatkräftiger Kaiser. Um das Problem der Überschwemmungen

am Gelben Fluß und Huai-Fluß von Grund auf zu lösen, um Fragen der Verwaltung und das Leben des Volkes kennenzulernen, machte er nacheinander sechs große Inspektionsreisen in den Süden. Das bedeutete aber auch einen gewaltigen Verschleiß der Kräfte des Volkes. Die Querrollen, die die zweite Südreise Kaiser Kangxis im 28. Jahr seiner Regierung (1689) schildern, wurden unter der künstlerischen Gesamtleitung des großen Landschaftsmalers Wang Hui, des Begründers der *Yushan*-Schule, von einer Gruppe Hofmaler gemeinsam ausgeführt. Die gesamte Darstellung umfaßt einen Satz von 12 Querrollen, woraus der ungeheure Umfang der Arbeit ersichtlich wird. In dieser Ausstellung werden die erste, neunte und zwölfte Rolle dem Besucher vorgestellt (Kat. Nr. 23-25). Die erste Rolle zeigt den Abschnitt vom Aufbruch am *Tor der Ewigen Festigkeit (Yongdingmen)* bis zum kaiserlichen Ausflugssitz im *Südlichen Jagdpark (Nanyuan).* Die neunte Rolle schildert den letzten Abschnitt im Verlauf der Südreise, den Abstecher von Hangzhou über den Qiantang-Fluß nach Shaoxing, wo der Kaiser im Tempel Yu des Großen *(Da Yu)* ein Opfer darbrachte. Die zwölfte und letzte Rolle der Serie zeigt die Rückkehr in den Palast. Diese Querrollen vermitteln ein originalgetreues Bild von der Pracht der Südreise, die Kaiser Kangxi im Alter von 36 Jahren unternommen hat, vom Aussehen der Hauptstadt sowie der Städte und Dörfer entlang des Weges. Sie geben ein eindrucksvolles Zeugnis vom gesellschaftlichen Leben in dem am Ende des 17. Jh. wirtschaftlich am höchsten entwickelten Gebiet am Unterlauf des Yangzi. Gleichzeitig sind sie dank der Leitung Wang Huis auch von einem gehobenen künstlerischen Niveau. In ihnen gehen die literarische Landschaft der *Yushan*-Schule und die akribisch-perfekte akademische Malerei eine äußerst glückliche Verbindung ein, die zu einem hervorstechenden Merkmal der kaiserlichen Hofmalerei jener Zeit wurde.

Das Malen von Porträts des Kaisers und der Kaiserin wurde *Malen des Kaiserlichen Antlitzes (yuronghua)* genannt und nahm in der kaiserlichen Hofmalerei einen besonderen Platz ein. Es gab eine eigene Gruppe von Hofmalern, die auf das Malen von kaiserlichen Porträts spezialisiert waren. Unter den Porträts von Kaisern und Kaiserinnen, die in Zeremonialkleidung in würdevoll-aufrechtem Sitz frontal entweder ganz oder als Brustbild dargestellt sind, sind die von Kaiser Qianlong am zahlreichsten. Man kann zwar nicht sagen, daß vom Regierungsantritt des Kaisers bis zu seinem 60. Regierungsjahr jedes Jahr ein Porträt gemalt worden wäre, doch könnte man wohl ohne weiteres eine Porträtreihe des Kaisers von seiner frühesten Jugend bis in sein höchstes Alter hinein aufstellen. Die Porträts der anderen Kaiser erreichen bei weitem nicht die Zahl der Porträts Kaiser Qianlongs. Diese Porträts hatten, wie heute die Photographien von Familienmitgliedern, eine dokumentarische Funktion. Nachdem sie auf kaiserlichen Befehl fertiggestellt waren, wurde ihnen in der Malakademie ein zeremonielles Opfer dargebracht. Nach dem Tode des Kaisers wurden einige im *Seelenschrein (shenkan)* der *Halle der Kaiserlichen Langlebigkeit (Shouhuangdian)* oder der *Halle der Ahnenverehrung (Fengxiandian)* verehrt, oder an einem anderen Ort ehrfurchtsvoll aufbewahrt. Neben diesen streng zeremoniellen Porträts gab es jedoch auch andere, die in der Regel zu Lebzeiten des Dargestellten gemalt wurden, und auch Porträts von Kaiserinnen. Solche Porträts verbinden ein gewisses Persönlichkeitsbild mit besonderen Aktivitäten aus dem Leben der Kaiser, wie

die beiden Kaiser Kangxi und Yongzheng beim Lesen (Kat. Nr. 36, 37), die Südreise des Kaisers Kangxi (Kat. Nr. 23-25), Kaiser Yongzheng beim Opfer am Altar des Ackerbaus (Kat. Nr. 26), Kaiser Qianlong beim Betrachten von Bildern (Kat. Nr. 41), als Eremit (Kat. Nr. 43), beim Waschen des Elefanten (Kat. Nr. 40), beim Erlegen eines Tigers (Kat. Nr. 44), bei Eissportvorführungen (Kat. Nr. 29) und beim Abhalten eines Banketts (Kat. Nr. 30).

Manchmal ist es schwierig, für solche Darstellungen treffende Titel zu finden, und man nennt sie dann einfach *Vergnügungen des Kaisers (huangdi xingle tu)*. Diese Darstellungen sind eine wichtige Quelle für unser heutiges Verständnis vom damaligen Leben der Kaiser. Eine große Anzahl von diesen Bildwerken aus der Qianlong-Zeit, die das Leben des Kaisers schildern, stammt von europäischen Hofmalern, die in der Malakademie im *Huayuanchu (Malakademiebezirk)* und im *Ruyiguan (Halle der Wunscherfüllung)* tätig waren. Aus Aufzeichnungen, Archiven und anderem Quellenmaterial, sowie aus den überlieferten Originalwerken läßt sich erkennen, daß diese Sparte der Hofmalerei die wichtigste Aufgabe der Maler am Hofe war und daß die *kaiserlichen Vergnügungen* sehr oft gerade von den berühmtesten Hofmalern dargestellt wurden. So ist es nicht verwunderlich, daß die Bilder und Darstellungen des Kaisers die qualitative Elite der Hofmalerei bilden. Sie halten große und prunkvolle Ereignisse fest, die nicht selten von höchster politischer Bedeutung waren. Es gibt auch eine kleine Anzahl von Werken aus der Hand von gelehrten Beamten und Mitgliedern der Hanlin-Akademie, die am Hofe, in den sechs Ministerien oder in der Militärverwaltung Ämter innehatten. Obwohl sie als Gelegenheitsmaler nicht zur Malakademie *(Huayuanchu* und *Ruyiguan)* gehörten, mußten sie, um ein Bild zu malen, trotzdem über die Malakademie zunächst den kaiserlichen Befehl einholen und später wiederum das Bild zur kaiserlichen Inspektion weiterleiten lassen. Manchmal führten sie auch gemeinsam mit den Hofmalern ein Bild aus, was die doch relativ engen Beziehungen zwischen ihnen und den Hofmalern zeigt.

Die verschiedenen Schulen und Richtungen der Qing-zeitlichen Hofmaler waren zahlreich und vielfältig, doch nahmen sie im Malereileben des gesamten Landes keineswegs eine führende Position ein und schufen auch keinen klar erkennbaren *Akademischen Stil (yuanti)* wie zur Song-

Zeit. Doch weist ihre Landschafts-, Figuren- und Blumenmalerei doch auch eigene Besonderheiten auf, ebenso wie in den Darstellungen mit den *Vergnügungen der Kaiser* die reiche Farbgebung und die präzise Technik die Hauptmerkmale sind. Durch die Jesuitenmaler Giuseppe Castiglione und Jean Denis Attiret wurden in der Malakademie die Technik der europäischen Ölmalerei und die Methode der Zentralperspektive verbreitet und eine erste Generation von chinesischen Ölmalern nach den Regeln der Zentralperspektive ausgebildet. Die Landschafts- und Blumenmalerei standen unter dem Einfluß der Schule Wang Yuanqis und der *knochenlosen Malweise (mogupai)* Yun Shoupings. Dazu kam die Vorliebe für Themen aus den Gebieten nördlich der Großen Mauer. Alles dies sind die sowohl zeitbedingten wie auch durch die verschiedenen Nationalitäten des Landes bedingten Besonderheiten der Malakademie der Qing-Dynastie, der letzten Malakademie in der Feudalgesellschaft unseres Landes, die sich natürlich von denen der Mal-Akademie der Song-Dynastie klar unterscheiden.

Nach diesem Rundgang durch die Hofmalerei der Qing-Dynastie kann man das Leben der sechs großen Kaiser dieser Dynastie, Kangxi, Yongzheng, Qianlong, Jiaqing, Daoguang und Xianfeng in seinen verschiedenen Aspekten besser verstehen. Neben seinen offiziellen Rollen als *Sohn des Himmels*, oberster Repräsentant der Regierung und religiöses Oberhaupt gab es auch noch den Kaiser als Menschen. Er brauchte nicht nur Kleidung, Nahrung, Wohnung und Bewegung, sondern verlangte auch nach kultureller Beschäftigung und Muße. Das ist auch, was die Leute am meisten interessiert. Deshalb soll hier noch etwas vom geistigen Leben der Kaiser erzählt werden. Einige Objekte aus dem Studierzimmer Kaiser Qianlongs (Kat. Nr. 19, 21) lassen etwas von seiner Geisteshaltung als Literat ahnen. Kaiser Qianlong war ungewöhnlich begabt. Er erhielt eine recht umfassende konfuzianische Erziehung, war selbstdiszipliniert und fleißig. Er hinterließ an die zehntausend Gedichte und versuchte sich auch in Literatur und Kalligraphie, um seinen Geschmack zu schulen. So zeigt das Bild *Kaiser Qianlong als Eremit* (Kat. Nr. 43) den Kaiser in einer Mußestunde beim Spielen der Zither, um sein Gemüt zu heben und seinen Charakter zu pflegen. Neben den Regierungsgeschäften und der freien, Erholung und Vergnügung gewidmeten Zeit, beschäftigten sich die

Kaiser der Qing-Dynastie auch mit Brettspiel, Zitherspiel, Kalligraphie und Malerei. Kaiser Qianlong sammelte darüber hinaus noch in großem Umfang Kunstwerke und Antiquitäten, studierte sie, unterzog sie einer kritischen Beurteilung und ließ umfassende Kataloge kompilieren (*Shiqubaoji, Midianzhulin, Xiqinggujian, Ningshoujiangu, Xiqingyanpu* u. a.). Seine Sammlung belief sich auf mehrere Zehntausend Kalligraphien, Bilder, Bronzen, Objekte aus Porzellan, Jade, Lack, Elfenbein und Horn, die er nach ihrer künstlerischen Qualität in verschiedene Klassen einstufte und sie nach ihrem Rang geordnet aufbewahren ließ. Aus dieser gewaltigen Gruppe von Kunstwerken wurden einige von Kaiser Qianlong an verdienstvolle Beamte verschenkt oder gelangten durch Verkauf unter die Bevölkerung, andere wurden von ausländischen Invasoren geraubt oder zerstört. Wieder andere wurden von Puyi verpfändet und zu Geld gemacht oder aus dem Palast entwendet. Die übriggebliebenen Objekte wurden bereits im Jahre 1925 zu Ausstellungsstücken des Palastmuseums, ein Teil der besten Stücke davon wurde später nach Taiwan verbracht. Von den jetzt in Berlin (West) ausgestellten Bronzen, Keramiken und Jaden, Bildern, Gemälden, Kalligraphien, Abreibungen und anderen Stücken stammen 54 Stücke aus der alten Palastsammlung, 52 Stücke wurden in den 35 Jahren seit der Befreiung vom Museum käuflich erworben, wurden ihm geschenkt oder zugewiesen. Diese 106 Kunstwerke verschiedenster Gattungen aus altem und neuem Palastbesitz können einige Besonderheiten des traditionellen chinesischen Kunsthandwerks, seiner Kalligraphie und Malerei veranschaulichen. Zu einigen der oben erwähnten Objektgattungen soll hier jeweils eine kurze Einführung gegeben werden.

Der Jade spielt im traditionellen Kunsthandwerk unseres chinesischen Volkes eine besondere Rolle. Man kann sagen, daß auf der ganzen Welt kein anderes Volk so sehr Jadegeräte kennt, liebt und verehrt, und darüber hinaus im täglichen Leben allgemein verwendet wie das chinesische. Seit unsere Vorfahren den Jadestein entdeckten und ihn zu den verschiedensten Werkzeugen und Schmuckstücken verarbeiteten, erlangte er unablässig weitere Verbreitung im Ritualwesen, der Repräsentation und bei der Herstellung von elegantem Gerät für den Gebrauch des Literaten. Die Jadeverarbeitung blickt so bereits auf eine Geschichte von mindestens sieben- bis acht-

tausend Jahren zurück, deren einzigartiger Vorzug auch darin besteht, daß sie niemals unterbrochen wurde und eine weit in die Vorzeit zurückreichende lange Entwicklungslinie aufweist. Auch Kaiser Qianlong war in Jade vernarrt und sammelte *bi*-Scheiben (vgl. Kat. Nr. 56) und *cong*-Röhren der mehr als viertausend Jahre alten *Liangzhu*-Kultur (Kat. Nr. 54) sowie die Jadegeräte der späteren Dynastien und Kopien alter Stücke. Nach der Befriedung des Dsungarengebiets und der Vereinigung des Nordwestens durch Kaiser Qianlong begann Rohjade ununterbrochen in den Palast zu strömen. In der *Halle der Pflege des Herzens (Yangxindian)* wurde eine Ja-

14. Miniaturlandschaft, grüner Jade.
Ära Qianlong
Katalog Nr. 59

dewerkstatt zum Schleifen des Jade eingerichtet, außerdem wurde Jade zur Bearbeitung nach Suzhou, Nanjing, Hangzhou, Lianghuai, Changlu, Huaiguan, Fengyang und andere Orte geschickt. Die Miniaturlandschaft aus grünem Jade (Kat. Nr. 59), die mit Hirschen und Pilzen des langen Lebens dekorierte Schale (Kat. Nr. 57) und der Weihrauchbrenner vom Typ *gui* aus dunkelgrünem Nephrit (Kat. Nr. 60) sind typische Beispiele für die Jadekunst am Kaiserhof der Qing-Dynastie. Sie machen

15. Schale von ovaler Form, grüner Jade.
Song-Zeit
Katalog Nr. 57

deutlich, wie Jadeobjekte mehr und mehr zu Dekorationsstücken wurden und wie man bestrebt war, den erhabenen Ausdruck der Literatenmalerei und die harmonische Ausgewogenheit der antiken Kultbronzen auf die Jadekunst zu übertragen. Damit wurde ein neuer Höhepunkt der Jadekunst in unserem Land erreicht.

Auch das Porzellan erlangte als ein traditionelles chinesisches Kunsthandwerk, das auf eine lange Entwicklung zurückblicken konnte und sich durch einen besonderen Stil auszeichnete, Berühmtheit im In- und Ausland. Bereits in der Shang-Zeit (16.-11. Jh. v. Chr.) gab es eine Vorform glasierten Porzellans, und das erfolgreiche Brennen von echtem glasierten Porzellan *(qingci)* ist nicht später als in die Östliche Han-Zeit anzusetzen (25-220 n. Chr.). In der Porzellansammlung des Qing-Hofes lag das Schwergewicht auf den Erzeugnissen der sechs berühmten Öfen der Song-

Zeit: *guanyao, ruyao, geyao, dingyao, junyao* und *longquanyao.* Aber auch das Blauweiß-Porzellan *(qinghua),* das *Streitende-Farben-Porzellan (doucai)* und das *Fünffarben-Porzellan (wucai)* der sechs großen Perioden der Ming-Dynastie, Xuande, Chenghua, Hongzhi, Zhengde, Jiajing und Wanli, sowie das weiße Porzellan der Yongle-Periode *(tianbai)* und das rote *(jihong)* und blaue *(jilan)* Porzellan der Perioden Yongle und Xuande waren begehrte Sammelobjekte der Kaiser. Doch schätzten sie nicht die Produkte aller Öfen. Angesichts des umfangreichen, uns heute zur Verfügung stehenden Materials muß man deshalb sagen, daß das vom Kaiserhof der Qing-Zeit gesammelte Porzellan bei weitem nicht die gesamte glanzvolle Entwicklungsgeschichte des chinesischen Porzellans widerspiegeln kann.

Der offizielle kaiserliche Ofen *(guanyao)* der Qing-Zeit wurde zunächst vom Zollamt Huaiguan, dann vom Zollamt Jiujiangguan verwaltet. In Jingdezhen wurde eine kaiserliche Porzellanmanufaktur eingerichtet, die die Herstellung des kaiserli-

chen Porzellans übernahm. Die kaiserliche Ware *(guanyao)* der Qing-Zeit war in den Ären Kangxi, Yongzheng und Qianlong technisch perfekt und von makelloser Schönheit, der Scherben war fein, die Glasur glänzend und durchsichtig und die farbige Bemalung prachtvoll. Unter den Porzellanen unseres Landes nimmt diese Ware den ersten Platz ein. Viele Typen, wie *famille rose (fencai),* Emailfarben-Porzellan *(falangcai),* Fünffarbenporzellan *(wucai)* und viele Stücke mit einfarbigen Glasuren, weisen nicht wenige Neuerungen auf und gaben der Entwicklung des volkstümlichen Porzellans *(minyao)* entscheidende Anstöße. Nian Xiyao, der in den Ären Kangxi und Yongzheng tätig war, und Tang Ying, der in den Ären Yongzheng und Qianlong wirkte, waren zwei herausragende Aufsichtsbeamte der kaiserlichen Porzellanmanufakturen, die entscheidend zu deren Entwicklung beitrugen. Die für diese Ausstellung ausgewählten Stücke reichen vom kaiserlichen Porzellan der Song-Zeit bis zum kaiserlichen Porzellan der Qing-Zeit und lassen die exquisite Technik der höfischen Produkte sowie anderer berühmter Öfen unseres Landes und deren hohes Qualitätsniveau offenbar werden. Unsere europäischen Freunde hegen für chinesische Porzellane eine außerordentliche Leidenschaft und schätzten sie bereits vor mehreren Jahrhunderten als Kunstwerke und kostbare Sammelobjekte. König Friedrich Wilhelm I. von Brandenburg-Preußen (reg. 1713-1740), und sein Nachfolger, Friedrich II., der Große (reg. 1740-1786), sowie der Kurfürst von Sachsen und König von Polen, Friedrich August I., der Starke (1670-1733), liebten das chinesische Blau-weiß-Porzellan über alles. Sie richteten spezielle Porzellankabinette ein und ließen es von Chemikern untersuchen und analysieren. 1709 gelang es dem deutschen Chemiker Johann Friedrich Böttger nach vielen Experimenten schließlich, die Zusammensetzung des chinesischen Porzellans zu ergründen und in dessen Nachahmung die erste Gruppe weißen Porzellans herzustellen. Daraufhin ließ August der Starke 1710 in Meißen bei Dresden eine Porzellanmanufaktur einrichten und dort das erste europäische Porzellan produzieren.

In der Ausstellung werden Erzeugnisse der drei berühmten Öfen der Song-Zeit, *guanyao*, *geyao* und *ruyao*, die auch Kaiser Qianlong besonders schätzte, gezeigt, sowie Porzellan der Yuan-, Ming- und Qing-Zeit aus Jingdezhen. Jingdezhen war das Zentrum der Porzellanproduktion während dieser drei letzten Dynastien und auch die kaiserliche Porzellanmanufaktur befand sich hier. Stücke wie der Schultertopf mit blauweißem Päoniendekor aus der Yuan-Zeit (Kat. Nr. 64) und der ebenfalls mit blauweißem Päoniendekor geschmückte Teller aus der Xuande-Ära der Ming-Zeit (Kat. Nr. 69) waren dem deutschen wie den anderen europäischen Völkern keineswegs unbekannt. Der weißglasierte Topf aus der Ära Yongle (Kat. Nr. 67) und der mit Blumendekor in *doucai*-Technik versehene Becher auf hohem Fuß aus der Ära Chenghua (Kat. Nr. 70) sind rare Kostbarkeiten. Der Satz von zwölf Bechern mit den Blumen der zwölf Monate aus der Ära Kangxi (Kat. Nr. 71) zeichnet sich durch einen äußerst dünnwandigen Scherben von makellosem Weiß und eine kristallklare Glasur aus, Kennzeichen dafür, daß die Kunst der Porzellanherstellung in Jingdezhen in der Ära Kangxi ihren Höhepunkt erreicht hat. Die Pferdehufvase mit einfarbiger Glasur aus derselben Zeit (Kat. Nr. 72) ist ebenfalls ohne Vorgänger und Nachfolger. So le-

bendig wie ein Gemälde mit feinster Blumenmalerei ist der *famille rose*-Dekor auf dem Teller aus der Ära Yongzheng (Kat. Nr. 74), der einen weiteren Fortschritt in der Entwicklung der farbigen Dekormalerei zeigt. Die große Vase mit Landschaftsdarstellungen in Kartuschen auf blauem Grund aus der Ära Qianlong (Kat. Nr. 75) führt beispielhaft eine in dieser Ära florierende neue Technik vor: die Kombination von Blau-weiß-Dekor, Unterglasurrot, Fünffarbendekor, *famille rose*, Emailfarbendekor, Golddekor und anderen Dekortechniken auf einem Stück. Auf diese Weise wird eine künstlerische Wirkung von farbensprühender, blendender Pracht erzielt. Man kann dieser neuen Technik zwar zum Vorwurf machen, sie erzeuge einen zusammengewürfelten, unharmonischen Eindruck, doch es ist nicht zu leugnen, daß sie auf technischem Gebiet ein mutiges Unterfangen darstellt und die Möglichkeiten der farbigen Dekormalerei gewaltig erweiterte. Nicht zuletzt hatte sie auch einen positiven Effekt auf die damals immer mehr

16. Schüssel, Porzellan mit kobaltblauem Dekor. Frühes 15. Jh. Katalog Nr. 69

nachlassende Qualität von Scherben und Glasur. Die neue Dekortechnik war für die spätere Porzellanproduktion in Jingdethen von größter Bedeutung und wurde zur Hauptströmung im farbigen Porzellandekor.

Die chinesische Bronzekunst steht in der Geschichte der Bronzekulturen der Welt ebenfalls einzigartig da. Sie entstand in der Spätphase der Urgesellschaft und erlebte ihre Blüte zur Zeit der Sklavenhaltergesellschaft der Xia-, Shang- und Zhou-Dynastien. Ihre große Errungenschaft ist der meisterhafte Guß der verschiedensten Ritualgefäße. Die Bronzezeit ist allen Völkern der Erde gemeinsam, doch sind die hervorragend gestalteten, mit Inschriften versehenen bronzenen Kultgefäße der chinesischen Bronzezeit sehr verschieden von der Bronzekunst Griechenlands und Roms, Kulturen, die jeweils durch andere

17. Vase, Porzellan mit himmelblauer Glasur. Ära Kangxi
Katalog Nr. 72

historische Bedingungen und nationale Besonderheiten geprägt sind.

In der gewaltigen Sammlung des Qing-Kaiserpalastes an alter Malerei und Schriftkunst, die Stücke von der Jin- bis zur Qing-Zeit umfaßt, zählen die Gemälde aus der Song-Zeit zu den erlesensten. In den Ären Kangxi und Qianlong wurde die Sammlung geordnet und alle Stücke einer genauen Untersuchung und Wertbestimmung unterzogen. Außerdem verfaßte man Kataloge und Kompendien der Malerei wie das *Peiwenzhai shuhuapu* und das *Shiqubaoji*, die bezeugen, wie ungeheuer reichhaltig die Palastsammlung war. Natürlich war es dabei nicht zu vermeiden, daß unter den Gemälden der Tang- und Song-Dynastie auch einige fragwürdige

Stücke Eingang gefunden haben. Da die wertvollen Originale aus der Song und Yuan-Dynastie eines besonderen Schutzes bedürfen, konnten wir entsprechend einem generellen Prinzip für die Ausstellung in Berlin nur Gemälde und Kalligraphien der Ming- und Qing-Dynastie sowie Mingzeitliche Abreibungen von einer Han-Stele zur Verfügung stellen.

Die Malerei der Ming-Zeit beginnt mit dem Begründer der Zhe-Schule, Dai Jin (Kat. Nr. 86), und umfaßt berühmte Werke von Wu Wei aus der Jiangxia-Schule (Kat. Nr. 89), Zhu Jianshen, dem Kaiser Chenghua, (Kat. Nr. 88), dem Hofmaler Li Zai (Kat. Nr. 87), Wang E (Kat. Nr. 92), Lü Ji (Kat. Nr. 94), Shen Zhou (Kat. Nr. 98) und Tang Yin (Kat. Nr. 99) aus der Wu-Schule, Dong Qichang aus der Huating-Schule (Kat. Nr. 106), sowie dem Meister der expressiven Blumenmalerei, Xu Wei (Kat. Nr. 105), und anderen. Aus der Qing-Zeit werden beispielhafte Werke der Jinling-Schule (Kat. Nr. 122), der Huangshan-Schule (Kat. Nr. 121), einem der *Vier Mönchsmaler* (Kat. Nr. 124), der *Vier Wang* (Kat. Nr. 117, 118), von Wu Li (Kat. Nr. 119) und Yun Shouping (Kat. Nr. 120), sowie den Meistern von Yangzhou (Kat. Nr. 116, 125) gezeigt. Unter den ausgestellten Werken der Schriftkunst befinden sich eine Abreibung der Han-zeitlichen *Liqibei*-Stele (Kat. Nr. 78), *Musterschriften aus dem Studio der Drei Kostbarkeiten* (Kat. Nr. 79), sowie Originalhandschriften berühmter Kalligraphen, wie Dong Qichang aus der Ming-Zeit (Kat. Nr. 82) und Fu Shan (Kat. Nr. 83), Wang Duo (Kat. Nr. 84) und Yongxing (Kat. Nr. 85) aus der Qing-Zeit. Viele Kaiser der Ming- und Qing-Dynastie liebten es, auch selbst zu malen, doch nur wenige haben das künstlerische Niveau eines großen Malers erreicht. Der Kaiser der Ära Chenghua, Zhu Jianshen, war dabei verhältnismäßig erfolgreich (Kat. Nr. 88). Unter seiner Anregung und Förderung erlebte die Hofmalerei eine große Blüte, nur war ihr Einfluß auf das gesamte Malereileben bei weitem nicht so stark wie in der Südlichen Song-Zeit.

Die Zhe-Schule und Jiangxia-Schule der frühen und mittleren Ming-Zeit führten den Stil der Hofmalerei der Südlichen Song-Zeit fort und enwickelten ihn weiter. Die beiden berühmtesten Maler dieser beiden Schulen, Dai Jin (Kat. Nr. 86) und Wu Wei (Kat. Nr. 89) übertrafen dabei das Niveau der übrigen Hofmaler ihrer Zeit um ein Vielfaches. Der Stil ihres Nachfolgers Zhang Lu (Kat. Nr. 90) fiel dagegen wieder ab. Mit der höfischen Blumen-und-Vogel-Malerei des Lin Liang und Lü Ji (Kat. Nr. 94) erfuhr das künstlerische Schaffen jedoch wieder eine Belebung; und die Meister der expressiven Blumenmalerei, Xu Wei (Kat. Nr. 105) und Chen Shun (Kat. Nr. 101), übten auf die Nachwelt keinen geringen Einfluß aus. Dem Kaiser Jiajing der späteren Ming-Zeit mangelte es an Interesse an der Malerei und so kam die Hofmalerei nahezu zum Erliegen. Dagegen trat in dem wirtschaftlich prosperierenden Gebiet um Suzhou eine Gruppe von vom Hof unabhängigen Literatenmalern auf, deren bedeutendste Vertreter Shen Zhou, (Kat. Nr. 98), Wen Zhengming, Tang Yin (Kat. Nr. 99) und Qiu Ying (Kat. Nr. 100) waren, die auch die *Vier Meister der Ming-Zeit* genannt wurden. Shen Zhou knüpfte an die Maltradition der großen Yuan-Meister an und widmete sich neben Dichtung und Literatur der Kalligraphie und Malerei. Er begründete die kraftvoll-schlichte, doch äußerst kultivierte Landschaftsmalerei der Literaten (Kat. Nr. 98).

Tang Yin erlitt auf dem Weg zu einer erfolgreichen Beamtenkarriere einen Rückschlag und zog sich daraufhin enttäuscht aus dem öffentlichen Leben zurück. Er war begabt in Dichtung und Kalligraphie und studierte den Stil der Malakademie der Südlichen Song-Dynastie. Indem er diesen mit der Ästhetik der Literatenmalerei verband, gelangen ihm Werke von höchster Eleganz und Kraft (Kat. Nr. 99). Qiu Ying entstammte der Familie eines Lackarbeiters. Er erlernte die Malerei bei Zhou Chen, kopierte fleißig alte Meister und wurde zu einem bedeutenden Mitglied der Wu-Schule. Seine bevorzugten Themen waren Landschaften im Blau-grün-Stil und sorgfältig ausgeführte Figurendarstellungen von einer seltenen archaischen Anmut, die von den Literaten sehr geschätzt wurden (Kat. Nr. 100). Der Stil der Wu-Schule verbreitete sich im ganzen Reich; Lu Zhi (Kat. Nr. 103), Chen Shun (Kat. Nr. 101), Xie Shichen (Kat. Nr. 102) und Yuan Shangtong (Kat. Nr. 96) sind weitere bedeutende Vertreter dieser Maltradition. Aber auch der Stil der Zhe-Schule hatte nicht wenige Qualitäten aufzuweisen. Der gegen Ende der Ming-Zeit lebende Dong Qichang (Kat. Nr. 82 und 106) wurde als Maler und Kalligraph hoch verehrt und stellte die berühmte Theorie von einer Nord- und Südschule in der Malerei auf, deren Einfluß gar nicht hoch genug veranschlagt werden kann.

In der frühen Qing-Zeit gab es in der Male-rei zahlreiche Stilrichtungen und Gruppierungen, wie die *Acht Meister von Nanjing (Jinling bajia)*, die Xin'an-Schule (auch Huangshan-Schule genannt) mit Huizhou in der Provinz Anhui als Zentrum, die individualistischen *Vier Mönchsmaler* und Chen Hongshou, die Gruppe der Traditionalisten mit den *Vier Wang*, Wu Li und Yun Shouping, sowie die unter dem Einfluß der Landschaftsmalerei Wang Yuanqis und Wang Huis und der Blumenmalerei Yun Shoupings stehende Hofmalerei. Jede dieser Schulrichtungen brachte besondere Fähigkeiten zur Geltung und konkurrierte mit den anderen, so daß *Hundert Blumen miteinander wetteiferten*. Unter Kaiser Qianlong begannen die Schulen sich wechselseitig zu befruchten und sich neu zu formieren. Im Gebiet um Suzhou führte man die Maltradition der *Vier Wang*, Wu Lis und Yun Shoupings fort, die Malakademie absorbierte die Nachfolger der Schulen Wang Yuanqis und Yun Shoupings sowie den europäischen Malstil. Neben der Hofmalerei gab es als zweite bedeutende Malergruppe jener Zeit die Yangzhou-Schule; es kam zur Bildung einer mächtigen aus Malern und Literatenmalern aller Landesteile einschließlich Yangzhous bestehenden Bewegung nach der Devise *Auf drei Beinen stehen wie ein Bronzekessel (san zu ding li)*.

Die *Acht Sonderlinge von Yangzhou (Yangzhou baguai)*, Jin Nong, Li Shan, Li Fangying, Gao Xiang, Zheng Banqiao, Huang Shen, Wang Shishen und Luo Ping waren die Kerngruppe der insgesamt über hundert Maler in Yangzhou. In vielen verschiedenen Stilen wurde gemalt und die Blütezeit dauerte mehr als hundert Jahre an. Bevorzugtes Thema dieser Gruppe war die Blumen-und-Vogel-Malerei, im Gegensatz zu anderen Schulen, die vor allem die Landschaftsmalerei pflegten. Li Yin (Kat. Nr. 109), Yuan Yao (Kat. Nr. 110), Yu Zhiding (Kat. Nr. 116) und Hua Yan (Kat. Nr. 125) waren in der Malergruppe von Yangzhou für ihre Landschaftsmalerei im Blau-Grün-Stil, ihre Figuren- und Tiermalerei berühmt. Nach dieser Zeit begann die Malerei jedoch allmählich zu verflachen. Während der Ära Jiaqing und Daoguang war Fei Danxu, der Maler von schönen Frauen, im Gebiet um Shanghai tätig und erlangte zu seiner Zeit große Berühmtheit (Kat. Nr. 126).

Aus dem geschilderten Werden und Vergehen der verschiedenen Schulen und Malergruppen, aus den manchmal zum Vorteil, manchmal zum Nachteil gereichenden Veränderungen des Stils wird ersichtlich, daß die Maler stets das große Problem bewegte, wie die bereits voll entwickelte Malerei unseres Landes fortzuführen und weiterzuentwickeln sei. Das Auftreten der *Acht Sonderlinge von Yangzhou* und das rapide Aufblühen der *Nordstelen-Schule (beibeipai)* in der Kalligraphie beweisen exemplarisch, daß man sich nicht weiter damit begnügte, immer im gleichen Gleis zu verharren und Überholtes zu bewahren, sondern alte Beschränkungen durchbrach und mutig Neues erproben wollte und dabei auch Erfolg hatte. Daran wird das objektive Gesetz erkennbar, daß jede Kunst ihren eigenen Ursprung und ihren eigenen Entwicklungsgang besitzt, der nach Vollendung strebt. Irgendeine unveränderliche, ewig gültige Regel gibt es jedoch nicht. Wenn man dennoch behauptet, in der Kunst gäbe es eine Regel, nach der man sich richten könne, so besteht die Regel gerade darin, daß neue Regeln alte Regeln ablösen, in einem immerwährenden, nie zur Ruhe kommenden Ersetzen von Alt durch Neu. Der stilistische Wandel in den Kunstwerken und Objekten des Kunsthandwerkes in dieser Ausstellung ist dafür ein augenfälliges Indiz.

Zuletzt möchte ich meiner aufrichtigen Hoffnung Ausdruck verleihen, der verehrte Besucher dieser Ausstellung im Rahmen des 3. Festivals der Weltkulturen, »Horizonte '85«, in Berlin (West): *Das Palastmuseum Peking: Schätze aus der Verbotenen Stadt* möge Freude daran finden und seine Kenntnis der alten Kultur und Kunst Chinas erweitern und vertiefen. Möge er während der kurzen Begegnung mit den Kunstwerken etwas von ihrem Wesen erfühlen! Die Austellung möchte einen Beitrag leisten zur Fortentwicklung einer bereits vielfältigen Zusammenarbeit, zur Freundschaft und zum Kulturaustausch zwischen unseren beiden Ländern.

Aus dem Chinesischen von Gerald Holzwarth

*19. Kaiserpalast Peking. Goldwasserbrücken
vor dem Tor der Höchsten Harmonie*

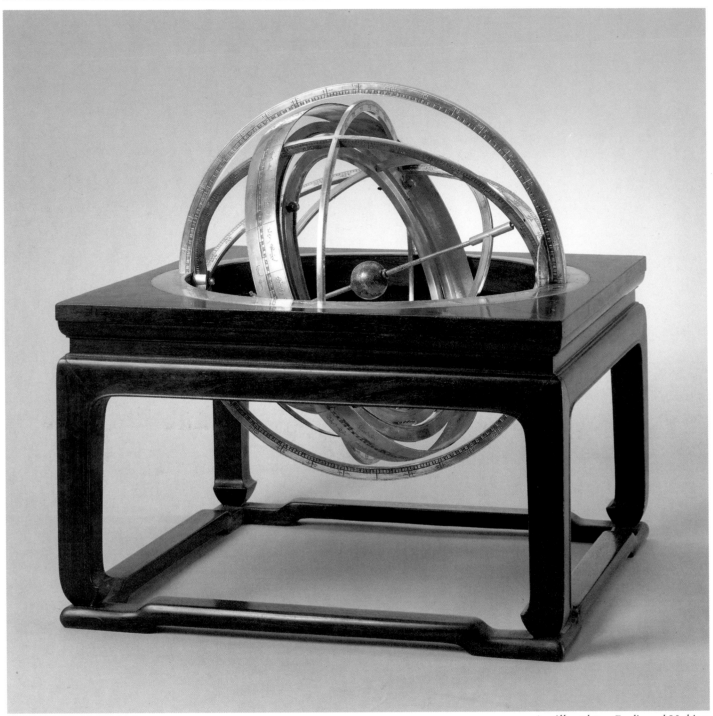

20. *Kaiser Kangxi beim Lesen.*
Ära Kangxi.
Katalog Nr. 36 (Seite 36)

21. *Kaiserin Xiaocheng in Staatsrobe.*
Ära Kangxi
Katalog Nr. 5 (Seite 37)

22. *Armillarsphäre. Ferdinand Verbiest.*
1669
Katalog Nr. 22

23. Qin. Ära Yongzheng
Katalog Nr. 21

24. Kaiser Qianlong beim Betrachten von Bildern, Giuseppe Castiglione (1688-1766) Katalog Nr. 41

Die Kunstsammlungen der Kaiser von China

Lothar Ledderose

Bekanntlich haben die Chinesen nicht nur das Papier, den Kompaß und den Buchdruck mit beweglichen Lettern erfunden, sondern auch noch viele andere in der Kulturgeschichte der Menschheit bemerkenswerte Entdeckungen gemacht. Das beeindruckendste Phänomen ist allerdings die enorme Kohärenz ihrer kulturellen und politischen Traditionen. In einem geographischen Raum, der in seiner Größe und Vielgestaltigkeit demjenigen Europas gleichkommt, hat sich die chinesische Kultur seit nun dreieinhalb Jahrtausenden kontinuierlich entfaltet. Sie ist die einzige große Kultur des Altertums, die nicht untergegangen ist. Übertragen auf Europa würde das bedeuten, daß hier das römische Reich noch Bestand hätte, und daß sich dessen politische und soziale Institutionen ebenso wie die lateinische Sprache bis in unsere Tage ununterbrochen weiterentwickelt hätten.

Es waren vielerlei Faktoren, die die Kohärenz der politischen und kulturellen Traditionen in China ermöglicht haben. Einer davon war das Sammeln und Tradieren von kostbaren Objekten, in denen sich kulturelle Werte sichtbar manifestierten. Über die Zeiten hinweg dienten diese physischen Zeugen aus vergangenen Epochen als konkrete Garanten kultureller Identität. Die kostbaren Objekte wurden innerhalb bestimmter Familien vererbt. Insbesondere aber waren es die Kaiser, die in ihren Palästen wertvolle Sammlungen anlegten und von Generation zu Generation, von Dynastie zu Dynastie weitergaben.

Angesichts der im Vergleich zum Abendland so viel ausgeprägteren kulturellen Kohärenz ist es nicht verwunderlich, daß die chinesischen Palastsammlungen diejenigen der europäischen Herrscher an Kontinuität und Quantität weit übertrafen. In keiner der großen alten Sammlungen Europas, seien es diejenigen des Vatikan oder des Louvre, oder auch die der deutschen Könige und Kaiser, waren jemals so viele wertvolle Objekte aus der abendländischen Kulturtradition an einem Ort und über so lange Zeit hinweg konzentriert, wie das entsprechend im chinesischen Kaiserpalast der Fall war. Das gilt auch noch für die breit angelegten und miteinander konkurrierenden Museumskomplexe, die seit dem 19. Jahrhundert in London und Paris, in Washington und Berlin aufgebaut wurden. In diesen konzentrierte man sich dann freilich nicht mehr nur auf die abendländische Kulturtradition sondern sammelte Objekte aus den Kulturen der ganzen Welt, was in China nie geschah.

Aber nicht nur hinsichtlich ihrer Konzentration übertreffen die Sammlungen der chinesischen Herrscher diejenigen der europäischen. Viel früher als im Abendland haben sich in China auch bestimmte Bereiche der Palastsammlungen zu reinen Kunstsammlungen geläutert, womit solche Sammlungen gemeint sind, deren Objekte primär nach ästhetischen und nicht nach religiösen, politischen, ökonomischen, naturwissenschaftlichen oder anderen Gesichtspunkten ausgewählt wurden. Kunstsammlungen in diesem Sinne sind in China sei dem 4. Jh. unserer Zeitrechnung nachweisbar, während man in Europa eigentlich erst seit der Neuzeit von reinen Kunstsammlungen sprechen kann. Doch selbst die modernen Museumsanlagen in den Metropolen des Abendlandes beherbergen nur zum Teil reine Kunstsammlungen und verleugnen in der ungeheuren Vielfalt der in ihnen zusammengetragenen Objekte nicht das Erbe der »Kunst- und Wunderkammern« der frühen Neuzeit. Ähnlich vielgestaltig waren die Vorläufer der Kunstsammlungen der chinesischen Kaiser. Diesen Palastsammlungen des Altertums wollen wir uns zunächst zuwenden [1].

Die Palastsammlungen des Altertums

Schon die früheste historische Dynastie, die Shang-Dynastie, welche etwa im 16. Jh. v. Chr. faßbar wird, soll – wie spätere Texte berichten – über Palastsammlungen verfügt haben. Archäologische Bestätigung dafür ist freilich kärglich, da derartige Schätze eben tradiert und selbst bei einer Zerstörung des Palastes weggeschafft und nicht in den Ruinen belassen wurden, so daß heutige Ausgräber kaum hoffen dürfen, eine intakte Sammlung zu finden. Allerdings dürften viele der kostbaren Objekte, die aus Gräbern von Herrschern ans Licht gekommen sind, ursprünglich aus deren Palastsammlungen stammen. Ein weit detaillierteres Bild als die Archäologie vermitteln freilich frühe Schriftquellen, insbesondere die apokryphen, prognostischen Texte der Han-Zeit (206 v. Chr.-220 n. Chr.), in denen die Objekte in den Palastsammlungen des Altertums als Regalien des Herrschers und Garanten einer gesegneten Herrschaft geschildert werden. Bekanntlich bestand in China die Vorstellung, daß der Kaiser, der Himmelssohn genannt wurde, die Legitimation seiner Herrschaft auf ein Mandat des Himmels gründete. Die

Schätze im kaiserlichen Palast waren der sichtbare und daher wirkungsvollste Beweis dafür, daß ihr Besitzer auch das Mandat des Himmels besaß. Unter den Schätzen befanden sich zunächst Steine, Jade, dann auch Artefakte wie Bronzegefäße und Waffen, und im Laufe der Zeit in immer stärkerem Maße Texte der verschiedensten Art, von einfachen Talismanen und Diagrammen bis hin zu Rezepten zur Lebensverlängerung und schließlich zu moralischen und politischen Texten[2].

Besonders häufig werden in den apokryphen Texten die »Neun Dreifüße« und der »Flußplan« erwähnt. Über die Neun Dreifüße (vgl. Kat. Nr. 47) heißt es, der mythische Kaiser Yu habe sie gegossen, und sie seien dann von Herrscher zu Herrscher tradiert worden, bis sie der Zhou-Dynastie schließlich abhanden kamen und in einem Fluß versanken. Der erste Kaiser der folgenden Qin-Dynastie, Qin Shihuangdi (reg. 221-210 v. Chr.), gab Befehl, sie wiederzufinden. Das gelang auch, berichtet die Legende, aber als ein Dreifuß gerade bis zur Wasseroberfläche hochgezogen war, tauchte ein Drache aus dem Bronzegefäß empor und zerbiß das Seil, an dem es hing. Abb. 26 zeigt ein Steinrelief mit dieser Szene, auf dem zu sehen ist, wie der Dreifuß just wieder in die Fluten fällt, während die sechs Leute, die ihn hochgehievt hatten, hintenüberpurzeln. Die Darstellung entbehrt nicht einer gewissen Schadenfreude. Sie stammt aus der auf die Qin-Dynastie folgenden Han-Dynastie (Opferschrein von Wu Liangci, Provinz Shandong, 147-167 n. Chr.). Den fruchtlosen Versuch des Qin-Kaisers, die Bronzedreifüße wieder in seine Gewalt zu bringen, betrachteten die Han zweifellos gerne als ein schlechtes Omen für ihre kurzlebige Vorgängerdynastie, der sie ein schnelles Ende bereitet hatten, und auch als eine Bestätigung ihres eigenen Herrschaftsanspruches.

Über den Flußplan heißt es u. a., daß er dem mythischen Kaiser Yao als Zeichen dafür offenbart worden sei, daß jener das Mandat des Himmels erhalten hatte, und daß er dann, wie auch die Neun Dreifüße, durch die Dynastien weitertradiert worden sei:

Kaiser Yao saß auf einer Sandbank am Gelben Fluß, als ein göttlicher Drache mit einem Plan heraufstieg. Darauf waren die Gestalt des Langen Flusses und des Gelben Flusses, der Berge und Flüsse, Hügel und Marschen angegeben, außerdem die Grenze zwischen den Gebieten des höchsten Herrschers und al-

25. Kochgefäß, Typ ding. Bronze. Shang-Zeit
Katalog Nr. 47

ler Provinzen, sowie auch das Konterfei, die Gestalt, und die Abfolge der Himmelssöhne und Heiligen[3].

Der Flußplan enthielt demnach Offenbarungen über Raum und Zeit. Er zeigte die geographische und politische Situation, und er stellte die Abfolge der Herrscher und Dynastien dar. Dem Herrscher wurde durch die Reihenfolge der Porträts seiner Vorgänger sozusagen der Lauf der Welt offenbart, und zugleich war er damit legitimiert, sich in diese Reihe einzuordnen.

Die Objekte in den Palastsammlungen des Altertums, so heißt es in den Han-zeitlichen Texten weiter, waren das Unterpfand eines Vertrages, welchen der Herrscher mit dem Himmel schloß. Einmal wird der Flußplan sogar als »Garantieschein« bezeichnet. Durch den Vertrag verpflichtete sich der Kaiser dazu, sein Volk tugendhaft zu regieren. Wenn er seiner Schätze verlustig ging, wurde dies als ein Zeichen angesehen, daß der Himmel den Vertrag gelöst hatte.

Umgekehrt gab der Himmel beim Regierungsantritt eines neuen Herrschers und besonders zu Anfang einer Dynastie seine Zustimmung dadurch zu erkennen, daß er gute Omina erscheinen ließ, die u. a. die Gestalt von ungewöhnlichen oder kostbaren Objekten haben konnten, welche im Reich gefunden oder ausgegraben und von den Untertanen dem Palast als Glücksbringer überreicht wurden.

Die mit den Palastsammlungen des Altertums verbundenen magisch-politischen Vorstellungen haben zudem eine Analogie in der physiologischen Spekulation. In der gleichen Weise, in der sich eine Mandat bewahrende Kraft in den Palastschätzen sammelt, wird auch die Lebenskraft eines Menschen in seinen Eingeweiden gesammelt, geschützt und gemehrt. Es ist deshalb kein Zufall, daß das chinesische Wort für »Eingeweide« mit dem Wort, mit dem man eine Sammlung und insbesondere auch eine Kunstsammlung bezeichnet, nahezu identisch ist. Beide Worte werden *cang* ausgesprochen. Auch die Schriftzeichen sind auf's engste miteinander verwandt und werden bisweilen sogar promiscue gebraucht.

In den Jahrhunderten nach der Han-Zeit änderten sich sowohl die Vorstellungen vom Mandat des Himmels wie auch der Charakter der Palastsammlungen. Die daoistische Kirche versuchte erfolgreich, die Übergabe des Himmelsmandates an den Kaiser selbst in die Hand zu nehmen, indem sie ihm zu seiner Investitur bestimmte Texte und Objekte verlieh. Zugleich wurden aber auch immer häufiger Zweifel an der Wirksamkeit von glückverheißenden Omina laut. Als im Jahre 573 einem Kaiser zwei weiße Hirsche dargebracht wurden, sagte dieser nur: *Tugend ist was zählt, nicht Omina!*[4] In der gleichen Epoche kamen immer mehr Objekte in den Kaiserpalast, die primär wegen ihres ästhetischen Wertes geschätzt wurden: die Palastsammlungen des Altertums wandelten sich zu Kunstsammlungen.

Die kaiserliche Sammlung als Instrument der Kunstpolitik[5]

Die ersten Kunstwerke im kaiserlichen Palast waren Werke der Schriftkunst, und ihr frühester bekannter Sammler war ein gewisser Huan Xuan (369-404), der gegen Ende seines Lebens selbst einmal in einer der südlichen Dynastien im geteilten Reich auf dem Kaiserthron saß. Er hatte etwa zwei Dutzend Rollen mit Handschriften von Wang Xizhi (303-361; vgl. Kat. Nr. 79.1) und dessen Sohn Wang Xianzhi (344-388) zusammengebracht. Die beiden Wang galten bereits damals, nur wenige Jahrzehnte nach ihrem Tod, als die

größten Schriftmeister der Epoche. Der Materialwert ihrer mit Tusche auf Papier oder Seide geschriebenen Handschriften war nicht der Rede wert, und auch der Inhalt ihrer Briefe war vielfach rein persönlicher Natur. Sie wurden nun jedoch geschätzt als der gestaltete und nach ästhetischen Maßstäben zu beurteilende, unmittelbare Niederschlag der Persönlichkeit zweier bedeutender Mitglieder der kulturtragenden Schicht.

Die besondere Funktion der Kunstwerke in den kaiserlichen Sammlungen als Träger kultureller Identität beeinflußte natürlich die Maßstäbe, nach denen sie ausgewählt wurden. Werke, die nicht als Bestandteil der legitimen kulturellen Traditionen galten, wurden im Palast nicht gesammelt. Bei der normsetzenden Wirkung der kaiserlichen Sammlung führte das dazu, daß bestimmte Künstler und Kunstrichtungen in die Rolle von Außenseitern gedrängt oder völlig unterdrückt wurden. Das klassische Beispiel, wie eine kaiserliche Kunstsammlung als Instrument der Kunstpolitik eingesetzt werden konnte, gab der zweite Kaiser der Tang-Dynastie, Taizong, der 626 den Thron bestieg. Seine Sammlung war die bedeutendste, die China bisher gesehen hatte, und ihr Kernstück war die Schriftkunst.

Der Kaiser stand vor der Aufgabe, die Einheit des fast vier Jahrhunderte geteilt gewesenen Reiches nach der militärischen Konsolidierung nun auch auf kulturellem Gebiet zu festigen. Obwohl er selbst aus dem Norden stammte, hatte er beschlossen, die überlegene Kultur des Südens einheitlich für das ganze Reich zu übernehmen. Eine Schlüsselrolle spielte in dieser Kulturpolitik die Kalligraphie des großen Meisters aus dem Süden, Wang Xizhi, dessen Stil der Kaiser mit Hilfe der Palastsammlung zum allgemein gültigen Standard erhob.

Als im Jahre 618 die Tang-Dynastie gegründet worden war, hatten sich lediglich 300 Rollen in den kaiserlichen Magazinen gefunden. Taizong gelang es jedoch im Laufe der Zeit, allein von Wang Xizhi im ganzen 2290 Stücke zusammenzubringen. Von den besten Werken des Meisters ließ er Faksimilekopien herstellen und verteilte sie an die Mitglieder der kaiserlichen Familie und die Würdenträger am Hof. Auch im *Institut für Kulturpropaganda (Hongwenguan)* studierten die jungen Aristokraten der Hauptstadt den Stil des Wang Xizhi nach vom Palast ausgegebenen Musterbüchern.

Die enormen sammlerischen Anstrengun-

gen des Kaisers hatten zur Folge, daß es nur noch wenige Beispiele von Wangs Handschrift außerhalb des Palastes gab, und jene wenigen, die es gab, wurden aus Furcht vor Konfiszierung geheimgehalten. Das bedeutete jedoch, daß in dem Bemühen, sich Wangs Stil anzueignen, diejenigen bevorzugt waren, die an Hand der vom Palast ausgegebenen Kopien studieren konnten. Noch bessere Möglichkeiten hatten natürlich die wenigen privilegierten Personen, die einen direkten Zugang zur Palastsammlung hatten. So konnte es dahin kommen, daß der Stil der eigenen Handschrift bis zu einem gewissen Grade die soziale Position des Schreibenden widerspiegelte. In einer Situation, in der der Stil von Wangs Handschrift als die höchste Norm galt, mußte die Schrift derjenigen Beamten, die seine Werke im Original studieren konnten, notwendigerweise »besser« erscheinen, als die von anderen, weniger glücklichen Zeitgenossen. Es ist bezeichnend, daß diejenigen Männer, die noch heute als die größten Kalligraphen der Epoche gelten, alle Zugang zur Palastsammlung hatten.

Ein delikates Problem ist das der Authentizität der Werke in der kaiserlichen Sammlung. Frühe Textquellen berichten, daß Wang Xizhis Handschrift bereits zu seinen Lebzeiten gefälscht wurde, oder daß die Signatur auf dem Werk eines Meisters, den Taizong nicht schätzte, ausradiert und durch eine andere ersetzt wurde. Liest man außerdem noch, wie viele von Wangs Werken bereits vor der Tang-Zeit in Bränden und anderen Katastrophen vernichtet wurden, so erscheint es äußerst fraglich, ob alle 2290 Beispiele von Wangs Schrift im Palast wirklich von seiner eigenen Hand stammten. Man kann sich des Eindrucks nicht erwehren, daß bereits damals das politische und kulturelle Gewicht einer kaiserlichen Sammlung höher bewertet wurde als die Authentizität der in ihr erhaltenen Objekte.

Allerdings war sich Taizong des Problems der Echtheit wohl bewußt und ließ die Rollen im Palast durch den Schriftexperten Chu Suiliang (596-658) auf ihre Echtheit prüfen. Chu stellte eine Liste mit den 266 besten Werken des Wang Xizhi auf, die jahrhundertelang als autoritativ galt und auch heute noch erhalten ist. Es besteht kein spezifischer Grund, an Chus gutem Urteil zu zweifeln, aber wir haben keine Möglichkeit mehr, seine Expertisen zu überprüfen. Die Stücke, welche er als Kopien zurückwies, sind nicht überliefert. Je-

doch selbst für Chus Zeitgenossen war es schon so gut wie unmöglich, seine Entscheidungen anzuzweifeln. Außerhalb des Palastes waren keine Stücke mehr verfügbar, auf Grund derer man sich eine unabhängige Meinung hätte bilden können, und die kaiserliche Sammlung selbst war geheim. Chu Suiliang hielt das Monopol in Sachen Wang Xizhi, und mit Hilfe der kaiserlichen Sammlung formte er die Vorstellungen, welche spätere Jahrhunderte von der Kunst dieses Meisters hatten.

Kaiser Taizong beeinflußte aber den Verlauf der Kunstgeschichte nicht nur dadurch, daß er Wang Xizhis Stil förderte, sondern auch dadurch, daß er andere stilistische Traditionen unterdrückte. Das eklatanteste Beispiel war der Stil von Wang Xizhis eigenem Sohn, Wang Xianzhi. Die Diskussion darüber, wer von beiden der größere Kalligraph sei, und wessen Stil als das geeignetere Vorbild zu gelten habe, hatte bereits zu ihren Lebzeiten begonnen, ohne daß bis zum 7. Jahrhundert eine endgültige Entscheidung gefallen wäre. Kaiser Taizong nun bezog eindeutig Stellung. Er schmähte die Schrift des Sohnes als vulgär und vernachlässigte sie in seiner Sammlung.

Es waren jedoch sicher nicht nur ästhetische Gründe, die den Kaiser zu seinem negativen Urteil kommen ließen. Obwohl er es nicht ausdrücklich sagt, ist zu vermuten, daß der Kaiser die Kunst des Sohnes, die Affinitäten zu religiösen Tranceschriften aufwies, für irrational und subversiv hielt. Auch ist es möglich, daß der Kaiser, der seinen eigenen Vater unter Hausarrest hielt,

26. Die mißlungene Bergung des Dreifußes. Steinabreibung. Opferschrein von Wu Liangci, 147-167 n. Chr.

durch die Förderung des Vaters Wang Xizhi kundtun wollte, daß er die Kardinaltugend der Kindesliebe noch nicht vergessen hatte.

Wie dem auch sei, die im wörtlichsten Sinne vernichtende Kritik des Kaisers hat dazu geführt, daß von den Werken des Wang Xianzhi fast nichts erhalten blieb, sein Stil im Laufe der kommenden Jahrhunderte kaum noch gepflegt wurde, und man heute nicht mehr weiß, wie seine Schrift eigentlich genau aussah. Der Stil des Wang Xizhi hingegen galt für das nächste Jahrtausend als die höchste Norm, und wenn der große Kalligraph Zhu Yunming

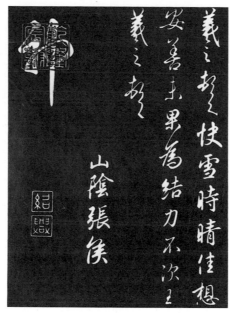

27. *Brief des Wang Xizhi (303-361).*
Kuaixue shiqing tie.
Steinabreibung aus Sanxitang fatie, 1747
Katalog Nr. 79.1

(1461-1527) sich noch der Tradition des Wang Xizhi verpflichtet fühlte (Kat. Nr. 81), wenn Fu Shan (1607-1684) in künstlerischer Reflexion auf Wang Xizhi den Text eines seiner Briefe auf eine große Hängerolle schrieb (Kat. Nr. 83), und wenn schließlich in dem auf Befehl von Kaiser Qianlong (reg. 1736-1795) in Stein geschnittenen, monumentalen Kompendium chinesischer Kalligraphie aus allen Dynastien Wangs Werke immer noch einen prominenten Platz einnehmen (Kat. Nr. 79), so ist all dies noch das Ergebnis der erfolgreichen Kunstpolitik, die Kaiser Taizong mit seiner Sammlung betrieben hatte.

Das Schicksal der kaiserlichen Sammlung im Lauf der Geschichte

Der Regaliencharakter, der den Objekten in den Palastsammlungen des Altertums zu eigen gewesen war, übertrug sich auch auf die kaiserlichen Kunstsammlungen. Magische Objekte, welche Garanten des himmlischen Mandates gewesen waren, wurden nach und nach ersetzt durch Kunstwerke, welche die Garanten der legitimen kulturellen und politischen Tradition des säkularisierten Staates waren. Nur wenn man sich diese These, welche bereits im 9. Jahrhundert von dem großen Kunsthistoriker Zhang Yanyuan vertreten wurde, zu eigen macht, lassen sich die bis in unsere Tage geradezu sakrosankte Stellung der kaiserlichen Kunstsammlung und ihre unmittelbare Verknüpfung mit dem Geschick der

Zentralgewalt angemessen verstehen.
Die Sammlung des Tang-Kaiserhauses begann sich aufzulösen, nachdem im Jahre 756 der Aufstand des An Lushan das ganze Reich erschüttert und den Untergang der Dynastie eingeleitet hatte. Manche der berühmten Kalligraphien gingen in den persönlichen Besitz von Mitgliedern der kaiserlichen Familie über, andere wurden gestohlen und verschwanden. Als sich jedoch dann im 10. Jahrhundert die Song-Dynastie (960-1279) etabliert hatte, unternahmen deren Kaiser große Anstrengungen, die zerstreuten Schätze wieder in den Palast zurückzuführen. Immer wieder läßt sich in der Geschichte ein ähnlicher Vorgang beobachten. Ein starker Kaiser baut seine Palastsammlungen aus und demonstriert damit, daß er als ein tugendhafter Himmelssohn herrscht. Im Laufe der Jahrhunderte kamen auf diese Weise einige Werke vier- bis fünfmal in den Palast zurück und verließen ihn auch jedesmal wieder. Die Schwankungen im Umfang der kaiserlichen Sammlung spiegeln so wie ein Oszillograph die Schwankungen in der Macht der Zentralgewalt[6].
Der größte Kunstsammler unter den Song-Kaisern war Huizong (reg. 1101-1125), dessen Sammlung wir deshalb so gut kennen, weil der Kaiser ausführliche Kataloge davon anfertigen ließ. Seine Schätze waren

in der 1113 errichteten *Halle der Wahrung der Harmonie (Baohedian)* aufbewahrt und wie ein Mikrokosmos von Kultur und Kunst angeordnet: Links lagen die klassischen Texte, Geschichtswerke und dynastischen Verordnungen, rechts standen die Bronzegefäße des Altertums, deren Zahl ständig ergänzt wurde. Im Ostflügel waren Kalligraphien und Bilder aus alter und neuer Zeit aufbewahrt und im Westflügel Musikinstrumente, Pinsel und Reibsteine. Das Gebäude selbst umfaßte 75 Räume, war reich dekoriert in Grün und Rot und mit Wandgemälden geschmückt[7].
Als die Dschurdschen, das Fremdvolk aus dem Norden, der glanzvollen Herrschaft des Kaisers Huizong ein Ende setzten, nahm der Hof auf der Flucht nach Süden auch Teile der kaiserlichen Sammlung mit. Die Eroberer zerstörten jedoch keineswegs die Werke, die ihnen noch in die Hände fielen, sondern transportierten sie nach Norden und bauten ihrerseits die Sammlung weiter aus. In ihrem Bemühen, sich ebenfalls als tugendhafte Herrscher zu profilieren, scheinen sie sogar noch Stücke aus ehemaligem kaiserlichen Besitz im Süden käuflich erworben zu haben. So gab es am Ende des 12. Jahrhunderts zwei miteinander rivalisierende Kunstsammlungen. Auch das war in der Geschichte kein Einzelfall. Politische und militärische Parteien mochten die erbittertsten Feinde und auf gegenseitige Vernichtung aus sein, doch stets versuchten sie, die Palastsammlung des Gegners möglichst intakt in ihre Hand zu bekommen.
Die Mongolen, welche von 1280 bis 1368 ihre Fremdherrschaft auf chinesischem Boden errichteten, pflegten ebenfalls die kaiserliche Sammlung, ebenso wie die nachfolgende »Strahlende« Ming-Dynastie (1368-1644). Allerdings erreichten die Palastsammlungen in diesen Jahrhunderten nicht mehr die Größe der Sammlungen der Tang und der Song. In der Endphase der Ming-Dynastie mußte Kaiser Wanli (reg. 1573-1619) seinen Hofbeamten bisweilen sogar statt ihres Gehaltes Stücke aus seiner Sammlung geben, weil die Staatskassen leer waren.
Erst wieder unter den Mandschu-Kaisern gewann die kaiserliche Kunstsammlung im 18. Jahrhundert ihre alte Glorie zurück, erreichte dann aber auch Dimensionen, die alles frühere in den Schatten stellten. Die Bevölkerung des damals schon volkreichsten Landes der Erde schnellte von 143 Millionen auf 295 Millionen hoch (Volkszählungen von 1741 und 1800), und der

28. *Abschrift eines Briefes von Wang Xizhi.*
Fu Shan (1607-1687)
Katalog Nr. 83

Kaiser kontrollierte ein größeres Territorium als je ein chinesischer Herrscher vor ihm; mit 11,5 Millionen km² war es noch weiträumiger als dasjenige der heutigen Volksrepublik. Die Epoche war geprägt von der Persönlichkeit eines Mannes, der eine der bedeutendsten Figuren in der langen Reihe chinesischer Herrscher war, und der der größte Kunstsammler der Weltgeschichte werden sollte: Kaiser Qianlong (reg. 1736-1795).

Abgesehen von Bronzen, Jaden, Musikinstrumenten und anderen kunstvollen Objekten brachte der Kaiser Tausende von Bildern und Werken der Kalligraphie im Palast zusammen. Dort wurden sie restauriert und vielfach neu aufgezogen, wofür man kostbare Seide im satten kaiserlichen Gelb benutzte. Der Kaiser schrieb Zehntausende seiner eigenen Gedichte auf die Werke oder ließ sie im Stil seiner Handschrift daraufschreiben, und er ließ viele hunderttausend Mal die Abdrücke seiner Siegel daraufsetzen, wobei man oft mit einem Standardsatz von acht Siegeln begann (z. B. Kat. Nr. 108, 114 und 115). Im wahrhaft wörtlichsten Sinne drückte Qianlong so dem bedeutendsten Teil des malerischen und schriftkünstlerischen Erbes Chinas seinen Stempel auf und veränderte damit das Erscheinungsbild zahlloser Werke für alle Zukunft.

Der Kaiser ließ auch einen monumentalen Katalog der Bilder und Kalligraphien im Palast zusammenstellen, der über 21 000 Seiten umfaßt. Der erste Teil erschien 1744/45, nur wenige Jahre nach seinem Regierungsantritt, der zweite, umfangreichste Teil 1793, bei dessen Kompilation der Kaiser hinsichtlich der Auswahl der aufzunehmenden Stücke wie auch ihrer Einstufung in Qualitätsgrade ausschlaggebenden persönlichen Einfluß nahm. Der dritte Teil wurde erst 1816 unter Qianlongs Nachfolger Jiaqing (reg. 1796-1820) fertiggestellt und enthielt noch einmal 2000 inzwischen neu hinzu gekommene Stücke. Der Katalog ist ebenso detailliert wie präzise und auch heute noch unentbehrlich. Abb. 29 zeigt den Eintrag für das Bild von Shen Zhou, *Im Schatten der Wutong-Bäume*, Kat. Nr. 98.

Wie alle kaiserlichen Sammler vor ihm machte auch Qianlong dadurch Kunstpolitik, daß er bestimmte Schulen bevorzugte und andere vernachlässigte. Wie bereits sein Großvater Kangxi legte er einen besonderen Schwerpunkt auf die Kunst der sogenannten Orthodoxen Meister in der Nachfolge Dong Qichangs (Kat Nr. 106), d. h. also Maler wie Wang Jian (Kat. Nr. 117), Wang Yuanqi (Kat. Nr. 118), Wu Li (Kat. Nr. 119) und Yun Shouping (Kat. Nr. 120). Diese Künstler wiesen sich als literarisch gebildet aus, indem sie eigene Gedichte auf ihre Bilder schrieben. Mit vielfältigen stilistischen Anspielungen und Zitaten nahmen sie auf Werke alter Meister Bezug und pflegten somit eine recht intellektuelle Art von Malerei.

Weniger hingegen sammelte der Kaiser religiöse Malerei (abgesehen von der lamaistischen Kunst Tibets, die er aus politischen Gründen protegierte). Werke chanbuddhistischer Mönche oder religiöse Volkskunst wurden weiter der Vergessenheit anheimgegeben, so daß bestimmte, bedeutende Traditionen der chinesischen Malereigeschichte heute nur noch an Hand derjenigen Beispiele faßbar sind, die zu einem frühen Zeitpunkt nach Japan gelangten und dort sorgsam aufbewahrt wurden. Auch die Malerei der Ming-Loyalisten des 17. Jahrhunderts, von denen manche nach der Eroberung Chinas durch die Mandschus ebenfalls in den Mönchsstand getreten waren, wie z. B. der selbst dem Kaiserhaus entstammende Zhu Da (Kat. Nr. 124) fanden beim Kaiser nur wenig Sympathie. Schwer tat er sich auch mit zeitgenössischer Malerei. Die Werke der sogenannten *Acht Sonderlinge von Yangzhou* (Kat. Nr. 125) die mit ihrer bravourösen Pinselführung und ihren koloristischen Experimenten für das 19. und 20. Jahrhundert wegweisend waren, wurden vom Hof ignoriert. Dabei war die Entstehung des Yangzhou-Stils gleichfalls eine, wenn auch indirekte und sicher kaum beabsichtigte Folge der Sammelleidenschaft des Kaisers. Dadurch nämlich, daß er so viele bedeutende Werke, insbesondere auch der altmeisterlichen Landschaftsmalerei, im Palast konzentrierte, standen sie den Malern im Reich nicht mehr als Vorbild und Maßstab zur Verfügung. Dies war einer der Gründe, warum sich die Maler in der Kunstmetropole Yangzhou auf die virtuose Blumen- und Vogelmalerei verlegten.

Bei Qianlongs Tod (1799) war der Gipfel der Qing-Herrschaft bereits überschritten. Es begann jene Periode des dynastischen Niedergangs, die, noch beschleunigt durch die unglückliche Auseinandersetzung mit den westlichen Mächten, schließlich zum Zusammenbruch des Kaisertums in der

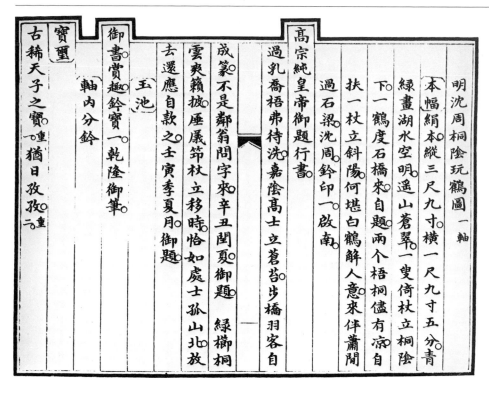

29. Kaiserlicher Katalog von 1816, Eintrag zur Hängerolle von Shen Zhou. Katalog Nr. 98

Revolution von 1911 führte. Die kaiserliche Kunstsammlung spiegelt auch diesen Verfall wider. Unter Qianlongs Nachfolger Jiaqing kamen zwar, wie erwähnt, noch neue Stücke dazu, und der Kaiser setzte ebenfalls noch einmal seine Siegel auf die Palastschätze, aber als ein Jahrhundert später Kaiser Xuantong (reg. 1909-1911) das gleiche wiederholte, hatten bereits viele kostbare Werke den Palast verlassen; manche waren sogar ins Ausland gelangt, nach Europa, Japan und in die USA. Man erinnert sich unwillkürlich an die Neun Dreifüße, die den Dynastien des Altertums abhanden kamen, wenn es mit ihnen zu Ende ging.

Nach der Errichtung der Republik betrachteten die Mitglieder der ehemaligen kaiserlichen Familie die Kunstschätze des Palastes zunächst als ihren privaten Besitz, was dazu führte, daß noch weitere Stücke die Sammlung verließen. 1925 wurde dann jedoch der ganze Palast in ein Museum im westlichen Sinne umgewandelt. Seine Sammlungen wurden der Öffentlichkeit zugänglich gemacht, und man begann damit, sie nach modernen kunstwissenschaftlichen Gesichtspunkten zu untersuchen und nach und nach zu publizieren. Die Adoption eines westlichen Museumskonzeptes und im Zusammenhang damit die Entwicklung eines neuen Begriffs vom Kunstwerk, in dem dessen Integrität ein wesentlicher Wert ist, hatten zur Folge, daß nun niemand mehr Auf- oder Nachschriften oder auch nur persönliche Siegel auf die Bilder zu setzen wagte. Der lebendige Prozeß der Überlieferung, deren Dokumentation und Kommentierung sich ständig auf dem Werk selbst niederschlägt und so dessen Gestalt im Laufe der Jahrhunderte ständig modifiziert, war zum Stillstand gekommen. Lediglich ein Siegel des Erziehungsministeriums wurde zunächst noch auf die Rollen gesetzt, allerdings auch nur auf die Montierung und nicht auf die Bildfläche selbst (z. B. Kat. Nr. 37, 40, 41, 88).

Als der Einmarsch der Japaner nach Peking drohte, wurden im Jahre 1933 Kunstschätze des Palastes in über 2000 Kisten verpackt, nach Nanjing transportiert und später von den Truppen Chiang Kaisheks nach Taiwan mitgeführt, wo sie heute im dortigen, ebenfalls »Palastmuseum« genannten Museum bei Taipei aufbewahrt werden. Auch dieses, in seinen Dimensionen sowohl in der Kunst- wie in der Militärgeschichte der Welt wohl einmalige Unternehmen wird erst verständlich, wenn man sich vor Augen hält, daß die kaiserliche Sammlung immer noch als Unterpfand und Legitimation für die Herrschaft über China betrachtet wird.

Nach der Machtergreifung der Kommunisten im Jahre 1949 wurden, wie immer in vergleichbaren historischen Situationen, wieder große Anstrengungen unternommen, die dem Kaiserpalast in Peking verloren gegangenen Schätze wieder zurückzuführen oder zu ersetzen. Zahlreiche Privatsammler wurden ermuntert, ihre Stücke dem Palast zu überlassen, und sogar aus dem Ausland wurden wertvolle Werke zurückgekauft. Inzwischen besitzt das Palastmuseum wieder Zehntausende von Kalligraphien und Bildern – ein eindrucksvoller Beweis für den Willen, die kulturellen Traditionen nicht abreißen zu lassen. Wenn das Palastmuseum nun zum ersten Male eine große Ausstellung nach Europa schickt, zeigt dies, daß China das Gewicht seiner kulturellen Tradition auch im Ausland wieder stärker geltend machen will. Daß dies gerade in dem Jahr geschieht, in dem das Palastmuseum seinen sechzigsten Geburtstag feiert, der in China stets als ein besonders wichtiges und glückliches Ereignis gilt, ist dafür sicher ein gutes Omen.

Anmerkungen

1 Ausführlicher bei Ledderose (1977.2).
2 Detailliertes Material bei Seidel (1981) und (1983).
3 Undatiertes Manuskript aus Dunhuang. Siehe Seidel (1983), 318 f.
4 *Zhoushu, juan* 5, 82.
5 Hierzu Ledderose (1977.1).
6 Hierzu Ledderose (1978).
7 *Xu zizhi tongjian, juan* 91, 2349.

30. Geburtstag des Kaisers Qianlong. 1797-1799. (Ausschnitte, Seite 48-55) Katalog Nr. 31

Die Qing-Dynastie als Fremddynastie

Erling von Mende

Nach der Volkszählung von 1982 leben in der Volksrepublik China etwa 4,3 Mill. Menschen, die sich als Mandschuren bezeichnen bzw. als solche bezeichnet werden. Noch unmittelbar vor der Volkszählung schätzte man ihre Zahl auf lediglich 2,6 Millionen. Andere kleinere ebenfalls tungusische Gruppen, die Sibe, Evenken, Orogen und Hezhen, werden zusammen noch einmal von etwas mehr als 100 000 Personen repräsentiert.

Die Siedlungsgebiete der Mandschuren sind vor allem die drei Provinzen des Nordostens, Liaoning, Jilin und Heilongjiang, d. h. die eigentliche Mandschurei. Darüber hinaus findet man sie in den Provinzen Hebei, Shandong und Gansu und den autonomen Regionen Ningxia, Innere Mongolei und Xinjiang, und in den Großstädten wie Peking, Xi'an, Chengdu und Guangzhou.

Ihre Sprache war einmal die wichtigste der mandschu-tungusischen Gruppe der altaischen Sprachfamilie, weil das Mandschurische als einzige der tungusischen Sprachen, abgesehen von dem historischen Vorbild der Dschurdschen, relativ früh, nämlich 1599, eine eigene Schrift in Anlehnung an die mongolische Schrift entwikkelte. Sie wird heute nur mehr von kleinen Restgruppen in den Provinzen Heilongjiang und Jilin gesprochen. Die Mehrheit der Mandschuren hatte bereits vor 1911 ihre sprachliche, in geringerem Maße auch ihre ethnische und kulturelle Identität aufgegeben. Ihre dennoch relativ große Zahl scheint ausschließlich historische Gründe zu haben, nämlich ihre Zugehörigkeit zur Bannerorganisation der mandschurischen Qing-Dynastie. Die im Vergleich zu früheren Volkszählungen und Schätzungen unverhältnismäßig hohe Zahl erklärt sich möglicherweise dadurch, daß infolge einer positiveren Behandlung der Minderheiten in China heute eine größere Zahl bereit ist, sich zu ihrer mandschurischen Herkunft zu bekennen, was noch während der Republikzeit und bis zum Ende der Kulturrevolution eher diskriminierende Wirkungen für die Betroffenen hatte.

Die Revolution von 1911 hatte unter dem Einfluß des westlichen Nationalismus und, um sich eine möglichst einheitliche Stoßrichtung zu geben, erfolgreich die latenten antimandschurischen Gefühle in der Bevölkerung geschürt. Damit wurde ein Bild von den Mandschuren geschaffen, das nicht nur in der chinesischen Geschichtsschreibung, sondern auch im Westen für mehrere Jahrzehnte die Vorstellungen von ihnen prägte, obwohl der Westen zuvor bereits von jesuitischen Zeitgenossen ein teils sogar idealisiertes Porträt der großen mandschurischen Kaiser des 17. und 18. Jahrhunderts erhalten hatte.

Eine differenzierende Betrachtung der Mandschu-Herrschaft läßt aber erkennen, daß China während der Qing-Dynastie (1644-1911) seine kulturelle Identität nicht nur nicht verlor, sondern seine Beherrscher in sie zu integrieren vermocht hat.

Die Eroberung Chinas

Als die Mandschuren 1644 in Peking einzogen und die Nachfolge der Ming-Dynastie antraten, hatten sie etwa ein halbes Jahrhundert staatlicher Entwicklung in der Mandschurei hinter sich. Sie waren von dem Bewußtsein erfüllt, die Nachfolge der Dschurdschen-Dynastie der Jin in Nordchina im 12. und 13. Jahrhundert angetreten zu haben, deutlich in der Wahl ihrer ersten Ära-Bezeichnung *Tianming (Himmlischer Auftrag)* von 1616, und auch in der

Nachfolge der mongolischen Yuan-Dynastie des 13. und 14. Jahrhunderts zu stehen, nachdem ihnen 1635 nach der Besiegung Lindan Khans das Reichssiegel dieser Dynastie in die Hände gefallen war. Mit der Wahl der Dynastiebezeichnung *Da Qing* im Jahre 1636 erhoben sie Anspuch auf die Universalherrschaft und die legitime Nachfolge der moribunden Ming-Dynastie. Aus dem Jahre 1637 ist ein Traum des zweiten Kaisers Abahai überliefert, der folgendermaßen interpretiert wurde:

Da man jetzt im Begriff steht, den Sieg [über Korea] im Kaiserlichen Ahnentempel zu melden, ist Taizu (Nurhaci) im Traume erschienen. Was den Besuch im Ming-Palast, den Anblick des Ming-Kaisers und die Übergabe der Jin-Annalen durch einen Mann der Jin anbetrifft, so bedeutet das, daß der hohe Himmel die Absicht hat, die Krone des Ming-Reiches Eurer Majestät zu übergeben[1].

Durch den Stammeshäuptling Nurhaci, der im nordöstlichen Grenzgebiet zwischen China und Korea zunächst die meisten tungusischen Stämme geeinigt und ein Staatswesen gegründet hatte, das Teile der Mongolei und die chinesisch besiedelte südliche Mandschurei umfaßte, war eine Macht entstanden, die nicht nur über eine bloße personelle Herrschaft hinausging, sondern sich bewußt in eine ostasiatische Herrschaftstradition einfügte und zu einem ernsthaften Faktor im politischen Kräftespiel Ostasiens wurde.

Schon 1595 waren die Koreaner anläßlich einer Gesandtschaft zu Nurhaci von dessen Machtfülle beeindruckt. 1599 erfolgte als einschneidende staatsbildende Maßnahme die Einführung der von den Mongolen übernommenen eigenen Schrift. Damit wurde der Gegensatz zwischen dem gesprochenen Mandschurisch und der bis dahin neben dem Chinesischen im Schriftverkehr meist gebräuchlichen mongolischen Schriftsprache aufgehoben, und dies trug zur kulturellen Vereinheitlichung der verschiedenen mandschurischen Stämme bei. Überdies wurde damit das für einen bürokratischen Staat so wichtige Medium für Diplomatie, Bürokratie und Historiographie geschaffen.

In den folgenden Jahren bis 1616 wurde die Bannerorganisation voll entwickelt, durch die die älteren Stammes- und Clanbindungen geschwächt wurden. Dies geschah auch durch die Ausschaltung mächtiger Rivalen, z. B. des eigenen Bruders. Daneben entstand ein rudimentärer politischer Apparat nach mongolischen und chinesischen Vorbildern, kaum erstaunlich, da mit beiden Völkern seit Jahrhunderten ein enger Kontakt bestand und die Mandschuren bereits im gesamtkulturellen Kontext eine ganze Reihe von Anregungen von beiden aufgenommen hatten. Neben Mongolen und Chinesen traten auch Koreaner mit einer den Chinesen ähnlichen bürokratischen Qualifikation frei und unfreiwillig in die Dienste des jungen mandschurischen Staates.

Die Wahl einer eigenen Ärabezeichnung, ein wichtiges Element der staatlichen Emanzipation in Ostasien, und die Übernahme der Dynastiebezeichnung der Jin 1616 bedeuteten eine direkte Herausforderung für den ökumenischen Anspruch der Ming. Eine erste Reaktion war daher die Schließung der Pferdemärkte in Liaodong, die eine wichtige Funktion für das ökonomische Gleichgewicht in der Mandschurei besaßen. 1618 sollte der junge Staat auch militärisch niedergezwungen werden. Mit einem Heer von angeblich 470 000 Mann unter Führung der bedeutendsten Generäle der damaligen Zeit, mehr schlecht als recht auch unterstützt von einem koreanischen Kontingent, zogen die Ming gegen Nurhaci, um jedoch schon Anfang 1619 in der Schlacht am Sarhô östlich von Fushun am Zusammenfluß von Hunhe und Suzihe eine vernichtende Niederlage zu erleiden.

In den Folgejahren fiel die Provinz Liaodong endgültig in die Hände der Mandschuren, und dies führte 1621 zur Verlagerung des Machtzentrums und zur Verlegung der Hauptstadt nach Mukden (Shenyang), fort aus den angestammten Gebieten in ein überwiegend von Chinesen besiedeltes und kultiviertes Land.

Wenn auch die Zusammenarbeit zwischen Mandschuren und Chinesen keineswegs immer reibungslos verlief – es kam zu Aufständen in der chinesischen Bevölkerung, oft unter Führung von Teilen der Bildungsschicht, nicht aber der Bürokratie –, so wurden doch von den Mandschuren intensive Versuche unternommen, die neu unterworfene Bevölkerung möglichst gleichberechtigt zu behandeln und Formen des Zusammenlebens zu finden, die beiden Seiten gerecht wurden.

Daß aber das Bewußtsein, daß man dabei war, eine neue ostasiatische Großmacht zu gründen, keineswegs die gesamte mandschurische Führungsschicht erfaßt hatte, wird z. B. deutlich am Verhalten Amins, eines Neffen Nurhacis, der 1627 auf dem ersten Feldzug gegen Korea vor allem wegen seiner Grausamkeit berüchtigt wurde und der damit die Einbindung Koreas in den jungen Staat zunächst verhinderte. Amin ließ noch einmal 1630 gegen den ausdrücklichen Befehl des zweiten Kaisers, seines Vetters Abahai, angesichts einer drohenden Niederlage gegen die Ming-Truppen bei seinem Rückzug die Stadt Yongping in Hebei plündern und die Bevölkerung massakrieren. Hierfür wurde er zum Tode verurteilt, später jedoch zu Gefängnishaft begnadigt.

Unter dem bereits erwähnten zweiten Kaiser, der 1626 unter weitgehend ungeklärten Umständen die Nachfolge Nurhacis antrat, wurde die Konsolidierung des Staa-

tes weiter vorangetrieben. Es kam nicht zu größeren Gebietserweiterungen auf Kosten Chinas, doch dehnte sich der Einfluß auf die Mongolen und Korea, das 1636 endgültig in Abhängigkeit zu den Mandschuren geriet, aus. Wichtiger waren die inneren Reformen. Ideologisch von überragender Bedeutung war die Übernahme des Mahākālā-Kults von den Mongolen, mit dem der absolutistische Anspruch des Kaisers gestärkt wurde. In der bürokratischen Organisation lehnte man sich an chinesische Vorbilder an. Es wurde eine Kanzlei geschaffen, aus der sich später das *neige (Großsekretariat)* entwickelte, das während des ganzen 17. Jahrhunderts das wichtigste politische Kontrollorgan blieb. Es wurden die Sechs Ministerien – das Beamten-, Finanz-, Riten-, Kriegs-, Justiz- und Arbeitsministerium – eingerichtet. Die Besonderheit bestand gegenüber den chinesischen Vorbildern in der personellen Besetzung. Bereits zu diesem frühen Zeitpunkt wurden bei einer selbstverständlich bevorzugten Behandlung der Mandschuren Angehörige der beiden anderen wichtigen Volksgruppen, Mongolen und Chinesen, berücksichtigt. Zumindest theoretisch setzte sich die Spitze eines Ministeriums wie folgt zusammen: Der Minister war Mandschure, von den vier Vizeministern waren zwei Mandschuren, einer Mongole, einer Chinese. Auf der Ebene der Abteilungsleiter war das Verhältnis in der gleichen Reihenfolge bei vierzehn Stellen 8:4:2, bei den vier »Informatoren« 2:0:2, und bei den zehn Sekretären 8:0:2.
Die Einbeziehung der drei wichtigsten Bevölkerungsgruppen und ihre Teilhabe an der Macht wurde in unterschiedlicher Weise während der ganzen Zeit des Bestehens der Qing-Dynastie verwirklicht, wenn auch bestimmte Schlüsselstellungen fast bis zum Ende der Dynastie Mandschuren bzw. dem kaiserlichen Clan vorbehalten blieben.

Weitere Anhaltspunkte für eine immer stärkere Beeinflussung durch China sind in der Übersetzungstätigkeit der frühen Zeit zu sehen. Aus der Zeit vor 1644 sind die Übersetzungen des Mandschuren Dahai (1595-1632) von militärischen, histori-schen, enzyklopädischen und juristischen chinesischen Werken bekannt, ebenso die früheste Übersetzung eines kanonischen Textes, *Mengzi,* und eines buddhistischen Textes. Daneben versuchte der Kaiser, über Korea chinesische Werke, deren Export als »strategische« Güter aus China oft verboten war, aber auch ältere Dschurdschen Übersetzungen dieser Werke zu bekommen. In Anlehnung an chinesische Vorbilder wurde ein Prüfungssystem geschaffen.
Wenn man vor 1636 auch immer wieder Beispiele dafür findet, daß Chinesen mit Vorsicht und Mißtrauen begegnet wurde, auch wenn sie sich eindeutig zum mandschurischen Staat bekannt hatten, so wurde nach der Ausrufung der Qing-Dynastie die juristische und soziale Gleichstellung der Chinesen ausdrücklich gefördert. Der Erfolg dieser Politik zeigte sich vor allem in dem großen Anteil chinesischer Bannertruppen im mandschurischen Heer und in der Besetzung ziviler Beamtenstellen durch chinesische Bannerleute in den neueroberten Gebieten. Ohne einen ethnischen und kulturellen Gegensatz zwischen Chinesen und Mandschuren leugnen zu wollen – das Kaiserhaus selbst war mandschurisch, kulturelle Eigenheiten wie Zopf, Kleidung, religiöse Übungen und Sprache waren nicht chinesisch –, so war doch unter Abahai ein Staat entstanden, dessen Anspruch auf die Herrschaft über ganz China Teilen der Ming-Bürokratie berechtigter und vorteilhafter erschien als die offensichtlich dem Untergang geweihte Ming-Dynastie selbst oder einer der zahlreichen Prätendenten an der Spitze der

verschiedenen Aufstandsbewegungen, die das Ming-Reich in den letzten Jahren seines Bestehens erschütterten. Auch hatten große Teile der chinesischen Elite sich seit dem Ende des 16. Jahrhunderts dem Staat entfremdet, der von Cliquen- und Eunuchenwirtschaft und damit von informellen und unkontrollierbaren Herrschaftsstrukturen zerrissen wurde. Als 1644 Peking von Li Zicheng (1605?-1645) erobert wurde, trat Wu Sangui (1612-1678), der in Shanhaiguan Peking vor den Mandschuren schützen sollte, zu diesen über, nahm an der Seite des Regenten Dorgon (1583-1648) am Einmarsch in Peking teil und diente der neuen Dynastie Jahrzehnte, bis er 1673 den sogenannten *sanfan*-Aufstand (der drei Feudalgebiete) initiierte, der den Bestand der Qing-Dynastie zeitweilig ernsthaft gefährdete. Aber dieser Aufstand galt nicht der Restauration der Ming, sondern machtpolitischen Zielen.

Der Machtapparat

Die neue Herrschaftsschicht, die 1644 in Peking einzog, war ein Gemisch von Mandschuren, Chinesen und Mongolen, deren Gemeinsamkeit darin bestand, daß sie vor diesem Datum dem neuen Staat gedient hatten. Aber von Anfang an wurde auch die Notwendigkeit erkannt, auf das Reservoir qualifizierter chinesischer Beamter zurückgreifen zu müssen, und in den ersten Jahrzehnten wurden eine Reihe von Maßnahmen ergriffen, um auch solche zu gewinnen, die sich zunächst der neuen Dynastie verweigerten. Diese Integrationsversuche durch Einladungen zu besonderen Prüfungen *(boxue hongci),* zu literarischen und historiographischen Unternehmungen u. a. wurden während der frühen Qing-Zeit mit der kurzen Unterbrechung der Oboi-Regentschaft 1662-1668 mehr-

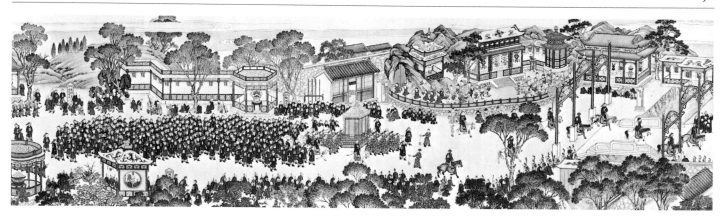

fach unternommen, und nach der Niederschlagung des *sanfan*-Aufstandes und der Eroberung Taiwans 1683 gab es keinen nennenswerten Widerstand mehr gegen die nicht mehr so neue nichtchinesische Dynastie.

Um ein ungefähres Bild der Machtverteilung zwischen Mandschuren und Chinesen zu geben, sei kurz die Zusammensetzung der wichtigsten staatlichen Organe während der Kangxi-Ära (1662-1722) gegeben[2]. Mandschurisch waren das Kaiserhaus und der Rat der *yizheng dachen* (der die Regierung beratenden Großwürdenträger), der eine kurze Zeit das wichtigste politische Entscheidungsgremium war, später allerdings nur noch zur Artikulierung spezifischer mandschurischer Interessen diente. Überwiegend mandschurisch waren das *neige (Großsekretariat)*, die sechs Ministerien und die Armee. In der Hanlin-Akademie, im Zensorat und für den Personenkreis, der das direkte Eingaberecht an den Kaiser unter Umgehung aller sonst zuständigen Behörden erhielt, war die ethnische Zugehörigkeit irrelevant. Überwiegend chinesisch waren das für die Kangxi-Ära bedeutsame *nanshufang*, eine unmittelbar dem Kaiser zugeordnete Institution, und die lokale Verwaltung.

Auf der provinziellen Ebene wurden die wichtigsten Ämter, die der Generalgouverneure *(zongdu)* und Gouverneure *(xunfu)*, im gleichen Zeitraum überwiegend mit Angehörigen der chinesischen Banner besetzt, deren Beteiligung an den hauptstädtischen Ämtern unverhältnismäßig gering war, die aber auf Provinzebene für Kontrollfunktionen besonders geeignet waren, da sie, obwohl selbst Chinesen, von ihren Landsleuten meist unterschiedslos mit den Mandschuren gleichgesetzt wurden.

Insgesamt läßt sich sagen, daß die Mandschuren während der ganzen Zeit ihrer Herrschaft über China wichtige Machtpositionen behaupteten. Diese Tendenz wurde in der Mitte des 19. Jahrhunderts gebrochen und nur noch einmal mit dem »Kabinett der Prinzen« am Ende der Dynastie aufgegriffen. Sie empfanden sich gewiß von Anbeginn als Herrschaftsvolk oder -gruppe, kaum jedoch als Kulturträger. Dazu war der Akkulturationsprozeß zu weitgehend.

Das staatspolitische Bewußtsein der Mandschuren war früh schon so stark entwickelt, daß freiwillige Übergabe von Städten mit Garantien für Leben und Besitz der Bevölkerung honoriert wurden, eine eher wohltuende Ausnahme in dem von Aufständen gequälten China der damaligen Zeit. Vor 1644 sticht unrühmlich nur das erwähnte Verhalten Amins hervor. Nach 1644 ging die Verteidigung von Yangzhou (1645) durch Shi Kefa als Ruhmestat chinesischen Opferwillens und ungebrochener Loyalität in die Geschichte ein, während das anschließende Massaker durch die Qing-Heere umgekehrt in den *Aufzeichnungen eines Zehntage-Massakers in Yangzhou* verewigt wurde. Dieser Augenzeugenbericht wurde um 1900 von Liang Qichao (1873-1929) nachgedruckt und verteilt, um die antimandschurischen Gefühle zu verstärken.

Außerdem kämpften die Mandschuren in den ersten Jahren von 1644 bis 1649 in den Provinzen Shaanxi und Hubei gegen Li Zicheng, in Sichuan gegen Zhang Xianzhong und in Shanxi gegen Jiang Xiang. In den Küstenprovinzen Zhejiang und Fujian zogen sich die Kämpfe gegen Ming-Loyalisten, vor allem gegen den in Europa als Koxinga bekannten Zheng Chenggong und später gegen seinen Sohn, bis 1662 bzw. 1683 hin, und diese Auseinandersetzungen gefährdeten die Küsten von Shandong im Norden bis in den tiefen Süden. In den siebziger Jahren des 17. Jahrhunderts wurden die Provinzen Fujian, Guangdong, Yunnan, Guizhou und Hunan vom *sanfan*-Aufstand erschüttert.

Danach aber erlebte das eigentliche China mehr als hundert Jahre Frieden. Die Feldzüge der Qing führten in die Grenzgebiete im Norden, nach Zentralasien, Tibet und Nepal und schufen den Staat, in dessen Grenzen mit Ausnahme der Äußeren Mongolei und kleinerer Gebiete im Norden und äußersten Westen das heutige China besteht.

Aus dem Werk *Biographien der Diener zweier Herren (Erchen zhuan)*, das etwas mehr als 120 Biographien von Personen enthält, die sowohl den Ming als auch den Qing als Beamte dienten, erhält man einen recht guten Eindruck von den unterschiedlichen Gründen, die diese Personen zur Kollaboration mit den Mandschuren bzw. der Qing-Dynastie veranlaßten. Es handelt sich hierbei etwa je zur Hälfte um Militär- und Zivilbeamte, die zwischen 1613 und 1659 ihren Herren wechselten.

In der Frühzeit waren es in der Regel Militärs oder aus dem Militär stammende Guerilla- und Bandenführer, die sich nach Niederlagen freiwillig oder gezwungen in mandschurische Dienste begaben. Auch später scheint der normale Weg gewesen zu sein, in auswegloser militärischer Lage den Übertritt ins vordem feindliche Lager zu wählen.

Ein großer Teil der Zivilbeamten war bereits kompromittiert, u. a. nachdem sie, von den Ming im Stich gelassen, auf sich selbst gestellt Entscheidungen gegen ihren früheren Herrn fällen mußten. Dies galt besonders für die Beamtenschaft in Peking, die, soweit sie nicht fliehen konnte oder besonders heroischen Charakters war, zunächst die Zusammenarbeit mit Li Zicheng wählte und damit bereits die Loyalität gegenüber den Ming aufgekündigt hatte. Für diese war wahrscheinlich der Einmarsch der Qing-Truppen in Peking eine Erlösung.

Andere hatten sich freiwillig den Aufstandsbewegungen angeschlossen und wechselten allmählich zu den Qing hinüber, je mehr sich die Situation von Li Zicheng und Zhang Xianzhong u. a. verschlechterte.

Eine weitere Gruppe bestand aus Beamten, die im Groll aus dem Dienst geschieden oder entlassen worden waren, und die auf die Einladung zur Übernahme eines Amtes bei den Qing warteten oder sich selbst anboten.

Der Verdacht der Kollaboration, wenn man dieses Wort wirklich im Zusammenhang mit den eher dynastischen als nationalen Kämpfen gebrauchen will, fällt am ehesten auf die Gruppe, die sich während des Südfeldzuges der Qing 1645, bei dem es u. a. zur Zerstörung von Yangzhou kam, diesen unterwarf.

Die Ming-Loyalisten

Neben denen, die mit den Mandschuren bzw. Qing zusammenarbeiteten, gab es selbstverständlich eine große Zahl derer, die ihr Schicksal mit dem der untergehenden Ming-Dynastie verknüpften. Dabei spielte die Errichtung einer Fremddynastie jedoch nur eine untergeordnete Rolle.

Unter den bedeutenden Ming-Loyalisten läßt sich nur in einem einzigen Falle mehr als nur der Ansatz eines nationalen Motivs erkennen. Wang Fuzhi (1619-1692) arbeitete zunächst wie viele andere auf der Seite der südlichen Ming und begleitete deren allmählichen Rückzug nach Süden und Südwesten. Danach versuchte er in den bereits eroberten Gebieten Aufstandsbewegungen zu organisieren, lebte versteckt und später zurückgezogen und verweigerte jede Zusammenarbeit mit den Qing. In vielen seiner Werke wird deutlich, daß für ihn der Gegensatz von Chinesen und Fremden vor allem im Vordergrund stand, und zwar als nationales Problem. Dies zeigt sich u. a. in seiner intensiven Beschäftigung mit der Song-Dynastie (960-1279) und deren Untergang. Am Beispiel der Eroberung Chinas durch die Mongolen drei bis vier Jahrhunderte vorher versuchte er, die Gründe für das Scheitern der Ming zu verstehen.

Weniger ausgeprägt als bei ihm spielte bei einer Reihe von Loyalisten der Kulturalismus, das Überlegenheitsgefühl der Chinesen gegenüber den tatsächlich oder scheinbar kulturell unterlegenen Randvölkern eine Rolle. Der Widerstand galt hierbei vor allem dem Zwang, äußere, die Unterwerfung unter ein fremdes Volk dokumentierende Attribute, wie z. B. die Haartracht, zu übernehmen.

Das eigentliche traumatische Erlebnis war der Dynastiewechsel selbst, nicht die Fremdherrschaft an sich. Sich dem Dienst der Qing zu verweigern, hatte bürokratisch-ideologische Gründe. Die große Mehrheit der *yimin* (der aus der Ming-Dynastie übriggebliebenen Personen) folgte der seit der Hanzeit existierenden und seit der Nord-Songzeit theoretisch begründeten Loyalitätstradition. Seit Ouyang Xiu (1007-1072), der die Geschichte der Tang-Dynastie (618-906) und der sich anschließenden kurzen Fünf Dynastien neu schrieb, wurde ein Beamter, der mehr als einer Dynastie diente, moralisch verurteilt. Furchtbares Exempel wurde Feng Dao aus der Zeit der Fünf Dynastien, dem es gelang, während seines Lebens fast allen kurzlebigen Dynastien Nordchinas zu dienen. Ein peinliches Exempel wurde Zhao Mengfu (1254-1322), der als Angehöriger des Song-Kaiserhauses der Aufforderung der Mongolen folgte, ein Amt zu übernehmen.

Eine bedeutende Rolle spielten Loyalitätsbindungen nach dem Untergang der Song-Dynastie. In dieser Zeit entwickelte sich auch vor allem das Instrumentarium des Loyalitätsbeweises: aktiver Widerstand über den Untergang der eigenen Dynastie hinaus, passive Verweigerung bis hin zur Ablegung eines Mönchsgelübdes, zum Eremitentum oder gar Selbstmord. Während man im Falle der Song-Dynastie sagen kann, daß die Verweigerung einer Fremddynastie, den Mongolen, galt und damit auch nationale und kulturelle Motive von Bedeutung waren, so war diese Verhaltensweise am Ende der Yuan-Dynastie bereits so institutionalisiert, daß auch dann, wenn auch im geringeren Umfang, ein Teil der Beamtenschaft sich völlig oder zumindest zeitweise den Ming verweigerte, und zwar in genau der gleichen Weise, eher durch ideologische Vorstellungen »gezwungen« als »freiwillig«.

Deutlich wird das ideologische Element auch durch das Verhalten der jeweils neuen Dynastien. Zwar waren sie an einer möglichst reibungslosen Übernahme der Regierungsgeschäfte interessiert und damit auch an einer Zusammenarbeit mit dem bestehenden bürokratischen Apparat, andererseits war aber auch die Loyalität der Beamten dafür eine unabdingbare Voraussetzung. Daher wurde die Loyalität gegenüber der untergegangenen Dynastie sehr weitgehend respektiert.

Beim Übergang von der Ming- zur Qing-Dynastie waren loyalistische Reaktionen vor 1644 relativ selten. Auch die Eroberung Pekings verursachte solche kaum, da hier bereits die Ereignisse um Li Zicheng eine neue Situation geschaffen hatten. Erst in den Kämpfen in Mittel- und Südchina gab es eine Unzahl von Märtyrern, z. B. in Yangzhou, Nanjing und Jiading, die den Tod durch die eigene oder die Hand der Qing einer Unterwerfung vorzogen. Andere entzogen sich dem Zugriff der Qing, indem sie die Tonsur annahmen. Zumin-

dest zum Teil wird die Blüte buddhistischer Klöster in dieser Zeit auf den starken Zustrom von Mitgliedern der Ming-Gentry zurückgeführt, die ihr Vermögen in das Klostervermögen einbrachten. Andere führten über Jahrzehnte ein Eremitendasein und ließen sich weder durch Versprechungen noch Drohungen zu einer Zusammenarbeit bewegen.

Es gab auch subtilere Zeichen der Loyalität für die Ming. So benutzten der Polyhistor Gu Yanwu (1613-1682) und der Astronom Wang Xishan (1628-1682) in ihrer Korrespondenz nicht die Ärabezeichnungen der Qing, sondern lediglich den Sechzigerzyklus zur Datierung. Indem er die Ming-Prätendenten nach 1644 ebenfalls zählte, sprach Wang in seiner Korrespondenz von den neunzehn Kaisern der Ming-Dynastie. In manchen Fällen gingen die Loyalitätsgefühle so weit, daß Söhne sich weigerten, ein Amt unter den Qing anzunehmen, weil ihre Väter zu den Ming-Loyalisten gehört hatten. Vereinzelt wurden loyalistische Gedanken auch noch im 18. Jahrhundert vertreten.

Aber auch die Ming-Dynastie hatte ihren Zhao Mengfu in der Gestalt des Malers und Mönches Daoji (?-1719), der ursprünglich Zhu Ruoji hieß und vom Bruder des Dynastiegründers abstammte. Zwar übernahm er kein Amt, doch traf er 1689 in Yangzhou mit Kaiser Kangxi zusammen und erklärte sich als loyaler Untertan der Qing-Dynastie. Auch das war für ein Mitglied des untergegangenen Kaiserhauses und einen erklärten Patrioten zuviel.

Wenn auch die genuin chinesischen Dynastien zweifellos stärker loyalistische Reaktionen hervorrufen konnten, so finden wir doch selbst beim Sturz der Qing-Dynastie unter veränderten Bedingungen und in einem ganz anderen intellektuellen Klima wiederum die gleichen Verhaltensweisen nicht nur unter Mandschuren und Mongolen, die sich vielleicht aufgrund ihrer Herkunft mit der Dynastie identifizierten, sondern auch unter Chinesen, die einerseits der Loyalitätsnorm folgten, andererseits aber auch diese letzte Dynastie als legitim und als Bestandteil der chinesischen Geschichte ansahen. Als eines der berühmtesten Beispiele sei hier nur der Gelehrte Wang Guowei (1877-1927) genannt.

Wie sehr auch die Qing-Kaiser diese Haltung der Loyalität respektierten, zeigt sich u. a. darin, daß 1776 ein Teil der Ming-Loyalisten gerade wegen ihrer bewiesenen Loyalität postume Ehrungen empfing.

Die Sinisierung der Mandschuren

Während zu Beginn der Regierungszeit des Kaisers Kangxi (reg. 1662-1722) unter der Oboi-Regentschaft noch einmal der Versuch unternommen wurde, sich als mandschurische Herrschaftsschicht gegenüber den chinesischen Untertanen zu behaupten, erkannte Kangxi selbst, daß ein solcher Versuch kaum zur Festigung des Herrschaftsanspruches beitragen würde. Seine Einstellung zeigt sich nicht nur in der bereits skizzierten Beamtenstruktur, sondern auch in der Übernahme der Rolle eines chinesischen Kaisers, dessen Legitimität nicht mehr allein durch ein den Chinesen fremdes und unzugängliches Ritual zu bestätigen war. Auch der Fundus chinesischer kaiserlicher Attribute wurde übernommen. Den Mandschuren wurde diese veränderte Stellung durch eine intensivierte Übersetzungstätigkeit zentraler chinesischer Texte vor allem in ihrer Songzeitlichen Kommentierung nahegebracht. In der mandschurischen Tradition standen die innerhalb des Palastes durchgeführten schamanistischen Kulte, aber auch viele Bereiche des täglichen Lebens waren von ihr erfüllt.

Ein wichtiger Bestandteil des mandschurischen Erbes waren die für die körperliche Ertüchtigung gedachten Jagdausflüge in die kaiserlichen Jagdgebiete in der Nähe von Shenyang, die mit dem Besuch der Ahnengräber in Chengde (Jehol), mit der Sommerfrische im *Südlichen Jagdpark (Nanyuan)* bei Peking oder sogar ins Soyolji-Bergland im äußersten Nordosten der Inneren Mongolei verbunden wurden. Gerade diese Übung, über die noch Cao Yin (1658-1712) mit echter Begeisterung schrieb, wurde aber für viele Mandschuren bereits im 18. Jahrhundert zu einer bloßen lästigen Pflicht, der man sich mit allen Mitteln zu entziehen suchte.

Ein weiteres Problem stellte die Bewahrung der eigenen Sprache dar. Zwar wurde bis zum Ende der Dynastie die Zweisprachigkeit im offiziellen Schriftverkehr beibehalten, aber wenn für die frühen Kaiser das Mandschurische noch das natürliche Sprachmedium war, so war sein Gebrauch zuletzt selbst am Kaiserhof auf formale Redewendungen beschränkt, und man mußte für den Einsatz in den Behörden meist auf die Sibe zurückgreifen, die als einzige in größerer Zahl das Schriftmandschurische beherrschten.

Diese negative Entwicklung setzte merkbar bereits im frühen 18. Jahrhundert ein, als offizielle mandschurische Schriftstücke wegen sprachlicher Mängel oft sinnentstellt waren. Man versuchte, ihr durch die Zusammenstellung von Lexika, Grammatiken und Lehrbüchern entgegenzuwirken, und man schuf zahlreiche Neologismen, um die Überfremdung des Mandschurischen durch die chinesische Sprache zu verhindern.

Auf der anderen Seite griff man auch chinesische Traditionen, die seit langer Zeit nicht mehr wahrgenommen worden waren, wieder auf. Man unternahm Reisen zum Taishan und nach Qufu in Shandong,

verband die Inspektionsreisen zu den Wasserbauten am Huanghe und Huaihe mit »Bildungsreisen« bis in die Provinz Zhejiang.

In der Blütezeit der Qing-Dynastie versuchten die Kaiser, Repräsentanten beider Bevölkerungsteile zu sein, und so versuchten sie, auf dem schmalen Grat zu gehen, der die Zusammenarbeit von den nur allzu leicht aufbrechenden Gegensätzen trennte. *Als ich Zhang Pengge beschuldigte, Chinesen gegenüber Bannerleuten zu bevorzugen, hatte er nichts dazu zu sagen. Dies ist eine der schlechtesten Gewohnheiten der hohen Beamten, wenn sie nicht ihre Lehrer und Freunde für hohe Ämter empfehlen, empfehlen sie ihre Verwandten. Diese üble Praxis war früher auf die Chinesen beschränkt. Sie haben immer Cliquen gebildet und dann ihr Empfehlungsrecht dazu benutzt, Mitglieder ihrer Cliquen zu fördern. Jetzt hat sich diese Praxis bis zu den chinesischen Bannerleuten verbreitet wie z. B. zu Yu Chenglong; und selbst die Mandschuren, die so loyal waren, empfehlen Leute ihres eigenen Banners, von denen sie wissen, daß sie einen schlechten Ruf haben, und sie weigern sich, den Chinesen zu helfen. Als im Chinesenviertel von Peking ein Großfeuer ausbrach, behielten die höheren mandschurischen Beamten ihre Hände in den Ärmeln gefaltet und kümmerten sich nicht darum, obwohl ich mich persönlich zum Ort des Geschehens begeben hatte und ihnen befohlen hatte nachzuprüfen, ob das Feuer gelöscht sei.*

Daher muß man Eingaben mit Beschuldigungen sorgfältig lesen – denn hinter einer Anklage kann stehen, daß einer der Kontrahenten Chinese, ein anderer chinesischer Bannermann ist oder einer ein Chinese und der andere ein Mandschure. (. . .) [3].

Im Zusammenhang mit einer Auseinandersetzung zwischen einem mandschurischen Generalgouverneur und einem chinesischen Gouverneur im Jahre 1712 erklärte Kaiser Kangxi:

Ich habe mehr als fünfzig Jahre regiert und bin mit allen Angelegenheiten vertraut. Niemals habe ich unterschieden zwischen Mandschuren, Mongolen, den chinesischen Bannerleuten und dem chinesischen Volk [4].

Es war aber tatsächlich mehr als politische Einsicht, was die Qing-Kaiser zu Exponenten der chinesischen Kultur machte. Ebensosehr wie die Faszination der überlegenen und komplexeren Kultur war hierfür offensichtlich das kaiserliche Rollenverständnis als *elegantiae arbiter* von Bedeutung und die daraus für den Kaiser erwachsende Verpflichtung, selbst die vom Beamten-Literaten erwarteten Fähigkeiten zu beherrschen. Die Kalligraphie der Kaiser war Vorbild, ihre Dichtung Maßstab der Bildung. Sie versuchten sich in Musik und Malerei.

In der Kalligraphie bildeten sie keinen eigenen Stil, sondern förderten mit ihren ästhetischen Neigungen die Verbreitung bestimmter Vorbilder, neben den Song-Meistern Mi Fu und Su Shi (Su Dongpo) vor allem Dong Qichang (1555-1636; Kat. Nr. 82), dessen Kalligraphie von den Kaisern Kangxi und Qianlong besonders geschätzt wurde.

In der Dichtkunst versuchten sich alle Kaiser. Bereits Kaiser Kangxi werden mehr als tausend Gedichte in chinesischer Sprache zugeschrieben, am bekanntesten vielleicht die Gedichte zu den 36 Ansichten des *Bishu shanzhuang*, des Sommerpalastes in Chengde, die 1712 gedruckt wurden.

Die Interessen des Kaisers Kangxi gingen jedoch, wenn auch oft dilettantisch, weit über die eines typischen chinesischen Gelehrten hinaus. Im engen Kontakt mit den jesuitischen Missionaren diskutierte er mit diesen u. a. Mathematik, Astronomie oder technische Probleme und veranlaßte die Veröffentlichung von Übersetzungen westlicher Arbeiten auf diesen Gebieten ins Chinesische oder Mandschurische.

Seinem Enkel, dem Kaiser Qianlong, werden gar mehr als 42 000 Gedichte zugeschrieben, die, wenn sie auch kaum alle von ihm selbst stammen, zumindest seine literarischen Interessen und seine *eruditio* zeigen, mehr wahrscheinlich als seine dichterischen Fähigkeiten. Sein bekanntestes dichterisches Werk ist die auf mandschurisch und chinesisch geschriebene Reimprosa und Mukden *(Shengjing fu)*, die u. a. von Amiot (1718-1793) ins Französische übersetzt wurde.

Kaiser Yongzheng (reg. 1723-1735) tat sich jenseits des politischen Geschehens vor allem durch sein Interesse für den Buddhismus hervor.

Während die dichterischen Aktivitäten der Kaiser oft stereotyp bleiben, so zeigt sich in ihrer Prosa ihre wahre intellektuelle Kapazität und ihr politischer Scharfsinn. Die großen Kaiser der frühen und mittleren Qingzeit verfaßten die wichtigen politischen Dokumente selbst.

Darüber hinaus haben die Kaiser Kangxi, Qianlong und Jiaqing eine überaus wichtige Rolle für die Bewahrung des chinesischen kulturellen Fundus gespielt. Hierzu zählt nicht nur ihre intensive Sammeltätigkeit von Kunstgegenständen – auch damit stehen sie in der Tradition der chinesischen Kaiser –, sondern die Förderung großer literarischer und sprachlicher Vorhaben. Unter Kangxi entstanden die großen Lexika *Kangxi zidian* und *Peiwen yunfu*, die *Vollständige Sammlung der Tang-Gedichte (Quan Tangshi)* und die größte je gedruckte Enzyklopädie, das *Gujin tushu jicheng*, unter Qianlong wurde die große literarische Sammlung *Siku quanshu* (Vollständige Sammlung von Büchern zu den vier Sachgebieten der traditionellen chinesischen bibliographischen Klassifikation) zusammengestellt. Dazu entstand der annotierte kaiserliche Katalog, eine Fundgrube für bi-

bliographische und literaturkritische Informationen. Unter Kaiser Jiaqing wurde die Sammlung der Tang-Prosa *(Quan Tangwen)* kompiliert. Vergleichbare Aktivitäten gab es in der chinesischen Geschichte nur zu Beginn der Song-Dynastie und unter Kaiser Yongle der Ming Anfang des 15. Jahrhunderts, als die nur im Manuskript vorliegende und zum Teil noch erhaltene Enzyklopädie *Yongle dadian* zusammengestellt wurde.

Dies geschah nicht nur aus Liebe zur chinesischen Kultur, sondern es gibt vielfältige zusätzliche Motive, z. B. die Einbindung chinesischer Gelehrter in unverfängliche kulturelle Aktivitäten, um sie von weitergehenden, politisch gefährlicheren abzuhalten[5]. Gerade die Zusammenstellung des *Siku quanshu* erfolgte auch zu Zwecken einer doppelten Zensur unter Kaiser Qianlong. Hunderte von Werken wurden zerstört oder indiziert, und eine weitere Folge war die Lähmung des intellektuellen Lebens oder der Rückzug auf unverfängliche philologische Studien.

Die angesprochene Liebe der mandschurischen Kaiser zur chinesischen Kultur war eben doch auch von politischen Erwägungen bestimmt. Sie war vorhanden, ebenso wie die Pflege des mandschurischen Erbes auch noch durch Kaiser Jiaqing oder das Vergnügen Kaiser Qianlongs an »Europäerien«, das sich in den Bauten des Yuanmingyuan oder den Bildern Castigliones (1688-1766; vgl. Kat. Nr. 41 und 45) und anderer manifestiert.

Dennoch hat die chinesische Kultur selbstverständlich eine große Faszination auf die Mandschuren ausgeübt. Nicht umsonst gingen Eigenständigkeit und Vitalität der mandschurischen Kultur immer mehr verloren, büßte die mandschurische Sprache immer mehr von ihrer Bedeutung ein, wenn auch manche Verluste eher mit den überwiegend mündlichen Traditionen ei-

nes Hirten- und Bauernvolkes zusammenhängen als mit der chinesischen Kultur selbst.

Aus der eigenen Tradition erklärt es sich, daß sich kaum eine eigenständige mandschurische Literatur entwickelte, daß sie sich vielmehr an chinesischen Vorbildern orientierte, ob in der engeren Form von Übersetzungen von Romanen, historischen Werken und kanonischen Büchern oder in einer Kunstliteratur, die weder inhaltlich noch formal ihren Ursprung verleugnen kann. In einer Umwelt, in der das Chinesische die vornehmsten Ausdrucksmöglichkeiten bot, war es unvermeidlich, daß auch die Mandschuren von diesem Medium Gebrauch machten. Bei dem Versuch, es anzuwenden, sind die Mandschuren keineswegs nur in der Mittelmäßigkeit steckengeblieben, sondern sie haben zum Teil eigenständige Leistungen hervorgebracht. Einen Überblick über die chinesischsprachigen literarischen Aktivitäten von Mandschuren bietet der 1941 erschienene Katalog *Baqi yiwen bianmu (Liste der Literaturerzeugnisse der Acht Banner),* der neben den Mandschuren auch die mongolischen und chinesischen Bannerleute aufführt. Quantitativ ist diese Produktion nicht mit der chinesischen zu vergleichen, aber ob aus dem kaiserlichen Klan selbst oder einem anderen Mandschuren-Klan stammend, seit der Zeit des Kaisers Kangxi bis zum Ende der Dynastie gibt es chinesische Arbeiten oder Kommentare zu fast allen traditionellen Themen, zu den kanonischen Büchern, zur Geschichte, Geographie, Sprachwissenschaft und Verwaltung, die von Mandschuren verfaßt wurden, deren Qualität kaum hinter der der Chinesen zurücksteht.

Ihre eigentliche Bedeutung liegt jedoch im Bereich der Theater- und Romanliteratur. Hier seien nur das im mandschurisch-chinesischen Umfeld entstandene *Honglou*

meng (Der Traum der roten Kammer) und das *Ernü yingxiong zhuan (Die schwarze Reiterin)* genannt. Der Autor des *Honglou meng,* Cao Zhan, war ein Enkel Cao Yins, zwar chinesischer Herkunft, aber durch die enge Bindung an das Kaiserhaus als Klient weitgehend mandschurisiert. Der Autor des *Ernü yingxiong zhuan,* Wenkang, war echter Mandschure.

In vielen Fällen kann man gewiß auch ein vollständiges Aufgehen in der chinesischen Kultur annehmen. Mehr jedoch als irgendeiner der Kaiser ist für diese Haltung Nara Singde (1655-1685; vgl. Kat. Nr. 116) beispielhaft. Vielleicht auch bedingt durch seine schwächliche Konstitution ging er ganz in literarischen Tätigkeiten auf und verkehrte in chinesischen Literatenkreisen. Seine *ci*-Dichtung brachte ein chinesisches Genre zur Vollendung, das seine hervorragenden Vertreter in dem unglücklichen letzten Herrscher der Südlichen Tang, Li Yu (937-978) und den großen Dichtern der Nördlichen Song-Dynastie gehabt hatte. So weit machte er sich chinesische Vorstellungen und Bilder zu eigen, daß auch er als Mandschure von den Härten und der Trostlosigkeit des Nordostens schrieb.

Anmerkungen

1 Hauer (1926), 449.
2 Linke (1982), 65-84.
3 Spence (1974), 41.
4 Spence (1966), 254.
5 Vgl. *Im Schatten hoher Bäume,* 176.

Das Hofzeremoniell der Mandschu-Dynastie

Peter Greiner

Das von der Lehre des Konfuzius (551-479 v. Chr.) und seiner Schule geprägte traditionelle China der Kaiserzeit ging nach einer über zweitausendjährigen Geschichte mit der Abdankung der seit dem Jahre 1644 über das Reich der Mitte herrschenden mandschurischen Fremddynastie der Qing im Jahre 1911 zu Ende. Trotz der bei den Herrschern der verschiedenen Dynastien chinesischen und nichtchinesischen Ursprungs immer wieder hervortretenden Hinneigung zu daoistischen und buddhistischen Lehren – Kaiser Qianlong ließ sich sogar als buddhistische Heilsgestalt porträtieren (Kat. Nr. 39) – konnte der Konfuzianismus im politischen und im öffentlichen Leben stets seine Vorrangstellung behaupten. Auch unter der Qing-Dynastie wurde die Ausbreitung der daoistischen und buddhistischen Lehre eingeschränkt und die konfuzianische Orthodoxie als für das ganze Reich verbindlich erklärt.

Die Legitimation der Herrschaft

Die konfuzianische Lehre ging von der Vorstellung aus, daß der gesamte Kosmos und damit auch die Welt der Menschen von dem als Gottheit vorgestellten Himmel *(tian)* gelenkt wird. Folgen alle Wesen dem Weg des Himmels *(tiandao),* herrscht Harmonie, Friede und Wohlstand. Zwischen Himmel und Erde stehend ist der Mensch der Angelpunkt des kosmischen Ordnungsgefüges und Mittler der geregelten zyklischen Bewegungen des Weltalls. Der Herrscher als der würdigste unter den Menschen erhält als Sohn des Himmels *(tianzi)* den Auftrag des Himmels *(tianming),* in der Menschenwelt und damit im Kosmos die Harmonie sicherzustellen. Der Weg des Herrschers *(wangdao)* steht in Einklang mit dem Weg des Himmels, in dem der Himmelssohn seine Gedanken und Begierden nach dem Willen des Himmels ausrichtet und so eine Kraftwirkung *(de)* ausstrahlt, die zunächst seine Familie, dann seine Umgebung und schließlich die ganze Welt in die rechte Bahn bringt. Versagt er vor dieser Aufgabe, geht der Auftrag des Himmels auf einen anderen, würdigeren Menschen über *(geming)*[1].

Obwohl der Himmelssohn nach dieser Lehre als ruhender Pol im Mittelpunkt der Welt allein durch seine Ausstrahlung ohne aktives Eingreifen *(wuwei)* herrschen sollte, vertraute man in der Praxis doch nicht auf eine selbsttätige Wirkung seines

Charismas[2]. Konfuzius, der nach seinen eigenen Worten nichts Neues schaffen, sondern nur Altes überliefern wollte, sah bereits die Notwendigkeit, sich an historischen Vorbildern zu orientieren, um daraus die für Herrscher wie Untertan geltenden Normen abzuleiten. Der Weg des Himmels wurde in der Menschenwelt nur durch die Vermittlung des Himmelssohnes offenbar, woraus sich bereits ein Bruch im Kontinuum des Kosmos ergibt; die Ausstrahlung des Himmelssohnes wurde vermittelt, indem er seine Untertanen durch Riten *(li)* und Musik *(yue)* zum richtigen Handeln und zur richtigen inneren Haltung anleitete. In der Menschenwelt entsteht wiederum ein Bruch innerhalb des Gemeinwesens dadurch, daß zwischen dem Edlen *(junzi),* der aus Einsicht und Furcht vor der Schande recht zu handeln bemüht ist, und dem Gemeinen *(xiaoren),* der nur durch Strafen zu dem geforderten Verhalten zu zwingen ist, unterschieden werden muß. Selbst die heiligweisen Könige des Altertums, die nach Auffassung des Konfuzius das Ideal eines charismatischen Herrschers verkörperten, der bei seinen Untertanen spontan Anerkennung und Gehorsam findet, mußten gegen Böswillige und Widerspenstige mit Waffengewalt und grausamen Körperstrafen vorgehen. So ist es in dem angeblich von Konfuzius redigierten *Buch der Urkunden (Shujing)* überliefert[3].

Das Ideal der gewaltlosen Herrschaft durch die Riten, die in bezug auf innere Haltung und äußeres Handeln die Beziehungen zwischen den Gottheiten des Kosmos und der Menschenwelt, zwischen Herrscher und Untertan sowie zwischen den einzelnen Menschen untereinander regelten, ist als durchaus geeignete Legitimationstheorie von den chinesischen Kaiserdynastien hochgeschätzt worden. In der Regierungspraxis sahen sich aber selbst die orthodoxesten Konfuzianer auf die von ihnen sonst bekämpften Theorien der Legistenschule *(fajia,* der hervorragendste Vertreter dieser Lehre war Han Feizi, gest. 233 v. Chr.) verwiesen, wonach die Menschen nur durch ein gesetzlich geregeltes System von Lohn und Strafen zur Einhaltung von Normen anzuhalten sind[4].

31. Kaiser Qianlong in Staatsrobe.
Ära Qianlong
Katalog Nr. 3

32. Opfer am Altar des Ackerbaus. Detail.
Ära Yongzheng
Katalog Nr. 26

*33. Eissport am Hof. Jin Kun, Cheng Zhi-
dao, Fu Longan. Detail. 18. Jh.
Katalog Nr. 29*

34. Neujahrsbankett in der Halle des Purpurglanzes. Yao Wenhan. Nach 1761. Ausschnitt.
Katalog Nr. 30

*36. Kaiserliches Staatssiegel mit Doppeldra-
chenknauf. Qing-Zeit
Katalog Nr. 12*

Die Funktion der Riten (li)

Die Riten weisen jedem einzelnen Menschen im Gemeinwesen seinen Status mit den sich daraus ergebenden Verhaltensvorschriften zu und regeln zugleich die Beziehungen des einzelnen und des gesamten Gemeinwesens zu den Gottheiten des Universums, zu den Naturgottheiten und zu den Ahnen. In der konfuzianischen Lehre gibt es keine Unterscheidung zwischen »sakral« und »profan«, in der Praxis wurde aber aufgrund der Riten durch Abgrenzung sakraler Örtlichkeiten und durch die Heraushebung festlicher Tage eine klare Durchbrechung des räumlichen und zeitlichen Kontinuums vollzogen. Richtet man nun den Blick auf das Hofzeremoniell als einen Teil der Riten, so ist festzustellen, daß hier wie im gesamten Bereich der Riten zwar die im konfuzianischen Kanon (im *Liji* und im *Yili*) fixierten Regelungen und Deutungen als Richtschnur dienten, aber doch im Laufe von über zweitausend Jahren manche Änderungen vorgenommen wurden. So ist das Hofzeremoniell der mandschurischen Qing-Dynastie dem früherer Dynastien trotz mancher Unterschiede sehr ähnlich.

Zum Hofzeremoniell der ganzen chinesischen Kaiserzeit gehörte das *Zeremoniell der Thronbesteigung (dengji yi), der Kaiserlichen Hochzeit (dahun yi), der Großen Audienz (dachao yi), der gewöhnlichen Audienz (changchao yi), die Beisetzungszeremonien (sangyi)* sowie die Zeremonien im *Kaiserlichen Ahnentempel (Taimiao),* am *Himmelsaltar (Tiantan),* am *Altar des Ackerbaus (Xiannongtan),* am *Altar der Götter des Bodens und der Feldfrüchte (Shejitan)* usw. Bei allen genannten Zeremonien stand der Kaiser entweder selbst im Mittelpunkt der Verehrung oder er trat als der Vollzieher der wichtigsten Rituale auf. Grundsätzlich stand er dabei nur an der Spitze der Hierarchie einer das ganze Reich überziehenden patriarchalischen Ordnung. Status und Amt der Kaiser leiteten sich ab von der eines Familienvaters, der in seinem Hause die Verehrung der übrigen Familienmitglieder genießen und stellvertretend für sie die religiösen Rituale vollziehen sollte. Entsprechend waren die Ältesten einer Landgemeinde, der leitende Beamte einer Kreisverwaltung usw. mit gleichen Würden ausgestattet. So war der Kaiser der höchste Reichsbeamte und »Vater und Mutter« des Reiches. In seiner Person waren die höchste Herrschergewalt und die höchste Priesterwürde vereint, die *unter dem Himmel (tianxia)* Anerkennung finden sollte, diese aber in der Praxis nur im *Reich der Mitte (zhongguo)* und in einigen Randstaaten Chinas fand.

Die Bedeutung der Riten in einem solchen Herrschaftssystem kommt dadurch zum Ausdruck, daß die Leiter der Ritenbehörden im China der Kaiserzeit immer zu den höchsten Reichsbeamten zählten, und seit der Tang-Zeit (618-906) gab es unter den sechs Ministerien *(liu bu)* immer auch ein Ritenministerium *(libu),* dem verschiedene weitere Ämter für den Vollzug der verschiedenen Zeremonien unterstellt waren[5].

Jede Dynastie hat die Herrschaft über das Reich der Mitte mit Waffengewalt gewonnen und aufrechterhalten. Man sollte aber nicht die überall und zu allen Zeiten zu beobachtende Tatsache übersehen, daß militärische Erfolge auf die Dauer nur möglich sind, wenn das kämpfende Heer überzeugt ist, für eine sinnvolle und gerechte Sache zu streiten, und daß eine Herrschaft leichter zu festigen ist, wenn glaubhaft gemacht werden kann, daß durch sie sittliche Vorstellungen verwirklicht werden, die breite Zustimmung finden. Solche Vorstellungen fanden sich im alten China zwar auch im Ideenthesaurus daoistischer und buddhistischer Volksreligionen, aber eine ihre Herrschaft konsolidierende Dynastie suchte immer wieder ihre Staatsdiener aus den Reihen der konfuzianischen Gelehrten und nutzte deren Lehre als Legitimationstheorie. Erst in unserem Jahrhundert scheint der Konfuzianismus überzeugenderen westlichen Ideologien unterlegen zu sein.

Das Zeremoniell der Thronbesteigung

Das mandschurische Herrscherhaus mit dem Familiennamen Aisin-gioro betrachtete sich als Nachfahren der 1115-1234 n. Chr. in Nordchina herrschenden Dschurdschen-Dynastie der Jin (mandschurisch: *Aisin, Gold).* Der Gründerahn der Qing-Dynastie, Nurhaci (1559-1626) bestieg im Jahre 1616 den Thron im Gebiet der heutigen Stadt Xifeng im äußersten Nordwesten der Provinz Liaoning. Er nannte sich *Alle Länder fortwährend pflegender heldisch leuchtender Erhabener Kaiser* der Jin-Dynastie und wählte als Devise für das am Tag der Thronbesteigung beginnende und die folgenden Jahre: *Tianming (Himmlischer Auftrag).* Die Führer der im Jahr zuvor gegründeten *Acht Banner (baqi)* traten aus ihren Reihen hervor und überreichten eine Liste zur postumen Verleihung von Ehrennamen; dabei wurden dem Urgroßvater des Urgroßvaters, dem Urgroßvater, Großvater und Vater postum der Kaisertitel und der Tempelname verliehen. Dann erst stieg der neue Kaiser vom Thron und kniete an der Spitze der Hofversammlung dreimal nieder, vollzog dabei neunmal den Kotau (indem er mit der Stirn den Boden berührte) und machte dem Himmel Mitteilung *(gao tian).* Dann nahm er auf dem Thron sitzend die Huldigung der Prinzen *(beile)* und der Hofversammlung entgegen. Die damals noch in China herrschende Ming-Dynastie (1368-1644) konnte dieser Herausforderung nicht begegnen und erlitt in den folgenden Jahren gegen Nurhaci mehrere militärische Niederlagen. 1621 eroberte er die Städte Shenyang (Mukden) und Liaoyang. Nach mehreren Verlegungen wählte er 1625 seine endgültige Residenz in Mukden, wo der Kaiserliche Palast noch heute erhalten ist.

Nurhacis Nachfolger Abahai (1592-1643, auch: Khungtaiji) folgte 1626 in Mukden auf den Thron. Im Jahre 1636 änderte Abahai den Dynastienamen in *Da Qing (Große Klarheit)* um; dabei ließ er zuvor einen Himmelsaltar *(tiantan)* errichten. Dort machte er an der Spitze der Staatsdiener dem Himmel und den Ahnen ehrfürchtig Mitteilung. Dann bestieg er den Thron auf dem Himmelsaltar, und die Prinzen und die Hofversammlung knieten vor ihm dreimal nieder und vollzogen neunmal den Kotau; schließlich wurde ihm als Zeichen seiner Herrschergewalt das neue kaiserliche Siegel *(yubao)* überreicht. Zum Schluß wurden Huldigungsadressen *(biaowen)* in mandschurischer, mongolischer und zuletzt in chinesischer Sprache verlesen. Am folgenden Tage nahm er auf dem Thron in der Palasthalle die Ovationen *(biaohe)* der Hofversammlung entgegen; darauf gewährte er ein Bankett *(ciyan,* vgl. Kat. Nr. 27) und verkündete eine Amnestie *(ban she zhao).* Die Änderung des Dynastienamens und die Thronbesteigung auf dem Himmelsaltar sind als Kundgabe eines universalen Herrschaftsanspruchs zu deuten. In gleicher Weise hatte der Gründerkaiser der Ming-Dynastie seinen Dynastienamen verkündet und den Thron bestiegen (1368).

Bei der Thronbesteigung des Kaisers Shunzhi (1638-1661) in Mukden am 8. Oktober 1643 wurden Beamte entsandt, die am Himmelsaltar und im Ahnentempel Mitteilung machten. Die Thronbesteigung

fand im Palast statt. Dabei wurde als Ausdruck der Trauer um den gerade verstorbenen Kaiser keine Musik gespielt, keine Zeremonialeskorte aufgestellt und kein Bankett gewährt. Als Shunzhi ein Jahr später am 20. Oktober 1644 den chinesischen Kaiserthron in Peking bestieg, fand diese Zeremonie wieder auf dem Himmelsaltar statt. Dabei wurde die Zeremonialeskorte wieder aufgestellt. Die gleiche Zeremonie wurde in der *Halle der Höchsten Harmonie (Taihedian)*, der Haupthalle des Palastes in Peking, wiederholt; dabei durfte auch wieder die Zeremonialmusik gespielt werden. Diese Besonderheiten sind dadurch zu erklären, daß die vorhergehende Ming-Dynastie (1368-1644) nun als abgelöst und der Himmlische Auftrag als an den Himmelssohn aus der Qing-Dynastie übergegangen betrachtet wurde. Die Kämpfe gegen die Erben des Kaiserhauses der Ming dauerten aber noch über ein Jahrzehnt fort; und als letzte chinesische Provinz wurde Yunnan erst im Jahre 1681 erobert. Als Kaiser Kangxi (1654-1722, vgl. Kat. Nr. 1) im Jahre 1661 den Thron besteigen sollte, wurden zuvor Beamte entsandt, um den Ahnen und der Gottheit des Erdbodens zu opfern und ihnen Mitteilung zu machen. Der Himmel wird nun nicht

mehr besonders erwähnt, weil die Ahnen des Himmelssohnes dieser Gottheit gleichgestellt werden, wie aus der Opferzeremonie am Himmelsaltar ersichtlich ist. Der junge Kaiser begab sich im Trauergewand zum Sitz des verstorbenen Kaisers *(jiyan)*, kniete dort dreimal nieder, vollzog neunmal den Kotau, und teilte die Übernahme des Mandats mit. Im Ritengewand *(lifu)* begab er sich dann zur Gemahlin seines Großvaters Abahai und zur Gemahlin des verstorbenen Kaisers und erwies ihnen die gleiche Ehre. Dann begab er sich durch das *Tor der Himmlischen Klarheit (Qianqingmen)*, das nach Süden hin aus dem im Nordteil der Palaststadt gelegenen Privatpalast hinausführt, in die Haupthalle des Palastes, der *Halle der Höchsten Harmonie (Taihedian)*, und bestieg dort den Thron. Dort nahm er die Ehrenbezeigungen der Hofversammlung entgegen. Die Beamten reichten zwar ihre Huldigungsadressen ein, aber diese wurden nicht laut verlesen. Die Orchester nahmen Aufstellung, aber sie durften nicht spielen. Es wurde kein Bankett hergerichtet, die Prinzen und die höchsten Staatsdiener wurden lediglich zu einem Tee eingeladen; später wurde auch davon Abstand genommen. Nach der Zeremonie setzte der Kaiser seine Trauer fort [6].

Die Thronbesteigungszeremonie unterschied sich grundsätzlich nicht von der der Großen Hofaudienz *(dachao)* und der gewöhnlichen Audienz *(changchao)*. Denn der neue Kaiser nahm den Thron ein, ohne daß eine wie immer geartete Investitur vorausgegangen war; er nahm als der würdigste unter den Menschen gleichsam den ihm zustehenden Platz ein. Vor der Gründung einer neuen Dynastie hatte der Thronprätendent alle Rivalen mit List oder Gewalt aus dem Weg geräumt, und nach der Etablierung einer Dynastie bestimmten die Kaiser in der Regel durch Einsetzung eines Kronprinzen *(taizi, Großer Sohn)* den Nachfolger. In der Qing-Zeit entschlossen sich die Kaiser oft erst auf dem Sterbebett zur Bestimmung eines Nachfolgers, aber das rechtmäßige Zustandekommen des betreffenden hinterlassenen Dekrets wurde von Zeitgenossen und Historiographen ebenso oft angezweifelt. Kaiser Qianlong trat 1796 im Alter von 85 Jahren zugunsten des damals 36 Jahre alten Kaisers Jiaqing zurück. Die drei letzten Qing-Kaiser bestiegen den Thron als Kleinkinder; an ihrer Stelle führten Regenten, insbesondere die von 1862 bis zu ihrem Tode am 15. November 1908 herrschende Kaiserin Cixi, die Regierungsgeschäfte.

Der Kaiser als ruhender Pol in der Zeremonie

Am Zeremoniell der Thronbesteigung änderte das grundsätzlich nichts. Alle Hauptgebäude der Palaststadt und alle Hauptgebäude der Heiligtümer, wie des Ahnentempels des Kaiserhauses, des Himmelsaltars usw., zeigten in der Anlage eine klare Nord-Süd-Ausrichtung, bei der die Frontseiten nach Süden ausgerichtet waren. Wie die Hauptgottheiten blickte der auf dem Thron sitzende Kaiser nach Süden, während die in Reihen geordnet auf dem Hof im Süden des Palastgebäudes stehenden Beamten ihren Blick nach Norden richteten. Nur die in der Nähe des Kaisers stehenden höchsten Würdenträger (Prinzen usw.) richteten ihren Blick von Osten nach Westen bzw. von Westen nach Osten auf den Kaiser; ähnliches gilt für die beim Zeremoniell assistierenden Beamten und Zeremonienmeister sowie für die Leibwache. Während die Beamten im Palast die verschiedenen rituellen Handlungen in der Nähe des Kaisers beobachteten bzw. vollzogen und die außerhalb des Palastgebäudes stehenden Beamten, die weder den Kaiser sehen noch in das Palastinnere blicken konnten, durch Knallpeitschensignale

(mingbian) und Zurufe der Zeremonialhelfer den Vollzug der Zeremonien verfolgten und zum Vollzug der Ehrenbezeigungen angeleitet wurden, saß der Kaiser während des ganzen Verlaufs der Zeremonie still. Am Ende verließ er schweigend die Palasthalle und begab sich in seinen Privatpalast im Norden der Palaststadt zurück.

Indem der Kaiser nach Süden blickte, empfing er gleichsam als einziger die Ausstrahlung des Himmels aus der Richtung, wo die Sonne am hellsten scheint. In der Ming-Zeit war das Zeremonialgewand des Kaisers noch mit drei kreisrunden Emblemen als Zeichen des Himmels geschmückt. Das kaiserliche Gewand der Qing-Zeit zeigte als wichtigstes Emblem den Drachen auf der Brust (Kat. Nr. 1-4). Als Gegenstück dazu trugen die Beamten und Offiziere die Symbolzeichen ihres Ranges auf Brust und Rücken in Form eines Quadrats, welches die Form der dem Himmel untergebenen Erde war. Die Beamten empfingen, indem sie nach Norden auf den Kaiser blickten, die Ausstrahlung des Himmels nur durch die Vermittlung des Kaisers, somit fand auch die kosmologische Begründung des die gesamte Staats- und Gesellschaftsordnung durchziehenden Prinzips der Hierarchie im Zeremoniell ihren Ausdruck.

Das Nicht-Handeln des Kaisers im Zeremoniell bringt nicht nur den konfuzianischen Gedanken des Herrschens allein durch Ausstrahlung des Charismas ohne aktives Eingreifen *(wuwei)* zum Ausdruck. Es hebt den im Norden im Dunkel der Palasthalle stillsitzend thronenden Kaiser insofern aus der Schar der am Hof Versammelten heraus, als er selbst keine Fehler oder Ungeschicklichkeiten begehen und nur von wenigen beobachtet werden kann. Er selbst und vor allem die ihm als »Ohren und Augen« dienenden Zensoren *(yushi)* können dagegen die ganze Hofversammlung beobachten und jeden Verstoß gegen das Zeremoniell ahnden. Nach diesem Prinzip sollte der Herrscher nach Meinung des Staatsdenkers Han Feizi (s. o.) auch die Regierung führen, indem allein die Beamten handelten und der Kaiser lediglich Erfolge belohnte und Mißerfolge bestrafte. Nicht zuletzt ist die Absonderung des Kaisers im Zeremoniell auch als eine Vorkehrung zur Sicherung vor Attentaten zu deuten, so wie die hohen Mauern um die Palaststadt, die *Purpurne Verbotene Stadt (Zijincheng),* nicht nur einen geheiligten Bezirk einschlossen, sondern Festungscharakter hatten.

Kaiserliches Siegel und Kaiserliches Gewand

Auffallend ist die Tatsache, daß dem Kaiser keine von früheren Dynastien oder von den Dynastiegründern überkommenen und durch die Tradition geheiligten Reichsinsignien übergeben wurden, die mit der Krone und dem Szepter u. ä. in Europa vergleichbar wären. Beständigkeit und Dauer wurden folglich nicht durch geheiligte materielle Gegenstände, sondern durch die gleichsam zyklische Wiederkehr bestimmter Handlungsweisen und Erscheinungen nach einem Vorbild aus dem ehrwürdigen Altertum garantiert. Sogar das kaiserliche Siegel als das wichtigste Amtszeichen des Himmelssohnes wurde für jeden Kaiser neu angefertigt. Als Kaiser Qianlong 1795 abdankte, bestand der wichtigste Teil der Zeremonie in der Übergabe eines neuen Siegels an den Thronfolger.

Trotz aller Übernahme chinesischer Tradition gaben die Mandschu-Herrscher der Kleidung ihrer eigenen Nationaltracht den Vorzug, wie insbesondere an der kegelförmigen Mütze und den als Zopf getragenen Haaren sichtbar wird. Diese Tracht wurde 1645 auch für die chinesischen Untertanen vorgeschrieben und gewaltsam erzwungen. Nur in den Mußestunden scheint man am Kaiserhof altertümliche chinesische Bräuche geübt zu haben, wenn z. B. Kaiser Qianlong mit Gewand und Lederhut *(pibian)* nach dem Vorbild der Ming-Zeit angetan, in seinem Park die Zither *(qin)* spielte.

Hochzeitszeremoniell und Kaiserliche Gemahlinnen

Das *Zeremoniell der Hochzeit des Kaisers (dahun yi)* und das *Zeremoniell der Einsetzung der Kaiserin (celi zhonggong yi)* waren so gestaltet, daß die Bekanntgabe in einem feierlichen Zeremoniell in der Haupthalle des Palastes in Gegenwart des thronenden Kaisers erfolgte (vgl. Kat. Nr. 32). Die Braut bzw. die junge Kaiserin war dabei niemals zugegen, und es war ausgeschlossen, daß sie neben dem Kaiser auf dessen Thron oder auch nur auf einem Nebenthron Platz genommen hätte. Erst nachdem die junge Kaiserin im privaten Teil des Palastes vor den älteren Kaiserinnen der früheren Generationen und vor dem Kaiser selbst ihre Ehrerbietung bezeigt hatte, durfte sie in ihrem eigenen Palast im Nor-

den der Verbotenen Stadt allein auf einem Thron sitzend die Huldigung der Palastfrauen und der Ehefrauen der hohen Beamten entgegennehmen.

Die Hauptgemahlin des Kaisers wurde bei den Mandschu ursprünglich *fujin* genannt. Später wurde die Kaiserin nach chinesischem Vorbild als *Erhabene Kaiserin (huanghou)* bezeichnet. Ihr Palast stand nördlich des Privatpalastes des Kaisers; im Gegensatz zum Himmelssohn, der das helle Prinzip des Yang vertrat, vertrat sie das dunkle Prinzip des Yin und wurde in der kosmischen Ordnung der Erde gleichgestellt. Neben der Hauptgemahlin hatte der Kaiser noch eine Reihe von legalen Ehefrauen mit unterschiedlichen Rängen. Die wichtigsten waren die Ränge einer *Erhabenen hochgeschätzten Gemahlin (huang guifei)*, von zwei *Hochgeschätzten Gemahlinnen (guifei)* und von vier oder mehr *Gemahlinnen (fei)*. Die geläufige Übersetzung »Konkubine« für den Titel *fei* ist abzulehnen, zumal er auch für die Hauptgemahlin eines Prinzen gebraucht wurde. Die Hauptgemahlin eines verstorbenen Kaisers sowie die meistens nicht mit ihr identische leibliche Mutter des neuen Kaisers, die gelegentlich auch aus den Reihen der Palastdamen niederen Ranges kam, wurden in

den Rang einer *Erhabenen Großen Kaiserin (huang taihou)* erhoben. Folgte wieder eine neue Generation auf dem Thron, erhielten sie den Titel *Große Erhabene Große Kaiserin (taihuang taihou)*. Aufgrund der konfuzianischen Lehre waren die Jungen den Älteren zu unbedingter Ergebenheit *(xiao)* verpflichtet, und so konnte es leicht geschehen, daß die Kaiserinnen der vorhergehenden Generation den Kaiser dominierten. Die schon erwähnte Kaiserin Cixi hatte für diese Art der Herrschaftsführung ein eigenes *Zeremoniell der Großen Kaiserin hinter dem herabgelassenen Vorhang (taihou chuilian yi)*[7].

Der Kaiser als oberster Priester

Die zum Absolutismus tendierende Herrschaft des chinesischen Kaisers war nicht nur in der Praxis oft begrenzt, nach konfuzianischer Lehre sollte er sich als ein dem ganzen Universum verantwortlicher Mandatsträger ansehen. Die Tugend der Ergebenheit erstreckte sich auch auf die Ahnen des Kaisers, die er zusammen mit dem *Erhabenen Himmel und Hohen Herrscher (huangtian shangdi)* auf dem Himmelsaltar und im Ahnentempel verehrte. Neben anderen Kulten ist hier der des *Ersten Landmannes (Xiannong)* zu erwähnen, da nach der gleichsam physiokratischen Wirtschaftsordnung im traditionellen China der Ackerbau eine hervorragende Bedeutung hatte (Kat. Nr. 26). Der Kaiser näherte sich diesem Heiligtum – ähnlich wie ein Kronprinz – von Osten her. Auf der Mitte des gebahnten Weges schreitend, wurde er von seitlich vorangehenden und nachfolgenden Beamten geleitet. In halbkreisförmiger Formation folgte die Leibwache mit gezogenen Schwertern. Die höchsten Würdenträger und die Zeremonialbeamten waren bereits im Süden des quadratischen Heiligtums aufgestellt. Im Norden der Fläche des Altars stand ein nach Süden geöffnetes Zelt, in dem eine nach Süden gewandte stumme Tafel die Gottheit repräsentierte. Südlich stand ein Baldachin, unter dem ein Polster lag. Hier vollzog der Kaiser wie sonst alle Menschen vor seinem Thron dreimal den Kniefall und neunmal den Kotau. Die Opfer waren vor der Gottheit wie zu einer Mahlzeit aufgestellt. In gleicher Art ehrte der Kaiser den Himmel auf dem runden Himmelsaltar und andere Gottheiten[8].

Das Hofzeremoniell am chinesischen Kaiserhof zeigt eine unauflösbare Verbindung

37. Opfer am Altar des Ackerbaus. Ära Yongzheng (Seite 66-69) Katalog Nr. 26

von sakralen und profanen Elementen. Das gleiche gilt von der Legitimationstheorie und der Herrschaftspraxis der Kaiser im traditionellen China. An den gezogenen Schwertern beim heiligen Ritual war freilich zu erkennen, daß die angestrebte Harmonie in der Menschenwelt und die Einheit des Universums dennoch nicht zu verwirklichen waren.

Anmerkungen

1 Kroker (1953)
2 Creel (1965)
3 Creel (1970), 161 ff., 334 f.
4 Hsiao Kungchuan (1964)
5 Greiner (1977.1), 1274; Greiner (1977.2), 11 ff.
6 Zu den hier besprochenen Zeremoniellen s. *Da Qing huidian, juan* 290; *Qingshigao, juan* 88 u. 89
7 *Qingshigao, juan* 88
8 de Groot (1918), 144 ff., bes. 234-248

Bilder am Hof der Ming-Dynastie

Roderick Whitfield

Im Westen, wo regelmäßig großartige Blauweiß-Porzellane auf den Kunstmarkt gelangen, so daß das Wort *Ming (strahlend)* ein Synonym für Pracht und Extravaganz werden konnte, scheint die kaiserliche Kunst der Ming-Dynastie keinen Fürsprecher zu benötigen. Neben einer gewaltigen Porzellanproduktion sicherte das kaiserliche Patronat die Herstellung von Bronzen, Schnitzlacken, Cloisonné-Arbeiten und Textilien von großer ornamentaler Schönheit. Die kolossalen Ausmaße des Ming-Kaiserpalastes, wie er sich in Peking erhalten hat, geben Zeugnis von dem hohen Maß an visionärer Gestaltungskraft des Kaisers Yongle (reg. 1403-1424), der 1421 die Hauptstadt von Nanjing hierher verlegte. Es ist auch genügend von den Gräbern der dreizehn Ming-Kaiser erhalten, die im Goldenen Tal, etwa vierzig Kilometer nördlich der neuen Hauptstadt, bestattet sind, um zu zeigen, wie die Erinnerung an jene Prachtentfaltung lebendig gehalten wurde (wenngleich von der Grabanlage des Kaisers Yongle, bedingt durch das Bestreben der Qing-Kaiser, ihren Herrschaftsanspruch zu demonstrieren, lediglich die Halle für die Ahnenopfer unversehrt erhalten blieb, die größer ist als jedes einzelne Gebäude in der Verbotenen Stadt selbst). Auf dem Gebiet der Malerei jedoch hat sich bis in die jüngste Zeit das Interesse hauptsächlich auf die Kunst der Literatenmaler der Wu-Schule gerichtet, Shen Zhou (Kat. Nr. 98) und seine Nachfolger in Suzhou, sowie auf den Unterschied zwischen ihnen und den professionellen Figuren- und Landschaftsmalern der Provinz Zhejiang, der Zhe-Schule, und nicht auf die Bilder, die für den Ming-Kaiserhof hergestellt wurden.

Diese Voreingenommenheit basiert im wesentlichen auf der Vorliebe des spätmingzeitlichen Theoretikers und Malers Dong Qichang (Kat. Nr. 82 und 106), dessen Hauptziel darin bestand, den Ursprung der Literatenmalerei zurückzuverfolgen und seinem eigenen Schaffen und dem seiner Gefolgsleute den gleichen Geist einzuflößen, der die Meisterwerke der Vergangenheit in der Tang-, Song- und Yuan-Dynastie beseelte. In der frühen Ming-Zeit jedoch war die Malerei nicht von solch hochgesteckten Idealen getragen, sondern hatte das praktischere Ziel, den Bedürfnissen der wiederetablierten chinesischen Herrschaft zu dienen, nachdem China für ein Jahrhundert von den Mongolen dominiert worden war. Auch war dies nicht ein neuer Aufbruch der Malerei, die sich schon seit der Han-Dynastie (206 v. Chr.-220 n. Chr.), wenn nicht früher, den didaktischen Erfordernissen konfuzianischer Ethik dienstbar gemacht hatte. Die Malerei vermochte anschaulich tugendhaftes Verhalten und weise Verwaltung historischer Vorbilder zu illustrieren, durch Begebenheiten, die wohlbekannt waren, und von jedem, der sie sah, verstanden werden konnten.

So wie die Dinge lagen, war die Zeit günstig für die Darstellung heroischer Ereignisse der Vergangenheit. Unter der Herrschaft der Mongolen über China blieb der Mehrzahl der konfuzianischen Gelehrten ihre traditionelle Beamtenrolle im Dienst des Staates versagt, und ihre Fähigkeiten konnten sich daher in den Künsten entfalten. So kam es, daß die Yuan-Dynastie eine beispiellose Blüte der volkstümlichen Erzählkunst erlebte, insbesondere von Dramen, von denen gedruckte Versionen mit Illustrationen bereits im 14. Jahrhundert im Umlauf waren. In der frühen Ming-Zeit wurden einige von ihnen auch in der dauerhafteren Buchform aufgelegt, gedruckte Versionen fanden eine große Verbreitung. In seiner Studie über jene höfischen Bilder, die Themen aus der *Geschichte der Drei Reiche* illustrieren (ob sie nun von Yuan-Dramen adaptiert waren oder von Büchern der frühen Ming-Zeit wie dem *San Guo yanyi),* konnte Shan Guoqiang dokumentieren, wie erhaltene Beispiele ebenso wie historische Aufzeichnungen wieder und wieder auf die wichtige Rolle verweisen, die die Malerei im Dienste der Regierung spielte [1]. Dies war bereits der Fall unter dem Gründer der Ming-Dynastie Zhu Yuanzhang (1328-1398). Er befahl, Beispiele pietätvollen Verhaltens des Altertums und Geschichten von jenen zu malen, die ähnlich wie er selbst unter schwierigen Umständen Kriege führten, damit sie für alle als fortwährendes Vorbild dienen könnten. Zhu, der aus dem einfachen Volk stammte, war einer der Rebellenführer, die in den letzten Jahren der Yuan-Dynastie um die Macht im Reiche rangen, als Überschwemmungen und Hungersnöte dazu verhalfen, die Mongolenherrschaft zu beseitigen. Seine Regierung unter der Devise *Hongwu* (1368-1398; von Fairbank als *Ungeheure militärische Macht* übersetzt) machte sich die Konsolidierung des Reiches und die Wiedereinsetzung chinesischer Institutionen nach dem Vorbild der Song-Dynastie zur Aufgabe. Dem Kaiser aber fehlte selbst, obgleich er als buddhistischer Novize eine Ausbildung erhalten hatte, der

*38. Die Heimkehr des Tao Yuanming
(Detail). Li Zai (tätig 1426-1435).
Museum der Provinz Liaoning, Shenyang*

kulturelle Hintergrund der Song-Kaiser, denen er nachzueifern trachtete. Daher war sein strenges Regime kaum angetan, die freie Entfaltung der Künste zu fördern. Wie in den ersten Jahren der Song-Dynastie (960-1279) in Kaifeng wurden zwar während der Ära Hongwu und unter dem dritten Kaiser, Yongle (reg. 1403-1424), Maler an den Hof berufen, aber nicht vor der Ära Xuande (1426-1435), Chenghua (1465-1487) und Hongzhi (1488-1505) kam es wieder zu einer wirklichen Blüte der Hofmalerei, die – wie Mu Yiqin in ihrer jüngsten Studie [2] ausführt – der Song-Akademie in der Zeit ihrer Blüte während der Ära Xuanhe (1119-1126) und Shaoxing (1131-1162) vergleichbar gewesen wäre. Während aber in der frühen Song-Dynastie die Hauptstadt viele Maler aus Malereiämtern in Sichuan und Jiangnan anzog, die bereits in der vorausgehenden Fünf Dynastien-Zeit (907-960) fest etabliert gewesen waren, standen die Maler des Ming-Kaiserhofes volkstümlichen Kunstrichtungen nahe. Viele kamen aus der Provinz Zhejiang, wo es lange bereits eine blühende Schule spezialisierter buddhistischer Maler gab, die nicht nur den örtlichen Bedarf deckten sondern auch Gemäldeserien für buddhistische Mönche schufen, die nach dem Studium in China nach Japan zurückkehrten. Ebenso war die Landschafts- und Figurenmalerei der Zhe-Schule durch ihren Begründer Dai Jin (Kat. Nr. 86), der aus Zhejiang stammte und für kurze Zeit in der Ära Xuande als Hofmaler diente, eng mit dem Kaiserhof verknüpft.

Der fünfte Kaiser der Ming-Dynastie, Xuanzong (1399-1435), der unter der De-vise Xuande (1426-1435) regierte, war selbst Maler von Rang; etwa zwanzig seiner Werke sind heute noch erhalten. Ohne Zweifel liegt es in seinen persönlichen Interessen begründet, daß die Hofmalerei in seiner Regierungszeit eine Blüte erlebte. Die Hofmaler waren weder Mitglieder einer formellen Akademie, wie sie unter Kaiser Huizong in der Nord-Song-Zeit bestanden hatte, noch waren sie einer strengen Auswahl unterworfen. Einige von ihnen mit dem Titel Hofmaler *(daizhao)* waren der *Wenyuange*, einer Bibliothekshalle in Nanjing, nach 1421 in Peking [3], der *Hanlin*-Akademie, der altehrwürdigen Institution der Gelehrsamkeit am Kaiserhof oder der *Halle der Militärischen Tapferkeit (Wuyingdian)* zugeordnet; oder aber sie bekamen Titel und Ränge der kaiserlichen Leibwache. Andere mit niedrigerem Rang gehörten dem Ministerium für öffentliche Arbeiten an und wurden schlicht Malerei-Handwerker *(huagong)* genannt. Nach Mu Yiqin sind die Namen von 163 durch Aufzeichnungen oder durch erhaltene Werke bekannt [4]. Jene, die als *jinyi* (wörtlich *Brokatkleid*), d. h. Mitglieder der kaiserlichen Leibwache eingeschrieben waren, hatten trotz ihrer verschiedenen Ränge keine militärischen Verpflichtungen, sondern stärkten das Ansehen des Kaisers durch die Darstellungen von Szenen militärischer Tapferkeit und Gelehrtentugend. Ihre Position ist der deutliche Beweis für die hohe Gunst, derer sie sich erfreuten.

War die Song-Akademie Vorbild für die Einsetzung der Maler am Ming-Kaiserhof, so bot sie ihnen auch prinzipielle Modelle für ihren Malstil. Dieser basierte vor allem auf der Manier der Landschaftsdarstellung der Süd-Song-Maler Ma Yuan und Xia Gui, die beide am Kaiserhof in Lin'an im späten 12. und frühen 13. Jahrhundert tätig

waren, und nicht auf den sehr viel persönlicheren Pinselidiomen der Meister der Landschaftsmalerei in der späten Yuan-Dynastie. Die Bilder von Ma Yuan, Xia Gui und ihren Nachfolgern in der Süd-Song-Akademie sind zugänglicher als die zerklüfteten, rauhen Gebirge der Nord-Song-Meister, individueller in ihrer Beschwörung des Augenblicks und der jahreszeitlichen Stimmung, lyrischer in dem Zusammenspiel von Linie und Lavis innerhalb der verschiedenen Segmente. Die ›Eineck‹-Kompositionen, die sie bevorzugten, zeigen die anmutigen Figuren, die den Blick in die Landschaft genießen oder Gedichte verfassen, von ihrer besten Seite. In welchem Maß die Hofmaler der Ming-Zeit diese Manier beherrschten, bezeugt sehr gut eine Serie kurzer Querrollen mit dem Titel *Die Heimkehr des Tao Yuanming* aus der Sammlung des Museums der Provinz Liaoning in Shenyang, die in diesem Jahr bereits in der Ausstellung der Staatlichen Kunsthalle Baden-Baden und dem Museum für Ostasiatische Kunst der Stadt Köln zu sehen waren. Die sieben erhaltenen Szenen – ursprünglich waren es neun, zwei sind nun durch Qing-zeitliche Kopien ersetzt – sind von den drei Malern Ma Shi, Li Zai und Xia Zhi ausgeführt, die am Xuande-Kaiserhof tätig waren, und die, wie sich zeigt, alle gleich versiert das Astwerk der Bäume klar konturieren und es verstehen, in brillant abgestufter Tuschegebung die kristallinen Felsen zu gestalten, ebenso wie die anmutigen Figuren im Ma-Xia-Stil. Zumeist vermeiden die sukzessiven Abschnitte die Fernansicht, um vielmehr die häuslichen Einzelheiten der Rückkehr des Dichters und die Umgebung seines Heimatdorfes zeigen zu können. Einer der drei Künstler, Li Zai (gest. 1431), bricht aus diesem vorgegebenen Schema im vierten Abschnitt aus (Abb. 38). Ohne das Prinzip der ›Eineck‹-Komposition oder den großen Maßstab der Figuren aufzugeben, gelingt es ihm, die Höhe des mächtigen und erhabenen Gipfels dadurch anzudeuten, daß er den Dichter auf einem Felsen sitzend zeigt, während zu seinen Füßen das Gelände jäh abfällt, so daß die Spitzen der hohen Kiefern kaum sein Niveau erreichen und die ziellosen Wolken ihn von den jenseitigen Gipfeln trennen. Die Komposition ist neuartig und in dieser Weise nur in der Ming-Zeit möglich, doch gleichzeitig entlehnt von den Meistern der Nord-Song-Zeit in ihrem Gefühl für Maßstab sowie den bewaldeten Kuppen der Gipfel. Einige von Li Zais anderen erhaltenen Bildern, wie die Landschaft im Nationalmuseum Tōkyō, und das ihm zugeschriebene Gemälde, das in dieser Ausstellung gezeigt wird (Kat. Nr. 87), zeugen von einer ähnlichen Empfindung für das Monumentale – Nachklang der Landschaften der großen Meister des 11. Jahrhunderts. Li Zai war wie Dai Jin, Xie Huan und Shi Rui – sie alle zählten zu den prominenten Malern am Hofe Xuandes – der *Halle der Menschlichkeit und Weisheit (Renzhidian)* zugeordnet. Es ist bekannt, daß er neben Landschaften auch Themen der Figurenmalerei malte. Jüngst wurde die Vermutung geäußert, daß es sich bei der anonymen Querrolle *Durchkämmen der Berge* im Palastmuseum, die Dämonentruppen beim Aufschrecken von Tieren und weiblichen Geistern aus ihren Felsenlagern zeigt, um eben das Werk handelt, das als eine seiner Arbeiten verzeichnet ist: *Yu öffnet die Berge und bringt die Wasser unter Kontrolle*[5]. Das in der Ausstellung gezeigte Werk, *Weite Flußlandschaft und ferne Gipfel,* ist von anderer Art und scheint im großen und ganzen einen Widerhall, wenn nicht sogar eine Wiederholung, der gewaltigen, felsigen Gebirge des Fan Kuan (frühes 11. Jh.) darzustellen, oder der hoch sich wölbenden Bäume des Guo Xi (spätes 11. Jh.). Die Komposition führt schrittweise vom Vordergrund mit Fischern unter einer Gruppe von Bäumen zu dem Weiler in bewaldeter Umgebung und Tälern im Mittelgrund, die auf unterschiedlichem Niveau das zentrale Gebirgsmassiv einfassen. Der hohe Berg hat einen felsigen, nahezu löwenhaften Kopf, wie jene von Fan Kuan, doch sucht man hier vergeblich nach der räumlichen Weite, die die großen Gipfel der Nord-Song-Zeit vom Vordergrund und dem Betrachter trennt, oder der gewaltigen Differenz im Maßstab zwischen

den winzigen menschlichen Figuren und der enormen Weite der Natur. Li Zais Bild ist dadurch, daß es die verschiedenen Elemente in allmählicher Abfolge miteinander verknüpft, zugänglicher und weniger ehrfurchtgebietend. Nichtsdestoweniger ist insbesondere die Verbindung zu Guo Xi so stark ausgeprägt, daß später eine falsche Signatur des Song-Künstlers in der unteren Ecke hinzugefügt wurde.

Ohne Zweifel boten die Landschaften der Nord-Song-Zeit das beste Modell, um dem Selbstvertrauen der neuen Dynastie in ihre eigene Macht und Herrlichkeit adäquaten Ausdruck zu geben. Wenden wir uns nun einem anderen Bild vom Hofe Xuandes zu, um zu erkennen, wie in der Nachfolge der Vorbilder, die Kaiser Gaozong in der Südlichen Song-Zeit vorgab, die Malerei den Interessen des Staates zu dienen vermochte und die aufgeklärte Herrschaft des Kaisers zu demonstrieren verstand. Unter Gaozong und besonders während der Ära Shaoxing (1131-1162) stellten die Maler – wie Wen Fong zeigen konnte (*Fong Wen (1973)*) – Themen der *dynastischen Erneuerung* dar, die Gaozongs eigene Erfahrungen als eine Geisel und seine erfolgreiche Etablierung des Süd-Song-Hofes in Lin'an im Jahre 1138 widerspiegelten. In der Ming-Zeit waren solche Szenen am Hofe Xuandes wieder in Mode, wie Liu Juns *In verschneiter Nacht zu Besuch bei Zhao Pu* (Kat. Nr. 93) zu zeigen vermag.

Das Bild stellt eine Szene in einer Winternacht dar, in sich selbst bereits ein Zeichen für schwierige Zeiten, zugleich aber auch die Verheißung eines kommenden neuen Frühlings. Im Vordergrund drängt sich vor dem Tor zu einem ummauerten Gartengelände eine Gruppe von Dienern gegen die Kälte dicht zusammen. Der Bambus im Vordergrund und jener hinter dem großen Zierfelsen biegt sich unter der Last des Schnees. Vögel sitzen auf den kahlen Zweigen eines Baumes, der sich gegen die weißen Dächer des Doppelpavillons abhebt, welche in den Umrissen des fernen Bergrückens und der Felsspitze ein Echo gegen den verdunkelten Himmel finden. Im Gegensatz dazu strahlt die Szene im Innern, die dem Betrachter aus einer bevorzugten Perspektive dargeboten wird, Wärme und Behaglichkeit aus. Die Sommerlandschaft auf dem Stellschirm hinter den beiden Sitzfiguren steht in der Tradition des Süd-Song-Akademikers Xia Gui: Die Bäume im Vordergrund sind in dichtes Laubwerk gehüllt, die Hügel dahinter verlieren sich im Nebel und sind nur im Umriß

zu erkennen. In der breiten Öffnung steht ein Bronzedreifuß oder ein vierfüßiges Kohlebecken mit angehäuften glühenden Kohlen und einer kleinen Weinkanne; auf dem Teppich dahinter eine Schachtel mit Fächern für Leckereien. Den verbleibenden Raum nehmen die beiden Hauptfiguren ein, die in ein Gespräch verwickelt sind. Zur Linken kniet der Gastgeber, Zhao Pu, der im Profil gezeigt ist und seine Hände ehrerbietig erhoben hält, während er seinen Besucher anspricht. Der letztere ist kein gewöhnlicher Beamter, der in ländlicher Umgebung eine angenehme Unterbrechung seiner Amtspflichten sucht, sondern der Kaiser der großen Song-Dynastie, Zhao Kuangyin, selbst.

In dem Bild konzentriert sich alles auf die Person des Kaisers, dessen prächtiges weißes Pferd außerhalb des Tores unter der Gruppe der Gefolgsleute wartet, ihre verschwiegene Anwesenheit ist vom Pavillon aus nur durch den Blick auf den zusammengerollten Schirm, der über die Mauer ragt, wahrzunehmen. Zhao Kuangyin hört mit ganzer Aufmerksamkeit Zhao Pu zu, er sitzt in entspannter Haltung auf dem Ehrenplatz und ist wesentlich größer. Die Planung der Konsolidierung des Reiches nach der Zeit der Fünf Dynastien – als China in verschiedene Teile aufgespalten war – bildete den Anlaß seines Besuches. Man kann sich unschwer die Relevanz eines solchen Themas im Zusammenhang mit der Wiederherstellung der chinesischen Herrschaft unter den Ming nach der endgültigen Niederlage der Mongolen vorstellen. Die implizierte Schlußfolgerung geht dahin, daß die Ming-Dynastie des Zhu Yuanzhang ebensolche Legitimität besitze und ebenso fest verankert sei wie die des erfolgreichen Zhao Kuangyin, und daß Xuande von Ratgebern umgeben sei, die fähig wie Zhao Pu waren. Man muß seine Phantasie nicht übermäßig anstrengen, um in der Hauptfigur den Ming-Kaiser selbst zu sehen, wie er sich Rat bei einem tugendhaften Gelehrten sucht, der in der Abgeschiedenheit in Harmonie mit dem Weltall lebt. In dem Bild ist Zhao Pus Zuhause aber keine gewöhnliche Berghütte, sondern ein ansehnliches Anwesen, dem Empfang eines kaiserlichen Besuchers angemessen. Zur Rechten – halb in dem angrenzenden Korridor verborgen, der zum hinteren Pavillon führt – verharrt eine Dienerin in stiller Aufwartung. Auf einem hohen Ständer brennt eine Kerze und weist darauf hin, daß die Begebenheit zu nächtlicher Stunde stattfindet. Der Maler zeigt

*39. Xuande auf einer Vergnügungsreise.
Shang Xi (tätig 1. Hälfte 15. Jh.). Palastmuseum, Peking*

insgesamt große Sorgfalt und Geschicklichkeit: die wenigen Einzelheiten und der
klare Umriß der Formen werden durch
eine fein abgestufte Tonalität gekennzeichnet, so daß das Bild alle Merkmale eines er-
lesenen, für den Hof hergestellten Werkes
aufweist, bis hin zur gestochen geschriebenen Signatur in der unteren linken Ecke,
die Liu Juns offiziellen *jinyi*-Titel *Träger
des Brokatkleides* angibt, denn auch er war
ein Mitglied der Kaiserlichen Leibwache.
Der Landschaftsstil der Süd-Song-Akademie, dessen Erbe die Hofmaler der Ming-
Zeit antraten, hatte die rechten Ingredien-
zen für solche Illustrationen historischer
Themen. Unter Xuande, der die Malerei
liebte und selbst ein Maler war, bestand sogar ein noch größerer Anreiz als unter dem
Gründer der Ming-Dynastie, weise, aufgeklärte Herrscher, gute Generäle und fä-
hige Minister darzustellen. Deren Gewin-
nung für den Staatsdienst war für Xuande,
der sogar den Fall der Song-Dynastie dem
Wirken von gering begabten Männern in
der Regierung zuschrieb, eine Angelegen-

heit von höchster Priorität.
Zwei großformatige Bilder in der Sammlung des Palastmuseums, die in der Ausstellung nicht zu sehen sind, zeigen in vollendeter Weise, wie der Kaiser gesehen werden wollte. Obgleich Hängerollen, sind sie
querformatig, was sie – zusammen mit ihren leuchtenden Farben – mit Wandgemälden verbindet. Eine davon: *Xuande auf
einer Vergnügungsreise* (Abb. 39), 211 ×
313 cm, auf Papier gemalt, liegt bislang nur
in Schwarzweiß-Abbildungen vor, und
wurde erstmals in der Vorkriegs-Wochen-
zeitschrift *Gugong zhoukan* (Nr. 269) und
in jüngerer Zeit in der Monatszeitschrift
des Palastmuseums (*Gugong YK*, 2
(1983)), von Mu Yiqin detailliert untersucht.[6] Xuande wird auf erhöhtem Terrain
zwischen üppigem Baumbestand zu Pferde
gezeigt, gemeinsam mit drei Leibwächtern
und zweiundzwanzig berittenen Eunuchen im Vordergrund, alle in leuchtenden
Hofgewändern. Eine Vielzahl von Vögeln
und Tieren, alle peinlich genau wiedergegeben, Brücken, Wasserläufen und einer
Umfassungsmauer identifizieren das Gelände als den *Nanhaizi* oder Kaiserlichen
Jagdpark, der in der Yuan-, Ming- und
Qing-Dynastie in Funktion war, etwa

zwanzig li (ungefähr zehn Kilometer) südlich der Hauptstadt. In der Ära Yongle und
Xuande wurde er erweitert und von einer
Umfassungsmauer eingefaßt. Die Hervor-
hebung der großen Gruppe von Eunuchen
spiegelt ihre ständig wachsende Macht in
jener Zeit. Während der Gründer der
Ming-Dynastie noch verordnet hatte, daß
sie keine literarische Ausbildung erhalten
und keinen Anteil an den Regierungsgeschäften haben sollten, wurde unter der
Regierung Xuandes eine Palastschule für
sie eingerichtet, und sie hatten ihre Finger
in allen Bereichen der Regierung. Da die
Person des Kaisers dargestellt ist, trägt das
Bild keine Signatur, ist aber mit einiger Sicherheit Shang Xi zuzuschreiben, einem
Maler der Kaiserlichen Leibwache von hohem Rang, begabt für jedwedes Sujet und
bekannt dafür, viele Wandgemälde in der
Hauptstadt gemalt zu haben.
Shang Xi ist auch der Künstler eines weiteren großflächigen Gemäldes im Palastmuseum: *Guan Yu nimmt einen Rebellengeneral gefangen*, 200 × 237 cm, in Farben auf
Seide gemalt, welches wieder jene Brillanz
zeigt, die gewöhnlich mit Wandgemälden
verbunden wird (Abb. 40). In diesem Fall
zeigt sich eine Art theatralischen Tableaus,

dessen dramatische Wirkung nicht wenig von seiner Verbindung zum Theater der Yuan-Zeit und volkstümlichen Darstellungen ähnlicher Themen aus der *Geschichte der Drei Reiche* abhängt. Guan Yu sitzt in bequemer Haltung auf einem Felsen, die Hände um sein eng an den Körper herangezogenes Knie geklammert, das linke Bein ausgestreckt. Sein smaragdgrüner, goldgefaßter und ornamentierter Mantel ist weit geöffnet, um die prächtige Rüstung ins rechte Licht rücken zu lassen, die er darunter trägt. Seine Generäle Zhou Cang und Guan Ping stehen zu seiner Rechten und Linken Wache, der eine von den beiden stützt sich auf eine mächtige Hellebarde, der andere zieht sein Schwert. Das Gesicht Guan Yus ist von gerechtem Zorn gerötet, sein Bart flattert im Wind (genau wie es auf dem großen, Yuan-zeitlichen Holzschnitt aus Khara Khoto in der Eremitage in Leningrad dargestellt ist). Guan Yu blickt zu der Szene unten rechts, wo der feindliche General, nackt bis auf ein Hüfttuch, doch mit ungebrochenem Willen, sich abkehrt und jeden Muskel anspannt, um sich von den Banden zu befreien, die ihn an den in den Boden getriebenen Pflock ketten.

In diesem Bild hat die Landschaft die gleiche Dimension des Heroischen wie die Figuren. Einzelne Elemente sind so vergrößert, daß sie nur ein einziges Mal auftreten, um unnötige Detailschilderung zu vermeiden: Ein Felsblock im Vordergrund und Stufen, die zum Sitz von Guan Yu führen, dunkle Kiefern, die sich wie ein Schirm über ihn breiten, die Felswand dahinter, Bambus und Gräser an ihrem Fuß, ein Wasserlauf, der sich in einem einzigen großen Bogen aus der Ferne·nähert. Wolken- und Nebelmassen dienen dazu, die Figuren hervorzuheben. Die Pinselstriche, die die Felswand und die Baumrinde strukturieren, sind mit militärisch-präziser Sorgfalt organisiert.

Obgleich sich neben den Wandgemälden nur wenige Bilder in ihrem Maßstab mit den gerade beschriebenen messen können, muß es doch eine große Zahl gegeben haben, die Themen aus der *Geschichte der Drei Reiche* darstellte. Ein Favorit war die Episode des dreifachen Besuchs von Liu Bei bei dem in ländlicher Abgeschiedenheit lebenden Zhuge Liang, dessen Dienste er sich zu sichern versuchte. Doch jener war ganz und gar nicht gewillt, in solch turbulenten Zeiten in Dienst zu treten. Doch war die *Geschichte der Drei Reiche* auch nicht die einzige Quelle für Themen wie den Besuch und die Ratsuche bei Wei-

40. Guan Yu nimmt einen Rebellengeneral gefangen. Shang Xi (tätig 1. Hälfte 15. Jh.). Palastmuseum, Peking

sen und Einsiedlern. Eine Begebenheit aus der *Geschichte der Späteren Han-Zeit*, die Einladung des Liu Biao an den Einsiedler Pang Degong, wurde zum Thema eines Bildes von Ni Duan, einem weiteren Maler am Hofe des Xuande. Das Bild (Abb. 41) weist eine enge Verwandtschaft zu einigen der bereits genannten auf. Schauplatz ist eine grandiose Gebirgslandschaft, die von einem mächtigen Gipfel beherrscht wird, ähnlich wie in Li Zais *Weite Flußlandschaft und Ferne Gipfel*. (Kat. Nr. 87). Im Mittelgrund ragt ein strohgedecktes Dach – gerade noch sichtbar – aus einem Bambushain und blühenden Pflaumenbäumen hervor; nebelverklärte Wälder ziehen sich durch das jenseitige Tal. Das narrativ Bedeutsame des Bildes spielt sich im Vordergrund ab, wo Pang – im Schutze mächtiger Bäume – auf seine Hacke gestützt seinem Besucher zuhört. Liu Biao hält ihm ehrerbietig seine Amtstafel entgegen und beugt sich dem ländlichen Weisen in aufrichtiger Zuneigung entgegen. Er ist im Profil gezeigt und erinnert an den sitzenden Zhao Pu in Liu Juns *Nächtlicher Besuch bei Zhao Pu* (Kat. Nr. 93). Ein Amtsstabträger steht wartend dabei, gerade hinter der Wegbiegung warten die beiden Pferde, die Pferdeknechte und der Schirmträger, plaudernd stehen sie eng zusammen, das Gegenstück zu dem dicht zusammengedrängten Gefolge im *Nächtlichen Besuch*.

Das Bild von Ni Duan lädt ein zum Vergleich mit einem anderen – bislang anonymen Werk – im Britischen Museum (Abb. 42). Dort ist die Hauptgruppe zur Linken fast das genaue Spiegelbild von derjenigen auf dem Bild des Ni Duan im Palastmuseum. Zur Rechten, auf einem Pfad, der bei einem Wasserfall vorbeiführt, und bei einem schmalen Steg, der die Ufer verbindet, verharrt erwartungsvoll die Gruppe der Pferdeknechte mit den Pferden. Wie zuvor herrschen Bäume und Pflaumenblüten in der Landschaft vor. Die Bergkuppen werden von Bäumen mit ausladenden Ästen bekrönt, die unverkennbar von der gleichen Hand zu stammen scheinen. Die Hängerolle in Peking ist geringfügig größer (163,8 × 92,7 cm gegenüber 148,6 × 86,5 cm), aber andere Einzelheiten, wie der treppenartige Innenkontur der fernen Gipfel, sind in beiden Bildern so eng verwandt, daß Ni Duan beide ausgeführt haben muß. Noch bedeutsamer ist, daß beide Werke zeigen, wie fest verankerte narrative Motive, die ständig in Illustrationen gedruckter Werke benutzt wurden, mit jener Art von Landschaft, wie sie Li Zai und Dai Jin darstellten, kombiniert werden konnte. Die enge Verbindung zwischen der volkstümlichen Malerei und jener bei Hofe ist alt. Sie läßt sich vorzüglich an einem großen Bild illustrieren, das Dai Jin ausführte, bevor er den Hof verließ (Kat. Nr. 86). Es trägt den Titel: *Zhong Kui auf nächtlicher Reise* und zeigt eine sonderbare Truppe in einer ziemlich trostlosen Gegend, die ländlich und zugleich grotesk erscheint. Eine imposante Gestalt in graublauem Gewand, mit zusammengebissenen Zähnen und strengem Stirnrunzeln, wird auf einer Bambussänfte, die kaum stark genug erscheint für seinen gewaltigen Körper, von einer kleinen, stolpernden und unter ihrer Last murrenden Gruppe von Dämonen getragen. Ihre dürftige Kleidung flattert im Wind. Vier von ihnen packen mit einer Hand die Stangen, mit der anderen fangen sie die verbleibende Last auf, die über ein Gurtband um ihre Schultern geleitet wird. Den Vordergrund nehmen wenige Felsblöcke und verwelktes Wintergras ein, das offensichtlich vom Schnee niedergedrückt wird. Zur Rechten bricht ein Sturzbach aus einer dunklen Grotte hervor. Der Pfad, den die Gruppe eingeschlagen hat, führt über eine locker gefügte Brücke aus Zweigen und Erde über diesen Sturzbach. Unter der Sänfte zeichnen sich im Schnee die Fußspuren der Träger ab, bis hin zu den auseinandergespreizten Zehen. Ein weiteres ungewöhnliches Detail zeigt sich im oberen Teil des Bildes. Bäume mit kahlen Zweigen klammern sich an die Felswand, die zum Teil im Nebel verborgen bleibt, welcher sich in Bändern über den verdunkelten Himmel zieht. Schwach rötliche Kreise zeichnen sich darin ab, einer davon nahe bei dem Schwertgriff an der Tragestange des letzten Dämons, andere, nach und nach größer werdend in regelmäßigen Abständen in vertikaler Folge. Man möchte diese – bei einem Bild dieses Alters – für einen Flecken halten, der sich beim zugerollten Bild allmählich in die Bildfläche eingearbeitet haben könnte, doch dies ist nicht der Fall. Am Rand des Bildes nämlich sieht man ganz deutlich den unteren Bogen der Mondscheibe. Die abnehmenden Kreise darunter sind einfach die sukzessiven Reflexionen auf dem Wasser eines unsichtbaren Sees. Auch muß man nicht annehmen, daß im Laufe neuer Montierungen das Bild viel von seinem oberen Rand verloren hätte, und ursprünglich die ganze Mondscheibe vollständig zu sehen gewesen wäre. Nichts scheint jedenfalls von den Seiten verloren, wo die Signatur des Malers und sein Siegel noch immer unbeschädigt stehen (oft sind Siegel und Signaturen beschnitten, weil die Ränder bei einer Neumontierung gestutzt werden, was über längere Zeiträume hinweg notwendig werden kann, wenn Sprünge oder andere Schadstellen auf der Bildoberfläche auftreten).

Wir sollten diesen Eindruck vielmehr als ursprünglich vom Maler beabsichtigt verstehen, als Teil seiner überragenden narrativen Technik, in der jede Einzelheit ihren genau festgelegten Sinn hat. Wir suchen in der chinesischen Malerei im allgemeinen nicht nach Licht- und Schattenwirkung, und auch der Aufbau der zur Diskussion stehenden Komposition beruht ja in der Tat wesentlich auf der Linie wie in dem markanten Umriß der Bäume und Felsen oder in dem großartig kalligraphischen Duktus bei dem Gewand von Zhong Kui und den langen Hutbändern, die dramatisch seine Wange und den Kopf des Schirmträgers überschneiden. Doch will dies nicht heißen, daß die chinesischen Maler solche Effekte nicht gekannt hätten. Ein so vollendeter Meister wie Dai Jin wandte sie höchst erfolgreich an, wie im vorliegenden Fall bei den Reflexionen und den Fußspuren im Schnee. Weder das eine noch das andere würde aber in der westlichen Malerei auftreten, wo wir erwarten dürften, daß die Reflexionen des Mondes durch den Wellengang gebrochen und die Fußspuren den Eindruck von Tiefe in der weichen Oberfläche hinterlassen würden.

Zhong Kuis schauriger Zug ist ein Thema, das im wesentlichen bei Nacht spielt, da es seinen Ursprung in einem Traum des Tang-Kaisers Minghuang (reg. 713-756) hatte. Als dieser einmal krank war, träumte ihm, daß ein kleiner Dämon in den Palast eingedrungen sei und begann, Dinge zu stehlen und großen Lärm zu machen, worauf ein größerer Dämon gekommen sei, angetan mit einem zerschlissenen Beamtenhut und Amtstracht, ihm ein Auge ausgerissen und es verschlungen habe. Daraufhin wich das Fieber des Kaisers. Auf seine Erkundigung hin, wer der Schutzgeist sein könne, erfuhr er, daß es sich um den *jinshi*-Kandidaten Zhong Kui handelte, der, als er um den ersten Rang in der hauptstädtischen Prüfung betrogen worden sei, auf den Stufen des Palastes Selbstmord begangen habe. Man gewährte ihm daraufhin ein würdiges Begräbnis, und der Maler Wu Daozi erhielt den Auftrag, ein Porträt von ihm zu malen. Es erwies sich als so lebenswahr, daß Minghuang in der großen Figur sogleich jene wiedererkannte, die er im Traum gesehen hatte. Seither hielt sich der Brauch, Bilder von Zhong Kui zu Neujahr an die Tore zu heften. Bedeutende Querrollen von Gong Kai und Yan Hui, die Zhong Kui zeigen, werden heute im Cleveland Museum of Art und in der Freer Gallery of Art aufbewahrt und sind von Sherman Lee[7] und Thomas Lawton[8] untersucht worden. Ein weiteres Bild mit dem Dämonenbezwinger Zhong Kui (Kat. Nr. 88) stammt von niemand geringerem als Kaiser Chenghua (Zhu Jianshen (1448-1487); reg. 1465-1487). Es bezeugt nicht nur die Popularität des Themas sondern auch seine Verbindung zum Hofe. Chenghua, der Dai Jin zweimal eine Audienz gewährte, war als Maler keinesfalls so begabt wie jener, und dieses Werk stützt sich mehr auf die unmittelbare Wirkung seiner Bildsprache als auf die Feinheiten der Pinselführung oder der Komposition. Das kurze Gedicht oben rechts, offenkundig von dem gleichen kaiserlichen Pinsel geschrieben, der auch die Signatur verfaßte, trägt den Titel: *Zedernzweige und Persimonen, ganz nach Wunsch!* und stellt ein Wortspiel dar, das auf die glückverheißenden Konnotationen, die sich mit dem Thema verbanden, antwortet, und welche weit verbreitet waren. Das Wortspiel dreht sich um die Schriftzeichen *boshi*, Zedern und Persimonen, die Gaben, die Zhong Kuis Dämonendiener hoch erhoben hält, und *poshi*, Geisterbote. Zhong Kui hält in diesem Bild ein *ruyi*- oder wunschgewährendes Zepter. Auf diese Weise sind alle Worte des Titels im Bild gegenwärtig. Ein weiteres Wortspiel stellt sich bei der über den zwei Figuren fliegenden Fledermaus, einem immer glückverheißendem Symbol, ein, da die Schriftzeichen für Fledermaus und Glück die gleiche Aussprache (*fu*) haben.

Bemerkenswert an dieser von kaiserlicher Hand ausgeführten Darstellung von Zhong Kui mit seinen mächtigen Stiefeln, dem ausgefransten Hut und dem schweren Amtsgürtel ist im besonderen die kräftigkühne Pinselführung bei den Gewandfalten, die eine Abhängigkeit von Dai Jin und vielleicht auch Wu Wei (Kat. Nr. 89) nicht verleugnen, die sich aber doch in ausgeprägt manieristischer Weise flach auf der Bildfläche ausbreiten. In den ersten Jahren der Qing-Dynastie machte sich ein anderer Kaiser diesen Aspekt noch stärker zunutze, in einem prächtigen Bild, das sich heute in Taibei befindet[9]. Darin wird Zhong Kui in einer Pose gezeigt, die an bestimmte Bilder von Bodhidharma beim Überqueren des Yangzi auf einem Schilfrohr erinnert (auch Kaiser Chenghua malte Bodhidharma). Vereinzelt stehend, blickt er den Betrachter finster unter einem dichten grauen Bart an. Machtvolle Pinselstriche in kräftiger Tuschegebung beschreiben den Umriß des Gewandes, das in einer steifen Volute endet, während der Gürtel mit seiner Schnalle in scharfer Kurve ganz ähnlich herabfällt wie im Bilde von Zhu Jianshen. Es könnte durchaus sein, daß Kaiser Shunzhi (reg. 1644-1661), der Zhong Kui für seinen Lieblingsmaler Dai Mingyue malte, das Bild seines Mingzeitlichen Vorläufers kannte, es aber verstand, dem Thema unter Ausschöpfung volkstümlicher Traditionen wieder etwas von der unmittelbaren, rasenden Wut zu verleihen, die im Bild von Dai Jin zu beobachten war, der Zhu Jianshen freilich in seinem Bild nichts Entsprechendes entgegenzusetzen hat.

Wu Weis *Im Schatten einer Weide lesend* (Kat. Nr. 89) bietet einen recht guten Anhaltspunkt, welchen Weg die Zhe-Schule in der Nachfolge Dai Jins einschlug. James Cahill[10] beschrieb Wu Wei als einen erfolglosen Literatenbeamten; sein exzentrisches Verhalten machte ihn berühmt, trug ihm zugleich aber auch Kritik ein. Das Thema, der Gelehrte als Ochsenhirte, der – bequem an seinen Wasserbüffel gelagert – liest, führt uns zurück zu den Malern an der Song-Akademie, bei denen Darstellungen des Hütens von Ochsen beliebt waren, doch scheint es hier kaum eine tiefere Bedeutung zu haben, als den müßigen Gelehrten in ländlicher Umgebung zu zeigen. Die Landschaft um ihn herum entspricht in ihrer Ausführung den Konventionen, die bei den Malern der Zhe-Schule üblich waren: Felssilhouetten, Baumstämme und Zweige sowie ferne Berge, die als rahmende Elemente zumeist in Tuschelavis mit raschen Pinselstrichen ausgeführt sind. Was Aufschriften anbelangt, so ist hier lediglich die Signatur *Kleiner Unsterblicher (Xiaoxian)* zu finden, wie es oft bei Bildern dieser Schule der Fall ist.

Zhang Lu, einer von Wu Weis unmittelbaren Nachfolgern, gebrauchte ein ähnliches Schema für seine *Flötenspielende Unsterbliche* (Kat. Nr. 90). Seinem Werk läßt sich am besten durch eine kurze Erörterung eines Bildes im Museum von Nanjing gerecht werden, das ihn von seiner besten Seite zeigt. Es ist dies eine erstaunlich gelungene Variation eines seit der Tang-Dynastie populären Themas, das Bild eines Falken im Sturzflug auf seine Beute, einen weißen Hasen (Abb. 45). Der Raubvogel und sein Opfer sind gegen einen dunklen Winterhimmel abgesetzt, der sich nahezu bis zum Vordergrund aufzuspannen scheint. Das schlanke Schilfrohr, zu dem der Hase

41. *Besuch bei Pang Degong. Ni Duan (tätig 1426-1435). Palastmuseum, Peking*

42. *Besuch bei Pang Degong. Ni Duan
(tätig 1426-1435). Britisches Museum,
London*

schutzsuchend eilt, ist leicht mit Schnee bedeckt. Der Hase hebt sich weiß schimmernd gegen die weite Fläche ab, in die er sich unbedacht verirrte und die nicht einfach Himmel oder Schnee darstellt, sondern eine Eisfläche. Sie ist vom Wind leergefegt, der von links hereinweht, kräftig in das Schilfrohr oder Gras bläst und es fast zur unsichtbaren Eisfläche niederdrückt. Sowohl der Falke als auch der Hase sind in rascher Bewegung von rechts nach links – gegen den Wind – erfaßt. Gerade dahinter macht sich ein Sperling, tief im Winde fliegend, davon. Hier sehen wir eine für westliche Augen ungewöhnliche Einzelheit: Der Sperling mit den ausgebreiteten Flügeln und dem eingezogenen Kopf – um dem Falken zu entgehen – wird von seinem eigenen Spiegelbild auf dem Eis begleitet. Auf dem hellen Leib zeigen sich die Füße, der Kopf ist nach der anderen Seite gedreht. Eine solche Spiegelung folgt natürlich anderen Gesetzen als jenen der Perspektive. Sie ist vor allem informativ, da sie dem Betrachter ermöglicht, sowohl den erschreckten Sperling als auch die gefrorene Oberfläche darunter zu erkennen. Solch phantasievolle Spielereien erfreuten ohne Zweifel den einstigen Besitzer des Bildes, der seine Gäste darauf hinweisen konnte.

Zhang Lus *Flötenspielende Unsterbliche* ist ein Bild von ähnlicher Dimension und wie *Falke und Hase*. Es ist mit der chiffrehaften Signatur des Malers *(Pingshan)* versehen und trägt sonst nichts, nicht einmal ein Siegel. Die Szene spielt im Sommer auf einer Uferbank unter einem großen Baum mit dichtem Nadelkleid. Im Vordergrund steigen wenige Felsen und Gräser im gleichen Winkel an wie bei der schneebedeckten Uferbank des Bildes im Museum von Nanjing. Die Flötenspielerin dreht sich in die Brise, die vom Wasser her weht, die Haarbänder schwingen sanft zu dem Baumstamm hin, während sie die Lippen an das Mundstück ihrer Flöte aus gesprenkeltem Bambus setzt. Der große Pfirsich in dem Korb an ihrer Seite deutet an, daß sie keine normale Sterbliche ist. Ihr weites Gewand, mit einer großen Schleife um die Hüfte gebunden und mit einer langen Schärpe als Farbtupfer in einem Bild, in dem die Tusche vorherrscht, ist in kräftigen, scharfkantigen Pinselstrichen ausgeführt. Doch Zhang Lu versteht es ebenso, die Textur des feinen schwarzen Haares, die weichen Gesichtszüge, die gerundeten Hände und die schlanken Finger mit gleicher Geschicklichkeit auszuführen. In ähnlicher Weise werden die stakkatohaften Doppelstriche der Kiefernnadeln mit dem wogenden Rhythmus des Wassers darunter kontrastiert: Ungebrochene Wellen nahe der Uferbank, dahinter aber schäumende Gischt, die sich im leeren Raum verliert. Man kann natürlich noch weitere Gegensätze in dieser Szenerie beobachten, wie jener zwischen dem kräftigen Stamm der Kiefer und den fast unvermeidlichen grazilen Kletterpflanzen, die sich des kraftvollen Baumes als einer Stütze bedienen, an ihm hochklettern, daran niederhängen und leicht von der Brise bewegt fast die Wellenspitzen berühren. Es ist auch kaum vonnöten darauf hinzuweisen, daß der wilde Lauf des Wassers nicht durch einen starken Wind verursacht wird, sondern durch die Macht seiner nicht zu erkennenden Breite und Tiefe. Zhang Lu erweist sich hier, wie in dem Bild in Nanjing, als ein Meister von Pinsel und Tusche, der jedes Detail zum Leben bringt.

Im Gegensatz zu den großen Figuren in den Landschaften, die Wu Wei und Zhang Lu bevorzugten, stehen viele von Wang Es Bildern denen von Li Zai nahe. *Auf der Suche nach der Pflaumenblüte im Schnee* (Kat. Nr. 92) ist ein vorzügliches Beispiel für die technische Brillanz, die man von den professionellen Malern am Hof erwartete, und die bereits in dem Bild von Liu Jun zu beobachten war. Wie in jenem Bild spielt sich die Begebenheit in einer Winterlandschaft mit verdunkeltem Himmel ab. Eine kleine Gruppe mit einem reitenden Herrn und seinen Dienern, die den Zug anführen und abschließen, bewegt sich um eine Biegung auf einem verschneiten Bergpfad.

Zur Rechten des Pfades verwendet Wang E den gleichen Kunstgriff wie Li Zai, wenn er die Spitzen der Nadelbäume sich aus dem Nebel erheben läßt, um dadurch den Effekt eines unterhalb gelegenen tiefen Tales zu erreichen. In dem verdunkelten Himmel stechen zwei Siegel des Kaiserhofs aus der Ära Hongzhi (1488-1505) hervor. Das Bild zeigt insgesamt jene Sorgfalt und jenen letzten Schliff, den wir bereits in Liu Juns Bild *In verschneiter Nacht zu Besuch bei Zhao Pu* beobachten konnten. An den Bäumen im Vordergrund verstärkt der Schnee den Kontrast zwischen Körperhaftigkeit und leerem Raum. Dies kommt noch stärker an den Felswänden dahinter zur Geltung, wo Wang E Tuschelavis mit großem Geschick aufgetragen hat, um eine gleichmäßige Abstufung zu erreichen, die er nur auf dem Bergrücken mit kantigen Strichen abwandelt, um den Eindruck von zerklüf-

43. *Im Schatten einer Weide lesend.*
Wu Wei (1459-1508)
Katalog Nr. 89

44. Flötenspielende
Unsterbliche.
Zhang Lu
(ca. 1464–1538)
Katalog Nr. 90

tetem Fels zu geben. Jenseits des langgezogenen Umrisses erscheinen die Silhouetten ferner Gipfel, abgesetzt gegen den Himmel, was wiederum Liu Juns Werk in Erinnerung ruft.

Obgleich das Bild weder ein Gedicht noch eine andere Aufschrift trägt, war es für jene, die Gefallen daran hatten, ein leichtes, ein dazu passendes Tang-zeitliches Gedicht zu finden. Als erste Blüte des Jahres, jadegleich in ihrer Erscheinung und von feinem Duft, erfreute sich die chinesische Pflaume *(mei)* der besonderen Zuneigung der chinesischen Literaten. Sie konnte das Sinnbild einer schönen Frau sein, ebenso wie ein Vorbote des Frühlings[11]. Schreiten im Schnee findet ein Echo gleichfalls in Tang-Gedichten, wo es in einem Vers von Zhang Jiuling (frühes 8. Jh.) heißt: *Ganz gleich wie fern der Bergpfad sei, wir treffen einander gewiß schreitend im Schnee.* Wang Es Bilder stellen oft Variationen solcher Szenen dar: einen Beamten mit ein oder zwei Dienern auf dem Weg zu einem unsichtbaren Freund. Sie müssen sich einer beträchtlichen Popularität erfreut haben.

Wie diese wenigen Beispiele lehren, sind den Bildern, die am Ming-Kaiserhof entstanden, und jenen von Malern der Zhe-Schule, trotz ihrer großen Unterschiede in der Ausführung, die von peinlicher Genauigkeit bis hin zu ungestümer Skizzenhaftigkeit reichen, gewisse Stilelemente gemeinsam, die aus der Malerei der Song-Akademie und auch der volkstümlichen Bildsprache stammen.

Bilder der Literaten neigten dazu, sich anderer Quellen zu bedienen. Shen Zhous *Im Schatten der Wutong-Bäume* (Kat. Nr. 98) ist in dem archaisierenden Blau-und-Grün-Landschaftsstil ausgeführt, der von Qian Xuan im späten 13. und frühen 14. Jahrhundert wiederbelebt wurde. Xie Shichens *Der Verbannte Unsterbliche erfreut sich am Monde* (Kat. Nr. 102) ist ganz deutlich im Stil der Yuan-Meister gehalten. Keines von beiden zeigt das sorgfältig abgestufte Tuschelavis, das bei den Künstlern am Hof so beliebt war. Die Figuren erscheinen vereinzelt, ohne Pferd oder Gefolge von Dienern, die ihre offizielle Position erkennen lassen könnten. Nur im Falle von Tang Yin, in dessen *Landschaft bei Qiantang* (Kat. Nr. 99) sowohl Reiter als auch Fischer auftreten, scheinen die Genres sich zu berühren, in einer eindrucksvollen Landschaft, die beiden Traditionen verpflichtet ist, die aber zugleich auch die wirkliche Landschaft entlang des Qiantang-Flusses in der Provinz Zhejiang evoziert.

Ein anderes Bild, das eine wirkliche Landschaft darzustellen scheint, ist Yuan Shangtongs *Morgendliches Gedränge der Boote beim Zolltor* (Kat. Nr. 96). Es ist ein Werk ganz anderer Art, mit einem ausgesprochen deskriptiven Thema, das noch heute seine Parallele in der Wirklichkeit hat, denn es stellt vermutlich das westliche Wassertor bei Suzhou in der Provinz Jiangsu dar, wo der Künstler 1570 geboren wurde. Von der Stadt selbst ist nur wenig zu sehen. Das Augenmerk richtet sich vielmehr auf das Gedränge der Boote, von denen jedes versucht, als erstes durch das Tor einzufahren, während sich die Morgennebel lichten. Unmittelbar dahinter wird das Westtor selbst sichtbar, mit einer Brücke über den Kanal (ein Zweig des großen Kaiserkanals, der die Stadt mit der Metropole Hunderte von Kilometern nördlich davon verband). Jenseits davon zeigen sich die obersten Geschosse der buddhistischen Pagode auf dem Tigerberg sowie weitere Abschnitte einer Mauer, direkt unter der auf das Jahr 1646 datierten Inschrift des Malers. Das Bild entstand also just am Ende der Ming-Dynastie, sogar noch nach der Niederlage der Ming und dem endgültigen Fall von Nanjing im Jahre 1645.

Trotz der unruhigen Zeitläufe sind die Boote mit Waren vollgepackt, und die Szene läßt sich ohne weiteres als getreuliche Wiedergabe von Ort und Zeit deuten. Mit diesem Bild haben wir die Sphäre des Ming-Kaiserhofs nun in der Tat bereits verlassen. Die Maler konnten sich nicht mehr länger einer privilegierten Position erfreuen. Statt dessen können wir das Bild als ein Echo des raschen Wachstums der Märkte und des Handels im 17. Jahrhundert betrachten, welches Mark Elvin untersucht hat:

In allen Präfekturen, Bezirken und Kreisen von Jiangnan gibt es Wasserwege allerorten. Überall werden lokale Spezialitäten angeboten. Überall herrscht schwungvoller Handel. In den Hafenstädten jedes Kreises und jedes Bezirks gilt das für so gewöhnliche Güter wie Reis, Salz, Hühner und Schweine, ja sogar grobe Artikel wie Feuerholz, Kohle, Gemüse und Früchte. Alle Arten von Gütern unterliegen der Besteuerung[12].

Während zeitgenössische Berichte wie dieser das Bild von Yuan Shangtong in seinen sozialen und ökonomischen Kontext eingliedern helfen, läßt sich eine weitere Verschiebung der Perspektive in einer anderen Version dieser Szene beobachten, die von Huang Ji, einem Künstler, der während der Ära Qianlong tätig war, stammt.

45. Falke und Hase. Zhang Lu (1464-1538). Museum Nanjing

Huangs Werk im Britischen Museum[13] ist auf das Jahr 1752 datiert und ganz offenkundig nach dem Vorbild des früheren Bildes gestaltet und behält auch dessen Titel bei. Trotz aller Unterschiede in der Interpretation vermag diese Kopie noch immer zu bezeugen, welche Faszination solche Szenen aus dem Alltagsleben auf den Betrachter auszuüben vermochten. Zahllosen kunstgewerblichen Malern in Suzhou, und ohne Zweifel auch anderswo, die Kopien berühmter Kompositionen für reiche Haushalte herstellten, wurde so Arbeit verschafft.

In sehr viel größerem Maßstab regte das gleiche Interesse an den vielfältigen Aktivitäten des geschäftigen Reiches die Entstehung vieler langer Querrollen an, die Kaiser Qianlong in Auftrag gab. Ähnlich wie bei den Bilderserien, die die Inspektionsreise von Kaiser Kangxi dokumentierten (Kat. Nr. 23-25), folgten jene einem erprobten Muster mit vielen Anklängen an die Querrolle *Flußaufwärts beim Qingming-Fest* (Qingming shanghe tu; vgl. Kat. Nr. 97) von dem Maler Zhang Zeduan aus dem frühen 12. Jahrhundert, deren Original sich heute in Peking befindet. Sie schildert kenntnisreich Einzelheiten des geschäftigen Treibens auf Straßen und Wasserwegen der Nord-Song-Hauptstadt.

47. *Honigverkäufer im Palastgarten. 16. Jh.*
Katalog Nr. 95

48. In verschneiter Nacht zu Besuch bei
Zhao Pu. Liu Jun (15. Jh.)
Katalog Nr. 93

49. *Auf der Suche nach der*
Pflaumenblüte im Schnee.
Wang E (tätig um 1500)
Katalog Nr. 92

50. *Im Schatten der Wutong-Bäume.*
Shen Zhou (1427-1509)
Katalog Nr. 98

51. Die Strohhütte im Pfirsichhain.
Qiu Ying (gest. 1552)
Katalog Nr. 100

53. *Kaiser Qianlong als Eremit. Zhang Zongcang. 1753 (Seite 88) Katalog Nr. 43*

54. *Morgendliches Gedränge der Boote beim Zolltor. Yuan Shangtong. 1646 Katalog Nr. 96*

In der Ming- und Qing-Dynastie wurden sie oft kopiert, die vorzüglichste Version war jene, die für den Qing-Kaiser hergestellt wurde, und die sich heute im Palastmuseum von Taibei befindet. In solchen Querrollen mit ihren Massen kleiner, doch faszinierender Figuren steht die Malerei noch immer im Dienst des Kaisers und des Staates, obgleich die Themen sehr verschieden von denen des frühen Ming-Kaiserhofs sind. Doch immer noch sind sie mit erstaunlichem Geschick und Erfindungsreichtum ausgeführt, zur Freude des Betrachters, der sie aufmerksam studiert.

Aus dem Englischen von Herbert Butz

Anmerkungen
1 Shan Guoqiang (1981).
2 *Mingdai gongting*, 1.
3 Vanderstappen (1956), 281; ders. (1957).
4 *Mingdai gongting*, 3.
5 Huang Miaozi (1980).
6 Mu Yiqin (1983).
7 Lee (1962).
8 Lawton (1973), 142 ff.
9 Cohn (1948), Taf. 211.
10 Cahill (1978), 98 ff.
11 Frankel (1976), 1-6.
12 Elvin (1973), 269.
13 Suzuki (1982-83), II, E 15-068.

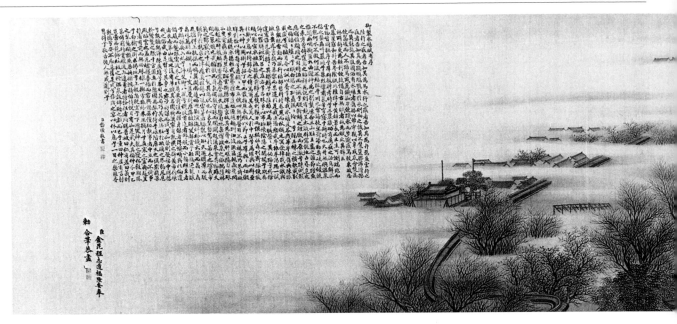

Hofmalerei der Qing-Dynastie
Hironobu Kohara

In einem zweibändigen ausführlichen Katalog: *Verzeichnis der Hofmaler der Qing-Dynastie (Guochao yuanhua lu),* der im Jahre 1816 erschien, werden 53 Hofmaler und ihre 28 Assistenten vorgestellt, deren Werke der Verfasser des Kataloges, Hu Jing (1769-1845) persönlich kannte. Hu Jing hatte zuvor die dritte Folge des kaiserlichen Kataloges *(Shiqubaoji, sanbian)* herausgegeben, die ebenfalls 1816 erschien. In diesem *Verzeichnis der Hofmaler der Qing-Dynastie* sind also die Hofmaler nach der Ära Jiaqing (1796-1820) nicht enthalten. Von den Hofmalern vor dieser Ära sind zwar 80 im Katalog aufgeführt, doch gibt es auch etliche Maler, die nicht erwähnt sind.

Dem *Verzeichnis der Hofmaler der Qing-Dynastie* diente der etwa 100 Jahre zuvor herausgegebene Katalog *Verzeichnis der Hofmaler der Südlichen Song-Dynastie (Nan Song yuanhua lu)* von Li E (1692-1752) als Vorbild. Hu Jing schreibt in seinem Vorwort: *Li E war ein erfahrener Sammler von Malerbiographien, beging aber trotzdem den Irrtum, Ma Hezhi (gest. ca. 1190), einen Beamten hohen Ranges, zu den Hofmalern zu zählen. Das ist sehr bedauerlich.* Er fährt fort: *Die Hofmaler der Qing-Dynastie können zwar meisterhaft malen, aber sie sind im Grunde genommen nur Handwerker. Sie nehmen einen anderen Rang ein als die dem Kaiser nahestehenden Untertanen, die die Beamtenprüfung bestanden haben. Daher ist es völlig falsch, diese Hofmaler den hochrangigen Beamten gleichzusetzen.*

Das Verhältnis zwischen Literaten- und Berufsmalern, ihre freundschaftlichen Beziehungen bzw. ihre Auseinandersetzungen stellten in China ein Problem dar, das bereits eine lange Vorgeschichte hatte. Niemand bemühte sich so heftig wie Hu Jing, die deutlichen Unterschiede zwischen Literatenmalern und Berufsmalern aufzuzeigen.

Unter allen kaiserlichen Akademien Chinas waren diejenigen der Song- und Ming-Dynastie die am besten organisierten Institutionen der Hofmalerei. In dieser Zeit war die Kluft zwischen Literaten- und Berufsmalern nicht so groß; es kam sogar vor, daß sie einander freundschaftlich verbunden waren. Warum konnte Hu Jing aber dann so herablassend und vorwurfsvoll fordern: *Werft Literatenmaler nicht in einen Topf mit Hofmalern?*

Die Malakademie der Qing-Dynastie wurde im Jahre 1661, also noch in der Anfangsphase der Dynastie gegründet und gehörte zum *Kaiserlichen Haushalt (Neiwufu).* Im Jahre 1677 wurden die Organisation und die Namen, die seit der Ming-Dynastie üblich waren, verändert, und dabei wurde die Malakademie als *Werkstattbezirk (Zaobanchu)* neben der *Halle der Pflege des Herzens (Yangxindian)* eingerichtet, wo sich die Schlaf- und Wohnräume des Kaisers befanden. 1691 wurde die Malakademie dann nach Süden, in den Bezirk des *Palastes der Barmherzigen Ruhe (Cininggong)* verlegt und nochmals erweitert. 1730 wurde sie nochmals verlegt und vergrößert. Reste davon sind heute noch im Kaiserpalast in Peking zu sehen.

Im *Werkstattbezirk* waren 40 verschiedene Werkstätten untergebracht für Holz-, Elfenbein- und Emailarbeiten, für Web- und Stickereiarbeiten, Glocken- und Metallgefäßguß, für das Schleifen von Jadegefäßen und für die Herstellung von Waffen wie Kanonen und von Rüstungen. Auch die Maler und Bildmontierer waren neben den Herstellern von alltäglichen Gebrauchsgegenständen und Waffen in diesem *Werkstattbezirk* tätig.

Die Bezeichnung *Malakademie (Huayuan)* existierte noch nicht. Sie taucht erst 1736, im ersten Jahr der Ära Qianlong (1736-1795), in offiziellen Schriften auf. Die Malakademie wurde offiziell *Malakademiebezirk (Huayuanchu)* genannt, manchmal auch *Halle der Wunscherfüllung (Ruyiguan), Malerei-Halle, Malhalle* oder *Malabteilung.*

Die Maler, die zur *Malakademie* gehörten, wurden *Akademiemaler* genannt. Im Gegensatz zur Hanlin-Akademie *(Hanlinyuan)* der Song-Dynastie, der altehrwürdigen Institution der Gelehrsamkeit am Kaiserhof, und zur *Halle der Menschlichkeit und Weisheit (Renzhidian)* sowie der *Halle der Militärischen Tapferkeit (Wuyingdian)* der Ming-Dynastie waren diese Maler nicht in einem bestimmten Gebäude untergebracht, sondern sowohl in der *Halle der Wunscherfüllung (Ruyiguan)* wie auch in kleineren Nebengebäuden tätig. Die Bezeichnung *Malakademie* selbst war noch nicht geprägt. Die Werkstatt für Emailarbeiten z. B. wurde auch als *Malakademie* bezeichnet, wenn Maler, welche Bildmotive auf Emailarbeiten auftrugen, dort mitarbeiteten. In früherer Zeit wurde die *Halle*

der Wunscherfüllung, zu der der *Werkstattbezirk* gehörte, mehrmals verlegt; am Ende der Qing-Dynastie, in der Zeit des Kaisers Guangxu (reg. 1875-1907) stand sie dann im Osten des Nordtors. Die Hofmaler der Qing-Dynastie wurden nicht als Künstler eingestuft, die Bilder für gebildete Connaisseure malten, sondern wie Handwerker behandelt und den Zimmerleuten, Schmieden und Schreinern gleichgestellt. In der Qing-Dynastie existierte auch keine hierarchische Stufung wie es in der Nord-Song-Dynastie der Fall gewesen war: *Die Künstler der Malakademie nahmen den höchsten Rang ein, die der Kalligraphieakademie folgten; die Handwerker für die Herstellung von Zithern, Brettspielen und Jadegefäßen waren noch darunter plaziert (Huaji).* Im Gegensatz zu den Malakademien der Song- und Ming-Dynastie waren die Künstler der Qing-Dynastie also nicht sehr hoch angesehen und ihrer Persönlichkeit wurde keine Beachtung geschenkt. Diese Situation ähnelt derjenigen in der höfischen Malinstitution der Han-Dynastie.

Der Grund dafür, weshalb Hu Jing eine klare, unüberbrückbare Grenze zwischen den Literaten- und Berufsmalern zog, liegt also darin, daß die Maler der Malakademie damals lediglich als Handwerker betrachtet wurden.

Die Organisation der Malakademie der Qing-Dynastie unterschied sich darüber hinaus von der der bisherigen höfischen Malakademien dadurch, daß hierarchisch gegliederte Beamtenränge oder das System der Hofränge überhaupt nicht existierten. Hu Jing übte folgende Kritik an dem System der Malakademie der Ming-Dynastie: *Der Fehler des Systems lag darin, daß die Hofmaler ohne besondere Prüfung den Rang eines Militärbeamten zugesprochen bekamen.* Die Hofmaler der Ming-Dynastie hatten Ränge wie Militäre und die der Song-Dynastie Rangbezeichnungen wie *Hofmaler (daizhao),* und *Schüler (xuesheng),* während sie in der Qing-Dynastie alle gleich gestellt waren, d. h. keinen besonderen Rang hatten.

Es gibt jedoch einige Hinweise, daß der Italiener Giuseppe Castiglione (chin. Name: Lang Shining; 1688-1766) und Shen Zhenlin ein Amt in der Hofgartenverwaltung erhielten wie seinerseits Dong Yuan (tätig um 967) unter der Song-Dynasie. Unklar bleibt, warum Jin Tingbiao (tätig ca. 1720-1760) ein Amt der Rangstufe 7 und Huang Zeng (tätig um 1770) ein Amt der Rangstufe 8 zuerkannt bekamen.

Ansonsten erhielten die Hofmaler, wenn ihre Werke dem Kaiser besonders gefielen, nur den Rang eines Sekretärs oder eines unteren Beamten und bestenfalls den Rang eines *Referenten (zhongshu),* wobei der *Referent* von den zehn Rängen, die es für Regierungsbeamte gibt, nur den vierten Rang von unten darstellte. Folglich wurden die Hofmaler der Qing-Dynastie kaum ihren Diensten entsprechend vergütet und grundsätzlich wie Angehörige des niederen Standes behandelt.

Daß Hu Jing die Hofmaler von oben herab betrachtete, lag sicher mit daran, daß sie nicht durch die harte Konkurrenz der Beamtenprüfung ausgewählt wurden.

Welche Möglichkeiten gab es, zum Maler am Kaiserhof aufzusteigen? Es gab dafür drei Wege:

1. Die Empfehlung:

a) Kaiserliche Familienmitglieder, Adelige und Beamte hohen Ranges empfahlen dem Kaiser begabte Maler, nachdem sie sie selbst angestellt hatten. Auf ähnliche Weise kamen auch die Eunuchen an den Kaiserhof.

b) Provinzgouverneure entdeckten in ihren Provinzen talentierte Maler und empfahlen sie weiter.

c) Maler, die bereits am Hof arbeiteten, empfahlen andere Maler, sehr häufig ihre eigenen Schüler oder Familienangehörige.

2. Die Prüfung:

a) Die Maler gingen direkt zum Hof, ließen sich von Eunuchen an den Kaiser vermitteln und machten ihm ihre Werke zum Geschenk. Dadurch konnten sie sein Interesse wecken.

b) Wenn der Kaiser in die südlichen Provinzen reiste, wo besonders viele Maler tätig waren, kam es gelegentlich vor, daß Maler ihm ihre Werke schenkten oder auch in Anwesenheit des Kaisers malten. Ihre Fähigkeiten konnten auf diese Weise vom Kaiser an Ort und Stelle geprüft werden.

c) Bei den Beamtenprüfungen in den Provinzen prüften die zuständigen Beamten die dortigen Maler. Eine derartige Prüfung, die Ruan Yuan (1764-1849) in der Ära Qianlong durchführte, ist besonders bekannt.

3. Die Auswahl unter den Beamten:

Beamte, die bereits im Hofdienst waren, wurden auf Grund ihres künstlerischen Talents ausgewählt und dienten neben ihren

eigentlichen Ämtern auch als Hofmaler. Diese Tatsache steht zwar im Widerspruch zu der Behauptung Hu Jings, aber solche Maler gehörten auch zur Organisation der kaiserlichen Malakademie. Neben den Beamten mit Ministerstatus gab es verschiedentlich qualifizierte Maler, die die höchsten Beamtenprüfungen in der Hauptstadt oder die Provinzprüfungen bestanden hatten, oder Militärbeamte waren. Beispielsweise hatte Li Shan (ca. 1686-1762), einer der *Acht Sonderlinge von Yangzhou*, die Provinzprüfung bestanden und war für kurze Zeit auch als Hofmaler tätig.

Wenn ein Maler nach vielen Mühen endlich Hofmaler geworden war, war seine Zukunft damit noch keineswegs gesichert. Denn die Aufgabe der kaiserlichen Malakademie bestand in der Wiedergabe und Dokumentation aktueller Ereignisse und nicht in der Ausbildung der Künstler. Zeremonien am Hofe wie Hochzeiten (Kat. Nr. 32), Begräbnisse, Geburtstage (Kat. Nr. 31), Paraden, Audienzen der ausländischen Gesandten (Kat. Nr. 27) sowie Jagden (Kat. Nr. 45), Reisen (Kat. Nr. 23-25) und der Alltag der Kaiser waren die wichtigsten Anlässe. Seltene Pflanzen und Tiere, die aus fremden Ländern oder den Grenzgebieten als Geschenke überbracht wurden, gehörten ebenfalls zu den Motiven (Kat. Nr. 108). Die Hofmaler, die sich damit beschäftigten, zählten sogar in der Blütezeit der Malakademie nur etwa 80, wie Hu Jing berichtet.

Die anderen Hofmaler beschränkten sich auf praktische Aufgaben wie das Design von Kleidern, schematische Darstellungen der Tuscheherstellung, Skizzen alter Bronzegefäße und Illustrationen von Gesetzbüchern. Ihre Situation läßt sich gut mit derjenigen heutiger Absolventen von Kunstakademien vergleichen; nur wenige können mit dem Schaffen von Kunstwerken ihren Lebensunterhalt bestreiten, die meisten müssen mit Hilfe von Nebenbeschäftigungen ihre Existenz sichern. Die Maler wurden in der Malakademie nicht nach ihrer Begabung eingeschätzt und gefördert, sondern man versuchte, ihr Talent für handwerkliche Tätigkeiten auszunutzen.

Wie viele Hofmaler in der Malakademie arbeiteten, weiß man heute nicht mehr genau. Wir wissen jedoch, daß sich 1785 über 100 Hofmaler darum bewarben, ein Porträt von Kaiser Qianlong zu malen. Nach einem Dokument aus dem Jahr 1110 soll danach die Anzahl der Maler in der Malakademie des Kaisers Huizong (reg. 1101-1125) nur 30 betragen haben. Die Malakademie der Qing-Dynastie dürfte sehr viel größer gewesen sein. Im Gegensatz zu den alle drei Jahre in regelmäßigen Abständen durchgeführten Beamtenprüfungen wurden die Hofmaler sehr unregelmäßig ausgewählt. Zeitgenössischen Dokumenten zufolge gab es Hofmaler, die 20, sogar 30 Jahre lang in der Malakademie tätig waren. Die meisten von ihnen gehörten wahrscheinlich eher zu denjenigen, die nur mit handwerklichen Designs in den verschiedenen Werkstätten beschäftigt waren. Es gab auch Fälle, daß ein Maler, der z. B. im Mai dem Kaiser sein Werk geschenkt hatte, bereits im Juli den Hof verlassen mußte, da sein Bild diesem nicht gefiel. Es ist jedoch nicht bekannt, wie die enorm angewachsene Zahl der Hofmaler wieder reduziert wurde. Die Kataloge der Kalligraphien und Bilder in der kaiserlichen Sammlung wurden für die Werke aus den älteren Dynastien und aus der Qing-Dynastie getrennt kompiliert. Die Maler, die in diese Kataloge nicht aufgenommen worden waren und keine hochqualifizierten Kunstwerke schaffen konnten, verloren ihre Stellen und verließen den Hof. Einige von ihnen gingen in ihre Heimatorte zurück und beschäftigten sich bei Provinzbeamten etwa mit der Illustration von Berichten über Naturkatastrophen oder der Herstellung von Landkarten und topographischen Karten, die dann der Regierung zugeschickt wurden. Oder aber sie ernährten sich dürftig durch den Verkauf ihrer Werke. Andere Maler gingen in reiche Gegenden, in Städte wie Suzhou oder Yangzhou und fertigten dort Vorzeichnungen für Holzschnitte an. Unter den Holzschnitten aus Suzhou aus der Ära Qianlong gibt es auch Landschaftsdarstellungen, in denen die europäische Zentralperspektive verwendet wurde.

Solche Bilder sind manchmal mit Aufschriften oder Siegeln wie *Ehemaliger Hofmaler*, versehen. Sie beweisen, daß die europäischen Bilder, welche die Missionare zum chinesischen Kaiserhof brachten, am Hof bekannt waren und den Hofmalern als Vorlage dienten.

Die Zahl der in der Qing-Dynastie tätigen Maler wird auf ca. 50 000 geschätzt. Es gibt kein anderes Land, das in einer Epoche

so viele Maler hervorgebracht hat. Die meisten dieser Maler gehörten zu denjenigen, die an den Beamtenprüfungen gescheitert waren und daher keine Beamtenlaufbahn einschlagen konnten; sie betätigten sich als Sekretäre von Provinzbeamten oder als Hauslehrer.

Der renommierte Maler Wang Hui (1632-1717) wurde zwar an den Hof berufen, aber seine Aufgabe bestand nur darin, die Anfertigung der Bilder über die Südreise des Kaisers Kangxi (reg. 1662-1722) zu beaufsichtigen (Kat. Nr. 23-25). Er blieb auch nicht am Kaiserhof, sondern ging in seine Heimat zurück. Das ist ein Zeichen dafür, daß der Markt für Maler bereits entwickelt war und es ein Sozialsystem gab, in dem Kunsthändler und Bildmontierer den Verkauf von Bildern vermittelten. Dadurch konnten die erfolgreichen Maler ein finanziell gesichertes Leben führen. Die Zahl der Hofmaler dürfte nur ca. 1 % der erwähnten 50 000 Maler ausgemacht haben. Nur wenn ein Maler überzeugt war, über eine besonders große Begabung zu verfügen, versuchte er, auch als Hofmaler Anerkennung zu finden. Wenn seine Begabung von seiten des Hofes aber unentdeckt blieb oder wenn es ihm an wirklich großem Talent fehlte, mußte er im Gegensatz zu den anderen Beamten am Hofe schwer um seine Anerkennung in der Gesellschaft kämpfen. Hu Jing unterschied deshalb Hofmaler und Literatenmaler streng nach ihrem sozialen Status, da man den Stand und die Begabung der Maler allein aufgrund ihrer Werke in der Regel nicht eindeutig erkennen konnte.

Besonders bei glücklichen Ereignissen wie dem Neujahr, Geburtstagsfesten alter Leute, bestandenen Beamtenprüfungen und Beförderungen wurden Bilder mit glückbringenden Motiven verschenkt. In der Qing-Dynastie hatte die Gewohnheit, sich solche Bilder gegenseitig zu schenken, ihre Blütezeit, so daß die Herstellung dieser Werke in den Hauptaufgabenbereich der Hof- wie auch der Literatenmaler fiel.

Für bestimmte Glückssymbole wurden konkrete Motive verwendet, die oft gleichlautend mit dem Symbolwort waren: Narzissen *(shuixian)* für Unsterbliche *(xianren)*, Pfingstrosen *(mudan)* für Reichtum und Vornehmheit *(fugui)*, Affen *(hou)* für Minister *(hou)*, Fledermaus *(fu)* für Glück *(fu)*, Hirsche *(lu)* für Beamtengehalt *(lu/jin)*; etc.

Bei Werken mit solchen Motiven läßt sich kaum feststellen, ob sie von einem Hof- oder einem Literatenmaler stammen. Die einzige stilistische Gemeinsamkeit der Bilder, die an der Malakademie entstanden sind, ist die gewissenhafte und präzise Ausführung.

In der Hofmalerei mußten Figuren, Architektur, Prozessionszüge, Flora und Fauna mit scharfen Konturlinien dargestellt werden. Auch das Verhältnis von Vorder- und Hintergrund mußte deutlich und die Farbigkeit deskriptiv und von strahlender Schönheit sein. Die Hofmaler hielten sogar beim Kopieren von alten Bildern an diesem Prinzip fest.

Die Vorliebe für eine gewissenhafte und präzise Ausführung spiegelt sich auch in den Wissenschaften, der Geschichtsschrei-

bung und der Literatur der Epoche. Dies hing damit zusammen, daß die Kaiser, die aus einem fremden Volk stammten, einen anderen Geschmack mitbrachten. Alle Kaiser der Qing-Dynastie, außer dem dritten Kaiser Yongzheng (reg. 1723-1735), liebten Bilder und Kalligraphien und malten laienhaft auch selbst. Obwohl sie sich sehr für die Kunst interessierten, hatten sie keine eigene Maltheorie oder gaben keine neuen Impulse, womit sie die Malakademie als ganze hätten prägen können.

Das einzige einheitliche Stilmerkmal der Malakademie bestand darin, daß alle Motive auf Bildern deutlich und präzis ausgeführt sein mußten. Daher versteht es sich von selbst, daß sich das Talent der einzelnen Hofmaler nicht voll entfalten konnte.

In der Kunstgeschichte Chinas ist immer wieder zu beobachten, daß sich der Stil der Hofmalerei unter dem Volk verbreitete und der Malerei neue Impulse gab. Die einzige Ausnahme bildet hier die Hofmalerei der Qing-Dynastie. In dieser Epoche wurde der Stil der Hofmalerei außerhalb des Hofes nicht als Vorbild gewählt; nur die europäische Zentralperspektive fand in Suzhou auf Holzschnitten Aufnahme. Die Hofmalerei in der Qing-Dynastie verlor nach Kaiser Jiaqing rapide an Bedeutung. In der Regierungszeit des Kaisers Guangxu wurde sie teilweise umgestaltet, brachte aber keine großen Maler mehr hervor, die künstlerisch hochwertvolle Bilder geschaffen hätten. Der Verfall der Malakademie der Qing-Dynastie symbolisiert so den Niedergang der klassischen Tradition in der chinesischen Kunstgeschichte.

In der Qing-Dynastie endet auch das Traditionsbewußtsein der chinesischen Hofmaler: Alte Werke, besonders die Landschaftsbilder der Song- und Yuan-Dynastie, wurden in dieser Zeit kaum mehr kopiert und nachgeahmt. Die Verbindung zwischen Malakademie und den nicht höfischen Malern zerbrach.

Nach dem Opium-Krieg (1840-42) entstand statt dessen in der Blumen- und Vogelmalerei, die im 18. Jh. bereits in Yangzhou ihre Blütezeit hatte, ein neuer Stil in Shanghai, der sehr populär wurde.

Aus dem Japanischen von Setsuko Kuwabara.

55. Eissport am Hof. Jin Kun, Cheng Zhidao, Fu Longan. 18. Jh. (Seite 90-95) Katalog Nr. 29

Bilder von der Südreise des Kaisers Kangxi

Simon B. Heilesen

Während der langen Regierungszeit von Kaiser Kangxi (reg. 1662-1722) konsolidierten die Mandschu ihre Macht in China; das Qing-Reich war gut regiert, mächtig und verhältnismäßig wohlhabend. Der Kaiser, einer der fähigsten in der Geschichte Chinas, bemühte sich unablässig, in jeder Hinsicht ein guter Herrscher zu sein; die Südreise ist ein Beispiel dafür, wie er es verstand, eine Vielzahl von Problemen zu bewältigen[1].

Sechs solcher Reisen wurden zwischen 1684 und 1707 unternommen; sie führten in das reiche Jiangnan-Gebiet, d. h. die Provinzen Jiangsu und Zhejiang (vgl. Abb. 64). Offizieller Zweck der Reisen war eine Inspektion des Gebiets am Unterlauf des Gelben Flusses (der damals südlich der Insel Shandong verlief) und seiner Wasserbauten in einem Teil des Landes, wo es häufig zu Überschwemmungen kam und der Verkehr auf die Wasserwege angewiesen war. Neben der ausdrücklichen Sorge um das Wohlergehen der Bevölkerung spielte die Tatsache, daß die landwirtschaftliche Produktion und das Wirtschaftsleben des Jiangnan-Gebiets von höchster Bedeutung für die Staatseinkünfte waren, eine ausschlaggebende Rolle. Zweites erklärtes Ziel dieser Reisen war der Wunsch des Kaisers, persönlich örtliche Zustände zu untersuchen, Unrecht zu beseitigen und seine Beamten zu ermahnen, die Verwaltung gut auszuüben.

Neben diesen Absichten bestand ein dritter, vielleicht noch wichtigerer Grund für die Reisen, der nicht genannt werden konnte, nämlich die Autorität der Mandschu zu festigen und das Ansehen der Regierung zu heben. Die Mandschu waren für die Chinesen Fremde, um nicht zu sagen Barbaren, und auch in der zweiten Generation waren die Grausamkeiten während der blutigen Eroberung von Südchina noch nicht vergessen. Der Haß gegen die Mandschu war ein wesentlicher Grund für den Aufstand des Wu Sangui zwischen 1673 und 1681 im Süden, der nur mit größter Mühe unterdrückt werden konnte; und es ist wahrscheinlich kein Zufall, daß die erste Südreise bereits drei Jahre danach stattfand.

Auf seinen Reisen sprach der Kaiser auf unterschiedliche Weise alle Bevölkerungsschichten an. Indem er sich mit seinen Beamten und der ortsansässigen Gentry traf, versuchte er, sich deren Loyalität zu versichern. Er förderte eine gute Verwaltung, indem er verdiente Beamte auszeichnete, und er wandte sich an die breite Bevölkerung, indem er einfache Leute befragte, ihre Bitten anhörte, Interesse für örtliche Angelegenheiten zeigte und nicht zuletzt Schulden beglich und Steuern erließ. Er zeigte sich großzügig gegenüber religiösen Gemeinschaften (diese Gruppen galten stets als potentielle Unruhestifter), und es gelang ihm auch, die Aktivitäten der nicht eben wenigen europäischen Missionare im Süden im Auge zu behalten. Der Kaiser appellierte an den Nationalstolz aller Han-Chinesen und zollte der chinesischen Kultur auf demonstrative Weise Anerkennung; damit gab er zu verstehen, daß die Mandschu die legitimen Erben der chinesischen Tradition waren und sie pflegten. Auf seinen Reisen nutzte er auch die Gelegenheit, die Grabmale von Konfuzius, des legendären Kaisers Yu der Xia-Dynastie und auch des Begründers der Ming-Dynastie zu besuchen. Der Kaiser besaß eine ausgezeichnete chinesische Bildung, er war Gelehrter, Dichter und ein großer Bewunderer der chinesischen Kultur, und versäumte kaum jemals, diese Fähigkeiten unter Beweis zu stellen, vor allem im kultivierten Süden, wo er die Aufgabe, die Herzen der Chinesen zu gewinnen, mit seiner unersättlichen Neugier auf neue Eindrücke und seiner tief verwurzelten Liebe zur alten chinesischen Kultur verbinden konnte.

Die erste Südreise im Jahr 1684 war ein eher vorsichtiger Versuch, den Herrscher seinen Untertanen näher zu bringen, doch schon die zweite Reise wurde ein ungeheurer Erfolg, der nicht unerheblich im Verhalten des Kaisers selbst begründet lag. Er wählte eine bescheidene Reisebegleitung von nur 300 Personen, keine große Zahl für einen absoluten Herrscher, verzichtete auf ein strenges Protokoll und sprach nicht nur mit ausgewählten Leuten aus dem Volk, sondern ließ sich auch überall sehen und von örtlich einflußreichen Familien einladen. Der Kaiser vermittelte den Eindruck eines vorbildlichen Herrschers, der tatkräftig zugunsten seines Volkes wirkte, und wurde so zu einer populären Person. Die zweite Südreise glich einem Triumphzug, und die darauffolgenden Reisen boten dann ein noch ungewöhnlicheres Schauspiel.

In den 90er Jahren des 17. Jahrhunderts wurde die erfolgreiche Reise von 1689 zum Thema der *Bilder von der Südreise (Nanxuntu)*. Zwei Beamte, Wang Shan (1645-1728) und Song Junye (gest. 1713) zeichneten für dieses Projekt verantwortlich. 1691 luden sie den Maler Wang Hui (1632-1717) in die Hauptstadt ein und be-

57. Südreise des Kaisers Kangxi. Querrolle
Nr. 9. 1691-1698. Detail. Der Kaiser opfert
im Tempel von Yu dem Großen
Katalog Nr. 24

56. Südreise des Kaisers Kangxi. Querrolle
Nr. 1. 1691-1698. Ausschnitt (Seite 97)
Katalog Nr. 23

58. Südreise des Kaisers Kangxi.
Querrolle Nr. 9. 1691–1698. Detail.
Theater in Keqiao
Katalog Nr. 24

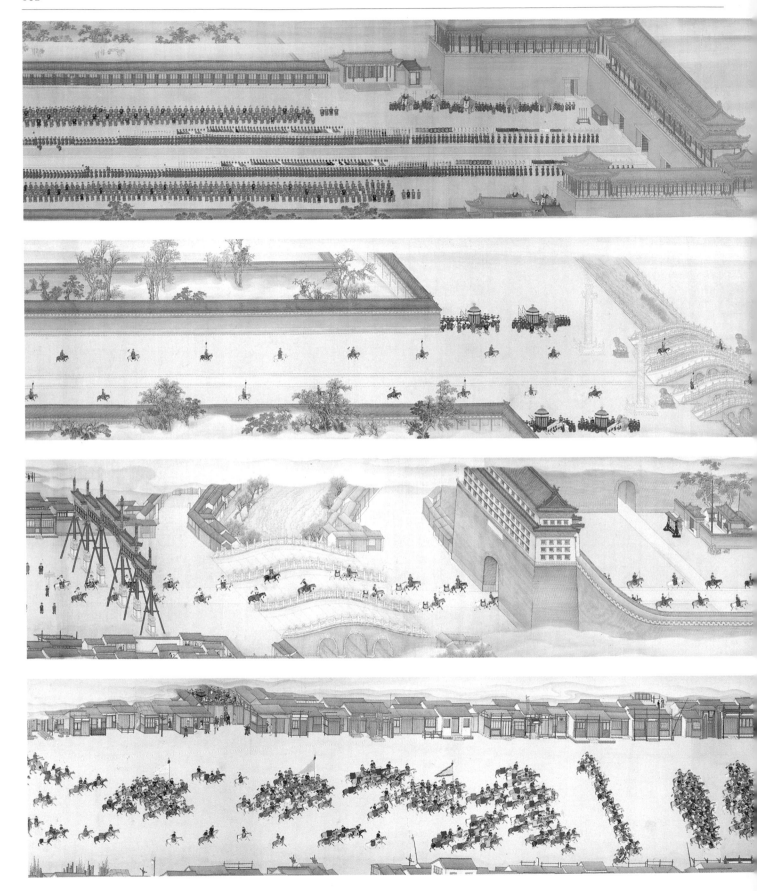

59. *Südreise des Kaisers Kangxi. Querrolle*
Nr. 12. 1691-1698. Ausschnitt
(Seite 102-103)
Katalog Nr. 25

60. *Südreise des Kaisers Kangxi. Querrolle*
Nr. 12 (Detail)
Katalog Nr. 25

61. Südreise des Kaisers Kangxi. Querrolle Nr. 9 (Anfang der Querrolle auf S. 117)

auftragten ihn, die Anfertigung der Bildrollen zu leiten. Wang Shan war der Sohn des Wang Shimin (1592-1680), bei dem Wang Hui die Malerei studiert hatte. Wang Hui hatte das uneingeschränkte Lob seines Meisters geerntet. In der Fähigkeit, in den Stilen alter Künstler zu arbeiten, übertraf er ihn bei weitem. Song Junye, der an der Südreise tatsächlich teilgenommen hatte, war ein angeheirateter Verwandter von Wang Shan und, wie es der Zufall wollte, ein Amateurmaler und Schüler von Wang Hui. Von diesen Beziehungen einmal ganz abgesehen, hatte man mit Wang Hui in jedem Fall eine ausgezeichnete Wahl für die Leitung des Malprojekts getroffen. Er war der vielleicht berühmteste Künstler seiner Zeit, der führende Vertreter der einflußreichsten Strömung innerhalb der Qing-Malerei, der sogenannten orthodoxen Schule, und ein versierter Meister, der fast alles malen konnte.

Der Kaiser belohnte Wang Hui mit einem Fächer, auf den er *Landschaften, rein und strahlend (shanshui qinghui)* geschrieben hatte – der Künstler nahm später den Beinamen *Meister, rein und strahlend (Qinghui zhuren)* an –, und bot ihm eine Position bei Hofe an, die Wang Hui aber ablehnte. Er verließ 1698 Peking wieder. Der erfolgreiche Abschluß der Bilderserie von der Südreise festigte Wang Huis Ruf als hervorra-

gender Künstler. Es ist jedoch nur sehr wenig über die vermutlich sehr zahlreichen Maler bekannt, die unter Wangs Leitung arbeiteten. Einige kamen wahrscheinlich aus den kaiserlichen Ateliers, andere scheinen Wang Huis Schüler gewesen zu sein. Biographischen Quellen ist zu entnehmen, daß mindestens zwei seiner Schüler mit dem Südreise-Projekt befaßt waren: Yang Jin (1644-ca. 1726), der Landschaften, Figuren und Blumen malte und Spezialist in der Darstellung von Ochsen war, und der Landschaftsmaler Gu Fang (tätig ca. 1700). Man hat noch weitere Namen vorgeschlagen, sie aber nicht belegen können. Die Rollen selbst tragen zu dem Geheimnis sogar noch bei, da sie keinen einzigen Anhaltspunkt in Form von Signaturen und Siegeln geben.

Die Bilderserie von der Südreise wurde erst nach mehreren Jahren vollendet und bestand aus zwölf, mit Tusche und Farben auf Seide gemalten Handrollen. Jede Rolle trägt ein Vorwort in deutlicher Regelschrift, das ihre Nummer innerhalb der Serie nennt, die dargestellte Route und ein oder zwei wichtige Ereignisse während der Reise aufführt, die wunderbaren Eigenschaften des Kaisers rühmt und die herzliche Zuneigung des Volkes zum Herrscher vermerkt. Dann folgt das eigentliche Bild, das jeweils 67,8 cm hoch und 15 bis 26 m lang ist und eine außergewöhnlich qualitätvolle, sorgfältig und detailliert ausgeführte Malerei zeigt. Die einfachste Rolle (Nr. 1) enthält über 1200 Figuren[2] und die kompli-

zierter gestalteten das Vielfache davon. Alle Figuren sind so charakteristisch wiedergegeben, daß sie individuell wirken, und alle Gewänder, persönlichen Gegenstände und Werkzeuge werden bis in jede Einzelheit geschildert. Man sieht riesige Landschaftspanoramen, Ansichten von größeren und kleineren Städten und Dörfern, genaue Schilderungen von Sehenswürdigkeiten, zahllose Häuser, Szenen des täglichen Lebens aus Landwirtschaft, Fischfang, Transportwesen, Unterhaltung und Handel und Gewerbe aller Art; und man erhält Tausende von Einblicken in Wohnungsinterieurs und Geschäfte.

Da die heute noch existierenden neun Rollen insgesamt 177,95 m lang sind, muß die ganze Serie mehr als 230 m umfaßt haben und ist somit eines der längsten und gewiß das komplizierteste Bild in der Weltkunst. In der Geschichte der chinesischen Kunst hat sie anscheinend ein neues Interesse für das dokumentarische Genre geweckt. Die Qing-Kaiser sahen besonders gern ihre Taten in der Kunst verewigt, und bald folgten auf Wang Huis monumentales Werk weitere Bilder von kaiserlichen Reisen, militärischen Feldzügen und großen offiziellen Begebenheiten. Die Bilderserie von der Südreise war ein künstlerisches Auftragswerk mit einem genau festgelegten Thema, das eine ziemlich große Gruppe von Künstlern am Kaiserhof in einem außergewöhnlich detaillierten Stil ausführte, und stand somit ganz im Gegensatz zu den in der Qing-zeitlichen Kunstkritik propagierten

ästhetischen Idealen. Das mag ein Grund dafür gewesen sein, weshalb die Serie so lange in Vergessenheit geraten konnte. Objektiv betrachtet besitzt dieses Werk jedoch nicht nur höchste technische Qualität, sondern auch eine große Originalität. Die größte künstlerische Herausforderung bestand darin, in zwölf Bildkompositionen mit Variationen zum Thema der Südreise zugleich einen repräsentativen Querschnitt von China zu vermitteln. Die Aufgabe wurde geschickt gelöst, indem man sich auf Höhepunkte der Reise beschränkte und jede Szene elegant in die nächste übergehen ließ. Damit erzielte man den Eindruck einer langen Reise und gestaltete sie obendrein zu einer aufregenden, abwechslungsreichen Geschichte. Die Landschaftsszenen wurden in vielen verschiedenen Stilarten wiedergegeben, die künstlerische Vielfalt schaffen und den Erzählverlauf unterstützen, indem sie die Unterschiede der Natur in verschiedenen Landstrichen herausstellen. Gleichzeitig repräsentieren sie ziemlich vollständig das stilistische Repertoire von Wang Hui. Sie bieten Beispiele für viele der Stilarten, die sich im Verlauf der Jahrhunderte in der chinesischen Malerei entwickelt hatten, und diese Vielfalt verbindet die Bilderserie von der Südreise mit der orthodoxen Malschule. Diese auffallende Vielfalt war auch eine ingeniöse Methode, um die unvermeidlichen Unterschiede in der Ausdrucksweise der vielen Künstler, die an diesem Malprojekt mitarbeiteten, zu überspielen.

Die erste Rolle

Die erste Rolle stellt Kaiser Kangxis Aufbruch in Peking am 28. Januar 1689 dar (Kat. Nr. 23)[3]. Nördlich des *Tores der Ewigen Festigkeit (Yongdingmen)*, des zentralen Tors in der Südmauer der südlichen Stadt, befindet sich der Park des Himmelstempels. Ganz zu Anfang der Rolle erhebt sich das nördliche Gebäude der Tempelanlage, die *Halle der Ernteopfer (Qiniandian)*, mit ihrem charakteristischen blauen Kegeldach über Nebelschleiern und alten Bäumen und führt damit ein Grundthema in das Bild ein. Nach der traditionellen chinesischen Weltsicht, die auch in der Qing-Zeit Geltung hatte, herrschte der Kaiser auf Erden als Vertreter des Himmels, persönlich verantwortlich für die Zustände auf Erden. Seit alters fand die Kommunikation mit dem Himmel am Himmelsaltar statt, der, wie auch der Erdaltar, ein Heiligtum von grundlegender Bedeutung nicht nur für den Staat, sondern auch für die Identifikation der Mandschu mit der chinesischen Kultur war. Daher stellt der Himmelstempel ein ideales und symbolträchtiges Eingangsmotiv für die Beschreibung einer Reise dar, die zum Ziel hatte, vor Naturkatastrophen zu schützen, eine gerechte Regierung zu fördern und die Überzeugung zu verbreiten, daß der Mandschu-Kaiser legitimer Erbe des chinesischen Throns war.

Im Vordergrund warten in einem Wäldchen nahe der befestigten Stadt kleine Gruppen von Beamten, die sich vom Kaiser verabschiedet haben, um zur Stadt zurückzukehren, sobald der kaiserliche Hofstaat vorbeigezogen ist. An diesem Schauplatz wird das Thema der Natur im Frühling eingeführt, eine Jahreszeit, die Optimismus, Lebenskraft und Schönheit symbolisiert und wenig mit der Tatsache zu tun hat, daß die Reise im tiefen Winter stattfand und von Zeit zu Zeit durch schlechte Wetterverhältnisse behindert wurde.

Bäume und Figuren führen den Betrachter zum Yongding-Tor, das den einzigen Hinweis auf die massiven Befestigungsanlagen der Hauptstadt darstellt. Nach dem weiten Panorama am Bildanfang wird der Betrachter am Tor nun an menschliches Treiben herangeführt. Bei diesem an sich glücklichen Übergang geht die Monumentalität des Tores freilich verloren, weil seine Größenverhältnisse dem Panorama entsprechen, nicht aber den Reiterfiguren, die durch dieses hindurchziehen.

Die kaiserliche Prozession bildet den roten Faden durch die weitere lange Komposition. Sie besteht aus Hunderten in Formation reitender Männer auf einer Straße, die den größten Teil der Bildfläche einnimmt. Nach dem Stadttor verengt sich die Landschaft rasch zu einem schmalen Saum aus Bäumen, Häusern und Dorfsträßchen und trägt nur wenig zum Erzählstrang bei. Im ersten Dorf, das der Kaiser bereits passiert hat, tauchen Menschen in den Fenstern auf oder wagen sich hinaus, um einen flüchtigen Blick auf die große Parade zu erha-

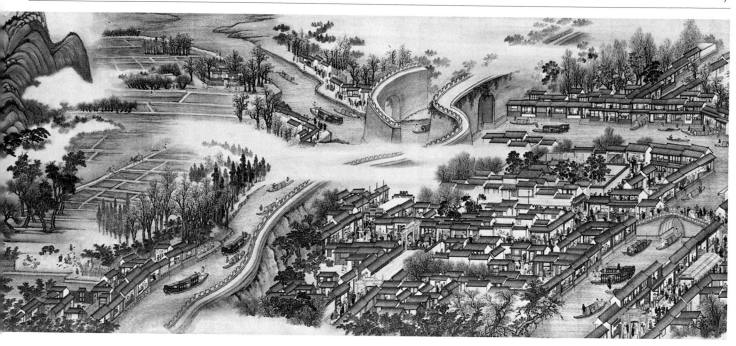

schen. In dem Dorf am Ende der Rolle, das der Kaiser in Kürze durchreiten wird, werden die Anwohner energisch aufgefordert, in ihre Häuser zurückzukehren.

Das Reitermotiv wurde geschickt eingesetzt, um die Erzählfolge rhythmisch zu gestalten, und die ausführliche Schilderung der Umgebung ruft beim Betrachter eine wachsende Erwartung hervor. Die lebhafte Szene der dicht gedrängten Menschen am Stadttor bildet einen reizvollen Kontrast zu den Beamten, die sich nach Erfüllung ihrer Pflicht unter den Bäumen im Vordergrund ausruhen. Noch im ersten Dorf herrschen Aufregung und ein gewisses Durcheinander. Eine wirre Kolonne von Reitern drängt sich durch eine zu schmale Straße, viele haben ihren Platz noch nicht gefunden, einige galoppieren, andere haben angehalten, um ihre Pferde zu tränken, und wieder andere sind abgestiegen. Später wird die Straße breiter, und

regelmäßige, würdevolle Reiterzüge formieren sich, deren Bewegung immer langsamer wird, bis wir zur kaiserlichen Leibgarde gelangen, die eine gerade Linie bildet. Die Garde kann man sofort an der Leopardenschwanz-Standarte erkennen; diese Elitesoldaten tragen als besondere Auszeichnung das kaiserliche Gelb.

Zum Höhepunkt gelangt die Bilderzählung in dem Abschnitt, wo Kaiser Kangxi auf einem weißen Roß porträtiert ist. Ein Diener hält einen gelben Schirm über das Haupt der Majestät; dicht dahinter folgen andere mit seinen Waffen. Die Figur des Kaisers ist deutlich hervorgehoben. Sie befindet sich in der Mitte der Bildfläche, ist größer als die anderen Gestalten dargestellt und ist dem Betrachter zugewandt, damit der stattliche Herrscher mit blassem Teint möglichst vollständig und feierlich gezeigt werden kann.

Die langsam vor dem Kaiser herreitende

Eskorte bildet zwei lange, leicht wellenförmig bewegte Kolonnen, die an der Ehrengarde vorbeidefilieren. Das Augenmerk des Betrachters wird nun von dem festlichen Zug hin auf die vielen Menschen, Tiere und Wagen gelenkt, die die Straße säumen. Die Bewegung wird immer langsamer und kommt schließlich ganz zum Stillstand bei den Reihen von mehr als 400 Männern, die vor dem Tor zum *Südlichen Jagdpark (Nanyuan)* aufmarschiert sind.

Die Ehrengarde, die Macht und Glanz des Himmelssohns symbolisiert, gehört zu dem mit den kaiserlichen Reisen verbundenen Zeremoniell, das mit größter Sorgfalt im Bild wiedergegeben ist. Man kann jedes einzelne Symbol und Hoheitszeichen mit der vorgeschriebenen Form im Zeremonialhandbuch von 1766 *(Huangchao liqi tushi)* vergleichen. Sie finden sich ähnlich auch in dem *Qinding da Qing huidian tu;* letzterem sind auch die Abb. 62 und 63 entnommen[4]. Die beiden Reiterkolonnen, die die Straße für den Kaiser freimachen, Ersatzreittiere mit sich führen und die kaiserlichen Insignien tragen, passieren als erstes neun Elefanten mit ihren Soldatentrupps. Vier sind sogenannte Straßenräumelefanten, und die nächsten fünf, die goldene Vasen tragen (vgl. Kat. Nr. 15), symbolisieren den Frieden und sind vermutlich auch Sinnbilder des Buddhismus[5]. Danach folgen vier gewaltige Staatskarossen, von denen zwei von Elefanten gezogen werden, und die beiden anderen – kaiserliche Reisekutschen – von Pferden.

62. Ehrenschirm (nach Da Qing huidian)

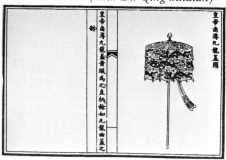

63. Friedenselefant (nach Da Qing huidian)

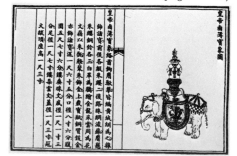

Die Vorhut der Eskorte hat gerade die Liangshui-Brücke passiert, und in diesem Moment spielt die Musikkapelle an der Spitze der Ehrengarde auf, während die gut gedrillten Truppen die zahlreichen kaiserlichen Insignien präsentieren, darunter goldene Hellebarden und andere Waffen, 109 Wimpel (die einzige Asymmetrie in den zwei Reihen), Bänder, runde und ekkige Fächer und reich verzierte Schirme in den Farben der fünf Himmelsrichtungen. Die Parade endet genau vor dem Tor des *Südlichen Jagdparks (Nanyuan),* hinter dem die Darstellung abbricht und nur noch ein kurzes Stück einer leeren Straße zeigt.

Zwischen dem *Tor der Ewigen Festigkeit (Yongdingmen)* und dem *Südlichen Jagdpark (Nanyuan)* liegen nur sieben Kilometer, und nachdem der Kaiser offiziell die Südreise angetreten hatte, verbrachte er zusammen mit dem Kronprinzen und anderen Fürsten den größten Teil des Tages auf der Jagd; am Nachmittag setzte er dann seine Reise zum Nange-Posten im Yongqing-Distrikt fort[6].

Die zweite Querrolle von der Südreise zeigt (vgl. Abb. 64), wie der Kaiser durch das südliche Hebei und das nördliche Shandong reist (1.-3. Februar)[7], die dritte stellt die Reise durch Zentralshandong von Ji'nan zum Mengyin-Distrikt (5.-8. Februar) dar und zeigt eine großartige Ansicht vom Taishan[8], während die vierte die Reise durch das südliche Shandong und durch Jiangsu bis nach Suqianxian zum Thema hat und außerdem über die Flußin-

spektion des Kaisers berichtet (11.-12. Februar)[9]. Von hier aus zog der Kaiser zum großen Kanal hinab und erreicht am 21. Februar Wuxi. Die beiden Südreiserollen, die diesen Teil der Reise beschreiben, sind verschollen. Die siebte schildert die Reise von Wuxi nach Suzhou (22. Februar) und einige Ausflüge, die am folgenden Tag unternommen wurden[10]. Querrolle Nr. 8 ist bisher noch nicht identifiziert, könnte aber Rechenschaft über die Reise von Suzhou nach der berühmten Stadt Hangzhou geben, einem der schönsten Orte Chinas. Der Kaiser blieb vom 28. Februar bis zum 3. März in dieser Stadt, da die Abreise wegen eines Schneesturms um einen Tag verschoben werden mußte[11].

Die neunte Rolle

Am 4. März überquerte der Kaiser den Qiantang-Fluß, und Rolle Nr. 9 beginnt mit einer Ansicht des südlichen Ufers (Kat. Nr. 24)[12]. Die Identifizierung der unweit gelegenen Stadt Xixing läßt den Schluß zu, daß sich diese Stelle südlich von Hangzhou befinden muß und wahrscheinlich sogar mit der Anlegestelle der heutigen Flußfähre identisch ist oder zumindest dicht daneben liegt[13]. Da das Wasser in Ufernähe seicht ist, liegen alle Boote in einiger Entfernung vor Anker, und das Übersetzen von Passagieren, Tieren und Lasten auf trockenes Land bietet einen höchst lebendigen und reizvollen Anblick.

Die breiten Boote, die auf die Rückkehr des Kaisers und seiner Leute warten, sind an ihren gelben Flaggen zu erkennen, während die übrigen zahlreichen Kähne privat genutzt zu sein scheinen. Diese Szene eines lebhaften, vielfältigen und gut organisierten Handels deutet auf den Wohlstand in der südlichen Provinz Zhejiang hin.

Von der Anlegestelle an der Spitze einer kleinen Halbinsel verläuft die Straße um eine Bucht, verschwindet und taucht südlich von baumbewachsenen Hügeln wieder auf, um ins Inland zum Zolltor von Xixingzhen zu führen. In diesem kurzen Abschnitt erweitert sich die Komposition von der Darstellung geschäftigen menschlichen Treibens zu einer Landschaftsszenerie mit sanft geschwungenen Hügeln, in die tiefe Buchten einschneiden, um sich dann wieder auf die Ansicht einer mit Geschäften gesäumten Straße eines kleinen Handelszentrums am Anfang des großen Kanals zu verengen, der die Hauptverkehrsader der Region darstellte. Das Bild veranschaulicht, wie schwierig die Transportprobleme im kaiserlichen China waren. Alle Lasten, die an der Anlegestelle des Qiantang-Flusses ausgeladen wurden, mußten in Xixing erneut auf Boote umgeladen und dann bis zur Kreisstadt Xiaoshan und zur Präfekturstadt Shaoxing südöstlich von Xixing den Kanal hinuntergestakt oder gezogen werden.

Der Kanal bildet das Hauptthema fast der ganzen Querrolle. Die etwa fünf Kilometer lange Strecke bis zur Kreisstadt ist im

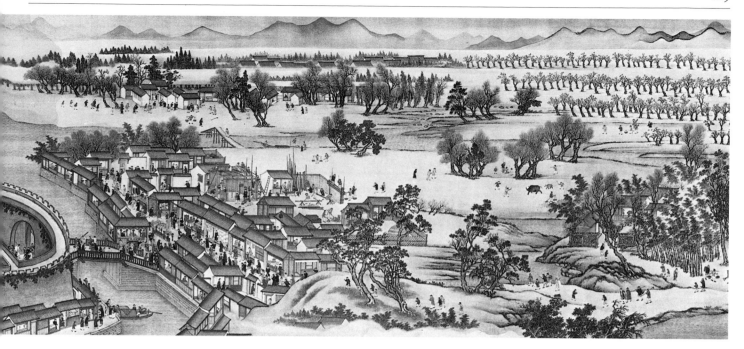

Bild zu einem ziemlich kurzen, fast geraden Wasserstück zusammengeschrumpft, während der Landschaftshintergrund die tatsächliche Entfernung suggeriert. In einer meisterhaften Komposition werden die weit entfernten Hügel und der Kanal mit den umliegenden Häusern im Vordergrund in demselben Abschnitt zusammengefaßt. Nach dem Ausgang des Dorfes, wo die Hügel ziemlich nahe rücken, öffnet sich der Blick in eine ziemlich weite Land-

64. *Route der zweiten Südreise des Kaisers Kangxi*

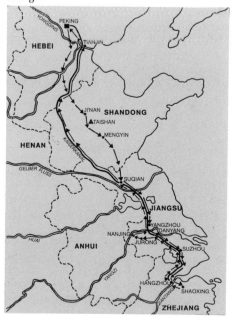

schaft mit Feldern, Wasser und fernen Hügeln. Dann wird das schmale Kanalufer, das den nahen und den entfernten Schauplatz unauffällig voneinander trennt, breiter, der Landschaftsabschnitt endet, und die Aufmerksamkeit richtet sich wieder auf das menschliche Treiben.

Xiaoshan wird rasch wieder verlassen, da das Bild sich auf seine nördlichsten Straßen in der Kanalgegend konzentriert, und nur der breiten Stadtmauer und den stark belebten Straßen ist zu entnehmen, daß dieser lokale Verwaltungssitz recht bedeutend war. Ganz neue Elemente in diesem Abschnitt der Komposition sind die vielen bunten Girlanden über den Straßen und die ersten Kerzen und Räuchergefäße in den Fenstern. Nach der Anlegestelle am Fluß hatte das Bild Motive aus dem Alltagsleben und der Landschaft in Südchina aufgenommen, die sich nicht unbedingt auf die Südreise bezogen. Das Hauptthema wird nun durch den festlichen Schmuck der Stadt wiederaufgegriffen, die Kaiser Kangxi am vorhergehenden Tag durchquert hat; mit dem Fortgang der Rolle steigt die Erwartung bis zu einer der Schlußszenen, wo wir den Kaiser selbst sehen werden.

Der lange Reiseabschnitt von Xiaoshan nach Shaoxing hat für die Geschichte der Südreise keine große Bedeutung und ist recht abgekürzt wiedergegeben. Nur eine Theaterszene unterbricht die Monotonie. Der Kanal fließt durch das Randgebiet von Xiaoshan und macht im Vordergrund eine

Biegung, um dann in einer langen Diagonale in den Hintergrund zu führen. Hinter einer Brücke scheint sich eine schmale Bucht zu befinden, was aber in Wirklichkeit ein traditionelles Darstellungsmittel ist, um eine lange zurückgelegte Strecke zu veranschaulichen [14]. Dann führt der Kanal wieder diagonal zum Vordergrund zurück, verengt damit das Blickfeld und bereitet auf die große Theaterszene in der Stadt Keqiao vor (Abb. 58). In diesem Abschnitt sind am Kanal entlang kleine Szenen des idyllischen Landlebens eingestreut.

In Keqiao wird der kaiserliche Besuch festlich empfangen. In der Nähe der Brücke, an der Stelle, wo ein Seitenkanal abzweigt, ist eine Bühne errichtet, und mehrere hundert Menschen verfolgen, zum Teil von Booten aus, dort ein Theaterstück, das als *Das Treffen mit einem einzigen Schwert (Dandaohui)* identifiziert werden kann [15]. Dieser wundervolle Abschnitt schildert nicht nur einen chinesischen Feiertag und den enthusiastischen Empfang des Kaisers im Süden, sondern soll wohl auch auf die wohlbekannte Liebe Kaiser Kangxis zum Theater des Südens anspielen.

Nach und nach wird dann wieder ein Landschaftspanorama ausgebreitet, das die Komposition im Abschnitt von Xixing und Xiaoshan wiederholt, während die Reise durch Keqiao und ins Landesinnere führt. Eine weite Ebene bis zu den entfernten Bergen nimmt allmählich das ganze Blickfeld ein, während der Kanal am unteren Bildrand verschwindet. Vorbei an Wäld-

chen, Feldern in den Farben des beginnenden Frühlings, Dörfern und Menschen, die das Land bestellen, reisen oder den Tag im Freien genießen, einem Seitenkanal und einer Maulbeerbaumpflanzung (mit ihrer mechanischen Wiederholung kein besonders reizvolles Detail) gelangt der Betrachter schließlich in die Vororte und zur Stadtbefestigung von Shaoxing. Ein interessantes Detail zeigt, wie in dem Vorort ein Haus gebaut wird, und vermittelt einen guten Eindruck in die chinesische Holzbauweise. Gleichzeitig kommt dadurch die Vergänglichkeit der Privathäuser im Kontrast zu der beeindruckenden Umwallung der alten Regierungsstadt zum Ausdruck.

Shaoxing selbst ist so dargestellt, wie der Kaiser es sah (vgl. Abb. 65). Als er die Stadt durch das Dousi-Tor betreten hatte, begab er sich zur Präfektur, stieg dann auf die dahinterliegenden *Hügel des ruhenden Drachen (Wolongshan)*, hielt eine lange Rast im Yuewang-Pavillon und kommentiert die Szenerie mit dem Wortspiel *Xinglongshan, Hügel des glücklichen Drachen* (das Zeichen *xing*, glücklich, wird auch in der Schreibung des Stadtnamens verwendet)[16]. Der kräftig blau-grüne Wolong-Hügel befindet sich im südöstlichen Stadtteil, und die Präfekturgebäude liegen an seinem Fuß verborgen. Rechts davon verläuft der nordöstliche Teil der Stadtmauer. Von hier aus schwenkt die Darstellung in weitem Bogen von der nordöstlichen zur südöstlichen Umwallung und zeigt dann außerhalb der Stadt den großen Exerzierplatz (mit herumtollenden Pferden), eine der berühmten Song-zeitlichen Pagoden der Stadt, den *Zhendong*-Turm in der Nähe des Hügels und das verzweigte Kanalsystem, das Europäer gern mit dem venezianischen vergleichen. Die zur Vereinfachung der Komposition gemalten Nebelschleier tun dem Eindruck, daß die Stadt sehr groß ist, keinen Abbruch, sondern verstärken ihn eher noch. Wie der Kaiser vermerkte, ist der Wohlstand dieses – weithin für seine Alkoholika bekannten – Handelszentrums überall zu sehen. Menschen drängen sich in den Straßen mit zahllosen Geschäften, und die Ehrentore und Girlanden wie auch die Kerzen und Räuchergefäße in fast jedem Fenster bezeugen, wie sehr man sich bemühte, dem Kaiser einen triumphalen Empfang zu bereiten.

In der Querrolle Nr. 9 mußte das Problem bewältigt werden, eine Strecke zu zeigen, die der kaiserliche Zug zweimal in genau zwei Tagen bereiste. Als er am 4. März den Qiantang überquert hatte, setzte er in kleineren Booten nach Xixing über, segelte geradewegs zum Grabmal Yus, das sich sechs oder sieben Kilometer südöstlich von Shaoxing befindet, und kam ziemlich spät am Abend an. Am nächsten Tag verbrachte der Kaiser einige Zeit in der Präfekturstadt, kehrte dann nach Xixing zurück und erreichte am 6. März Hangzhou. All das konnte in die Komposition eingebracht werden. Die kaiserlichen Boote auf dem Qiantang lassen erkennen, daß der Kaiser in dieses Gebiet zurückkehren will. Dann folgt die Schilderung der Route, ähnlich wie auf den anderen Querrollen, wobei die kaiserliche Anwesenheit immer spürbarer wird, je weiter man die Rolle verfolgt. Aber zwischen Keqiao und Shaoxing kehrt sich die Zeitenfolge um. Wir befinden uns sozusagen so lange noch in der Vergangenheit, bis der Kanal außer Sicht gerät und buchstäblich Shaoxing umgeht. Shaoxing im Morgennebel, das die Begrüßung seines Herrschers vorbereitet, befindet sich bereits im Futur der Zeitenfolge; erst wenn wir die letzten Abschnitte des Bildes aufrollen, die den Kaiser zeigen, wie er dem mythischen Herrscher Yu seine Opfergabe darbringt, erreichen wir wieder die Gegenwart.

Die Landschaft, die das Panorama von Shaoxing und die Szene an Yus Grab voneinander trennt, dient dem zweifachen Ziel, die Entfernung zwischen den beiden Örtlichkeiten deutlich zu machen und zum

65. Karte von Shaoxing (nach Shaoxing fuzhi)

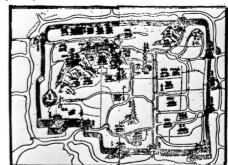

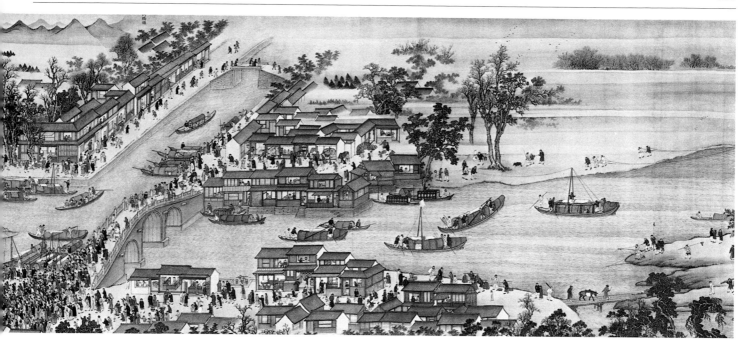

andern die kompositionellen Dimensionen zu verändern und von der Gesamtansicht der Stadt zur Nahansicht eines Tempels mittlerer Größe überzuleiten. Dieser Übergang würde noch eleganter wirken, wenn man jeweils nur einen kleinen Abschnitt der Rolle vor Augen hätte, wie es ja eigentlich dem Betrachten von Querrollen angemessen ist. Am Stadttor von Shaoxing gabelt sich der Kanal in zwei Arme. Sie umgrenzen ein dreieckiges Stück Land, bestehend aus einem Streifen im Vordergrund, der breiter wird und zum Tempel führt, und einer dreieckig geformten Fläche mit Feldern und Hügeln, die in die Tiefe reicht. Der Tempel liegt am Fuß des Berges Kuaiji und ist an drei Seiten von Wasser umgeben (Abb. 57). Tritt man durch das Haupttor ein, muß man sich nach links wenden und die Hauptachse hinaufgehen, um zur Tempelhalle zu gelangen. In einem Hof hinter der großen Halle steht der *Grabstein-Pavillon (Bianshiting)*, in dem sich ein großer, phallusförmiger, durchbohrter Felsen befindet, der seit dem Altertum bekannt ist. Man vermutet, daß ihm irgendeine Funktion bei der Bestattung zukam, doch will die Legende, daß er Yu als Boot diente oder daß dieser ihn vom Himmel heruntergelassen habe. Das angebliche Grab selbst soll sich in einiger Entfernung hinter dem Tempel befinden, doch in dem Bild ist es auf den Felsen oberhalb der überdachten Stele in der Ecke des hinteren Hofes angedeutet. Der Grundriß der Anlage stimmt zwar noch bis zu einem gewissen Grade mit dem

des heutigen Yu-Tempels überein, doch sieht der moderne Tempel ziemlich anders aus, da er seit dem 18. Jh. umfangreichen Renovierungen unterworfen wurde. Auch ist das abschüssige Gelände, auf dem der Tempel steht, nicht deutlich wiedergegeben[17]. Schließlich sollen seit der Zhou-Zeit an dieser Stelle Tempel zu Ehren von Yu dem Großen, dem legendären Begründer der Xia-Dynastie gestanden haben, deren archäologisch nachweisbare Existenz in den letzten Jahren immer wahrscheinlicher geworden ist. Yu regulierte die Flüsse, und bei seinen Reisen durch das ganze Land, auf denen er Transportmittel erfand und Wälder rodete, verzeichnete er auch die Geographie Chinas und schuf die ursprünglich neun Provinzen.
Der Besuch des Grabes von Herrscher Yu war ein Akt von großer symbolischer Bedeutung, denn der Kaiser der Mandschu-Dynastie, der ebenso wie Yu weite Reisen unternahm, um Flüsse und lokale Zustände zu inspizieren, damit die Lebensbedingungen seiner chinesischen Untertanen verbessert würden, kam hierher, um den großen chinesischen Kulturheros zu ehren, einen Herrscher, der so gut regierte, daß seine Untertanen auf der Thronnachfolge seines Sohnes bestanden und damit die Tradition der Erbdynastie begründeten. Es ist kaum vorstellbar, daß Kaiser Kangxi nicht schon lange bevor er am 2. März in Hangzhou sein Vorhaben verkündete, ein solcher Akt in den Sinn gekommen war, der sich so ideal dafür eignete, den Chinesen ein Bild

von sich zu vermitteln, wie es seiner eigenen Vorstellung entsprach[18]. Sobald der Kaiser seinen Plan gefaßt hatte, versuchte er, das meiste daraus zu machen, und lehnte den Vorschlag rundweg ab, nur dem letzten Teil der Zeremonie beizuwohnen und Wein zu opfern, wie fünf Jahre früher am Grab des Begründers der Ming-Dynastie. Verständlicherweise zeigte Kaiser Kangxi größere Achtung vor dem alten, vorbildlichen Herrscher als vor dem Gründer einer Dynastie, die seine Vorfahren gestürzt hatten, und wünschte daher, dem ganzen Opferakt zu Ehren Yus beizuwohnen. Er belehrte seine Beamten auf chinesische Art, den Alten Respekt zu zollen. Der Kaiser verfaßte selbst den Text für die Zeremonie und vollzog nach einer langen und anstrengenden Reise noch vor Morgengrauen das Opfer. Danach umschritt er den Tempel, um die Gegend zu betrachten, und fuhr dann nach Shaoxing.
Links bei einem kleinen Dorf hinter dem Tempel liegen die Boote vor Anker, die die Reisenden transportierten. Die kaiserliche Barke ist an der gelben Farbe und der langen, gelben Fahne am Mast zu erkennen. In der Straße drängen sich Beamte und Dorfbewohner, von allen Seiten her strömen noch weitere Einwohner herbei, und viele haben sich bereits an den Tempelmauern und bei der Brücke versammelt, die zu der Anlage führt. Alle liegen respektvoll auf den Knien und freuen sich über das ungewöhnliche Privileg, den Kaiser sehen zu dürfen. Das von der Leopardenschwanz-

Garde angeführte kaiserliche Gefolge zieht in langer Prozession die Straße vom Dorf zum Tempel hinauf. An ihrer Spitze steht der Kaiser unter seinem gelben Schirm. Er ist in voller Größe dargestellt, wie er einen Augenblick verharrt, bevor er sich dem Tempel nähert. Soldaten säumen die Straße bis zur Brücke, Wachen sind in den Außenhöfen postiert, und im Innenhof treffen die ersten Beamten mit den Gegenständen für die Zeremonie ein, die unmittelbar vor dem Beginn steht.

Wiederum wechselt die Perspektive rasch zur Gesamtansicht einer großartigen Landschaft am Ende der Rolle, mit dynamischen Felsformen, alten Bäumen, hohen Bergen und weiten Ebenen. Die alten Kiefern und die Kraniche darauf symbolisieren langes Leben, sowie auch die blühenden Pflaumenbäume an den Hügeln und in der Nähe des Tempels. In dieser Schlußszene befindet sich, abgesehen vom Wunsch für ein langes Leben des Kaisers, eine stilistische Anspielung auf den dekorativen Blau-Grün-Stil, der hier frei gestaltet wird. Obwohl die Malweise im allgemeinen eher der orthodoxen Schule entspricht, die Wang Hui vertrat, erinnern die phantastischen Felsen im Vordergrund kurz vor dem Bildende und die schweren und unregelmäßigen Umrisse der Hügel, auch an den Stil der Ming-zeitlichen Zhe-Schule.

Als der Kaiser erfuhr, daß weiter südlich Straßen und Wasserwege für sein großes Gefolge unpassierbar seien, beschloß er, sein ursprüngliches Vorhaben zu ändern,

kehrte nordwärts über Suzhou nach Danyang zurück und wandte sich dann westwärts, wobei er Jurong auf seinem Weg nach Nanjing passierte.

Die Querrolle Nr. 10 beschreibt die Reise von Jurong nach Nanjing (15.-16. März). Den größten Teil des Bildes nimmt eine detaillierte Schilderung der südlichen Metropole mit einem spektakulären Finale in Gestalt eines Pferderennens ein [19]. Der Kaiser verließ Nanjing am 21. März, erreichte den Yangzi und segelte ostwärts. Querrolle Nr. 11 beginnt mit einer langatmigen Schilderung der Vororte von Nanjing und gibt dann die Route bis kurz nach der Flußinsel Jinshan südlich von Yangzhou (23. März) wieder [20]. Zwei Tage später trat der Kaiser die Rückreise an. Er erreichte Tianjin an seinem Geburtstag, dem 7. April. Am folgenden Tag endete die Reise in Peking.

Die zwölfte Rolle

Die letzte Südreiserolle schildert die Rückkehr des Kaisers in die Hauptstadt (Kat. Nr. 25) [21]. Da es keine Darstellung der Rückreise gibt, mag dieses Bild mit seiner Wiederholung der Themen von Rolle Nr. 1 auf den ersten Blick überflüssig scheinen, doch es bildet einen Abschluß und dient, wie weiter unten belegt wird, einem bestimmten Zweck. Die Rolle unterscheidet sich von allen anderen Bildern von der Südreise dadurch, daß die Reisenden sich über die Bildfläche von links nach

rechts bewegen. Ein möglicher Grund hierfür mag darin zu suchen sein, daß hier eine Standardform der kaiserlichen Rückkehr gezeigt ist, die wenig mit den tatsächlichen Ereignissen am 8. April 1689 zu tun hat, doch war diese Umkehrung wahrscheinlich eher aus symbolischen Gründen notwendig. Die Rolle schildert die ganze Nord-Süd-Zeremonialachse von der Hauptaudienzhalle bis zum Yongding-Tor in der Südmauer. Dieser Route folgten Gesandte und Beamte, wenn der Kaiser ihnen eine Audienz gewährte. Es wäre unpassend gewesen, den Kaiser so wie seine Untertanen darzustellen, die über die lange Straße reisen, an zahllosen Gebäuden vorbei und durch viele Tore hindurch, und, indem sie dabei immer mehr die Größe kaiserlicher Macht und Prachtentfaltung erfuhren, zunehmend eingeschüchtert wurden. Auch muß der Kaiser idealiter nach Süden blicken. Da dies unmöglich wäre, wenn er über den Prozessionsweg herankäme, haben die Künstler das Problem der Etikette gelöst, indem sie die Routen zeigen, so wie der Kaiser sie sehen sollte, nämlich vom Palastzentrum, dem Sitz der Macht, aus in südlicher Richtung der Achse.

Zu Beginn der Bildrolle wird die *Halle der Höchsten Harmonie (Taihedian)* auf einer dreistufigen Marmorterrasse sichtbar. Sie ist identifiziert durch die Schriftzeichen *Tor der Höchsten Harmonie (Taihemen)* oben auf dem davorliegenden Tor. Die große Halle und ihr Hof sind in Nebel gehüllt und menschenleer, da der Kaiser noch

abwesend ist [22]. Einige Beamte stehen wartend im Tor, und im Hof ist eine überdachte Sänfte für den Kaiser bereitgestellt. Geht man durch den Hof mit seinem schönen, hufeisenförmigen Goldwasser*(Jinshui)*-Fluß, den fünf Marmorbrücken überspannen, errreicht man das riesige *Mittagstor (Wumen)*, den Kernbau in der Palastbefestigung und auch ein Gebäude, auf dem sich der Kaiser bei offiziellen Anlässen zeigte.

Zwischen dem *Mittagstor* und dem *Tor der Aufrichtigkeit (Duanmen)* ist die Ehrengarde in genau spiegelbildlicher Wiederholung der Szene vor dem Tor des *Südlichen Jagdparks (Nanyuan)* auf der ersten Rolle aufgereiht. Hinter den zwei Reihen von Soldaten stehen etwa 500 Beamte in drei- bis vierreihigen Formationen. In diesem Bildabschnitt sind etwa 1000 Einzelpersonen genau wiedergegeben. In die sehr steife Szene gerät etwas Leben durch eine leichte Wellenbewegung, die durch die Reihen geht, durch eine kaum wahrnehmbare Asymmetrie der hinteren Beamtengruppe und durch den humorvollen Kontrast zwischen dem perfekt disziplinierten Militär und den Beamten, die entweder miteinander plaudern oder die herannahende kaiserliche Eskorte beobachten.

Die ersten Reiter haben bereits das *Tor der Aufrichtigkeit (Duanmen)* passiert und bewegen sich nun auf den Wegen zwischen der Ehrengarde und den Beamten, da die Mittelstraße ausschließlich dem Kaiser vorbehalten ist. Der lange Zug von Reitern,

die in großen Abständen hintereinander herreiten, bewirkt eine langsame, feierliche Bewegung und führt den Betrachter vorbei am *Tor des Himmlischen Friedens (Tiananmen)*, über die Marmorbrücke vor dem Tor, vorüber an den vier zeremoniellen Staatskarossen, entlang an den Regierungsgebäuden (an deren Stelle in diesem Jahrhundert der weitläufige *Platz des Himmlischen Friedens* angelegt wurde), durch das *Tor der Großen Qing (Daqingmen)* bis zu dem riesigen *Doppeltor der Mittagssonne (Zhengyangmen, heute Vorderes Tor, Qianmen, genannt)*, das den nördlichen mit dem südlichen Stadtteil verbindet. Wenn auch bei oberflächlicher Betrachtung die langen Beamtenreihen nicht allzu aufregend wirken mögen, so sind sie doch wichtige und geschickt in die Komposition eingebaute Elemente. Sie veranschaulichen die enorme Länge des Prozessionsweges, wecken beim Betrachter die Erwartung dessen, was da kommen wird, und bewirken rhythmische und perspektivische Varianten im Bild. Indem die Figuren allmählich näher aneinanderrücken und größer werden, beschleunigen die Maler die Bewegung, führen den Betrachter näher an die Prozession heran und bereiten so die Verengung des Blickfelds bis zu der Nahansicht der Straße südlich des Zhengyang-Tors vor.

Die berittene Eskorte erstreckt sich südlich des Tors, über die Mitte einer dreifachen Brücke (da wir uns nicht mehr in der Kaiserstadt befinden), zu einem großen Eh-

rentor und geht schließlich zu Ende. Ihr folgen einige Beamte und ein Orchester zu Fuß und direkt dahinter der Kaiser selbst in einer offenen Sänfte, die von acht Männern getragen wird. Die kaiserliche Garde und das große Gefolge, die von der Reise zurückkehren, folgen zu Pferd in klaren, geschlossenen Formationen. Am Schluß kommt es zu einer kleinen Verwirrung, wo Pferde und Kamele mit ihren verschiedenen Lasten von Beamten überholt werden, die vorbeigaloppieren, um Anschluß an die Prozession zu finden.

Es war vorgeschrieben, daß das gemeine Volk nicht den Kaiser anschauen durfte, und folglich sind alle Fenster und Türen entlang der Straße geschlossen, und niemand ist sichtbar. Nur ganz am Ende der Straße tauchen einige Leute aus ihren Häusern auf. Eine Zimmermannsfamilie kehrt mutig zur Arbeit zurück, vorsichtigere Leute begnügen sich mit einem Blick aus halbgeöffneten Türen, doch sobald sie entdeckt werden – einige stehen nahe bei einem von Soldaten bewachten Tor –, werden sie mit weltweit verständlichen Gesten ungeduldiger Amtsgewalt aufgefordert, in ihre Häuser zurückzukehren. An dem Tor selbst kommt es zu einem etwas unangenehmen Zwischenfall, als ein Soldat mit seiner Peitsche Leute vom Tor vertreibt und ein anderer einen Eindringling mit physischer Gewalt zwingt, umzukehren. Die anderen Tore entlang der Straße sind verschlossen, und auch die Parallelstraße wird kontrolliert, zu der der Zugang durch

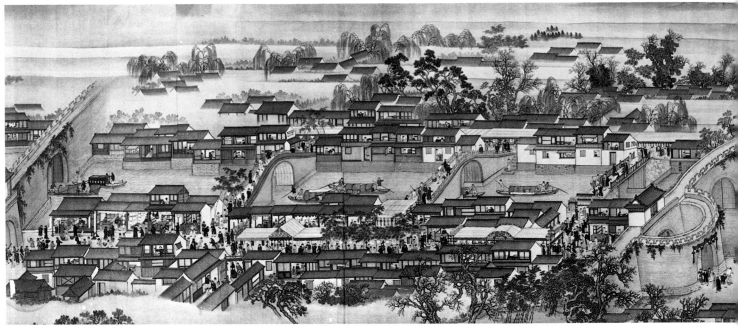

andere, abgeschlossene Tore versperrt ist. Das obere Ende dieser Parallelstraße gewährt in dieser Rolle den einzigen flüchtigen Einblick in das Stadtleben, aber wenn man auch einige sehr schöne und detaillierte Geschäftsinterieurs sehen kann, so ist es im ganzen doch recht ruhig, denn in der Straße dürfen nur die Anwohner verkehren. In einigen seiner Publikationen über die Rollen im Palastmuseum äußert sich Yang Xin zu der gewiß unfreiwilligen Ironie, die in dem Gegensatz begründet ist zwischen dem ausdrücklichen Wunsch des Kaisers, als ein um sein Volk besorgter Monarch zu gelten, und der rauhen Wirklichkeit der Zeit[23]. Dies ist jedoch nicht das wesentliche Problem. Was vor allem auffällt, ist in der Tat der enorme Unterschied zwischen den Szenen im Süden mit wogenden Massen, der Aufregung und festlichen Stimmung und den zwei äußerst förmlichen, großen und emotionslosen Bildrollen, die die Abreise aus der Hauptstadt und die Rückkehr dorthin zeigen. Diese beiden veranschaulichen Autorität und Erhabenheit des Kaisers, und wenn die Schilderung der Behandlung einfacher Leute auch nur im geringsten als brutal oder als im 17. Jahrhundert unüblich betrachtet worden wäre, hätte man solche Szenen, die vermutlich humorvoll gemeint sind, nicht eingefügt. Alle anderen Rollen zeigen den Kaiser inmitten seiner ergebenen Untertanen. Durch den Kontrast machen die beiden förmlichen Rollen um so deutlicher, welch große und ungewöhnliche Gunst der Kai-

ser auf dieser Reise gewährte, indem er Ehrenbezeugungen des Volkes zuließ[24], ferner, daß das Volk dies mit Dankbarkeit und Zuneigung aufnahm, aber auch, daß nach dem erfolgreichen Wagnis, Popularität zu gewinnen, sich an der erhabenen Stellung des Kaisers nichts geändert hatte.

Südlich der Brücke am Ende der Hauptstraße (die am Himmelstempel vorbeiführt) formen ergebene Untertanen die vier Zeichen *Tianzi wannian (lang lebe der Kaiser)*, was sich sowohl auf den Geburtstag des Kaisers als auch auf den erfolgreichen Abschluß der Reise bezieht. Die Schriftzeichen sind trefflich geformt und die Details recht amüsant, doch unterscheidet sich diese Passage etwas von der im allgemeinen sehr eleganten und präzisen Manier der Bilder von der Südreise. Der Hintergrund oberhalb der Schriftzeichen und der letzte Abschnitt mit Reisenden in einem weiten, nebligen Raum vor dem *Tor der Ewigen Festigkeit (Yongdingmen)* sind ziemlich skizzenhaft und locker gestaltet. Es ist ein merkwürdig stiller Abschluß dieses überwältigenden Kunstwerks.

Mit der Querrolle Nr. 12 erhebt sich die Frage, wie weit die Südreisenserie ein verläßliches Quellenmaterial sein kann. In den historischen Dokumenten ist vermerkt, daß Kaiser Kangxi bei seiner Rückkehr in die Hauptstadt sofort einen Kondolenzbesuch im Haus des kurz zuvor verstorbenen Shuoan-Prinzen Yuele abstattete und die Kaiserstadt durch das *Tor der Verehrung der*

Literatur (Chongwenmen) betrat[25], und so hat wohl die große, in der Bildrolle detailliert dargestellte Prozession entweder gar nicht stattgefunden oder wenigstens ganz anders ausgesehen. Auf dieses Ereignis, das den Abschluß der Reise mit dem schlechten Omen des Todes in Zusammenhang gebracht hätte, konnte einfach in dem Bild nicht Bezug genommen werden, wenn es auch die Kindesliebe des Kaisers zu seinem Onkel hätte zeigen können. Statt dessen wurde einfach die übliche Zeremonie einer kaiserlichen Rückkehr genau geschildert.

Die Bilder von der Südreise sollten die erfolgreiche Herrschaft der Mandschu dokumentieren, und sie waren für den Kaiser ein wunderbares Andenken – eine Beschreibung seines riesigen Landes und seiner Untertanen, die treu dem Gesetz in allen möglichen Berufen tätig waren. In diesem glanzvollen Beispiel der Propagandakunst zeigt sich China als das Land des ewigen Frühlings, wo eine gute Regierung Glück und Wohlstand des Volkes gewährleistet. Man muß zwar eine allgemeine Tendenz zur Idealisierung, die Abweichung von der historischen Wahrheit in Rolle Nr. 12 und auch noch einige andere eher triviale Beschönigungen einräumen[26], aber auch die Tatsache berücksichtigen, daß die Künstler die Südreise erst einige Jahre später auf die Seide bannten und dabei schriftliche Berichte heranzogen, Hinweise von Teilnehmern verwerteten und sich auf ihre eigenen Kenntnisse der Topographie stützten. Stellt man all das in Rechnung, so bieten

die Rollen eine fast unerschöpfliche Informationsquelle. Die Genremalerei erlebte ihre Blüte in der Song-Zeit, während in den späteren Dynastien sich das tägliche Leben vornehmlich in Buchillustrationen spiegelt und nur noch selten in der Malerei. Es ist in der chinesischen Kulturgeschichte höchst ungewöhnlich, auf ein so detailliertes und vielfältiges Zeugnis zu stoßen wie die Bilderserie von der Südreise. Ganz bestimmt geben die großen Auftritte des Kaisers an verschiedenen Stationen seiner Reise glaubhafte Eindrücke von großen, offiziellen Anlässen in der frühen Qing-Zeit wieder, und ganz bestimmt darf man annehmen, daß die Einzelheiten der Städte und Dörfer eine Menge genauer Informationen über das tägliche Leben in China vor dreihundert Jahren bieten.

Aus dem Englischen von Rita Zeppelzauer

Anmerkungen

1 Für eine genaue Analyse von 1689 und zur Geschichte der Bilder von der Südreise: Siehe Heilesen (1980.1). In den letzten Jahren sind zu diesem Thema zwei weitere Untersuchungen allgemeiner Art erschienen: Nie Chongzheng (1981). Und: Nie Chongzheng/Yang Xin (1980), 16-17.

2 Yang Xin (1980.2), 20.

3 Yang Xin (1980.2).

4 *Da Qing huidian*, *juan* 79,2055 unten und *juan* 85,2109 unten.

5 Yang Xin (1980.2), 20, erklärt die Elefanten einfach durch ein Wortspiel: *taiping you xiang* (Große Vasen und Elefanten) erhält, wenn man ein Zeichen austauscht, die Bedeutung *Friedensbringer*. Doch vermutlich gibt es einen stichhaltigeren Grund für die Sitte aus der Song-Zeit, Elefanten mit riesigen Metallgefäßen aufziehen zu lassen. Den Vorschriften für die Aufmachung von Elefanten (*Da*

Qing huidian, *juan* 85,2109 unten) ist zu entnehmen, daß die Vasen verschiedene buddhistische Symbole tragen, und ich möchte daher einen Zusammenhang der fünf Gefäße mit den fünf Buddhas der Weisheit des esoterischen Buddhismus sehen, wobei zu beachten ist, daß die Qing Kaiser den tantrischen Buddhismus förderten.

6 *Nanxun hucong jilüe*, 5, 7, 1 a. Und: *Shilu*, *juan* 139, 3 b (Nachdruck Taiwan 1964, III, 1868). Erstgenannte Quelle bringt den Ort mit Nangou in Zusammenhang.

7 Querrolle Nr. 2, 76,8 (?) × 1377 cm, befindet sich im Musée Guimet, Paris.

8 Querrolle Nr. 3, 67,8 × 1393 cm, befindet sich im Metropolitan Museum, New York. Bright (1979).

9 Querrolle Nr. 4, 76,8(?) × 1562 cm, befindet sich im Musée Guimet, Paris. T'Serstevens (1962). Sie wird auch im Katalog zur Ausstellung »Europa und die Kaiser von China« publiziert.

10 Querrolle Nr. 7, 68 × 2195 cm, befindet sich in dänischem Privatbesitz. Heilesen (1980.1) und (1980.2).

11 *Shilu*, *juan* 139, 17-20. *Nanxun hucong jilüe*, 5, 7, 10b — 11 a.

12 Diese Rolle, 67,8 × 2227,5 cm, gehört dem Palastmuseum, Peking. Yang Chenbin (1981), 24-29.

13 Eine Landkarte dieses Gebiets befindet sich in: *Army Map Service* (Washington D.C. 1944) L 581, Blatt 19. Eine nützliche Quelle ist auch die Landkarte in: *Nanxun shengdian*, *juan* 92, 44-47 (Nachdruck Taiwan 1966, IV, 1644-49).

14 Ähnliche Kompositionsmittel weisen auch andere Rollen der Serie auf. Vgl. Heilesen (1980.1), 100.

15 Yang Chenbin (1981), 28.

16 *Shaoxing fuzhi*, *juan* 72, 10 (Nachdruck Taibei 1975, VII, 1770). Zu einem Qing-zeitlichen Stadtplan siehe *juan* 1, 24 (I, 46).

17 Zu einer Untersuchung des heutigen Tempels Chen Congzhou.

18 Berichte über Planung und Durchführung des Opfers in: *Shilu*, *juan* 139, 17b-20b, und: *Nanxun hucong jilüe*, 5, 7, 11.

19 Querrolle Nr. 10, 67,8 × 2559,5 cm, befindet sich im Palastmuseum, Peking. Yang Xin (1981.1) und Yang Xin (1981.2).

20 Querrolle Nr. 11, 67,8 × 2313,5 cm, befindet sich im Palastmuseum, Peking. Yang Xin (1981.3) und (1981.4).

21 Querrolle Nr. 12, 67,8 × 2612,5 cm, ist im Besitz des Palastmuseums, Peking. Yang Xin (1981.5).

22 Yang Xin (1981.5), 23, interpretiert die Wolken als glückverheißende Symbole, segensreiche Wolken in allen vier Himmelsrichtungen.

23 Yang Xin (1980.2), 20, und (1981.5), 23.

24 Das machte der kaiserliche Erlaß ganz deutlich: *Das Ziel meiner Reise liegt eigentlich in der Besänftigung des Volkes, im Kennenlernen seiner Sitten und Bräuche; in den Orten, über die meine Reise führt, sollten die Menschen ihr normales Alltagsleben weiterführen; es soll vermieden werden, daß der Markthandel und die Feldarbeit vernachlässigt werden. Sie sollten sich nicht beunruhigen und stören lassen, und auch nicht verpflichtet sein, sich zurückzuziehen* (*Shilu*, *juan* 139, 2 b).

25 *Shilu*, *juan* 140, 11 a. Yang Xin (1981.5), der dies feststellt, scheint etwas Wichtiges zu übersehen, wenn er schreibt, daß der Zugang zur Stadt eher durch das Chongwen-Tor als durchs Yongding-Tor erfolgte. Das ist unlogisch, da sich das erstere in der Nordstadt befindet (Südmauer östlich des Zhengyang-Tors) und letzteres in der Südstadt; was aber noch wichtiger ist, ist, daß die südliche »chinesische« Stadt für die kaiserlichen Reisen offiziell nicht von Bedeutung war. Das Bild zeigt, wie der Kaiser einige Minuten vor Ende der Südreise in die Kaiserstadt zurückkehrt. Einen ähnlichen Eindruck gewann zum Beispiel der Großsekretär Zhang Ying, der höchstwahrscheinlich *seine* Südreise am Zhengyang-Tor der Nordstadt begann (*Nanxun hucong jilüe*, 5, 7, 1 a).

26 Häufig wurden kleine Veränderungen in der Chronologie der Ereignisse vorgenommen, damit die Komposition wie eine ununterbrochene Szenenfolge gelesen werden konnte, die einem logischen geographischen Fortgang folgte. Oder, um es banal zu sagen: der in Querrolle Nr. 9 so schön dargestellte Besuch von Yus Grab fand bei tiefer Dunkelheit in einer wahrscheinlich recht winterlichen Umgebung statt.

第九卷敬圖
皇上渡錢唐江經蕭山縣途中水村漁舍麥壠桑
園遠近掩遮遂抵紹興府
皇上於是備法駕蕭羽衛恭詣禹陵敬修祀事我
皇上軫念河堤安瀾泰績地平天成之功直追神
禹萬姓夾路歡抃咸仰戴我
皇上祀神勤民之至意允宣炳之丹青用垂盛典
云

61. Südreise des Kaisers Kangxi. Querrolle
Nr. 9. Wang Hui u. a. 1691-1698
(Seite 105-117)
Katalog Nr. 24

66. Glückverheißende Gaben am
Neujahrstag. Zhu Jianshen. 1481
Katalog Nr. 88

Katalog

I Staatsporträts und Zeremonialgewänder

Nach der Eroberung Pekings und der Errichtung der Qing-Dynastie durch die Mandschu im Jahre 1644 sollte es noch nahezu vierzig Jahre dauern, bis durch die Einnahme der südwestlichen Provinzen 1681 und der Eroberung Taiwans 1683 der chinesische Widerstand endgültig gebrochen war. Zwar ergriffen die Mandschu zunächst harte Maßnahmen zur Konsolidierung ihrer Herrschaft über die ihnen zahlenmäßig weit überlegene chinesische Bevölkerung, wie das bei Todesstrafe angeordnete Tragen des Zopfes, das Heiratsverbot zwischen Chinesen und Mandschu und die Sperrung ihres Stammlandes, der Mandschurei, für die Chinesen, doch wurden die chinesischen Verwaltungsstrukturen sowie die konfuzianische Staatsphilosophie fast unverändert übernommen, die staatlichen Beamtenprüfungen bereits 1646 wieder aufgenommen, so daß die gebildete chinesische Führungsschicht allmählich wieder gewonnen werden konnte. Unter den außergewöhnlich fähigen Kaisern Kangxi (reg. 1662-1722), Yongzheng (reg. 1723-1735) und Qianlong (reg. 1736-1795), von denen zweien die Regierungszeit von jeweils 60 Jahren vergönnt war, erlebte das Reich dann einen noch nie dagewesenen Aufschwung, eine hundertjährige Blütezeit, die das traditionelle China ein letztes Mal an die Spitze der Kulturnationen stellte. Durch die Erhöhung der Beamtengehälter setzte Kaiser Kangxi der Korruption ein Ende, die Bauernschaft wurde durch äußerst maßvolle Besteuerung geschont. Aufgrund ihrer hochentwickelten Technik und der Vielfalt der angepflanzten Sorten, die durch die Einführung amerikanischer Pflanzen wie Süßkartoffel, Erdnuß und Mais noch gesteigert wurde, wurde die chinesische Landwirtschaft im 18. Jahrhundert zur höchstentwickelten der Welt. Gleichzeitig erfuhren Handel und industrielles Großhandwerk eine stürmische Entwicklung, Textil-, Tee- und Porzellanindustrie erzielten Rekordproduktionen. Millionen Silberdollar aus Südamerika und Mexiko flossen über den Exporthandel mit Europa ins Land. China trat in eine Periode des Wohlstandes ein, in der sich die Bevölkerung innerhalb eines Jahrhunderts von 130 auf 320 Millionen mehr als verdoppelte, ein für die damalige Welt beispielloser demographischer Schub, der das Land bis in unsere Zeit zum volkreichsten der

Erde machte. Zur gleichen Zeit erreichte es nach der Angliederung Tibets, der Eroberung des Ili-Gebietes und der islamisierten Oasen des Tarimbeckens 1759 mit 11,5 Millionen km² die größte Ausdehnung seiner Geschichte. Das Qing-Reich war zur größten imperialistischen Macht Asiens geworden, dessen Oberhoheit sich bis nach Nepal, Burma, Siam, Vietnam, die Philippinen und Korea erstreckte. Doch obwohl kosmopolitisch, war es, der Herkunft seiner Beherrscher entsprechend, ein kontinentales, den zentralasiatischen Steppengebieten zugewandtes Reich, dem die seewärts gerichtete Blickrichtung fehlte.

Die Katalognummern 1-4 stellen die Kaiser Kangxi, Yongzheng, Qianlong und Jiaqing (reg. 1796-1820) in Staatsroben (chaofu) dar. Die exquisite Ausstattung mit dem vergoldeten Thron und dem reichverzierten Teppich verleiht diesen Herrschaftsbildnissen den angemessenen repräsentativen Rahmen. Auch die Gewänder sind reich verziert mit den Symbolen kaiserlicher Macht, wie dem fünfklauigen Drachen. Nicht minder repräsentativ werden die Kaiserinnen, in diesem Fall Kaiserin Xiaocheng (Kat. Nr. 5), die Frau von Kangxi, und Kaiserin Xiaoxian (Kat. Nr. 6), die Frau von Qianlong, dargestellt. Alle diese Bildnisse waren als Ahnenporträts für die kaiserliche Ahnenhalle bestimmt, auch wenn Kaiser Yongzheng (Kat. Nr. 2) noch vergleichsweise jung gemalt ist, wohingegen die drei übrigen Kaiserbilder die Herrscher in vorgerücktem Alter zeigen. Die langen Regierungszeiten der Kaiser Kangxi und Qianlong brachten es mit sich, daß von ihnen wesentlich mehr Porträts existieren, die den natürlichen Alterungsprozeß im Detail aufzeigen. Die realistische Darstellung des Alters ist ein Charakteristikum, das sich aus der tiefverwurzelten konfuzianischen Ehrfurcht vor dem Alter erklären läßt.

Innerhalb dieser vier Bildnisse läßt sich ein deutliches Qualitätsgefälle erkennen, das sowohl in den Porträts, aber vor allem in der Detailausführung des Thrones und der Teppichornamente deutlich wird.

Im Vergleich zu den Herrscherporträts der Ming-Dynastie (1368-1644) manifestiert sich bei den Ahnenporträts der Mandschu-Kaiser ein Hang zur Prunkentfaltung, der ganz in Übereinstimmung mit den ästhetischen Idealen der Qing-Zeit steht. Anregungen von der europäischen Malweise werden seit dem Beginn des 18. Jahrhunderts spürbar. Die Kaiser Kangxi, Yongzheng und insbesondere Qianlong

förderten die am Hof tätigen Jesuitenmaler Giuseppe Castiglione (Kat. Nr. 41, 45), Jean-Denis Attiret (Kat. Nr. 114) und Ignatius Sichelbart (Kat. Nr. 115). Es ist aber sehr unwahrscheinlich, daß die europäischen Künstler an der Herstellung der kaiserlichen Ahnenporträts beteiligt waren.

Bei den ausgestellten Gewändern handelt es sich um eine aus der Ära Jiaqing stammende Staatsrobe für den Kaiser (Kat. Nr. 7), eine Staatsrobe einer Kaiserin (Kat. Nr. 8) und ein inoffizielles Gewand für Kaiserinnen und Hofdamen (Kat. Nr. 9). Die Jiaqing-Robe für den Herrscher ähnelt sehr jener Staatsrobe, mit der Kaiser Jiaqing auf dem Ahnenporträt (Kat. Nr. 4) dargestellt ist. GH/GD

1 (Abb. 1)
Kaiser Kangxi in Staatsrobe
Anonym
Tusche und Farben auf Seide
274,7 × 125,6 cm
(Umschlagabbildung)

Streng frontal ausgerichtet sitzt Kaiser Kangxi (reg. 1662-1722) mit seitlich abgespreizten Beinen auf einem Thron, dessen Beine, Wangen und Rückenlehne mit Löwen- und Drachenköpfen besetzt sind. Die ornamentale Ausgestaltung des Thronsessels ist in allen vier Beispielen von Kaiserporträts (vgl. Kat. Nr. 2-4) identisch, ebenso wie die Muster auf Sitzkissen und Teppich. Daraus könnte geschlossen werden, daß die von anonymen Hofmalern geschaffenen Porträts etwa gleichzeitig entstanden sind, wobei in die vorgefertigten Versatzstücke des Throns mit der Sitzfigur nur der Kopf mit der je verschiedenen Physiognomie der einzelnen Kaiser eingesetzt werden mußte. Während die Dekormuster in den prächtigen Staatsroben der Kaiser leicht variiert sind, entsprechen sich Pose und Gestik der Kaiser weitgehend. Die rechte Hand des Kaisers Kangxi stützt sich auf den rechten Oberschenkel, die linke hält einen großen Stein der Kette zwischen Daumen und Zeigefinger. Bei den drei Kaiser Kangxi folgenden Kaisern erscheint diese Haltung spiegelbildlich verkehrt wieder. Die Gewänder sind in allen vier Kaiserporträts vom Schnitt des Hofgewandes (chaofu), das bei formellen Anlässen und Zeremonien getragen wurde. Das langärmelige, mantelartig geschnittene Gewand wird an der rechten Seitennaht links über rechts geknöpft und schließt an der Hüfte mit einem breiten Band ab. Von dort fällt ein weiter plissierter Rock herab. Von einem Hüftgürtel hängen zu beiden Seiten Zieramulette *(paizi)* herab, in die das stilisierte Schriftzeichen für *Langes Leben (shou)* eingearbeitet ist. Das dunkelblaue Innenfutter erscheint nach außen umgelegt an den Säumen des gelben Seidengewandes. Die Brokatstickerei in Gewand und Ärmelmanschetten zeigt das kaiserliche Motiv des fünfklauigen Drachen in Frontal- und Seitenansicht, sowie Glücksperlen, Flammen und stilisierte Wolken in den Farben Blau, Grün und Rot. Form und Farbe der Mütze geben zu erkennen, daß der Kaiser in sommerlicher Gewandung dargestellt ist.

Die realistische Auffassung des Porträtkopfes fällt aus dem Rahmen des flächig dekorativen Ambientes heraus. Die schmale Nase und die hageren Wangen sind plastisch herausgearbeitet, worin sich die Schulung des Porträtisten an der Bildnismalerei westlicher Künstler andeutet. Das Bildnis, das Kaiser Kangxi im vorgerückten Alter zeigt, gehört ikonographisch zum Typ des Ahnenporträts, das der posthumen Ehrung im Ahnentempel diente.

GD

Publiziert: *Qingdai dihou xiang*, I, 13. *Dihou shenghuo*, 7.

Abb. 67 (Kat. Nr. 2)

2 (Abb. 67)
Kaiser Yongzheng in Staatsrobe
Anonym
Hängerolle
Tusche und Farben auf Seide
271 × 142 cm

Der dritte Herrscher der Qing-Dynastie, Kaiser Yongzheng (reg. 1723-1735) wurde nur 58 Jahre alt und ist hier als Mann in reifen Jahren dargestellt. Thron und Sitzpose entsprechen dem Porträt des Kaisers Kangxi (Kat. Nr. 1), allein die Hofkette, der Gewanddekor und die Haltung der Hände differieren. Die Herrscherpose erinnert an Heroendarstellungen in der religiösen Malerei, hat ihre Parallelen aber auch im Ming-zeitlichen Herrscher-Porträt, wo eine Hand am Gürtel liegt, während die andere auf den Schenkel gestützt ist. Der Kopf des Kaisers ist auch hier wieder realistisch bis zur Wiedergabe physiognomischer Einzelheiten gestaltet. Die individuelle Charakterisierung der Augen, der Nase und des Schnurrbartes zeigt, daß der Künstler realistisch arbeiten konnte, wie es die Porträtmalerei verlangte. Daß der Kaiser für solche Bilder Modell sitzen mußte, ist unwahrscheinlich, allerdings beruhten die ausgeführten Bildnisse auf mehr oder weniger flüchtigen Porträtskizzen, die vor dem Modell angefertigt worden waren und die als Vorlagen für verschiedene Porträttypen dienen konnten. Im Fall der Staatsporträts waren der Teppich, der Thron und die Staatsrobe von Gesellen ausgeführt worden, bevor dann der Porträtmaler Kopf und eventuell auch Hände in diese vorgefertigte Schablonen einfügte.
GD

Publiziert: *Qingdai dihou xiang*, I, 20. *Dihou shenghuo*, 78 (oben).

3 (Abb. 31)
Kaiser Qianlong in Staatsrobe
Anonym
Hängerolle
Tusche und Farben auf Seide
271 × 142 cm

Das Staatsporträt des Kaisers Qianlong (reg. 1736-1795) ist nach dem gleichen Schema gestaltet wie die anderen Kaiserporträts (Kat. Nr. 1, 2, 4). Die Hofkette ist aus Perlen zusammengesetzt, die Proportionen der Sitzfigur erscheinen gedrungener als bei den früheren Kaisern. Aufgrund der langen Herrschaftszeit sind naturgemäß viele Porträts des Kaisers Qianlong erhalten, die ihn von seiner Inthronisation bis zur Abdankung mit 86 Jahren zeigen. Auf den zahlreichen überlieferten Bildnissen läßt sich der Alterungsprozeß des Kaisers ablesen. Das vorliegende Porträt zeigt ihn mit eingefallenen Wangen, schweren Augenlidern und Tränensäcken als einen Mann jenseits der Blüte seiner Jahre.
Einer kostümkundlichen Untersuchung bliebe es vorbehalten, die Kaiserporträts aufgrund der Veränderungen in Form und Gegenstand des Dekorprogramms ihrer Gewänder zu datieren. Im Unterschied zu den beiden Bildnissen früherer Kaiser zeigt das Hofgewand hier auf der Brust ein Ornament mit den stilisierten Zeichen für *Langes Leben (shou)*.
GD

Publiziert: Weng/Yang (1982), 66. *Dihou shenghuo*, 8 (unten).

4 (Abb. 68)
Kaiser Jiaqing in Staatsrobe
Anonym
Hängerolle
Tusche und Farben auf Seide
270 × 140,7 cm

Kaiser Jiaqing (reg. 1796-1820), der fünfte Kaiser der Qing-Dynastie regierte bis zu seinem Tod mit 60 Jahren. Sein Staatsporträt beruht wohl auf einer Porträtskizze, die während seiner letzten Lebensjahre entstanden sein dürfte. Bei diesem Bildnis, das nicht lange vor 1820, möglicherweise aber auch posthum entstand, ist ein Qualitätsschwund in der Behandlung der Ornamente festzustellen.
Die Wiedergabe des Thronensembles läßt in allen vier Kaiserbildnissen erkennen, wie die westliche Methode perspektivischer Darstellung im Interesse einer streng symmetrischen Anordnung der frontal gesehenen Objekte genutzt wurde. Die seitlichen Begrenzungen des Sitzkissens und der Fußbank führen in perspektivischer Verkürzung zu einem Fluchtpunkt, der bei dem letzten Porträt etwa in der Höhe des Mützenschmucks auf der Mittelachse liegt. Die diesem imaginären Dreieck eingepaßte Figur des Kaisers Jiaqing hat gedrungenere Proportionen als die anderen Kaiser, die einem spitzeren Dreieck eingepaßt sind. Die achsensymmetrische Komposition der Frontalfiguren hat Parallelen in der buddhistischen Ikonenmalerei, – ist hier aber möglicherweise durch die Kenntnis zentralperspektivischer Darstellung neu stimuliert worden. Dies kann nicht zu dem Schluß führen, daß westliche Maler, die am Hof tätig waren, maßgeblich bei der Konzeption des kaiserlichen Repräsentationsporträts beteiligt gewesen sind. Denn die Verfügung über Musterbücher mit den Vorlagen für zeremoniell festgelegte Dekormotive und Gewandtypen war sicherlich ein Privileg, das nicht an ausländische Künstler preisgegeben wurde. Die von europäischen Malern stammenden Porträts von Mandschu-Kaisern (vgl. Kat. Nr. 41) zeigen diese in einer privaten Atmosphäre bei literarischen Beschäftigungen und waren hinsichtlich ihrer Funktion den Staatsporträts untergeordnet.
GD

Publiziert: *Dihou shenghuo*, 67 (oben).

5 (Abb. 21)
Kaiserin Xiaocheng in Staatsrobe
Anonym
Hängerolle
Tusche und Farben auf Seide
306 × 220 cm

Xiaocheng (1652-1674) wurde im Alter von 14 Jahren als Frau von Kaiser Kangxi (reg. 1662-1722) zur Kaiserin erhoben. Sie starb sehr früh im Alter von 23 Jahren nach der Geburt von Kaiser Kangxis zweitem Sohn.

Ähnlich wie bei den Herrscherbildnissen sitzen auch die Kaiserinnen in vorgeschriebener Haltung auf einem prunkvoll gearbeiteten Thronsessel, der auf einem großen, mit Phönixen verzierten Teppich steht. Die Beine des Thrones sind mit Löwenköpfen, die Wangen und die Rückenlehne mit sechs Drachenköpfen geschmückt.

Bei der Kaiserin sind Hände und Füße unter dem Gewand verdeckt. Auf dunkelblauem Grund schweben Drachen in Seitenansicht zwischen farbigen Wolkenbändern und in der Saumzone finden sich stilisierte *ruyi*-Ornamente, über denen sich Felsen und Wellen erheben, aus deren Gischt die *Acht buddhistischen Kostbarkeiten* herausragen. Am deutlichsten ist das Rad, das Symbol der buddhistischen Lehre, zu erkennen.

Die Hofkette ist wesentlich länger und mehrfach um den Hals gelegt. Auch hier läßt die Kopfbedeckung erkennen, daß es sich um eine Staatsrobe für den Sommer handelt.

Das Format und auch die Tatsache, daß die Komposition insbesondere bei dem hochgeklappten Teppich noch keinerlei Einflüsse westlicher Malerei zeigt, mag für eine frühe Datierung sprechen.　　GD

Publiziert: *Qingdai dihou xiang*, I, 18.

Abb. 68 (Kat. Nr. 4)

Abb. 69 (Kat. Nr. 6)

6 (Abb. 69)
Kaiserin Xiaoxian in Staatsrobe
Anonym
Hängerolle
Tusche und Farben auf Seide
195 × 115,2 cm

Xiaoxian (1712-1748) wurde 1727 die Ne-
benfrau des späteren Kaisers Qianlong
(reg. 1736-1795). Zwei Jahre nach dessen
Thronbesteigung wurde sie zur Kaiserin
erhoben. Sie starb 1748 im Alter von 37
Jahren auf einer Südreise des Kaisers.
Auch dieses gefällige Bildnis der jungen
Kaiserin entspricht exakt den ikonographischen Vorschriften für die Sitzhaltung und
das Ambiente mit Thron und Teppich.
Trotzdem hat sie einen sonst in diesem
Genre ungewöhnlich freundlichen Ge-
sichtsausdruck.
Die anonymen Künstler, die dieses Bild
ausführten, haben besondere Sorgfalt auf
die Charakterisierung dieser schönen Frau
verwendet. Der Kaiser war dieser Frau besonders zugetan und dementsprechend
durfte ein solches Ahnenporträt der Kaiserin nicht sein Mißfallen finden.
Über Bordüren und Säume ihres dunklen
Gewandes sind zahlreiche stilisierte Formen des Zeichens *shou (Langes Leben)* verstreut. In der rechten Hand hält sie eine ro-
safarbene Schärpe mit Blumenmuster, die
über das rechte Knie herabfällt.   GD

7 (Abb. 70)
Staatsrobe des Kaisers
Ära Jiaqing (1796-1820)
Hellgelbe Seidenwirkerei *(kesi)* mit Appli-
kationen
Länge 145 cm, Saumlänge 140 cm

Diese mantelartige Staatsrobe *(chaofu)* in
hellgelber Seidenwirkerei mit Goldbrokat-
stickerei ist auf der Seitennaht an der rechten Seite geknöpft. Die Manschetten haben
die charakteristische pferdehufartige Form.
Als Dekor dienen die dem Kaiser vorbehal-
tenen *Zwölf Muster (shierzhang)*: Sonne,
Mond, Sternbild, Berg, Drache, Phönix,
Opferschale, Wasserpflanze, Hanfkörner,
Feuer, Axt und das Glückszeichen *fu.*
Deutlich zu erkennen sind auf der linken
Brustseite die Axt und rechts das Schriftzeichen *fu* (Glück). Dominierend schwebt
zwischen blauweißen Wolken und Flammen ein Drache in Frontalansicht. Zwischen dem Kopf und dem gewundenen
Körper des Drachen ist das einem Medail-
lon eingepaßte Schriftzeichen für *Langes*

Leben (shou) aufgestickt. Die Wellen und Berge schließen den Brustdekor nach unten ab. In Hüfthöhe zieht sich um das Gewand ein Dekorstreifen mit Drachen in Seitenansicht, die mit der von Flammen umgebenen Glücksperle über dem Wellen- und Bergmuster spielen. Ähnliche Ornamente finden sich auch auf den Ärmeln und den Manschetten. Etwa in Kniehöhe wiederholen sich diese Motive, unten eingerahmt von dem Wellen- und Bergmuster und oben begrenzt mit dem stilisierten Muster des Glückwunschzepters *(ruyi)*. Dazwischen sind noch in gleichmäßigen Abständen in sich gewundene Drachen en face verteilt. Gewänder dieser Art wurden bei den Zeremonien im Palast und beim Erdaltar getragen.

Die Staatsrobe, die Kaiser Jiaqing in dem Zeremonialbild (Kat. Nr. 4) trägt, ist diesem Gewand sehr ähnlich. GD

Publiziert: *Kokyū*, 42, Abb. 5. *Dihou shenghuo*, 66 (oben).

8 (Abb. 71)
Staatsrobe einer Kaiserin
Hellgelbe Seidenwirkerei *(kesi)* mit Applikationen
Länge 137 cm, Saumlänge 116 cm

Die Staatsrobe einer Kaiserin ist im Schnitt ähnlich wie das Männergewand und in gleicher Weise rechts geknöpft. Es ist aber nicht in Hüfthöhe gefaßt sondern fällt glatt herunter.

Auf hellgelbem Grund spielen drei Drachen, oben en face und darunter spiegelbildlich einander zugeordnet mit der umflammten Glücksperle. Die Zwischenräume sind mit wenigen blauweißen Wolkenbändern und rosaroten Fledermäusen gefüllt. Auf den Ärmeln und den pferdehufartigen Manschetten sind auf dunklem Grund Drachen und Fledermäuse zu sehen.

Nach unten folgt ein großzügig stilisiertes Wellenmuster mit den drei Bergen. Zwischen den Wellen verteilen sich die Symbole der *Acht Kostbarkeiten (babao)*. Der Saumteil macht ein Viertel der Gesamtlänge des Gewandes aus und ist mit diagonalen Streifen in den Farben Rot, Gelb, Blau und Aubergine geschmückt, die spitzwinklig zusammenlaufen und die Mittellinie des Gewandes betonen.

Diese Frauenrobe *(nüchaofu)* ist das Pendant zu der Staatsrobe des Kaisers (Kat. Nr. 7) und wurde bei Zeremonien getragen, die die Anwesenheit der Kaiserin vorschrieben. GD

Abb. 70 (Kat. Nr. 7)

Abb. 71 (Kat. Nr. 8)

Abb. 72 (Kat. Nr. 9)

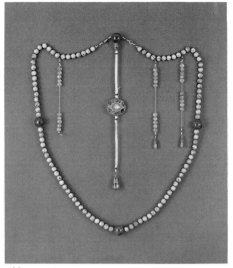

Abb. 73 (Kat. Nr. 10)

9 (Abb. 72)
Mantelrobe für Kaiserinnen und Hofdamen
Steinblaue Seidenwirkerei (kesi) mit Applikationen
Länge 133 cm, Saumlänge 110 cm

Diese Mantelrobe (nügua) ist ärmellos, vorne geschnitten und geknöpft. Sie kann getragen werden von Kaiserinnen, kaiserlichen Konkubinen und Hofdamen. Man kann den Rang der Trägerin an der Farbe der dazugehörigen Gürtel erkennen; bei Kaiserinnen und kaiserlichen Konkubinen ist es ein hellgelber Gürtel, in allen anderen Fällen ein goldgelber Gürtel.
Auf dunkelblauem Grund verteilen sich jeweils nacheinander die folgenden Ornamente: auf dem Brustteil, der mit vier Knöpfen zusammengehalten wird, sind zwei spiegelbildlich angeordnete Drachen in Seitenansicht aufgestickt. Darunter folgen vier Zonen mit sich wiederholendem Dekor. Zunächst zwei symmetrisch angeordnete Drachen in Seitenansicht, die zwischen hellblauen und roten Wolken mit der umflammten Glücksperle über stilisierten Wellen und Bergen spielen. Die nächste Zone ist bestickt mit rosa Fledermäusen und stilisierten Schriftzeichen für Langes Leben (shou). Dazwischen verteilen sich die

blau-roten Wolkenbänder. Darunter wiederholt sich der Drachendekor in einem schmäleren Streifen. Das letzte Stück bis zum Saum ist wieder verziert mit dem Schriftzeichen shou und den Fledermäusen. Auf den Ärmeln und den Manschetten ist wie bei dem vorigen Gewand (Kat. Nr. 8) der Drachen- und Fledermausdekor kombiniert. GD

10 (Abb. 73)
Hofkette für kaiserliche Beamte
(chaozhu)
Qianlong-Zeit (1736-1795)
Umfang 160 cm

108 Blaukristalle in vier Gruppen von je 27 Steinen sind durch vier größere Rosaberylle getrennt. An dem Rosaberyll, der im Nacken getragen wird, ist ein mehrteiliges Gehänge angebracht, das in der Mitte aus einem Medaillon besteht, in dessen runde Kastenfassung ein gemugelter Chrysoberyll eingesetzt ist, gehalten von einer durchbrochenen, vergoldeten und mit sechs kleineren Steinen (zwei davon fehlen) verzierten Fassung. Am Ende der Schnur befindet sich ein tropfenförmiger Bernstein in einer goldenen Fassung, die mit türkisfarbigem Maleremail nachgear-

beitet ist. Die übrigen drei Schnüre mit 10, jeweils in zwei Fünfergruppen, aufgereihten Korallen haben am Ende tropfenförmige Blaukristalle.
Die Kette wird so über die Schulter gehängt, daß zwei Korallenschnüre über die linke Brust und eine Korallenschnur über die rechte Brust fallen. Die längere Schnur mit dem Medaillon in der Mitte hängt den Rücken herunter. Die Kette muß so angeordnet sein, daß zwei der größeren Rosaberylle etwa in gleicher Höhe über dem Bauch liegen. Den dritten Rosaberyll hält der Träger zwischen dem Daumen und dem Zeigefinger der rechten oder linken Hand. Nach dem Bernstein zu urteilen, handelt es sich wahrscheinlich um eine Hofkette eines hohen Beamten, die dieser bei den Zeremonien am Erdaltar trug.
Die Art und Weise, wie eine solche Kette getragen wurde, kann man auf den Bildnissen der Kaiser Kangxi (Kat. Nr. 1), Yongzheng (Kat. Nr. 2), Qianlong (Kat. Nr. 3) und Jiaqing (Kat. Nr. 4) in Hoftracht erkennen. GD

Publiziert: Kokyū, 46, Abb. 23. Treasures, 15 (oben).

II Kaiserliches Interieur

Diese Gruppe enthält verschiedene Repräsentationsobjekte aus dem Kaiserlichen Palast, die alle aus der Qing-Zeit stammen. Sie umgaben den Kaiser bei zeremoniellen und privaten Anlässen.

Dazu gehören zunächst jene Objekte, die für den Kaiser als Souverän von praktischer Bedeutung waren. Zu den wichtigsten Regalien zählen die Siegel, von denen hier zwei exquisite Beispiele, ein Goldsiegel für Opfertexte (Kat. Nr. 11) und ein Jadesiegel für Dekrete (Kat. Nr. 12) ausgestellt sind. Ebenso wichtig ist natürlich der Thron mit den dazugehörigen Insignien kaiserlicher Macht. Dieses Thronarrangement ist allerdings nicht vollständig. Man muß sich einen hinter dem Thron aufgestellten Paravent vorstellen, rechts und links zwei große Wedel, die in geschnitzten Ständern befestigt waren, und schließlich gehört noch ein Teppich dazu.

Der gezeigte Thron ist vergleichsweise einfach gearbeitet, ohne Vergoldung, aber mit eingesetzten Teilen in geschnitztem Rotlack, die daoistische Glückssymbole wie den Pfirsichbaum mit den Pfirsichen der Unsterblichkeit, die Fledermäuse und die glücksbringenden *lingzhi*-Pilze zeigen. Ein ähnlicher glücksbringender Dekor wäre auch auf dem Paravent zu sehen, wie er z. B. im Museum für Ostasiatische Kunst in Berlin an einem hervorragenden Beispiel studiert werden kann. Seitlich des Thrones stehen paarweise die Friedenselefanten (Kat. Nr. 15), die auf dem Rücken Cloisonné-Vasen tragen, und als Sinnbilder für eine reiche Ernte verstanden werden.

Die paarweise rechts und links vor dem Thron stehenden Räuchersäulen (Kat. Nr. 16) aus durchbrochener Jadeschnitzerei sollen die Vorstellung suggerieren, daß die Pavillons der Seeligen auf ihrer Spitze über die Wolken hinausragen – ebenfalls ein Sinnbild der kaiserlichen Macht.

Das meist aus hellgrünem oder weißem Jade hergestellte *ruyi*-Zepter (Kat. Nr. 17) wurde nicht bei allen Gelegenheiten gebraucht, sondern hauptsächlich bei Geburtstags- und Hochzeitszeremonien, während der Spucknapf (Kat. Nr. 20) sicher nicht zu den Objekten zählt, die für die kaiserliche Repräsentation von Bedeutung sind.

Mit der Pagode (Kat. Nr. 18) wird der religiösen Führungsrolle der Mandschu-Kaiser Rechnung getragen, die insbesondere mit Hilfe des Lamaismus die Kontrolle über die Religion der nicht-chinesischen, mit ihnen verbündeten Völkerschaften wie der Mongolen sichern sollten.

Weiterhin gehören zu dieser Gruppe solche Objekte, die den Kaiser als Literaten ausweisen. Vor allem ist dies die Zither (Kat. Nr. 21). Auf einem ausgestellten Bild (Kat. Nr. 43) ist Kaiser Qianlong auch mit einer zum Spiel bereitliegenden Zither gezeigt. Nicht ausgestellt sind die *Vier Kostbarkeiten* des Gelehrten: Pinsel, Tusche, Tuschreibstein und Papier *(wenfang sibao)*. Von ihnen geben freilich einige Bilder eine Vorstellung, die z. B. Kaiser Kangxi beim Schreiben (Kat. Nr. 35) darstellen. Diese Form der Selbstdarstellung hat sich in Ostasien bis in die Gegenwart erhalten.

Mehr als Kuriosum ist die Armillarsphäre (Kat. Nr. 22) anzusehen, deren Kenntnis die Jesuitenmissionare in China bekannt gemacht hatten.

Einige Jesuiten waren als Astronomen und Mathematiker ausgebildet. Mechanische Instrumente wie die Armillarsphäre aber auch alle möglichen Arten von Uhren (vgl. Kat. Nr. 111.1, wo eine Stockuhr in einem Zimmer des Sommerpalastes abgebildet ist), die sie als Gastgeschenke mitbrachten, erregten das Interesse des Kaiserhofes. GD

Abb. 74 (Kat. Nr. 11)

11 (Abb. 75)
Kaiserliches Staatssiegel
mit Doppeldrachenknauf
Ära Qianlong, 1748
Gold
H. 13 cm
Siegelfläche 12 × 12 cm
Siegellegende in mandschurischer
Siegelschrift (Abb. 74)

Das goldene kaiserliche Staatssiegel trägt einen prächtigen Knauf, der aus zwei gegenständig kauernden, fünfklauigen Drachen – Inbegriff kaiserlicher Macht und Autorität – besteht. Die Siegellegende in mandschurischer Siegelschrift lautet: *Siegel des Himmelssohnes (abkai jui boobai)*. Durch den Knauf ist eine in zwei Quasten endende, goldfarbene Kordel gezogen. Daran ist eine Elfenbeinplakette befestigt, deren ornamentaler Aufsatz den fünfklauigen Drachen zeigt. Die Inschrift in chinesischer Regelschrift *(kaishu)* lautet: *Kasten für das Siegel des Himmelssohnes (tianzi zhi bao gui)*.

Das kostbare Siegel wurde bei rituellen Opferhandlungen verwendet.

Von den neununddreißig kaiserlichen Staatssiegeln der Qing-Dynastie wählte Kaiser Qianlong im 10. Jahr seiner Regierung (1745) fünfundzwanzig aus. Dieser Satz von fünfundzwanzig Staatssiegeln aus Gold, Jade und Sandelholz wurde in der *Halle der Kosmischen Vereinigung (Jiaotaidian)*, im Herzen des Kaiserpalastes gelegen, aufbewahrt. Bei der Wahl dieser Anzahl nahm Qianlong Bezug auf Zahlenspekulationen im *Buch der Wandlungen (Yijing): Die Summe der Zahlen des Himmels ist fünfundzwanzig* (Wilhelm (1976), 282).

Drei Jahre später (1748) nahm Qianlong

Abb. 75 (Kat. Nr. 11)

Abb. 76 (Kat. Nr. 13)

eine weitere Siegelreform vor. Er ließ – mit wenigen Ausnahmen – auch die mandschurischen Siegellegenden im Typ der Siegelschrift *(zhuanshu)* schneiden, um sie einheitlich mit den chinesischen Siegelschriftlegenden zu gestalten und ließ außerdem elf neue Siegel herstellen. Die ausgesonderten und ein Teil der neuen Siegel wurden im *Phönixturm* des alten Palastes der Mandschu im heutigen Shenyang, Provinz Liaoning, aufbewahrt. Auch das ausgestellte goldene Staatssiegel gehört zu diesen. HB

Publiziert: *Kokyū*, 39. Zijincheng, 6 (1981), 6-8.

12 (Abb. 36)
Kaiserliches Staatssiegel
mit Doppeldrachenknauf
Qing-Zeit
Grüner Jade
H. 17 cm
Siegelfläche 12 × 12 cm
Doppellegende in chinesischer und
mandschurischer Schrift

Das kaiserliche Staatssiegel (vgl. Kat. Nr. 11) aus grünem Jade trägt einen exquisit gearbeiteten Knauf, der aus zwei gegenständig stehenden, fünfklauigen Drachen besteht. Die zweisprachige Siegellegende lautet:

Kaiserliches Dekretsiegel (chiming zhi bao; tacibure hese i boobai)
Die chinesische Siegellegende ist in Siegelschrift *(zhuanshu)* geschnitten, die mandschurische in Regelschrift.
Die chinesische Inschrift auf der Vorderseite der Plakette lautet: *Kasten für das Kaiserliche Dekretsiegel.* Dieses Siegel wurde, wie die Legende bezeugt, für kaiserliche Erlasse verwendet. Es gehört wahrscheinlich zu den von Kaiser Qianlong bei der Siegelreform von 1745 ausgesonderten Siegeln und dürfte ebenfalls im alten Palast der Mandschu im heutigen Shenyang aufbewahrt worden sein. Ein Staatssiegel mit der gleichen Doppellegende, allerdings in chinesischer und mandschurischer Siegelschrift, zählte zu dem Satz der fünfundzwanzig Staatssiegel in der *Halle der Kosmischen Vereinigung (Jiaotaidian)* im Herzen des Kaiserpalastes von Peking (s. Abb. *Zijincheng*, 6 (1981), 8). Es bestand gleichfalls aus grünem Jade. HB

13 (Abb. 76)
Goldener kaiserlicher Siegelkasten
Qing-Zeit, Ära Qianlong
H. 30 cm, B. 28 cm
Einsatzbecken H. 8 cm, B. 15 cm

Der kostbare kaiserliche Siegelkasten von quadratischem Querschnitt trägt einen in der oberen Hälfte abgeschrägten Deckel mit einer Verschlußklappe an der Vorderseite. Das schöne Beispiel Qing-zeitlicher Toreutik gehört zu einem Satz von fünfundzwanzig Siegelkästen, die auf hohen Ständern um den Thron in der *Halle der Kosmischen Vereinigung (Jiaotaidian)* standen, im Herzen des Kaiserpalastes (s. Abb. Weng/Yang (1982), 53). Sie dienten zur Aufnahme der fünfundzwanzig von Kaiser Qianlong normierten kaiserlichen Siegel (vgl. Kat. Nr. 11).
An den Querseiten befinden sich jeweils vier Ösen zum Durchziehen von Schnüren, um den Siegelkasten — wurde ein Siegel an anderer Stelle gebraucht — zu transportieren. Das goldene Einsatzbecken diente zur Aufnahme der Siegelfarbe.
Unter Literaten war es schon in der Ming-Zeit üblich, spezielle Siegelkästen – normalerweise aus Holz – anfertigen zu lassen, um den bestmöglichen Schutz der Siegellegende und des ornamentalen Knaufs zu gewährleisten. Diese Siegelkästen konnten mehrere mit Seide ausgeschlagene Schubladen aufweisen und besaßen in der Regel Henkel, um sie auf Reisen oder bei dem Besuch eines literarischen Treffens mitführen zu können. HB

Abb. 77 (Kat. Nr. 14)

Abb. 78 (Kat. Nr. 15)

14 (Abb. 77)
Thronsessel mit Fußbank
Ära Qianlong (1736-1795)
Rötliches Sandelholz
Thron: H. 103 cm, B. 104 cm, T. 84,5 cm
Fußbank: H. 7 cm, B. 27 cm

Der aus rötlichem Sandelholz gefertigte lackierte Thron besteht aus einer niedrigen Sitzfläche mit Rücken- und Seitenlehnen. Die Beine, sowie der Rahmen von Rückenlehne und Wangen zeigen das kraftvolle Profil eines fortlaufenden Schlüsselmusters. In der Rückenlehne und den Wangen

sind separate aus Rotlack geschnitzte Platten eingelassen, die mit glückbringenden Motiven, wie dem Baum mit den Pfirsichen der Unsterblichkeit, den sog. *lingzhi*-Pilzen und mit Fledermäusen geschmückt sind. Die chinesische Bezeichnung für Fledermaus *(fu)* ist phonetisch gleichlautend mit dem Wort für Glück *(fu)*. Der Pfirsichbaum ist eine Reminiszenz an das Paradies, in dem die Königinmutter des Westens residiert und das von Unsterblichen bevölkert ist. Derartige Motive kommen auf Thronsesseln oder auch auf Stellschirmen hinter dem Thron (vgl. den Thron im Museum für

Ostasiatische Kunst, Berlin) häufig vor. Dieser verhältnismäßig einfach ausgestattete Thron gehörte zum Mobiliar der kaiserlichen Wohngemächer des Palastes. GD

15 (Abb. 78)
Zwei Friedenselefanten
Ära Qianlong (1736-1795)
Hellgrüner Jade, Cloisonné, Edelsteine
H. 36 cm, B. 35 cm

Die beiden Jadeelefanten tragen ein Prunkgeschirr mit gefaßten Edelsteinen, sowie Schabracken mit Drachen- und Blumenmustern in Cloisonné-Email-Technik. Auf dem Sattel jedes Elefanten ist eine Email-Vase befestigt, deren Deckel von einem Wunschjuwel bekrönt wird, und deren Dekor eine reiche Ernte aller fünf Getreidesorten *(wugu fengrang)* symbolisiert. Beide Tiere stehen auf einem geschnitzten Holzpodest und wurden ursprünglich links und rechts vom Thron auf Lacktischen aufgestellt.

Die Jadeelefanten gelten als Sinnbilder einer unerschütterlichen, friedliebenden Regierung. GD

Publiziert: *Kokyū, 44. Treasures,* 30.

16 (Abb. 79
Zwei Weihrauchständer
Ära Qianlong (1736-1795)
Dunkelgrüner Jade
H. 120 cm

Die in durchbrochener Schnitzarbeit aus Jade geformten grünen Säulen erheben sich über sechseckigen, von Balustraden umzäunten Sockeln. Sie tragen ebenfalls vergoldete, zweistöckige Pavillons, deren Dächer mit kleinen Glöckchen behangen sind. Während der kaiserlichen Audienz wurde Sandelholz-Weihrauch in den hohlen Säulenschäften entzündet. Der aus den Öffnungen zwischen Wolken- und Drachendekor austretende Rauch umhüllte die Pavillons, die so gleichsam wie die Wohnungen der Unsterblichen in den Himmel entrückt wurden.

Zusammen mit den Jadeelefanten versinnbildlichten diese Räuchergefäße Friede und Ordnung im Reich. GD

Publiziert: *Kokyū, 44. Treasures,* 30.

Abb. 79 (Kat. Nr. 16)

Abb. 80 (Kat. Nr. 17)

Abb. 81 (Kat. Nr. 18)

17 (Abb. 80)
Ruyi-Zepter
Ära Qianlong (1736-1795)
Hellgrüner Jade
L. 39 cm, B. 11 cm

Dieses aus hellgrünem Jade gearbeitete Wunschzepter ist mit verschiedenen glückverheißenden Tier- und Pflanzenmotiven verziert. Derartige, langes Leben verheißende Zepter wurden besonders bei Geburtstagen oder Hochzeiten dem Kaiser dargebracht oder auch von diesem an Beamte verschenkt. GD

Publiziert: Weng/Yang (1982), 66 (unten).

18 (Abb. 81)
Stūpa
Qing-Zeit, Ära Qianlong (1736-1795)
Gelbgold mit Edelsteinen
H. 72 cm, B. 33,5 cm, T. 33,5 cm
Gewicht: 16,75 kg

Die tibetische Bezeichnung für Stūpa, *mchod-rten,* bedeutet wörtlich *Stütze für die Verehrung.* Der Gläubige, der dem Buddha oder einem Lama seine Verehrung entgegenbringen will, bedarf dazu einer Hilfe, mittels derer er den geistigen Kontakt herstellen kann. In der Regel befinden sich im Innern solcher Stūpas Reliquien, ebenso wie auch die aus Stein errichteten großen Stūpas mit verschiedenen weihespendenden Gegenständen gefüllt sind. Die Verehrung von Reliquien gehört zu den frühesten buddhistischen Kultformen überhaupt, denn im Gegensatz zum üppig wuchernden Opferkult im Brahmanismus beschränkten sich die buddhistischen Gläubigen auf die Verehrung des Buddha bzw. der Meister der Überlieferung. Dem Stūpa kommt eine besondere Bedeutung zu, da er auch als Sinnbild anstelle des Buddha Verehrung empfängt.
Im Laufe der Zeit bildeten sich verschiedene Typen von Stūpas heraus, die auf jene Bauwerke zurückgeführt werden, in denen die Reliquien des Śākyamuni von seinen Schülern eingemauert worden sein sollen. Generell zeigen die späteren tibetischen

Stūpas im Gegensatz zu den indischen einen zusätzlichen Sockel unter dem meist gestuften Fuß, der die vasenförmige Kuppel trägt. Je nach Form und Symbolgehalt unterscheidet man z. B. einen *Stūpa der Erleuchtung* oder einen *Stūpa des Nirvāna*. Das ausgestellte Exemplar besteht aus reinem Gold mit rundum reichem Dekor aus Lotosranken in Fadenrelief und darin eingelassenen roten und blauen Edelsteinen. Es ist ein Stūpa des völligen Sieges (tib. *rnam rgyal mchod-rten*). *Völliger Sieg* bedeutet in diesem Zusammenhang Sieg über den Todesdämon, d. h. Erlangen der Unsterblichkeit. Entsprechend ist auf der Vorderseite des Stūpa, in der mittleren Nische der Kuppel, eine Figur des Amitāyus (tib. *Tshedpag-med*), des Buddha des unendlichen Lebens, dargestellt. Darüber befindet sich eine rechteckige Platte aus weißem Jade, auf der eine kurze, von Kaiser Qianlong geschriebene Weiheinschrift zu lesen steht: *Vom Kaiser geschaffen zum Lobe des Buddhas des unendlichen Lebens.* Über dieser Inschrift, deren eingravierte Schriftzeichen mit Goldfarbe gefüllt wurden, erhebt sich die dreizehnstufige Spitze, gekrönt von einem Schirm, der gegen alle der Erlösung hinderlichen Leidenschaften und Befleckungen schützen soll. Den Abschluß des Stūpa bildet in der Beuge der Mondsichel, dem Symbol für die die Leerheit aller Dinge erkennenden Weisheit, das flammende Juwel der Wunscherfüllung. Darunter liegt die flache Sonnenscheibe, Sinnbild für liebendes Mitleid mit allen Lebewesen, deren mystische Vereinigung höchstes Ziel des tantrischen Buddhismus ist.

RK, PT, UTF

Publiziert: *Kokyū,* 45.

Abb. 82 (Kat. Nr. 19)

Abb. 83 (Kat. Nr. 19)

19 (Abb. 82, 83)
Zwei Taihu-Steine
Qing-Zeit
Schwarzer Taihu-Stein
H. 65 cm, B. 27,5 cm (20,1)
H. 49 cm, B. 30,5 cm (20,2)

Bizarr geformte Taihu-Steine, nach ihrem Fundort, dem Taihu-See in der Provinz Jiangsu benannt, zählten zu den beliebten Ausstattungsgegenständen eines Literatengartens oder – in kleinem Format – eines Literatenstudios. Die beiden ausgestellten exquisiten Stücke sind jeweils auf einem reich beschnitzten Rotholz-*(hongmu)*Sockel verankert. Der größere von beiden weist zahlreiche Aushöhlungen auf, die durch Wellenschlag ausgewaschen wurden.

Die Liebe zu außergewöhnlichen und bizarr geformten Steinen hat in China eine mehr als tausendjährige Tradition. Schon in der Sechs-Dynastien-Zeit (3.-6. Jh.) kannte man Miniaturberge in Gärten. Wie der Garten im Kleinen die ganze Welt repräsentierte, so symbolisierte der einzelne bizarre Stein das Gebirge.

Vernarrt in Steine war der vorletzte Herrscher der Nord-Song-Dynastie, Kaiser Huizong (reg. 1101-1125), der aus dem ganzen Reich ungewöhnliche Steine für seine gewaltige Sammlung herbeischaffen ließ. Dieser Petromane (Edward H. Schafer) ging sogar so weit, einem besonders schönen Exemplar einen Adelstitel zu verleihen. Der Maler, Kalligraph und Kunstkritiker Mi Fu (1052-1107) ist ebenfalls für seine Liebe zu Steinen bekannt. Er wird auf Bildern dargestellt, wie er sich vor einem bizarren Felsen verbeugt, den er als *älteren Bruder* bezeichnete, und ihm seine Reverenz erweist.

HB

Abb. 84 (Kat. Nr. 20)

20 (Abb. 84)
Spucknapf
Ära Qianlong (1736-1795)
Geschnitzter Rotlack
H. 7 cm

Das aus Rotlack geschnitzte Gefäß besteht aus einer Schale mit breit gelapptem Blattrand und einem gewölbten Deckel mit weißem Knopfgriff. Der Blattrand und der Deckel sind mit Chrysanthemblüten und -blättern geschmückt, die über einem quadratischen Brokatmuster stehen. Die Schale ist mit einem kleinteiligen Sternmuster überfangen.   GD

Publiziert: Weng/Yang (1982). 66 (unten), *Treasures*, 31.

III Kaiserliches Zeremoniell und Festlichkeiten

Blüte der Historienmalerei

Eine prosperierende Weltmacht wie das Reich der Qing-Dynastie im 18. Jh. verlangte nicht zuletzt auch nach einer adäquaten Selbstdarstellung in der Kunst. Die mandschurischen Kaiser waren bestrebt, die Macht und Größe ihrer Dynastie auch in Form von bildlichen Darstellungen für die Nachwelt festzuhalten und zu politischer Propaganda zu nutzen. So kam es während ihrer Herrschaft zu einem gewaltigen Aufblühen der Historienmalerei, und für die Hofmaler der Qing-zeitlichen Malakademie, die mehr als Handwerker denn als Künstler betrachtet wurden, gehörten die Aufzeichnung und Dokumentation politisch wichtiger oder festlicher Ereignisse des Hofes zu den wichtigsten Aufgaben überhaupt.

Hauptthemen dieser Historienmalerei waren zunächst die großen Zeremonien des Hofes, zu denen die kaiserliche Hochzeit und der Geburtstag des Kaisers zählten. Die monumental angelegte Serie von neun prachtvollen Alben, die die Hochzeitsfeierlichkeiten des Kaisers Guangxu (reg. 1875-1908) schildern (Kat. Nr. 32) sowie die über 60 Meter lange Querrolle mit Festlichkeiten zum 80. Geburtstag Kaiser Qianlongs (Kat. Nr. 31) gehören in diese Kategorie. Weitere wichtige Anlässe, die es im Bild festzuhalten galt, waren die prunkvollen kaiserlichen Bankette, die oft auch von hoher politischer Bedeutung waren, wie das Bankett zur Feier des Anschlusses einer westmongolischen Stammesgruppe (Kat. Nr. 27) oder das Neujahrsbankett in der *Halle des Purpurglanzes (Ziguangge)*, das an den glorreichen Sieg über die Dsungaren erinnern soll (Kat. Nr. 30), aber auch alljährlich wiederkehrende Festlichkeiten, wie sie die Querrolle mit der unbeschwert wirkenden Darstellung einer Eissportvorführung (Kat. Nr. 29) und das monumentale Wandbild mit mongolischen Wettkämpfen im Sommerpalast von Chengde (Kat. Nr. 28) zeigen. Auch bedeutende religiöse Zeremonien wurden mit größter Detailtreue aufgezeichnet. Als einziges Beispiel dafür ist die beeindruckende Querrolle mit der Darstellung des alljährlich im Frühjahr stattfindenden kaiserlichen Opfers am Altar des Ackerbaus vertreten (Kat. Nr. 26), in der der Kaiser als Mittler zwischen Himmel und Erde, zwischen den Ahnen der Vorzeit und den Heutigen, fungiert.

Bei diesen Werken kam es weniger auf gestalterische Originalität, als auf detaillierte, möglichst wahrheitsgetreue Darstellung an, die in ihrer Aussage korrekt war und den Betrachter beeindruckte. Dem Selbstverständnis der Kaiser entsprechend wurden gewaltige Großprojekte ausgeführt, wie etwa die 12 Querrollen zu den Südreisen des Kaisers Kangxi, (Kat. Nr. 23-25), und große bis übergroße Formate bevorzugt, wie bei der über 60 Meter langen Querrolle zum 80. Geburtstag Kaiser Qianlongs (Kat. Nr. 31), oder den beiden riesigen Wandbildern mit Szenen aus dem Sommerpalast von Chengde (Kat. Nr. 27 und 28).

Gerade diese Sonderform des *Großen Wandbildes (tieluo dahua)*, d. h. eines auf Papier oder Seide gemalten Bildes, das nicht wie üblich als Quer- oder Hängerolle montiert, sondern, ähnlich einer Tapete, unmittelbar auf die Wand aufgezogen wurde, war in der Qing-Zeit bei der Dekoration der zahllosen Gebäude der kaiserlichen Paläste und Sommerpaläste äußerst beliebt. Man schätzt die Anzahl solcher während der Qing-Zeit bemalten Wandbilder auf mehrere Zehntausend. Doch sind die meisten entweder mit den Gebäuden zugrunde gegangen, etwa beim Brand des *Yuanmingyuan* 1860, oder im Laufe der Zeit an der Wand verdorben, so daß nur ganz wenige Beispiele dieser Kunst, die man beizeiten von der Wand abgelöst und als Rollbilder ummontiert hat, erhalten geblieben sind. Bei der Ausführung vieler solcher Wandbilder, wie auch bei Malereien in den traditionellen Formaten, wirkten in besonderem Maße auch die am Kaiserhof in Peking tätigen und auch als Hofmaler beschäftigten Jesuitenfratres, wie Giuseppe Castiglione (Kat. Nr. 27, 41, 45), Jean Denis Attiret (Kat. Nr. 27, 114) und Ignatius Sichelbart (Kat. Nr. 115) mit, deren an der europäischen Ölmalerei geschulte naturalistische Malweise mit ihrer plastischen Licht-Schatten-Modulation und Zentralperspektive den Anforderungen der Qing-Kaiser nach Naturnähe und Authentizität entgegenkam. So genoß insbesondere Giuseppe Castiglione, der älteste und bedeutendste dieser europäischen Hofmaler, die besondere Gunst des Kaisers, der ihn bei vielen Projekten mit der Leitung betraute, auch wenn diese größtenteils von anderen Jesuitenmalern oder chinesischen Hofmalern ausgeführt wurden. Ein Beispiel dafür ist Kat. Nr. 27, das oft allein Castiglione zugeschrieben wird, obwohl die Hauptausführung bei Attiret lag.

Die am Kaiserhof des 18. Jhs. so sehr geförderte Historienmalerei, die authentische Dokumentation bedeutender Ereignisse, hat ihre Wurzeln tief in der chinesischen Maltradition. Insbesondere die Querrollen, wie die Rolle zum 80. Geburtstag Kaiser Qianlongs, erscheinen als eine glanzvolle Renaissance einer von den Literatenmalern der Ming-Zeit verschmähten und daher wenig bekannten alten Form der chinesischen Malerei: der langen, narrativen Querrolle, in der sich großer Detailreichtum mit liebenswerter Schilderung des Volkslebens verbindet. Aber auch die Schlachtenbilder, die Kaiser Qianlong herstellen ließ, hatten schon Vorläufer in der Han-Zeit (206 v. Chr.-220 n. Chr.), und die Porträtmalerei wird in China, schon aus Gründen des Ahnenkultes, seit jeher gepflegt. Festlichkeiten am Hof und politische Ereignisse wie der Empfang ausländischer Gesandtschaften werden ebenfalls schon in der Song-Zeit dargestellt. Doch ist in den Historienbildern der Qing-Zeit ein Stilwandel zur sachlichen Nüchternheit und zu steifem Naturalismus zu beobachten, der wohl auf die Einflüsse der jesuitischen Hofmaler zurückzuführen ist. Den Höhepunkt westlichen Einflusses markiert vielleicht eine Serie von 16 Schlachtenbildern, die Kaiser Qianlong in Paris in Kupfer stechen ließ, und die Einrichtung einer eigenen Kupferstich-Werkstatt im Palast.

Der ungeheure Umfang vieler Projekte, die oft riesigen Formate sowie die differenzierten Anforderungen an die Maler ließen die Teamarbeit zur bevorzugten Arbeitsweise der Hofmaler des 18. Jhs. werden, und vor allem Kaiser Qianlong hat sie in besonderem Maße gefördert. Im wesentlichen handelt es sich dabei um vier Arten von Teamarbeit: Am gebräuchlichsten war die Aufteilung der Arbeit nach Motiven. Figuren, Gebäude und Landschaftselemente wurden also von verschiedenen, jeweils dafür spezialisierten Malern ausgeführt. Handelte es sich um die Darstellung eines einzigen Motivbereichs, wie etwa bei der Blumen-und-Vogel-Malerei, so konnten die wesentlichen Elemente der Komposition, zum Beispiel die Tuschezeichnung, von einem Meister gemalt und das übrige dann von Assistenten ausgearbeitet werden. Es kam aber auch vor, daß ein von einer Gruppe von Hofmalern erstellter Entwurf zur Ausführung an Maler außerhalb des Palastes vergeben wurde. So wurde etwa die Querrolle zum 80. Geburtstag Kaiser Qianlongs nach einem von Hofmalern in Peking gemalten Original in Suzhou angefertigt. Eine vierte Möglichkeit war die Einreichung eines Entwurfs durch einen berühmten Maler und seine Ausführung durch andere. Der Vorteil einer solchen Arbeitsteilung war zwar die größtmögliche Ausnutzung der besonderen Stärken der verschiedenen Maler, und eine hohe Effizienz, doch war es andererseits nicht einfach, eine einheitliche künstlerische Gestaltung und Qualität in solchen Gemeinschaftswerken zu garantieren.

Eine Entfaltung freien Künstlertums an der kaiserlichen Malakademie der Qing-Zeit wurde auch durch das rigorose System der kaiserlichen Zensur nahezu unmöglich gemacht. Bilder wurden nur auf mündliche oder schriftliche Anordnung des Kaisers, die vom Beamtenapparat an die Maler weitergeleitet wurde, ausgeführt. Dabei bestimmte der Kaiser sowohl Motiv wie Art der Ausführung. Bei jedem Bild mußte dann zunächst ein Entwurf über die zuständigen Beamten und Eunuchen dem Kaiser zur Begutachtung vorgelegt werden, der etwaige Korrekturen vornahm oder weitere Anweisungen erteilte. Erst nach dieser *Kaiserlichen Inspektion (yulan)* konnte der Maler mit der eigentlichen Ausführung des Bildes beginnen. War es fertiggestellt, so mußte es ein weiteres Mal zur *Kaiserlichen Inspektion* geschickt werden, und erst wenn der Kaiser mit dem Werk zufrieden war, galt die Arbeit als abgeschlossen. Die komplizierte Entstehung eines solchen Werkes kann exemplarisch an dem großen Wandbild *Empfang westmongolischer Fürsten* (Kat. Nr. 27) verfolgt werden: Der Jesuit Jean Denis Attiret wurde bereits fünf Tage vor Beginn der Festlichkeiten auf kaiserlichen Befehl nach Chengde geschickt, um dort 12 Porträts der wichtigsten am Bankett teilnehmenden Gäste anzufertigen. Er blieb 50 Tage lang in Chengde, während derer er an verschiedenen Zeremonien und Banketten teilnahm, insgesamt 22 Porträts von dörbetischen Würdenträgern anfertigte, Kaiser Qianlong beim Reiten und in der Sänfte porträtierte und einen Entwurf der Bankettzeremonie ausarbeitete. Kaiser Qianlong bewertete die ihm zur Inspektion vorgelegten Arbeiten durchweg mit »Sehr gut«, gab konkrete Verbesserungsvorschläge und belohnte und beförderte den Künstler großzügig. Im Herbst des gleichen und im Frühjahr des folgenden Jahres wurden auch Giuseppe Castiglione und Ignatius Sichelbart nach Chengde delegiert, um bei einem weiteren Empfang westmongolischer Führer Porträts anzufertigen. Doch erst am 9. Tag des 5. Monats (1755) erging der kaiserliche Befehl, an die drei Jesuitenmaler, für die *Halle der Gewundenen Uferbank (Juana shengjingdian)* im Sommerpalast von Chengde zwei große Wandbilder für die Ost- beziehungsweise Westwand mit Darstellungen der beiden Bankette des Vorjahres anzufertigen. Aufgrund des vorbereiteten Materials wurden die beiden Wandbilder dann innerhalb von 48 Tagen fertiggestellt, zwei Wochen später montiert und am 20. Tag des 7. Monats bereits auf die Wand aufgezogen. Dies zeigt die beachtliche Schnelligkeit, mit der aufgrund der Teamarbeit innerhalb der Malakademie solche Großaufträge ausgeführt werden konnten. GH

Chinesische Musik am Kaiserhof in der Qing-Zeit

Im *Yueji*, dem über 2000 Jahre alten konfuzianischen klassischen *Buch der Musik*, steht geschrieben, daß Riten und Musik, Strafen und Verordnungen das eine Ziel haben, die Herzen der Menschen gleichzustimmen und so den Weg zu einer geordneten Herrschaft bahnen. Kein Wunder also, daß schon in vorkaiserlicher Zeit chinesische Herrscher selber Musik schufen oder durch ihre Musikmeister komponieren ließen. Zudem bestimmten sie auch den Musikstil. Denn wenn der Herrscher *gewissenhaft, aufrichtig, kraftvoll und gerecht ist, dann ist seine Musik ernst und ehrlich, und das Volk wird ehrerbietig sein (Buch der Musik).*

In der Qing-Zeit schenkten die Kaiser Kangxi (1662-1722) und Qianlong (1736-1795) der Musik ihre besondere Aufmerksamkeit. Kaiser Kangxi ordnete die Kompilation der *Grundprinzipien der Musik (Lülü zhengyi)* an, und Kaiser Qianlong veranlaßte die Zusammenstellung der *Fortsetzung der ›Grundprinzipien der Musik‹ (Lülü zhengyi houbian).* Dieses 1746 fertiggestellte Werk enthält ein Traktat über Hofmusik.

Die Hofmusik war in der Qing-Zeit vorgesehen für vielerlei Aktivitäten: für die Darbringung von Opfern, für Festmähler, für kaiserliche Ausfahrten und für die große Hofzeremonie. Es gab ein Dutzend von Musikformen, von denen die *Schöne Musik der Mitte und Harmonie (zhonghe shaoyue)* den höchsten Rang einnahm. Nur bei kaiserlichen Ausfahrten kam sie nicht in Betracht. Von allen höfischen Musikformen war sie dem Altertum am meisten verhaftet. Fast alle der für sie verwendeten Instrumente stammten aus alter Zeit und waren außerhalb des Hofes kaum noch gebräuchlich. Auch die Melodien wirkten altertümelnd. Die Liedtexte priesen den Kaiser und verherrlichten seine Regentschaft.

Die feierlichste höfische Aktivität war die große Hofzeremonie. Sie fand wie schon unter der Ming-Dynastie statt bei der Thronbesteigung des Kaisers, bei der kaiserlichen Hochzeit, bei der Krönung der Kaiserin und zur Feier des Neujahrs, der Wintersonnenwende sowie des kaiserlichen Geburtstages in der Verbotenen Stadt mit dem Hauptfestakt in der *Halle der Höchsten Harmonie (Taihedian).* Die Musikinstrumente der *Schönen Musik der Mitte und Harmonie,* darunter Steinspiel, Glokkenspiel, große und kleine Zither, Panflöte aus Bambusrohren, Mundorgel, Klapper und Porzellan-»Okarina«, hatten ihren Standort in den Galerien östlich und westlich der Halle und wurden gespielt, wenn der Kaiser zur Entgegennahme der Huldigung die Halle betrat und den Thron bestieg.

Während der Huldigungszeremonie spielte ein anderes Orchester mit einem durch Gongs, Trommeln, Zimbeln u. a. bestimmten Klangkörper die *Große Rote Stufenmusik (danbi dayue).* Zu dieser Musik knieten die in dem die *Halle der Höchsten Harmonie* umgebenden Hof versammelten militärischen und zivilen Beamten nieder. In einer Musikpause wurden Glückwunsch-Denkschriften verlesen. Bei erneut einsetzender *danbi dayue* vollzogen die Beamten ihren Kotau vor dem Kaiser.

Wie schon beim Eintritt, so begleiteten den Kaiser auch beim Verlassen der *Halle der Höchsten Harmonie* die Klänge der *Schönen Musik der Mitte und Harmonie,* die somit den Beginn und das Ende der großen Hofzeremonie ankündigte. HvS

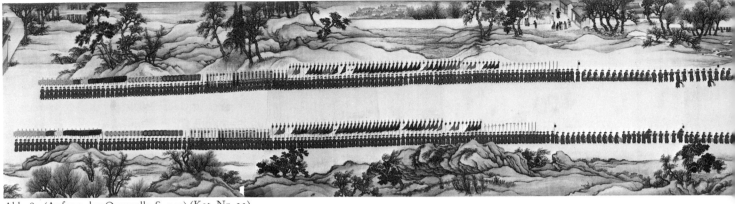

Abb. 85 (Anfang der Querrolle S. 143) (Kat. Nr. 23)

21 (Abb. 23)
Qin
Ära Yongzheng (1723-1735)
125 × 18,3 cm

Das aus dem Holz des Holzölbaums *(wutong)* gebaute, mit sieben roten Quasten versehene Musikinstrument verfügt über goldene Griffmarken, wie üblich 13 an der Zahl. Die Wirbel bestehen aus Jade. Die Unterseite ist mit einer Widmung des Kaisers Qianlong (1736-1795) und mit von sieben Ministern in kunstvoller Schönschrift eingeschnitzten Gedichten verziert. Hier, und zwar im *Drachenteich (longchi)*, dem längeren der beiden rechteckigen Schallöffnungen, steht auch der Namenszug des Erbauers, Yan Gongyuan.

Die Suche nach einer Übersetzung der chinesischen Bezeichnung Qin für dieses Musikinstrument bereitet im Westen einiges Kopfzerbrechen. So ist die Rede von Zither, Laute, Harfe und Guitarre. Keine dieser westlichen Bezeichnungen blieb von Kritik verschont. Als Ausweg bietet sich die Bezeichnung »das Qin«, also die bloße Transkription des chinesischen Schriftzeichens.

Qin-Spiel, chinesisches Schach, Kalligraphie und Malerei galten im traditionellen China als die vier wichtigen Mußebeschäftigungen des Gebildeten und wurden auch am Kaiserhof der Qing-Dynastie (1644-1911) gepflegt. So bereitete Kaiser Qianlong außer der selbst ausgeübten Kalligraphie – er soll 40 000 Gedichte geschrieben haben – vor allem das Anhören von Qin-Musik Vergnügen.

Das Qin ist das älteste chinesische Saiteninstrument mit einer 2400jährigen Geschichte. Ursprünglich besaß es fünf Saiten. Geschätzt wurde es wegen seines großen Klangvolumens und seiner durch unterschiedliche Fingertechniken erschließbaren Modulationsfähigkeit.

Den Ruf, das edelste und angesehenste Musikinstrument im vormodernen China zu sein, verdankt das Qin insbesondere auch seiner Symbolträchtigkeit. Seine Länge von 3,66 Fuß entsprach den 366 Tagen des Jahres und die Zahl der fünf Saiten den fünf Elementen. Die zusätzlichen beiden Saiten des siebensaitigen Qin kennzeichneten die Eintracht zwischen Herrscher und Untertan. Der gewölbte Bauch des innen hohlen Korpus entsprach dem Himmel, sein flacher Boden der Erde. Die 13 Griffmarken wurden in Verbindung gebracht mit den 12 normalen und dem einen Schaltmonat.

Die Beherrschung des Qin ist außerordentlich schwierig. Daher wurde das Qin-Spiel eher in gehobenen Kreisen gepflegt und fiel nach dem Verschwinden der traditionellen chinesischen Gesellschaftsform beinahe der Vergessenheit anheim. Immerhin nahmen an dem zweiten nationalen Symposium zum Austausch von Erfahrungen beim Qin-Spiel in Peking (30. April-8. Mai 1983) 54 Qin-Musiker im Alter von 20 bis 84 Jahren teil. Eine ähnliche Blüte erlebte das Qin-Spiel in den letzten Jahren auch in Taiwan.   HvS

Publiziert. *Dihou shenghuo,* 96.

22 (Abb. 22)
Armillarsphäre
Ferdinand Verbiest S. J. (1623-1688; chin. Name Nan Huairen)
Datiert 1669
Gesamthöhe 37,3 cm; B. 35,8 cm

Die Armillarsphäre, auch Armille genannte Ringkugel *(armilla,* lat. Ring), stellt das wichtigste astronomische Instrument der Antike bis zum Aufkommen des Quadranten in der 2. Hälfte des 16. Jahrhunderts dar. Die meist aus Metall gefertigten konzentrischen Ringe veranschaulichten einerseits die Haupthimmelskreise der astronomischen Koordinatensysteme des Horizonts, des Äquators oder/und der Ekliptik und gestatten andererseits durch entsprechende Kreisteilungen in Grad und Stundenwinkel, bzw. in Abschnitte des Tierkreises, Messungen in den Grundkreisebenen.

Der Ursprung des Instruments liegt wahrscheinlich in Babylon. Sicher ist, daß Hipparch von Nicea um 150 v. Chr. eine aus drei Ringen bestehende Äquatorialarmille zur Vermessung der 1022 Sterne seines Sternverzeichnisses benutzte. Claudius Ptolemäus gibt um 150 n. Chr. in seinem, unter dem arabischen Titel bekanntgewordenen Werk, dem *Almagest,* eine genaue Bauanleitung und Meßanweisung für eine, durch zusätzliche weitere konzentrische Ringe erweiterte Ekliptikarmille. Die Beobachtungen eines Gestirns erfolgten mit Hilfe von Dioptern, die verstellbar an besonderen Ringen angebracht waren, bzw. mittels einer mit Dioptern versehenen Alhidade. Vereinzelt werden auch Armillen beschrieben, die für die drei astronomischen Koordinatensysteme eingerichtet waren. Solche »Universalinstrumente« konnten auch Koordinatentransformationen lösen, wodurch das Instrument in erster Linie den Charakter eines Rechengerätes bekam.

Die Araber steigerten die Beobachtungsgenauigkeit vor allem durch Vergrößerung der Abmessungen der Instrumente, was eine feinere Teilung der Ringe ermöglichte, und durch eine stationäre Aufstellung der Armillen in Sternwarten.

Über die von König Alfons X. von Kastilien begründete Hochschule von Toledo gelangte das Wissen um dieses Meßinstrument ins Abendland. Aber erst durch die Bemühungen Regiomontans um die Er-

neuerung der Astronomie wurde die Armille um die Mitte des 15. Jahrhunderts bei uns bekannt. Der weitere Weg der Entwicklung führte zu den großen Ringinstrumenten dieser Art wie Tycho Brahe sie dann im 16. Jahrhundert benutzte. Nach Erfindung des Fernrohrs zu Anfang des 17. Jahrhunderts wurden die Armillen immer prunkvoller ausgeführt. Sie werden Demonstrations- und Indikationsgeräte und schließlich Ziergegenstände zur Bekundung des wissenschaftlichen Interesses ihrer Besitzer.

Das Exponat zeigt Eigenschaften der Demonstrationsinstrumente um die Mitte des 17. Jahrhunderts. Es sind die Ringe bzw. Kreise des Horizonts (in der Tischebene), des Meridians und senkrecht dazu des Äquators sowie das breitere Band des Zodiakus (Tierkreises) zu erkennen. Die im Zentrum angebrachte Kugel, die die Erde symbolisiert, verhindert die Möglichkeit mit diesem Instrument durch Visieren über das Zentrum hinweg zu messen. Einem Meßvorgang hinderlich wäre ebenfalls auch die für eine Armille ungewöhnliche »Montierung« in einem Tisch.

Es dürfte sich bei diesem Stück also um ein Modell zu Demonstrationszwecken handeln. Dafür sprechen auch die kleinen Ausmaße. Die Inschrift auf einem der Ringe der Armillarssphäre lautet:

Im zweiten Sommermonat des 8. Jahres der Ära Kangxi (1669) angefertigt von dem Untertan Nan Huairen und anderen.

Der Jesuitenpater Ferdinand Verbiest, geboren am 29. Oktober 1623 in Pittem, Westflandern, gestorben am 28. Januar 1688 in Peking, war als Missionar und als Mitarbeiter von Pater Johann Adam Schall von Bell seit 1659 in China. Er machte die Armillarsphäre Kaiser Kangxi zum Geschenk, als er wieder in sein Amt eingesetzt und Direktor des Astronomischen Amtes in Peking wurde. Er verfaßte theologische und astronomische Schriften in chinesischer Sprache. KS

Publiziert: *Zijincheng*, 3 (1980), 33-34.

23 (Abb. 56, 85)
Südreise des Kaisers Kangxi.
Querrolle Nr. 1

Wang Hui (1632-1717) u. a.
Undatiert, gemalt zwischen 1691-98
Tusche und Farben auf Seide
67,8 × 1555 cm

Der einleitende Text in Regelschrift erklärt das Thema der Querrolle: *Querrolle Nr. 1. Zu Anfang des Jahres 1689 bestimmte der Kaiser einen glückbringenden Tag für eine Reise in den Süden, um die Arbeiten am Fluß zu inspizieren, die örtlichen Verhältnisse zu untersuchen und sich über die Verwaltung zu orientieren. Dann ließ er mit den kaiserlichen Insignien Parade halten und die kaiserliche Garde aufstellen. Seine Majestät ritt durch das Yongding-Tor aus. Als er in Nanyuan ankam, waren tausend Beamte versammelt, die Reiter-Garde stürmte vorwärts, es gab Wagen, Schirme, Trommeln und Pfeifen in großer Menge, Fahnen, Banner und bewaffnete Truppen waren dicht gestaffelt. So ging die Zeremonie bei der Abreise des Kaisers vor sich. In der Tat ein denkwürdiger Anblick! In der Zukunft wird das leuchtend klar aus den historischen Aufzeichnungen hervorgehen. Wenn wir wagen, dies hier zu veranschaulichen, so können wir auf der Malseide doch nur den kleinsten Teil der zehntausend Einzelheiten illustrieren.*

Die zweite Inspektionsreise von Kaiser Kangxi in die südlichen Provinzen Jiangsu und Zhejiang lieferte den nötigen Beweis, daß die chinesische Bevölkerung die Mandschu-Herrschaft vollständig akzeptiert hatte. Das Ereignis wurde in den 1690er Jahren mit der Anfertigung von zwölf großen Querrollen gefeiert, die die Höhepunkte der Reise beschreiben und sowohl Eindrücke von der kaiserlichen Prachtentfaltung wie auch der Akklamation des Volkes geben. Der berühmte Landschaftsmaler Wang Hui war der künstlerische Leiter des Projektes. Seine Schüler und Maler von den Hofwerkstätten standen ihm als Mitarbeiter zur Seite. Querrolle Nr. 1, die die Abreise von Peking schildert, exemplifiziert den außerordentlich präzisen und detaillierten Stil, der diese Malereien zu einer unersetzbaren Quelle von Informationen über das kaiserliche Zeremoniell und das alltägliche Leben im China des 17. Jahrhunderts macht. (Für eine detaillierte Beschreibung der Rolle vgl. S. 106-108) SH

Publiziert: *Zijincheng*, 4 (1980), 19-25.

Abb. 85 (Kat. Nr. 23)

24 (Abb. 57, 58, 61)
Südreise des Kaisers Kangxi.
Querrolle Nr. 9
Wang Hui (1632-1717) u. a.
Undatiert, gemalt zwischen 1691-98
Tusche und Farben auf Seide
67,8 × 2227,5 cm

Der einleitende Text lautet: *Querrolle Nr. 9. Der Kaiser überquerte den Qiantang-Fluß und passierte Xiaoshan. Am Weg lagen Flußdörfer, Fischerhütten, niedrige Anhöhen mit Weizenfeldern und Gärten mit Maulbeerbäumen. Von fern und nah bewunderte das Volk den strahlenden Anblick. Der Kaiser zog direkt nach Shaoxing. Er ließ die kaiserliche Equipage klar machen, Banner als Zeichen des Respektes wie auch Truppeneinheiten aufstellen, um mit Ehrerbietung zur Grabstätte Yus zu ziehen, und dort respektvoll ein Opfer darzubringen. Der Kaiser richtet seinen Sinn darauf, Dämme an Flüssen zu bauen, die Gewässer zu zähmen und berichtet über seinen Erfolg, den Frieden auf Erden zu bringen und das Werk des Himmels zu vollenden. In der Tat, er folgt Yus Spuren! Längs des Weges jubelte ihm das ganze Volk zu. Die guten Absichten unseres Kaisers, den Göttern Opfer zu bringen und seine Fürsorge für das Wohl des Volkes haben sich als völlig angemessen erwiesen. Mit Hilfe von klaren Farben verewigen wir die kaiserliche Güte.*
Die Malerei schildert den südlichen Wendepunkt der Reise. In szenischer Abfolge sieht man den Qiantang-Fluß, die Städte Xixing, Xiaoshan, Keqiao und Shaoxing, außerdem vielerlei Arten von Arbeit und Vergnügungen in Südchina, sowie das Opfer im Tempel des legendären Herrschers Yu aus der Xia-Dynastie. Dieser Akt hat große symbolische Bedeutung, da damit der Mandschu-Kaiser einem der größten chinesischen Kulturheroen seinen Respekt erwies und zugleich zu verstehen gab, daß

er genau wie der Herrscher der Vorzeit unermüdlich und uneigennützig für das Wohl des Volkes arbeitete. Die Querrolle endet mit einer herrlichen Landschaftsszene (für eine detaillierte Beschreibung der Rolle vgl. S. 108-112).   SH

Publiziert: *Zijincheng*, 5 (1981), 24-29.

25 (Abb. 59, 60, 170)
Südreise des Kaisers Kangxi.
Querrolle Nr. 12
Wang Hui (1632-1717) u. a.
Undatiert, gemalt zwischen 1691-98
Tusche und Farben auf Seide
67,8 × 2612,5 cm

Der Text zu Anfang lautet: *Querrolle Nr. 12. Der Kaiser erklärte die Aufgabe der Südreise als vollbracht. Während dieser Zeit waren Aufzeichnungen über den Lauf des Gelben Flusses, über verdienstvolle Taten und örtliche Verhältnisse vorgenommen worden. Wo der Kaiser hinkam, erfolgten Veränderungen durch seine vortreffliche und machtvolle Wachsamkeit, und er gewährte Wohltaten in verwüsteten und überschwemmten Gebieten. Als dies geschehen war, gab er Befehl, in die Hauptstadt zurückzukehren, und setzte das kaiserliche Reisezeremoniell fort. Seine Majestät ließ sich vom Yongding-Tor bis zum Mittags-Tor in der Sänfte tragen. Die Bevölkerung der Hauptstadt, jung und alt, füllten die Wege singend und tanzend. Scharen von Beamten, Mengen von Offizieren und dichte Reihen von Truppen hießen den Kaiser willkommen. Von dem grandiosen Wohnsitz unseres Kaisers und der prunkvollen Höhe seiner Palasttore verbreitete man numinose Dämpfe, aromatische Düfte und glückbringende Wolken in alle Richtungen. Die Schriftzeichen »Lang lebe der Kaiser« wurden auf der Straße dargestellt.*

Diese letzte der zwölf Querrollen zeigt die kaiserliche Rückkehr und illustriert die ganze Länge des Prozessionsweges längs der Mittelachse Pekings vom Innern des Palastes bis zum südlichen Stadttor. Wie es der Text bezeugt, bedeutete der Abschluß der Südreise eine Rückkehr zum strengen Zeremoniell, was unter anderem dem Volke verbot, den Kaiser anzusehen. Daher stehen die Rollen Nr. 1 und Nr. 12 in starkem Kontrast zu der Feststimmung und dem wimmelnden Volksleben auf den Bildern aus dem Süden, wo das Volk die seltene Möglichkeit bekam, dem Sohn des Himmels zu huldigen. (Für eine detaillierte Beschreibung der Rolle vgl. S. 112 ff.) SH

Publiziert: *Zijincheng*, 10 (1981), 23-25.

26 (Abb. 32, 37)
Opfer am Altar des Ackerbaus
Hofmaler der 1. Hälfte des 18. Jh.
Querrolle
Tusche und Farben auf Seide
61,8 × 467,8 cm

Das Opfer für den Schutzgott des Ackerbaus, den *Ersten Landmann (Xiannong)*, das alljährlich im zweiten Monat (etwa März) vom Kaiser dargebracht wurde, gehörte zur Klasse der mittleren Opferrituale des chinesischen Staatskultes, zu der auch die Opfer an die Göttin der Seidenraupen *(Xiancan)* sowie die Opfer an Sonne und Mond zählten. Als große Opferrituale galten die Opfer an den Himmel und die Erde, an die kaiserlichen Ahnen und die Götter des Landes und der Feldfrüchte *(Sheji)*, unter den kleinen Opferritualen fanden sich die Opfer an den Gott des Feuers *(Huoshen)* den Stadtgott *(Chenghuang)*, den Ersten Heilkundigen *(Xianyi)* und den Gott der Literatur *(Wenwang)*. Der Kult basierte im wesentlichen auf den uralten Ritualen der Zhou-Dynastie (11. Jh.-221 v. Chr.), wie sie in den konfuzianischen Klassikern, vor allem im *Buch der Riten (Liji)* überliefert waren.

Die ausgestellte Querrolle ist die erste Rolle eines Paares von zwei Rollen, die Kaiser Yongzheng (reg. 1723-1735) beim Vollziehen der jährlichen Ritualhandlungen am Altar des *Ersten Landmannes (Xiannongtan)* zeigen. Die zweite Rolle befindet sich, wie vergleichende Forschungsarbeit zu dieser Ausstellung ergab, im Musée Guimet in Paris und schildert das auf das Opfer folgende rituelle Pflügen durch den Kaiser und seine hohen Beamten. Der Altar des Ersten Landmannes umfaßt ein großes Areal im Süden der *Äußeren Stadt (Waicheng)* Pekings, unmittelbar innerhalb des mittleren Südtores *(Yongding-*

men) westlich der zentralen Hauptachse der Stadt (vgl. Abb. 6). Ihm gegenüber befindet sich östlich der Zentralachse der *Altar des Himmels (Tiantan)*.

Kaiser Yongzheng betritt den heiligen Bezirk von Osten her, ein ausgelegter brauner Teppich und in regelmäßigen Abständen beiderseits aufgestellte rote Laternen markieren seinen Weg. Angetan mit der gelben kaiserlichen Robe und einem blauen Übergewand schreitet er in der Mitte des Teppichs dem Altar zu, begleitet von vier hohen Beamten und eskortierenden Höflingen. Zehn mit Schwertern bewaffnete Militärbeamte gehen ihm in zwei Reihen beiderseits des Teppichs voraus, während ihm die kaiserliche Leibgarde in halbkreisförmiger Formation nachfolgt. Hinter ihr kommen in einem dichten Schwarm die Hofbeamten in lockerer Anordnung. Rechterhand der Prozession ist die vom oberen Bildrand beschnittene *Halle des Gebets (Baidian)* zu sehen. Auf dem weiten Geviert vor dem Altar haben sich die an der Zeremonie teilnehmenden Beamten in ihren dunkelblauen Roben bereits versammelt und sich in zwei Karrees rechts und links des Weges aufgestellt. Die rotgekleideten Musiker des kaiserlichen Ritualorchesters der *Schönen Musik der Mitte und Harmonie (zhonghe shaoyue)* erwarten, ebenfalls in zwei Gruppen geteilt, mit großem Glockenspiel, Klangsteinspiel und Trommel die Ankunft des Kaisers. Die Fläche des quadratischen Altars – das Quadrat war die symbolische Form der Erde – ist ebenfalls mit dem braunen Teppich ausgelegt. An seinem nördlichen Rand steht in einem nach Süden geöffneten Zelt aus gelber Seide die rote Ahnentafel des *Ersten Landmannes*, der Sitz der Gottheit. Vor ihr sind auf einem wiederum mit gelber Seide verkleideten Tisch die verschiedenen Opfergaben wie zu einer Mahlzeit aufgestellt,

darunter drei Gefäße mit Suppe, vier Gefäße mit Getreide und zahlreiche Gemüsesorten. Davor sind auf einem eigenen roten Tisch *(zu)* die drei Arten von Opferfleisch ausgelegt: Schweinefleisch, Rindfleisch und Hammelfleisch. Auf einem dritten, wieder mit gelber Seide verkleideten Tisch stehen in der Mitte ein Weihrauchbrenner *(lu)* und zu beiden Seiten zwei weitere Ritualgefäße aus Ton *(deng)*. Unmittelbar vor der zum Altar heraufführenden Treppe ist ein breiter gelber Baldachin errichtet, unter dem ein Polster liegt. Hier wird der Kaiser den im Ritual vorgeschriebenen dreimaligen Kniefall und neunmaligen Kotau vor der Tafel des Gottes verrichten. Beim Vollzug des Opfers werden ihm die auf dem Altar bereitstehenden Zeremonialbeamten assistieren. Indem er dem Urahn des Ackerbaus durch sein Opfer seine Verehrung erweist, übernimmt er dessen Erbe und würdigt den Ackerbau als die Grundlage des Reiches und der menschlichen Zivilisation überhaupt. In diesem Sinne ist auch die anschließende Zeremonie des rituellen Pflügens des Kaisers und seiner Beamten zu verstehen, die in der zweiten Rolle gezeigt wird: die jedes Jahr symbolisch erneut nachvollzogene Übergabe der Errungenschaft des Ackerbaus an das Volk. Erst danach durfte im ganzen Reich mit der Arbeit des Pflügens und der Aussaat begonnen werden. GH

Publiziert: *Dihou shenghuo*, 110-111.

Abb. 85 (Kat. Nr. 23)

27 (Abb. 86, 87)
Empfang westmongolischer Fürsten

Jean Denis Attiret (1702-1768), Giuseppe
Castiglione (1688-1766), Ignatius Sichel-
bart (1708-1780) und chinesische Hofma-
ler
Datiert 1755
Hängerolle
Tusche und Farben auf Seide
221,2 × 419,6 cm

Das monumentale Bild war ursprünglich
an der östlichen Wand der *Halle der Gewundenen Uferbank (Juana shengjingdian)*
im Sommerpalast von Chengde angebracht
und hatte ein Pendant gleicher Thematik
(*Reiterspiele,* von Castiglione) an der westlichen Wand. Es hält ein höchst bedeutsa-
mes politisches Ereignis der damaligen Zeit
fest: Das prunkvolle Bankett, das Kaiser
Qianlong am 16. Tag des 5. Monats 1754
(5. Juli 1754) zur Feier des Anschlusses einer Stammesgruppe der Dörbeten unter
den drei Führern Cheling (Tseren, gest.
1758), Cheling Wubashi und Cheling
Mengke im Sommerpalast von Chengde
gab.
Dieser freiwillige Anschluß einer großen
Gruppe von Dörbeten an das Qing-Reich
markierte den Beginn der berühmten *Befriedung der nordwestlichen Grenzgebiete*
durch Kaiser Qianlong in den Jahren 1755-
57. Die Dörbeten zählen zusammen mit
den Dsungaren, Khoschoten und Torgho-
ten zu den vier Hauptstämmen der West-
mongolen (Ölöten). Unter diesen gab es
seit der Mitte des 17. Jh., zunächst unter
Führung der Khoschoten und dann der
Dsungaren, Versuche, in Zentralasien ein
neues mongolisches Großreich zu schaffen,
was zu Auseinandersetzungen mit dem
Qing-Reich und fortwährender Gefähr-
dung von dessen nordwestlichen Grenzgebieten führte. Zwar wurde 1739 ein Ver-

trag mit den Dsungaren geschlossen, der
das Altai-Gebirge als Grenze festlegte,
doch kam es in den folgenden Jahren zu er-
bitterten Nachfolgestreitigkeiten innerhalb der Dsungaren und bürgerkriegsähn-
lichen Kämpfen, in deren Folge einige
westmongolische Stammesgruppen nach
Osten auswichen und sich unter den
Schutz und die Oberhoheit des chinesischen Kaisers begaben, darunter die drei
dörbetischen Führer, die sich 1753 mit
3000 Familien Kaiser Qianlong unterstell-
ten. Während der insgesamt elf Tage dau-
ernden Festlichkeiten im Juli 1754 verlieh
der Kaiser den neu gewonnenen dörbetischen Bundesgenossen Titel und Beamten-
grade des Qing-Reiches, überhäufte sie mit
Geschenken und ließ dem in Bedrängnis
geratenen Stamm große Lieferungen von
Lebensmitteln zukommen.
Beratungen mit den Dörbetenführern ließen Qianlong schließlich den Entschluß
fassen, ein Heer in das Kerngebiet der
Dsungaren, Ili, zu schicken, um die Region
zu befrieden. Als sich ihm im Herbst desselben Jahres ein weiterer hoher dsungari-
scher Fürst, Amursana (gest. 1757), Führer
der Khoschoten, mit 5000 Kriegern an-
schloß, machte er diesen zum Vizekom-
mandeur der Expedition. Im Frühsommer
des Jahres 1755 wurde das Ili-Gebiet nahezu kampflos eingenommen, da sich der
Großteil der Dsungaren freiwillig unterwarf. Der feindliche Dsungarenführer Davatsi wurde als Gefangener nach Peking
überführt, wo er jedoch bald begnadigt
wurde. Zur Zeit der Fertigstellung des Bildes im Sommer 1755 schien also das Dsun-
garenproblem aufs trefflichste und nahezu
ohne Blutvergießen gelöst. Das Bild ist als
glanzvolle Dokumentation dieses diplo-
matischen wie militärischen Sieges Kaiser
Qianlongs bei der *Befriedung des Ili-Ge-
biets (pingding Yili)* zu verstehen.

Schauplatz des Banketts ist der *Garten der
Zehntausend Bäume (Wanshuyuan)* im Park
des Sommerpalastes von Chengde *(Bishu
shanzhuang).* Eine *Tuchmauer (mancheng)*
aus gelben Stoffbahnen teilt das Bankettgelände vom übrigen Park ab. In regelmäßigen Abständen stehen Mitglieder der kaiserlichen Leibwache davor. Dahinter erhebt sich aus dem üppigen Baumbestand
rechts oben die achteckige Holzpagode
des *Tempels des Ewigen Schutzes (Yongyousi),* die 1754-1764 erbaut wurde. Links
oben erkennt man auf den Bergkuppen
zwei kleine Pavillons, die zwei Motive aus
den *36 Ansichten des Sommerpalastes* repräsentieren. Ein prachtvolles Zelt in Form einer riesigen mongolischen Jurte, in dem
sich der kaiserliche Thron sowie die Ban-
kettische der höchsten Würdenträger befinden, bildet den Mittelpunkt des Festes.
Davor sind auf Schilfmatten in vier Reihen
weitere mit Geschenken beladene Tische
aufgestellt. Zu beiden Seiten des Zeltes haben die rotgekleideten Musiker des rituellen kaiserlichen Orchesters der *Schönen
Musik der Mitte und Harmonie (zhonghe
shaoyue)* mit Steinspiel, Glockenspiel, großer Trommel und anderen Musikinstrumenten Aufstellung genommen. An bevor-
zugter Stelle knien links in einer einzelnen
Reihe elf lamaistische Würdenträger mit
ihren charakteristischen gelb-roten Gewändern und breitrandigen Hüten. Vor
dem Hauptzelt knien in jeweils zwei Reihen beiderseits des Mittelweges 54 kaiserliche Verwandte und hohe Würdenträger,
unter ihnen, in den beiden vordersten Reihen ganz oben, drei weitere hohe Persönlichkeiten des Lamaismus. Links der Zentralachse sind 70 mittlere und niedere Beamte der Dörbeten in westmongolischer
Tracht karreeförmig in fünf Reihen angeordnet. Vor ihnen kniet eine Reihe von 15
hohen dörbetischen Würdenträgern in chi-

nesischer Amtstracht, die sich von den beiden Reihen chinesischer und mandschurischer Adliger und Beamten davor durch Ohrringe, wie sie alle Dörbeten tragen, unterscheiden. In dieser dritten Reihe von vorn knien ganz rechts auch die drei Führer der Dörbeten, die wichtigsten Gäste des Banketts: Als erster von rechts in hellblauem Gewand mit vier Drachenmedaillons Cheling, der damals 56 Jahre alt war, rechts neben ihm in dunkelblauem Gewand mit ebenfalls vier Drachenmedaillons der jugendliche Cheling Wubashi, damals erst 25 Jahre alt, und als dritter Cheling Mengke, der ein dunkles Gewand mit nur zwei Drachenmedaillons trägt. Kaiser Qianlong, der Gastgeber, trifft gerade in einer offenen Sänfte, getragen von 16 rotgekleideten Trägern, ein. Wie alle Beamten trägt er den zeremoniellen Sommerhut und unter einem dunkelblauen Übergewand mit vier Drachenmedaillons die kaiserliche gelbe Drachenrobe. Er strahlt Würde und Festigkeit aus und scheint sich seines glanzvollen Erfolges voll bewußt zu sein. Ein Gefolge von hohen Beamten umgibt den Kaiser und schreitet ihm voran, an der Spitze drei Militärbeamte mit dem gelben kaiserlichen Ehrenschirm. Hinter der Sänfte folgt die kaiserliche Leibgarde mit Pfeil und Bogen. Im Vordergrund stehen drei große hölzerne Gestelle für akrobatische Vorführungen während des Banketts, schaukelartige *Wirbelwolkenspiele (zhuanyunyou).*

Die Signatur in der linken unteren Ecke des Bildes ist leider teilweise zerstört, so daß nur noch das Datum, nicht aber die Namen der Maler zu erkennen sind. Doch geht aus den Archiven der Qing-Dynastie sowie aus Briefen des Jesuitenpaters Amiot (1718-1793) hervor, daß der französische Jesuit Jean Denis Attiret (vgl. auch Kat. Nr. 114), der ab 1738 am Kaiserhof in Peking tätig war, die Hauptarbeit an dem Bild geleistet hat. Er war im Sommer 1754 von Kaiser Qianlong eigens zu dem Bankett delegiert worden, um die wichtigsten Teilnehmer und ihn selbst zu porträtieren und das ganze Geschehen im Bild festzuhalten. So sind unter anderem die Porträts des Kaisers sowie der ersten zehn dörbetischen Würdenträger in der dritten Reihe, darunter die drei Cheling, mit Sicherheit von seiner Hand, ebenso stammt der Gesamtentwurf des Bildes von ihm. Weiterhin haben nach den Quellen an dem Bild die beiden Jesuiten Giuseppe Castiglione (vgl. Kat. Nr. 41 und 45) und Ignatius Sichelbart (vgl. Kat. Nr. 115) mitgearbeitet. Zusammen dürften die Gesichter von 53 Figuren von den drei Europäern gemalt worden sein. Sie zeichnen sich durch die von der europäischen Ölmalerei übernommene plastische Modellierung aus, während die von den chinesischen Hofmalern ausgeführten Gesichter der übrigen Figuren im traditionellen Stil gehalten sind. Auch die in diesem Bild strikt angewandte Zentralperspektive mit dem Fluchtpunkt über der Spitze des Hauptzeltes ist aus der europäischen Malerei entlehnt.

Es ist noch nachzutragen, daß die mit dem Bild gefeierte »diplomatische« Lösung des Dsungarenproblems nicht von Dauer war. Noch im gleichen Jahr 1755 sagte sich Amursana nach seinem Sieg von Qianlong los und machte sich zum Führer aller vier westmongolischen Stämme. Qianlong mußte ihn in den Dsungarenkriegen 1756 und 1757 noch zweimal besiegen; zuletzt wurde fast der ganze Stamm der Dsungaren vernichtet und sogar ihr Name ausgelöscht. Allerdings blieb die Gruppe der Dörbeten, die auf dem Bild dargestellt ist, während dieser Kämpfe dem Qing-Kaiser treu.

Das Wandbild wurde nach dem Tode Kaiser Qianlongs von der Wand abgelöst und nach Peking gebracht. Erst 1975 wurde es nach einer Neumontierung erstmals der Öffentlichkeit zugänglich gemacht.   GH

Publiziert: Nie Chongzheng (1979). *Chengde Bishu shanzhuang,* 1980. *Nie Chongzheng,* 4 (1980). Yang Boda (1982).

Abb. 86 (Kat. Nr. 27)

Abb. 87 (Kat. Nr. 27). Detail

28 (Abb. 88)
Mongolische Wettkämpfe in Chengde
Hofmaler der Ära Qianlong (1736-1795)
Kalligraphie von Yu Minzhong (18. Jh.)
Hängerolle
Tusche und Farben auf Seide
300,18 × ca. 400 cm
2 Siegel des Kalligraphen

Um dem feuchtheißen Klima der Hauptstadt zu entfliehen, zogen sich die Mandschu-Kaiser jedes Jahr im Sommer für einige Zeit in ihren Sommerpalast in Chengde zurück, das etwa 175 km nordwestlich Pekings und schon außerhalb der Großen Mauer liegt. Dieser von Kaiser Kangxi (reg. 1662-1722) erbaute Palast bestand aus zahlreichen, in einer weitläufigen Parkanlage verteilten Gebäuden, und war von Bergen und ausgedehnten Wäldern umgeben. Hier vergnügte sich der Kaiser bei der Jagd und veranstaltete alljährlich große sommerliche Festspiele, die das urwüchsige nomadenhafte Leben der Völker jenseits der Großen Mauer, zu denen ja auch das der Mandschuren zählte, widerspiegelten. Die großformatige Hängerolle zeigt vier sportliche Veranstaltungen, die

Kaiser Qianlong (reg. 1736-1795) im Rahmen solcher Festlichkeiten im Sommerpalast von Chengde *(Bishu shanzhuang)* abhalten ließ: Pferderennen der Knaben, links oben in der Ferne zu erkennen, Einfangen und Bändigen von Pferden, etwas oberhalb der Bildmitte, mongolische Orchestermusik in der Bildmitte, und Ringkampf *(xiangpu),* der das Hauptthema des Bildes ist und wohl auch als ein Höhepunkt der Spiele galt.
Links im Bild sitzt Kaiser Qianlong in dunkelblauer Jacke und braunem Gewand mit untergeschlagenen Beinen auf einem Podest unter einem gewaltigen Ehrenschirm und verfolgt aufmerksam die Wettkämpfe. Zu seiner Rechten und Linken stehen in zwei großen Gruppen die am Bankett teilnehmenden Hofbeamten. Ein mongolisches Orchester mit blau gekleideten Musikern begleitet die Kampfvorführungen, hinter ihm steht eine Reihe mongolischer Gäste. In der Mitte des Zuschauerkreises ist ein Teppich ausgebreitet, auf dem gerade zwei Paare von Ringkämpfern ihre Kräfte aneinander messen. Zwei weitere Paare von Ringern empfangen vor dem Teppich knieend ihre Belohnungen aus der

Hand von Hofbeamten: zwei verschnürte kleine Päckchen, beziehungsweise zwei Schalen Wein. Rechts des Teppichs werden zwei weitere Wettkämpfer mit Auszeichnungen bedacht, die sie mit Kotau empfangen. Vor ihnen kämpfen zwei halbnackte Ringer in einem anderen Kampfstil, bei dem erst dann gesiegt wird, wenn Kopf und beide Schultern des Gegners den Boden berühren. Rechts kniet eine Reihe von acht weiteren, bereits wieder angekleideten Kämpfern dieses Stils, die aus großen Schüsseln und mit zur Schau getragener barbarischer Wildheit Hammelfleisch verzehren.

Kaiser Qianlong hat zu jeder der vier hier dargestellten sportlichen Vorführungen jeweils eine poetische Beschreibung (fu) nebst Vorwort verfaßt, die von Yu Minzhong, einem hohen Beamten, oben auf das Bild geschrieben wurden. In seinem Vorwort zur Beschreibung des Ringkampfes bezeichnet er diesen als den Hauptsport der Mongolen, der bei keinem ihrer Feste fehlen dürfe, und den auch seine Dynastie zur körperlichen Ertüchtigung der wehrhaften Männer fördere. Wie Qianlong weiter ausführt, sind im Bild zwei verschiedene Stile dieses Ringkampfsports dargestellt: der buku-Stil, bei dem die Kämpfer kurze weiße Jacken, Hosen und Stiefel tragen, und bei dem das einfache Niederwerfen des Gegners bereits den Sieg bedeutet, und der Elute-(Ölöten-)Stil, bei dem mit nacktem Oberkörper und barfuß gekämpft wird, und erst die vollständige Bodenberührung von Kopf und Schultern des Gegners für den Sieg ausschlaggebend ist. Beim buku-Stil werden die Sieger mit Wein belohnt, beim Elute-Stil erhalten Sieger wie Besiegte nach dem Kampf große Schüsseln mit Hammelfleisch, das sie ohne Zuhilfenahme von Messer oder Eßstäbchen mit den Zähnen zerreißen. Qianlong nennt dies in seinem Gedicht einen *wahrhaft kraftvollen Anblick.*

Der Ringkampf blickt in China auf eine lange Tradition zurück. Bereits in der Zhou-Dynastie (11. Jh.-221 v. Chr.) wurde er bei der Ausbildung von Soldaten verwendet und zur Zeit der Streitenden Reiche (481-221 v. Chr.) und der Qin-Dynastie (221-206 v. Chr.) hatte er sich zu einem Wettkampfsport entwickelt, der im Palast vorgeführt wurde. Zur Song-Zeit (960-1279) bildete der Ringkampf bereits einen unverzichtbaren Bestandteil der militärischen Ausbildung und sogar Frauen nahmen an Ringwettkämpfen teil. In der Qing-Zeit (1644-1911) erfreute sich dieser

Sport sowohl im Volk als auch bei Hofe noch größerer Beliebtheit. Damals gab es in Peking unzählige Ringkampf-Zentren und am Kaiserhof eine eigene Abteilung für Kampfkünste, die von höchster Stelle verwaltet wurde und die ausgewählte Recken aus den acht Bannern aufnahm. Sie war in zwei Unterabteilungen gegliedert, eine östliche und eine westliche, deren Hauptsitz sich jeweils in einem Tempel im östlichen beziehungsweise westlichen Teil der Stadt befand. Diese beiden Hauptsitze des »offiziellen Kampfsports« (guanjiao) waren gleichzeitig auch die Verwaltungszentren all der anderen Kampfstätten des »privaten Kampfsports« (sijiao), die sich ebenfalls meist in Tempeln befanden. Dreimal im Jahr wurden kaiserliche Wettkämpfe veranstaltet, am 23. Tag des 12. Monats vor der *Halle der Pflege des Herzens (Yangxindian),* am 9. Tag des 1. Monats vor der *Halle des Purpurglanzes (Ziguangge)* im westlichen Palastgarten (vgl. Kat. Nr. 30), und bei den Sommerspielen in Chengde, die das Exponat zeigt. Dabei nahmen jeweils zehn Kämpfer pro Disziplin teil; die Sieger stiegen in den jeweils nächst höheren Rang in der Hierarchie des Kampfsports auf.

Das Bild trägt keine Malersignatur, doch lassen die plastische Ausführung einiger Gesichter sowie die Gesamtkonzeption die Mitwirkung von Jesuitenmalern wie Castiglione, Attiret oder Sichelbart vermuten.

GH

Publiziert: *Wang Shixiang* (1981). *Fu Yongjun* (1981)

29 (Abb. 33, 55)
Eissport am Hof
Jin Kun, Cheng Zhidao, Fu Longan (alle tätig 18. Jh.)
Querrolle
Tusche und Farben auf Seide
35 × 578,8 cm
2 Siegel des Jin Kun, 2 Siegel des Kalligraphen,
8 kaiserliche Siegel

Alljährlich wurden am Kaiserhof der Qing-Dynastie in der Zeit von der Wintersonnenwende (21. oder 22. Dezember) bis zum *Dreimal Neunten Tag (sanjiu,* 16. oder 17. Januar), der als kältester Tag und Höhepunkt des Winters galt, große Eissportvorführungen veranstaltet. Dazu wurden vorher aus allen Teilen des Reiches die tausend besten Eisläufer ausgewählt und nach Peking geschickt, wo sie sich auf das große sportliche Ereignis vorbereiteten. Die Vorführungen fanden auf den zugefrorenen Seen des westlichen Palastbezirkes statt *(Beihai, Zhongnanhai),* die dafür mit bunten Stoffbahnen, Fahnen und Laternen geschmückt wurden, und bestanden aus drei Hauptdisziplinen: Einem Eiswettlauf, bei dem die ersten drei Sieger ausgezeichnet wurden, einem Eiskunstlauf mit akrobatischen Einlagen und einer Art Fußball auf dem Eis, bei dem zwei Mannschaften zu je zehn Mann gegeneinander spielten. Insgesamt nahmen an den Vorführungen, denen der Kaiser mit seinem ganzen Hofstaat beiwohnte, 1600 Personen teil, die die acht Banner, in die die gesamte Mandschu-Nation militärisch organisiert war, mit jeweils 200 Teilnehmern vertraten. Sie wurden in zwei Gruppen eingeteilt, von denen die eine rote, die andere gelbe Kleidung trug, und auf den Rücken der Teilnehmer wurden kleine Flaggen mit den Farben ihres jeweiligen Banners befestigt. Es gab das gelbe, weiße, rote und blaue Banner, jeweils mit oder ohne farbige Umrandung.

Die Querrolle zeigt die Vorführung eines solchen prachtvollen Eiskunstlaufs auf dem *Mittleren See (Zhonghai).* Rechts steht die auf einen Schlitten montierte Sänfte des Kaisers inmitten seines Hofstaates, der die Darbietung interessiert verfolgt. Auf dem Eis des Sees sind drei große, mit bunten Wimpeln geschmückte Tore errichtet, die die Eisläufer in langer Reihe auf einer vorgezeichneten mäanderförmigen Bahn passieren, welche in ihrer Form an eine chinesische Glückswolke oder an ein glückbringendes *ruyi (Alles nach Wunsch)*-Zepter (vgl. Kat. Nr. 17) erinnert. Zwischen den

Abb. 88 (Kat. Nr. 28). Ausschnitt

Abb. 89 (Anfang der Querrolle S. 153) (Kat. Nr. 30)

Läufern mit den verschiedenfarbigen Flaggen auf dem Rücken, die in Gruppen zu je sieben oder acht nacheinander die acht Banner bilden, fahren Bogenschützen, die beim Durchqueren eines Tores eine daran aufgehängte Laterne mit ihren Pfeilen zu treffen suchen. Während der Fahrt werden verschiedene akrobatische Kunststücke dargeboten, die so poetische Namen tragen wie *Der Goldfasan steht souverän aufgerichtet, Nocha* (Gestalt der Volkssage) *kämpft im Meer, Der Sperber erhebt sich, Der unsterbliche Affe spielt mit dem Pfirsich* und *Der Knabe betend vor Guanyin.* Weiterhin gibt es Vorführungen wie *In Paaren fliegende Schwalben*, Schwertakrobatik und andere Kriegskünste, Handstand und *Übereinandergestapelte Luohan.*

Die Kunst des Eislaufens war in China schon lange bekannt; bereits in den Annalen der Song-Dynastie (960-1279) wird berichtet, daß der Kaiser im Winter Eislaufvorführungen im Palastgarten beigewohnt habe. Später verbreitete sich dieser Sport vor allem unter den Mandschu im Nordosten Chinas, die ihn sowohl zum Vergnügen, als auch zur militärischen Ertüchtigung betrieben. Nach der Eroberung des Landes durch die Mandschu wurde der Eissport allgemein so beliebt, daß von ihm als einem »Nationalen Brauch« gesprochen wurde. Eislaufen, Fußball auf dem Eis und Ringkampf auf dem Eis gehörten zum militärischen Übungsprogramm der Schutztruppen der Hauptstadt und wurden bei der alljährlichen Winterinspektion der Streitkräfte durch den Kaiser vorgeführt. Es gab sogar eine spezielle Abteilung der Schlittschuhläufer im Heer mit eigener

Verwaltung. Zur Zeit Kaiser Qianlongs hatte sich die ursprünglich rein militärische Inspektion bereits zu einer artistischen Vorführung mit spielerischen Wettkämpfen zur Unterhaltung der Hofgesellschaft gewandelt. Doch auch außerhalb des Palastbezirks wimmelten die Seen und Wassergräben der Hauptstadt von Schlittschuhläufern aus dem einfachen Volk, und es sind sogar die Namen einiger Volkssportler überliefert, die aufgrund ihrer Kunstfertigkeit auf dem Eis berühmt wurden.

Am Ende der Bildrolle befindet sich die Signatur der drei Maler: *Die Untertanen Jin Kun, Cheng Zhidao und Fu Longan haben es auf kaiserlichen Befehl gemeinsam respektvoll gemalt* und die beiden Namenssiegel *Jin* und *Kun.*

Jin Kun stammte aus Hangzhou und war von der Kangxi- bis zur Qianlong-Ära als Hofmaler am Kaiserhof in Peking tätig. Der aus Suzhou stammende Cheng Zhidao und der Mandschure Fu Longan waren anscheinend jünger und wirkten in der Ära Qianlong als Hofmaler. Eine von Kaiser Qianlong verfaßte poetische Beschreibung *(fu)* der Eissportspiele ist von Ji Huang (1711-1794), einem hohen Beamten und Meister der kleinen Regelschrift, am Rollenende in Schönschrift auf das Bild übertragen worden. Unter seine Signatur hat Ji Huang die beiden Siegel *Untertan (Chen)* und *Huang* gesetzt. Die Rolle trägt die üblichen acht Siegel der Palastsammlung Kaiser Qianlongs. GH

Publiziert: *SQBJ xu*, 2261. Fu Jinxue (1980).

30 (Abb. 34, 89)
Neujahrsbankett in der Halle des Purpurglanzes
Yao Wenhan (tätig ab 1743)
Nach 1761
Querrolle
Tusche und Farben auf Papier
45,8 × 486,5 cm
2 Siegel des Malers, 13 Sammlersiegel

Die Halle des Purpurglanzes *(Ziguangge)*, am Ende der Querrolle dargestellt, befindet sich am Westufer des Mittleren Sees *(Zhonghai)* im westlichen Palastgarten *(Xiyuan)* und soll von Kaiser Kangxi (reg. 1662-1722) erstmals erbaut worden sein. Es ist ein zweistöckiges, mit grünglasierten Ziegeln gedecktes Gebäude, das, ähnlich wie die Haupthallen des Kaiserpalastes, auf einer Terrasse aus weißem Marmor ruht. Kaiser Kangxi hat hier alljährlich im Mittherbst *(zhongqiu)* sowie im Winter militärische Wettkämpfe und Prüfungen zum militärischen *jinshi*-Grad abgehalten. Nach seinem glanzvollen Sieg über die Dsungaren und die islamisierten Oasen des Tarimbeckens in den Jahren 1755-1759 (vgl. Kat. Nr. 27) ließ Kaiser Qianlong 1760 die Halle renovieren und um ein weiteres Gebäude, die *Halle des Militärischen Erfolges (Wuchengdian)* erweitern, die durch überdachte Wandelgänge mit dem Hauptgebäude verbunden wurde. In diesem Gebäudekomplex ließ er 100 Porträts chinesischer, mandschurischer wie mongolischer Generäle und Beamten, die sich in diesem Feldzug außergewöhnliche Verdienste erworben hatten, aufhängen. Die Bilder trugen von ihm selbst verfaßte Lob-

gedichte. (Drei davon befinden sich heute im Museum für Ostasiatische Kunst, Berlin). Im oberen Stockwerk wurden erbeutete Waffen und Fahnen ausgestellt. Weiterhin ließ er für die Halle 16 große Wandbilder anfertigen, die bedeutende Schlachten und Ereignisse des Kriegszuges schilderten. Umzeichnungen dieser Bilder ließ der Kaiser später sogar in Paris in Kupfer stechen. »Purpurglanz« *(ziguang)*, wie die Halle benannt wurde, galt als Kennzeichen besonders tapferer Helden: sowohl ihre Augen als auch ihre Gesichtsfarbe konnten von purpurnem Glanz sein. Schon in den Annalen der Jin-Dynastie (265–420) heißt es bei der Beschreibung eines Recken: *Seine starken Arme reichten ihm bis über die Knie, in seinen Augen war purpurner Glanz. (Jin shu, juan* 113, 2883).
Die Einweihung dieser Ruhmeshalle militärischer Verdienste fand anläßlich des Neujahrsfestes mit einem prunkvollen Bankett statt, an dem über 100 mandschurische und chinesische Würdenträger, mongolische Führer und siegreiche Feldherren des Kriegszuges teilnahmen. Ob die vorliegende Querrolle allerdings dieses Einweihungsfestmahl schildert, läßt sich nicht eindeutig sagen, denn Kaiser Qianlong hat seit 1761 alljährlich im 1. Monat ein solches Neujahrsbankett in der *Halle des Purpurglanzes* veranstaltet, zu dem insbesondere die mongolischen Tributärfürsten und andere ausländische Gesandte geladen wurden. Bei diesen Gelegenheiten wurden neben mongolischen Ringkämpfen vor allem Eissportvorführungen der acht Banner geboten, wie sie auch in der ersten Hälfte der hier gezeigten Querrolle zu

sehen sind. Die mit roten Flaggen oder Pfeil und Bogen ausgerüsteten Eisläufer passieren auf einer Bahn in Form einer Glückswolke drei Tore, wobei sie verschiedene akrobatische Kunststücke vorführen (vgl. Kat. Nr. 29). Den am Seeufer entlangführenden Weg säumen auf beiden Seiten unzählige rotgekleidete Lakaien, die Ehrenschirme, Fahnen, Ehrenfächer, Standarten und Musikinstrumente für die kaiserliche Zeremonialeskorte bereithalten. Wo ihre Reihen enden, sieht man auf dem zugefrorenen See zwei kaiserliche Schlitten und im Hintergrund, auf einem Damm ins Wasser hinaus gebaut, den mit grünen Ziegeln gedeckten zierlichen Pavillon der *Im Wasser gespiegelten Wolken (Shuiyunxie)*, neben dem sich eine Schar weiterer Wettkämpfer versammelt hat. Im Vordergrund beginnt nun das mit einer gelben Stellwand vom übrigen Park abgetrennte Bankettgelände, wo sich zwei Reihen chinesisch-mandschurischer Beamter und drei Reihen mongolischer Würdenträger in bunter Nationaltracht an niedrigen Bankettischen gegenübersitzen. Kaiser Qianlong selbst hat auf einem erhöhten Podest in der *Halle des Purpurglanzes* auf seinem Thron Platz genommen. Beamte stehen ihm zur Seite, seine Leibgarde hat sich hinter dem Podest in langer Reihe aufgestellt. Links und rechts spielen die rotgekleideten Musiker des kaiserlichen Orchesters. Geschäftig eilen Beamte mit gefüllten Eßschalen und beladenen Platten umher; die Gäste lassen es sich munden. Auch der Kaiser hält eine Schale in der Linken, ein Tablett mit ausgewählten Speisen steht auf dem Tisch vor ihm. In seinem Gesicht liest man

freudige Zufriedenheit über das gelungene Fest.
Am Ende der Rolle hat der Maler Yao Wenhan signiert und seine beiden Siegel *Wen* und *Han* daruntergesetzt. Yao Wenhan (18. Jh.) stammte aus Peking und trat 1743 als Hofmaler in den Palast ein. Er tat sich besonders in buddhistischer und daoistischer Figurenmalerei hervor und hat unter anderem auch eine Kopie der berühmten Querrolle *Flußaufwärts beim Qingming-Fest* (vgl. Kat. Nr. 97) angefertigt.
Das Bild trägt die üblichen acht Siegel sowie drei große Siegel Kaiser Qianlongs, ein Siegel Kaiser Jiaqings und am Anfang ein Sammlersiegel über der Naht von Bild und Montierung. Die Querrolle, die noch in das originale Tuch der Qianlong-Zeit eingeschlagen ist, kam erst nach 1949 wieder in die Palastsammlung zurück.   GH

Publiziert: *SQBJ xu*, 790. *Guochao yuanhua lu*, I, 26. *Dihou shenghuo*, 62.

Abb. 89 (Kat. Nr. 30)

31 (Abb. 30)
Geburtstag des Kaisers Qianlong
Maler der kaiserlichen Seidenmanufaktur
in Suzhou
Datiert 1797-1799
Querrolle
Tusche und Farben auf Seide
44,7 × 6395 cm
3 kaiserliche Siegel

Der Geburtstag des Kaisers zählte zusammen mit dem Neujahrsfest und der Feier zur Wintersonnenwende zu den drei größten Festtagen des chinesischen Kalenders. Der 80. Geburtstag Kaiser Qianlongs im Jahre 1790 war dabei einer der beiden pompösesten der gesamten Qing-Zeit, dem nur der 60. Geburtstag seines Großvaters, Kaiser Kangxi, im Jahre 1713 gleichkam. Die ausgestellte, über 60 Meter lange Querrolle ist nur die erste eines Paares von zwei Rollen, die die große kaiserliche Prozession am Vortage des Geburtstages zeigen, die vom *Garten der Leuchtenden Vollkommenheit (Yuanmingyuan)*, dem sogenannten Alten Sommerpalast nordwestlich der Stadt, zum Kaiserpalast führte. Die erste Bildrolle schildert den Weg der Prozession vom Tor des Sommerpalastes bis zum nordwestlichen Stadttor Pekings *(Xizhimen)*. Die gesamte, etwa 9 km lange Wegstrecke wurde für den durchziehenden Kaiser aufs festlichste hergerichtet. Von allen Landesteilen, den verschiedenen Provinzen, von den acht Bannern, den kaiserlichen Prinzen und hohen Beamten wurden als Geburtstagsgratulation an den Kaiser entlang des ganzen Weges unzählige farbenprächtige Pavillons, Ehrenbögen und

riesige »Miniaturlandschaften« errichtet. In den Pavillons befanden sich feierlich wie auf einem Altar ausgestellte Gaben oder einladende Thronsitze. Unter den »Miniaturlandschaften« *(penjing)* gab es sowohl aus großen Taihu-Steinen aufgebaute Darstellungen der »Insel der Unsterblichen«, als auch überdimensionale Blumenschalen mit Arrangements aus Felsen und Chrysanthemen. Solche Miniaturlandschaften, in normaler Größe aus kostbaren Materialien wie Jade, Gold und Korallen gefertigt, waren beliebte Geburtstagsgeschenke und symbolisierten Glückwünsche für ein langes Leben (vgl. Kat. Nr. 59). Weiterhin wurden entlang des Weges Theater aufgeschlagen, in denen zur Unterhaltung des Volkes beliebte Stücke aufgeführt wurden. Auch Szenen aus bekannten Erzählungen, die langes Leben verhießen, wie »Der Affe stiehlt den Pfirsich der Unsterblichkeit« oder »Die Acht Unsterblichen« wurden dargestellt. Die einzelnen Pavillons und Gebäude wurden mit kilometerlangen prachtvollen Schirmwänden, Wandelgängen und mit von blühenden Pflanzen berankten Laubengittern verbunden, damit der Blick des Kaisers nicht etwa auf unschöne Szenen des Alltagslebens fiele. An beiden Straßenseiten standen in unregelmäßigen Abständen stelenförmige Schrifttafeln mit den Namen der am Straßenrand vertretenen Abordnungen, wie *Provinz Guizhou, Provinz Guangxi, Provinz Zhejiang, Nationale Universität (guozijian), Ministerium für Öffentliche Arbeiten (gongbu), Finanzministerium (hubu), Kriegsministerium (bingbu)*, an denen sich die jeweiligen Beamten versammelten. Auf

der Bildrolle wird daneben, am Rande der Prozession, auch das Leben des einfachen Volkes geschildert, wie Bauern beim Pflügen mit Wasserbüffeln, Händler in ihren Läden und Frauen und Kinder in den Höfen.

Die Rolle beginnt am nordwestlichen Stadttor *(Xizhimen)*, so daß der Betrachter mit dem Abrollen des Bildes der ankommenden kaiserlichen Prozession entgegengeht. Angelehnt an die mächtige Basis des Stadttors ist ein dreistöckiges Theatergebäude errichtet, in dem Schauspieler agieren und vor dem sich eine Gruppe Zuschauer versammelt hat. Daneben wird ein Erfrischungsgetränk, wohl Tee, ausgeschenkt. Nach der Überquerung des Stadtgrabens und dem Passieren eines Torbogens begegnen schon die ersten Vorboten der kaiserlichen Zeremonialeskorte. Vor ihnen bemühen sich Ordnungskräfte mit Peitschen, die Straßenmitte zu räumen. Die Zeremonialeskorte besteht aus rotgekleideten Lakaien, die, jeweils zu zweit, in einer Doppelreihe links und rechts des Weges in endlos scheinender Folge die verschiedenen Zeremonialinsignien vorantragen, darunter Fahnen von Sonne und Mond, des Himmels und der Erde, mit Sternbildern und den kaiserlichen Drachen, verschiedene Banner und Standarten, Ehrenfächer und Ehrenschirme. Erst im letzten Viertel der Rolle folgen auf die rotgekleideten Träger der viele Kilometer langen Eskorte die kaiserliche Musikkapelle, daraufhin eine lange Reihe von berittenen Bogenschützen. Schließlich erscheinen gegen Ende der Rolle weitere Musikanten und endlich die von 28 rotgekleide-

ten Trägern getragene Sänfte des Kaisers, geschützt von einem Halbkreis weiterer berittener Bogenschützen und gefolgt von einem gewaltigen Schwarm hoher Beamter. Hinter diesen schreitet, wiederum in halbkreisförmiger Anordnung, die kaiserliche Leibgarde, danach folgen eine weitere Sänfte sowie insgesamt vier halbkreisförmige Reihen von abwechselnd Bogenschützen und Beamten zu Fuß und zu Pferde.

Eine große Anzahl prächtig gesattelter Pferde beschließt den Zug. Am Ende der Rolle ist der Eingang des Sommerpalastes dargestellt, vor dem sich in einem Kanal neun kaiserliche Drachenschiffe, bunt beflaggt, tummeln, vielleicht gerade im Aufbruch begriffen. Im Hintergrund sind Pavillons und eine Pagode im weitläufigen Park des Sommerpalastes zu sehen, den eine Mauer aus unbehauenen Steinen abgrenzt. Die Rolle schließt mit lebhaften Genreszenen und dem Ausblick auf einen See.

Die Bildrolle wurde auf Befehl Kaiser Qianlongs in den Jahren 1797-1799 von Malern der kaiserlichen Seidenmanufaktur in Suzhou angefertigt, nachdem eine originale Bildrolle mit Darstellungen zum 80. Geburtstag des Kaisers einem Brand zum Opfer gefallen war. Als Vorlage dienten zwei Alben mit Originalillustrationen der Feiern. Am Anfang der Rolle befinden sich drei Siegel des Kaisers Jiaqing, aus denen zu entnehmen ist, daß sie im dritten Teil des Kataloges der kaiserlichen Palastsammlung (Shiqubaoji) verzeichnet wurde. GH

32 (Abb. 90)
Hochzeitszeremoniell des Kaisers Guangxu
1888
Zwei Alben aus einer Serie von neun
Tusche und Farben auf Papier
Jedes Blatt ca. 65 × 110 cm

Der vorletzte Kaiser der Qing-Dynastie, Guangxu, bestieg am 25. Februar 1875 im Alter von drei und einem halben Jahr den Thron. Er war der Neffe der damals bereits die Regentschaft ausübenden mächtigen Kaiserin Cixi (1835-1908). Auf ihr Betreiben wurde er am 26. Februar 1889 mit einer drei Jahre älteren Cousine verheiratet, die später als *Pietätvolle Gefestigte Bewunderte Erhabene Kaiserin* und nach dem Tode ihres Gemahls (1908) als *Hervorragede Generöse Erhabene Große Kaiserin (Xiaoding jing huanghou, Longyu huang taihou)* geehrt wurde; sie lebte von 1868-1913. Im Auftrag der Regentin Cixi sollte sie den jungen Herrscher überwachen. Später vollzog sie im Namen ihres Adoptivsohnes, des 1909 im Alter von drei Jahren als Kaiser inthronisierten Puyi, die Abdankung der Mandschu-Dynastie (am 12. Februar 1911). Die Kaiserliche Hochzeit *(dahun)* von 1889 war die letzte von vier solchen Zeremonien, die im Laufe der Qing-Zeit stattfanden.

Das Hochzeitszeremoniell sah unter anderem vor, daß den Gottheiten und den Ahnen Mitteilung gemacht wurde. Dann wurde in einer prächtigen Zeremonie in der *Halle der Höchsten Harmonie (Taihedian)* eine festliche Gesandtschaft zum Elternhaus der künftigen Kaiserin in Marsch

gesetzt, um die Brautwerbegeschenke zu übergeben *(nacai)*; die Geschenke wurden in tragbaren Pavillonsänften *(ting)* befördert. Danach überbrachte eine zweite Gesandtschaft die Geschenke zum Abschluß der *Großen Verlobung (dazheng)*, und im Haus der Eltern wurde ein Festmahl hergerichtet. – Am Hochzeitstage besichtigte der Kaiser in einer großen Zeremonie die Einsetzungsurkunde und das Siegel für die neue Kaiserin *(yue cebao)*, dann wurden diese Gegenstände mit großem Pomp in zwei Drachenpavillons *(longting)* zum Elternhaus der Kaiserin getragen, wo die Gesandtschaft wie vorher kniend empfangen und wieder verabschiedet wurde. – Mit der Kaiserlichen Hochzeit war zugleich die Einsetzung der Kaiserin verbunden. War der Kaiser bereits vor seiner Thronbesteigung verheiratet worden, wurde nach der Thronbesteigung die Hauptgemahlin in einer eigenen Einsetzungszeremonie zur Kaiserin erhoben *(celi huanghou yi)*.

Im Falle von Kaiser Guangxu wurde die gesamte Zeremonie vor Beginn in neun Alben illustriert, die als Grundlage für den protokollgerechten Ablauf dienen sollten. In der Ausstellung sind das zweite und das achte Album zu sehen.

Das zweite Album enthält 10 Doppelblätter, davon 7 Illustrationen und 3 Blätter mit erläuternden Texten. Nach Meinung der chinesischen Experten ist hier die Aufwartung der noch nicht inthronisierten Kaiserin in ihrem Elternhaus dargestellt. Da die Eltern ihre Tochter kniend empfangen, stand zu der Zeit die Erwählung als Kaiserin wohl schon fest. In den Annalen *(Dezong shilu)* findet sich unter dem angegebenen Datum allerdings keine Eintragung über den Besuch einer Kaiserin in ihrem Elternhaus.

Übersetzung der Texte:

1. Illustration der Ausfahrt der Erhabenen Kaiserin aus dem Palast

Im Jahre Guangxu 14, zu Anfang des 10. Monats, am 5. Tage (8. November 1888), in der (9.) Doppelstunde des Erdzyklus shen (15-17 Uhr) wurde zum auf Kaiserliche Anweisung festgelegten Zeitpunkt der Ausfahrt der Erhabenen Kaiserin aus dem Palast ein (tragbarer) Drachenpavillon bereitgestellt, in dem das Glücksszepter (ruyi) vorausgeschickt wurde. Als Gefährt wurde die von acht Männern (getragene) Sänfte mit dem Pfau auf der Spitze des Gehäuses benutzt und vor dem festgesetzten Zeitpunkt zum Palast getragen. Im Palast wurden Eunuchenbeamte zum Tragedienst verwendet, die sie bis (nördlich) vor das Tor der Gehorsamen Tugend (Shunzhenmen) brachten. Die Staatswagen-Garde (luanyi wei) übernahm den Tragedienst, und führte sie zum Tor des Göttlichen Kriegers (Shenwumen, in der Mitte der Nordmauer der Palaststadt) hinaus und durch das Tor des Irdischen Friedens (Di'anmen, das mittlere Tor in der Nordmauer der die Palaststadt umgebenen Kaiserstadt = huangcheng) zum Domizil (der Eltern).

2. Illustration des Domizils

Die Erhabene Kaiserin verläßt den Palast und begibt sich zum Domizil (ihrer Eltern). Als der Zeitpunkt gekommen ist, führt der Vater der Kaiserin seine Söhne und jüngeren Brüder an, und vor dem Haupttor knien sie zur Willkommenheißung nieder. Die Offiziere und Mannschaften der zuständigen Garde werden zum ehrerbietigen und sorgsamen abwechselnden (Wachdienst) bereitgestellt und entsandt.

3. Die Erhabene Kaiserin kommt in die Innere Halle des Domizils, und die Mutter der Kaiserin und die übrigen heißen sie kniend willkommen.

Das achte Album enthält 26 Doppelblätter, davon 16 mit Illustrationen und 9 mit erläuternden Texten. Dargestellt ist der Zug der Kaiserin von ihrem Domizil in den Palast.

Übersetzung der Texte:

1. Illustration der Phönixsänfte (fengyu), die aus dem Domizil (der Eltern der Kaiserin) in den Palast einzieht. Nachdem die Erhabene Kaiserin die Phönixsänfte bestiegen hat, nimmt der Hauptabgesandte (zhengshi) das Knotenschnuremblem (jie, Hoheitszeichen) und zieht zusammen mit dem Hilfsabgesandten (fushi) hinaus; zu Pferde ziehen sie voraus. Der Vater der Kaiserin führt seine Söhne

und jüngeren Brüder an, und sie knien nieder und geben ihnen das Abschiedsgeleit bis vor das Haupttor. Die Musikgruppe zur Führung und Willkommenheißung zieht (an der Spitze des Zuges) voran – sie nimmt Aufstellung, aber sie spielt nicht. Dann folgen die Prunkgefährte (yijia) und dann die (tragbaren) Pavillons mit der Einsetzungsurkunde und dem Siegel. Dann folgt die Phönixsänfte der Erhabenen Kaiserin. Zu Beginn des Auszugs aus dem Haupttor übernehmen die Leutnants der Staatswagen-Garde (luanyi xiao) das Tragen (der Sänfte). Die Palasteunuchen gehen zu Fuß, und zur Linken wie zur Rechten stützen sie die Sänfte. Die hohen Staatsdiener der Palastverwaltung und die Leibwache geben als Nachhut zu Pferde das Schutzgeleit.

Kommentar des Übersetzers:

Die Eltern der Kaiserin knieten beim Abschied vor ihrer Tochter nieder. Sie stand nun im Rang über den Eltern, die nicht zur Kaiserlichen Familie gehörten. Im Kaiserhaus mußte dagegen sogar der Kaiser seiner Mutter und den Hauptgemahlinnen seiner Vorgänger durch Kniefall und Kotau gemäß der konfuzianischen Verpflichtung zur Pietät gegenüber den Eltern die Ehre erweisen.

2. Der Haupt- und der Hilfsabgesandte steigen bei der Goldwasserbrücke (Jinshuiqiao, hier südlich des Tores des Himmlischen Friedens Tiananmen) vom Pferd, nehmen das Knotenschnuremblem und ziehen ein. Die Wagen, Sänften und prächtig aufgezäumten Rosse (zhangma) des Pompzuges treffen vor dem Mittagstor (Wumen, Südtor der Palaststadt) ein und halten dort an.

3. Der Pompzug (yijia) der Erhabenen Kaiserin trifft am Tor der Höchsten Harmonie (Taihemen, nördl. des Mittagstores) ein und hält an.

4. Die Phönixsänfte der Erhabenen Kaiserin zieht durch den Mittleren Gang des Tores der Großen Qing (Daqingmen) ein und gelangt zur Goldwasserbrücke (vor dem Tor des Himmlischen Friedens). Der Haupt- und der Hilfsabgesandte steigen vom Pferd, nehmen das Knotenschnuremblem und ziehen ein. Ist die Phönixsänfte der Erhabenen Kaiserin vor dem Mittagstor (Wumen) eingetroffen, ertönen Glocke und Trommel. Der Pompzug hält an. Der Neun-Phönix-Schirm mit gebogener Haltestange (jiufeng qugai) wird vorangetragen, die hohen Staatsdiener der Palastverwaltung und die Leibgarde folgen von der Goldwasserbrücke an zu Fuß. – (Die Phönixsänfte) zieht durch die mittleren Gänge des Mittagstores und des Tores der Höchsten Harmonie ein und gelangt durch das Mittlere

Tor zur Linken (Zhongzuomen, östlich der Halle der Höchsten Harmonie, Taihedian) und durch das Hintere Tor zur Linken (Houzuomen, östlich der Halle der Wahrung der Harmonie, Baohedian) zum Tor der Himmlischen Klarheit. (Qianqingmen, nördl. der Baohedian, Haupttor im Süden des privaten Teils der Palaststadt). Die Drachenpavillons (longting) werden abgesetzt. Der Haupt- und der Hilfsabgesandte melden den Vollzug ihres Auftrages; zusammen mit den hohen Staatsdienern der Palastwache und der Leibwache ziehen sie sich zurück.

5. Die Phönixsänfte trifft (auf dem Platz) innerhalb (nördlich) des Tores der Höchsten Harmonie ein und zieht durch das Mittlere Tor zur Linken ein (siehe Nr. 4).

Kommentar des Übersetzers:

Wie der Kaiser zieht die Kaiserin durch den mittleren Gang der Palasttore. Aber sie wird nicht durch die Haupthalle, die *Halle der Höchsten Harmonie,* wo der Kaiser den Thron besteigt, geführt. Sie nimmt den Weg, der im Osten an den drei Hallen des offiziellen Teils des Palastes vorbei zum im Norden gelegenen privaten Teil der Palaststadt führt. Auch später wird sie niemals in der *Halle der Höchsten Harmonie* auftreten oder dort gar neben dem Kaiser thronen. Dieses Verbot des Zeremoniells hat sogar die mächtige Kaiserin Cixi immer beachtet.

6. Die (tragbaren) Drachenpavillons mit der Einsetzungsurkunde und dem Siegel treffen am Tor der Himmlischen Klarheit ein und werden dort abgestellt. Die leitenden Beamten des Ritenministeriums führen die Beamten der Abteilungen des Ritenministeriums an und stellen mit ihnen gemeinsam den ehrerbietigen Antrag, die Einsetzungsurkunde und das Siegel aus den Drachenpavillons (herauszunehmen). Der hohe Staatsdiener für die Kaiserliche Haushaltung führt sie vorangehend durch das Tor der Himmlischen Klarheit (Qianqingmen) hinein. Der Haupt- und der Hilfsabgesandte ziehen sich zusammen mit den hohen Palastbeamten und der Leibwache zurück.

7. Der Eunuchen-Inspizient der Aufwartung in den Palästen führt die Palasteunuchen zur Vorbereitung der Anordnungen innerhalb und außerhalb der Halle der Kosmischen Vereinigung (Jiaotaidian). Sie stellen die Tische für die Einsetzungsurkunde und für das Siegel im Palast zur Linken und zur Rechten zuvor auf. Die Beamten der Leitung des Ritenministeriums stellen vorangehend und gemeinsam mit den Beamten der Abteilungen des Ritenministeriums ehrerbietig den Antrag, die Einsetzungsurkunde und das Siegel aus den Drachenpavillons (herbeizuholen).

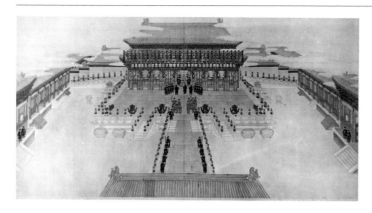

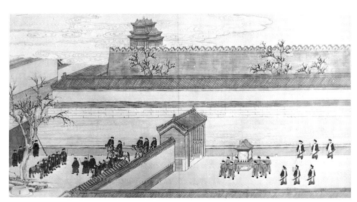

Abb. 90 (Kat. Nr. 32). Auswahl von acht Blättern

Die Minister der Palastverwaltung gehen voran, und man stellt (die beiden Gegenstände) auf die Tische zur Linken und zur Rechten in der Halle der Kosmischen Vereinigung; dann ziehen sie sich zurück. Die Palasteunuchen nehmen mit beiden Händen die Einsetzungsurkunde und das Siegel auf und übergeben sie den den die Siegel bewahrenden Palasteunuchen.

8. Die Phönixsänfte zieht durch den mittleren Gang des Tores der Himmlischen Klarheit ein. Die Leitenden Großintendanten des Palastzeremonien-Amtes übernehmen (die Besorgung) des Tragedienstes (für die Sänfte).

9. Die Phönixsänfte (mit der Kaiserin) trifft vor den Stufen des Palastes der Himmlischen Klarheit (Qianqinggong, Privatpalast des Kaisers) ein. Den rechten Zeitpunkt beachtend tragen die Palasteunuchen in einer Eingabe die Bitte vor, die Erhabene Kaiserin möge aus der Sänfte steigen und sich in die Halle der Kosmischen Vereinigung begeben. Die respektvoll aufwartenden hochgestellten Frauen (aus der Halle und die Ehefrauen hoher Beamter, mingfu) heißen die Erhabene Kaiserin ehrerbietig zum Einzug in den Mittleren Palast willkommen.

Kommentar des Übersetzers:
Die Kaiserin wurde auch am Privatpalast des Kaisers vorbeigeführt. Die Haupthallen des im Norden gelegenen privaten Teiles der Palaststadt sind der *Palast der Himmlischen Klarheit (Qianqinggong,* für den Kaiser), und der *Palast der Irdischen Ruhe (Kunninggong),* der auch *Mittlerer Palast (Zhonggong)* genannte Wohnsitz der Kaiserin, der im Norden steht. Zwischen beiden steht die kleinere *Halle der Kosmischen Vereinigung (Jiaotaidian,* mit quadratischem Grundriß).

Nach dem Eintreffen der Kaiserin im Privatpalast machte der Kaiser den Kaiserinnen der früheren Generationen durch Kniefall und Kotau seine ehrerbietige Aufwartung. Dann begab er sich in die *Halle der Höchsten Harmonie* zum Festmahl, zu dem die männlichen Angehörigen des Kaiserhauses, die Schar der Beamten und der Vater der Kaiserin usw. geladen waren. Die ranghöchste Kaiserin der vorhergehenden Generationen, im Falle der Hochzeit des Kaisers Guangxu die Kaiserin Cixi, gab im Nordteil der Palaststadt für die weiblichen Gäste ein Festmahl. Um die Zeit der Doppelstunde des Zyklus you (23-1 Uhr) wurde in der *Halle der Irdischen Ruhe* vom Kaiser und der neuen Kaiserin der Ritus des gemeinsamen Leerens des Hochzeitsbechers (hojin) vollzogen. – An den folgenden Tagen machte die junge Kaiserin den älteren

Kaiserinnen ehrerbietig ihre Aufwartung, und der Kaiser nahm in der Haupthalle des Palastes in einer großen Zeremonie die Gratulationen entgegen.   PG

33 (Abb. 10)
Glockenspiel (bianzhong)
Datiert 1714
Jede Glocke: H. 15 cm, D. 11 cm

An den beiden Querleisten des verzierten Holzgestells hängen je acht gleich große, aber verschieden dicke und schwere, mit Ornamenten geschmückte vergoldete Bronze-Glocken von unterschiedlicher Tonhöhe. Gestimmt war das Glockenspiel genau wie das Steinspiel gemäß den Yang-Noten in der oberen und den Yin-Noten in der unteren Reihe. So konnten die beiden Schwesterninstrumente unisono eingesetzt werden. Auf dem an der oberen Querleiste angebrachten geschnitzten Brett erscheint das Drachenmotiv als kaiserliches Symbol.
Die mit augenfälligem Dekor versehenen Holzgerüste des Steinspiels wie des Glockenspiels waren von beträchtlicher Bedeutung. Zusammen mit den Malereien oder Schnitzereien gaben die daran angebrachten Figuren Auskunft über die Status des Eigentümers. Auf dem oberen Holzrahmen stehen Vögel mit ausgebreiteten Schwingen, und die beiden seitlichen vertikalen Holzleisten ruhen auf Holzfiguren. Beim Steinspiel handelt es sich dabei in der Regel um Gänse, beim Glockenspiel um Tiger. Die Figuren sowie die farbenprächtigen Quasten aus Vogelfedern oder Seidenschnüren erzeugten, abgesehen von ihrer symbolischen Bedeutung, ästhetisches Vergnügen.
Wie das Steinspiel gehört auch das Glockenspiel zu den urtümlichsten chinesischen Musikinstrumenten. Älteste Funde datieren aus der Shang-Zeit (16.-11. Jh. v. Chr.). In der Zhou-Zeit (11. Jh.-221 v. Chr.) gab es Glockenspiele mit 6 und 9, in späteren Epochen solche mit 24 und 14 Glocken. Ursprünglich waren die Glocken je nach Tonhöhe verschieden groß. Wann das Glockenspiel mit gleich großen Glocken eingeführt wurde, ist unbekannt.
Verwendet wurde das Glockenspiel in der Qing-Zeit (1644-1911) nur im Tempel und beim Kaiserhof. Hier gehörte es zu den Instrumenten des *zhonghe shaoyue* Orchesters. Das hier ausgestellte Objekt ist kleiner als das bei der großen Hofzeremonie in der *Halle der Höchsten Harmonie* benutzte Glockenspiel. Es wurde im Palast bei Gra-

tulationsfeiern der Kaiserinmutter oder Kaiserin gespielt. In der Volksrepublik China feiern Steinspiel und Glockenspiel eine Renaissance. 1984 fand in Peking ein Konzert mit alten chinesischen höfischen Musikinstrumenten statt, darunter einem Steinspiel und einem Glockenspiel. Sämtliche Instrumente waren exakte Nachbildungen von etwa 2400 Jahre alten Originalinstrumenten, die 1978 in der Provinz Hubei ausgegraben worden sind.   HvS

Publiziert: *Dihou shenghuo,* 17.

34 (Abb. 11)
Steinspiel (bianqing)
Dicke der Klangsteine: zwischen 1,8 und 0,8 cm
Länge der Schenkel 17,5 und 12,1 cm

An den zwei Querleisten des verzierten Holzgestells hängen je acht gleich große Klangsteine von unterschiedlicher Dicke und Tonhöhe. Diese sind so gestimmt, daß sie ähnlich der Panflöte bei abwechselndem Anschlag mit einem Holzhammer eine chromatische Skala ergeben. Die aus Jade hergestellten weitwinkligen Klangsteine sind am Scheitelpunkt aufgehängt. Der eine Schenkel ist kürzer und breiter, der andere länger und schmaler. Auf diesen schlägt man mit dem Holzhammer. Die Steine sind nicht verziert. Dagegen ist das Holzgerüst reichlich dekoriert. Oft erscheint auf dem an der oberen Querleiste angebrachten Schmuckbrett das Phönixmotiv, Symbol einer guten Regierung.
Das Steinspiel gehört zu den ursprünglichsten chinesischen Musikinstrumenten. Älteste Funde datieren aus der Shang-Zeit (16.-11. Jh. v. Chr.). Zahl, Größe und Form der aus Jade hergestellten Klangsteine variieren je nach Zeitalter. Wie in der Qing-Zeit (1644-1911) zählte man bereits in der Zhou-Zeit (11. Jh.-221 v. Chr.) gewöhnlich 16 Klangsteine. In der Han-Zeit (206 v. Chr.-220 n. Chr.) waren es 19, in der Liang-Zeit (502-557) 21, in der Nördlichen Zhou-Zeit (557-581) 14 und in der Ming-Zeit (1368-1644) 24 Steine. Neben der Winkelform waren diese auch Fledermäusen, Fischen und anderen Tieren nachgebildet.
In der Qing-Zeit wurde das Musikinstrument Steinspiel in Konfuziustempeln und beim Kaiserhof für die *zhonghe shaoyue* Musik benutzt.   HvS

Publiziert: *Dihou shenghuo,* 18.

IV Aspekte kaiserlicher Repräsentation

Im Glanze herrscherlicher Autorität, die sich auf das Mandat des Himmels *(tianming)* gründete, regierte der chinesische Kaiser, der *Sohn des Himmels (tianzi),* das gewaltige Reich der Mitte. Im oblag die Wahrung der Harmonie zwischen Himmel und Erde, und seine zahlreichen rituellen Aktivitäten sollten dies gewährleisten.

Als höchster Verwalter stand der Kaiser an der Spitze eines hierarchisch gegliederten und bürokratisch organisierten Staates und sah sich als oberster Träger aller exekutiven, legislativen und judikativen Gewalt. Er war überdies auch das geistige und religiöse Oberhaupt des chinesischen Reiches. Seine Aufgaben waren dementsprechend vielfältig, jede seiner Handlungen dazu angelegt, seine Einzigartigkeit und Erhabenheit zu demonstrieren.

Die Fülle der verschiedenartigen Pflichten des Kaisers verlangte eine umfassende und gründliche Vorbereitung. Die von Kaiser Yongzheng (reg. 1723-1735) ins Leben gerufene Palastschule sollte die bestmögliche Einübung der kaiserlichen Prinzen auf ihre spätere Bestimmung garantieren und zugleich sicherstellen, daß folgenreiche Intrigen um die Person des Thronfolgers wie unter Kaiser Kangxi (reg. 1662-1722) vermieden wurden. Theoretisch jedenfalls sollte daher der Name des Thronerben erst nach dem Ableben des Kaisers bekanntgegeben werden.

Der tägliche Stundenplan der kaiserlichen Prinzen war auf das Genaueste geregelt. Der Unterricht begann in aller Frühe, zwischen drei und fünf Uhr morgens, und währte mit wenigen Unterbrechungen bis zum Abend. Auf dem Lehrplan standen neben der chinesischen Sprache und Schrift das Mandschurische und Mongolische. Die kaiserlichen Tutoren unterwiesen ihre Zöglinge in den kanonischen Schriften des Neo-Konfuzianismus, den ›Vier Büchern‹ und ›Fünf Klassikern‹, in der Geschichte, der Literatur und der Philosophie. Darüber hinaus wurden sie mit der Hofetikette und den Riten vertraut gemacht. Des weiteren zählten das Reiten und das Bogenschießen zu ihren täglichen Übungen.

In ihrer Jugend lernten die Thronprätendenten auf diese Weise bereits ihre verschiedenen ›Rollen‹, in denen sie auch in der Bildkunst begegnen, thronend in prächtiger Staatsrobe (s. Kap. I), beim kaiserlichen Zeremoniell (s. Kap. III) oder wie in diesem Kapitel in weiteren Aspekten kaiserlicher Repräsentation: als Literat und Connaisseur, als Jäger und sogar als Heilsgestalt.

Der Kaiser als Literat und Connaisseur.
Ein Leitbild der chinesischen Kultur par excellence, das sich bereits in den ersten Jahrhunderten unserer Zeitrechnung herauskristallisierte, war jene literarische Bildung, die sich auf die Beherrschung der Kalligraphie, der Dichtkunst und der Prosa gründete. Das in Prüfungen auf Kreis-, Provinz- und Staatsebene nachzuweisende literarische Wissen war die Grundvoraussetzung für die Anwartschaft auf ein Amt in jener dünnen staatstragenden Literaten-Beamtenschicht, die nur etwa 1 % der Bevölkerung umfaßte.

Diese zivilen Werte machten sich die mandschurischen Herrscher rasch zu eigen, sobald sie das chinesische Reich militärisch in fester Hand hatten und die mandschurischen Traditionen ihrer nomadischen Ahnen allmählich verblaßten. Mehr und mehr traten sie als würdige Erben der chinesischen Kulturtradition auf. Mit Kaiser Kangxi begegnet uns einer der großen Förderer umfangreicher literarischer Kompilationen und ein Patron der Künste. Sein Enkel, Kaiser Qianlong (reg. 1736-1795) führte diese Entwicklung zu einem Höhepunkt. In seinen Bemühungen um Kunst und Literatur übertraf er alles bisher Dagewesene. Er brachte die größte Kunstsammlung im Palast zusammen, die es je gab, initiierte zahlreiche literarische und kunstwissenschaftliche Kompilationen und war selbst literarisch höchst aktiv. Seine umfangreichen ›Gesammelten Werke‹ wurden noch zu seinen Lebzeiten als Klassiker behandelt. Mehr als 42 000 Gedichte schrieb man ihm zu. Als Kalligraph hat er in Tausenden von Aufschriften auf Bildern seiner Sammlung Spuren hinterlassen und auch als Maler hat er sich versucht.

Chinesische und europäische Maler am Kaiserhof schufen zahlreiche Bilder, in denen der Kaiser als Literat und Connaisseur zu sehen ist. Ein schönes und in mancher Hinsicht repräsentatives Beispiel (Kat. Nr. 35) zeigt den jungen Kaiser Kangxi als Kalligraphen, also bei der Ausübung der höchsten der chinesischen Künste. Auch die kaiserlichen Prinzen wurden gerne beim Schreiben dargestellt – ausgestattet mit den *Vier Kostbarkeiten des Literatenzimmers:* Pinsel, Tusche, Papier und Reibstein (Kat. Nr. 38, 46). Beim Studium in seiner Bibliothek sieht man Kaiser Kangxi (Kat. Nr. 36) ebenso wie Kaiser Yongzheng (Kat. 37). Solche Bilder existieren von allen Mandschu-Kaisern.

Besonders viele Porträts stellen Kaiser Qianlong in der Pose eines chinesischen Gelehrten dar. In dem Doppelporträt (Kat. Nr. 42) wird er in einem Studio umgeben von Attributen der Gelehrsamkeit und von kostbaren antiken Objekten gezeigt, wobei der Maler eine Song-zeitliche Vorlage mehr oder weniger kopiert und die Gesichtszüge von Qianlong einfügt, ein Verfahren, das für eine ganze Reihe von Bildern dieses Kaisers bezeugt ist (vgl. Kat. Nr. 40).

Viele Gemälde zeigen die Kaiser in ihren Gärten (Kat. Nr. 38, 41, 46) und in ländlichen Klausen (Kat. Nr. 43) bei literarischen Mußebeschäftigungen. Auch hierbei beschwören sie ein altes Ideal der chinesischen Literaten-Beamten, die auf zahllosen Bildern zurückgezogen in ländlicher Idylle einer Gegenwelt zu ihrem bürokratischen Alltag huldigen.

Ein schönes Beispiel (Kat. Nr. 41) stammt von dem europäischen Hofmaler Giuseppe Castiglione (1688-1766). Es zeigt Kaiser Qianlong in seinem Garten beim Betrachten von Bildern aus seiner Sammlung. Er begutachtet gerade ein von ihm besonders geschätztes Bild von dem Ming-Maler Ding Yunpeng mit der Darstellung eines religiösen Themas, dem *Waschen des Elefanten.* Wenige Jahre nach Castigliones Tod kopierte ein Nachfahre des Ming-Malers, der Hofmaler Ding Guanpeng das *Waschen des Elefanten.* Es ist ebenfalls in der Ausstellung zu sehen (Kat. Nr. 40). Auf diesem Bild trägt die zentrale Heilsgestalt die Gesichtszüge des Kaisers selbst.

Der Kaiser als Jäger.
Das mandschurische Erbe der Kaiser kam durch nichts deutlicher zur Geltung als durch ihre intensive Pflege der Jagd. Sie diente der körperlichen und militärischen Ertüchtigung und der Stärkung mandschurischer Kampfestugend. Von Kindesbeinen an waren die kaiserlichen Prinzen mit dem Reiten und der Jagd vertraut und bis in ihr hohes Alter hinein nahmen sie an den regelmäßigen großen Jagdexpeditionen teil – Kaiser Qianlong noch zwei Jahre vor seinem Tod. Voller Stolz inventarisierten sie ihre Jagdbeute.

Einen Höhepunkt des Jahres bildete die große Herbstjagd im Mulan-Jagdrevier in den Bergen des nördlichen Hebei. Mit Tausenden von Soldaten und zahlreichen Mitgliedern des mandschurischen und mongolischen Adels zog der Kaiser, seit 1751 jährlich, in das unweit des Sommerpalastes (*Bishu shanzhuang*) gelegene, weitläufige Jagdrevier. Dort verbrachte er dann bis zu vier Wochen bei der Jagd. Neben der Treibjagd und dem Fallenstellen zählte das sogenannte Hirschpfeifen (*shaolu*; vgl. Kat. Nr. 45) zu den beliebtesten Jagdformen. Nicht nur stärkten diese großen Jagden die militärische Kampfeskraft, sie festigten auch die stammesmäßigen Bindungen zwischen den Mandschuren und den Mongolen.

Zahllose Bilder zeigen die Kaiser als tüchtige Jäger, von denen besonders viele wiederum Kaiser Qianlong wiedergeben. Auf einem dieser Jagdbilder (Kat. Nr. 44) steht er mit einer Lanze einem wilden Tiger gegenüber.

Eines der Glanzstücke der Ausstellung (Kat. Nr. 45), das unter der künstlerischen Leitung von Giuseppe Castiglione entstand, stellt den Abschluß der großen Hirschjagd im Mulan-Jagdrevier dar. Das monumentale Bild vermittelt eindrucksvoll die ungeheure Prachtentfaltung bei den kaiserlichen Jagdvergnügungen.

Der Kaiser als religiöse Heilsgestalt.

Zwei Bilder der Ausstellung zeigen Kaiser Qianlong als religiöse Heilsgestalt: In der buddhistischen Thangka (Kat. Nr. 39) als Bodhisattva Manjushrī und zugleich auch als Verkörperung eines lamaistischen Patriarchen; beim *Waschen des Elefanten* (Kat. Nr. 40), möglicherweise in der Gestalt des Buddha Amitabha. Während Qianlong als Buddha Amitabha einzigartig dastünde, wird er in zwei weiteren Bildern, die in der Ausstellung nicht zu sehen sind, ebenfalls als Inkarnation des Manjushrī gezeigt (*Qingdai dihou xiang*, II, 8; III, 3). Diese Darstellungen werden verständlich, wenn man einen Blick auf die Religionspolitik der Mandschu wirft. Von Anfang an waren sie bestrebt, gute Beziehungen zu den Mongolen – unter denen der tibetische Buddhismus verbreitet war – zu unterhalten. Diesem Ziel förderlich waren gute Kontakte zu dem tibetischen Dalai Lama, der in Tibet als lebender Bodhisattva angesehen wurde. Schon früh wurden die Mandschu-Herrscher von den Lamas als Inkarnation des Manjushrī bezeichnet und bei Besuchen des Dalai Lama in Peking wurde dies offiziell bestätigt. Eine landesweite Propagierung ihrer neuen Würde – das erkannten die Mandschu-Herrscher sogleich – wäre ihrem Image als gute kon-

fuzianische Herrscher über ganz China nicht dienlich gewesen. So bilden die wenigen Gemälde, die Kaiser Qianlong als Heilsgestalt zeigen, unter den zahlreichen Bildern, die Aspekte kaiserlicher Repräsentation widerspiegeln, auch eher die Ausnahme.   HB

35 (Abb. 18)
Kangxi beim Schreiben
Anonym
Hängerolle
Tusche und kräftige Farben auf Seide
50,5 × 31,9 cm

Der jugendliche Kaiser Kangxi (reg. 1662-1722) sitzt auf einem prächtigen mit vergoldeten, geschnitzten Drachen verzierten Thron hinter einem Tisch, auf dem ein großer weißer Papierbogen ausgebreitet ist. Er hält in der erhobenen Rechten einen dicken Pinsel und ist im Begriff, mit dem Schreiben zu beginnen. Hinter dem Kaiser erhebt sich ein Stellschirm mit Drachen in Wolken, dessen schwerer profilierter Sockel außen rechts und links reiches Schnitzwerk in Drachenform trägt. Auch der prächtige bunte Teppich enthält Drachendekor. Während auf dem Teppich der fünfklauige Drachen, Sinnbild kaiserlicher Macht, gezeigt ist, stellt das Bild auf dem Stellschirm einen dreiklauigen Drachen dar.

Der junge, etwa 20 Jahre alte Kaiser trägt einen roten Sommerhut und ein schlichtes graues Gewand, an dem zwei gelbe Bänder der Gürtung herabhängen. Auf dem kunstvoll mit feinem Golddekor verzierten Lacktisch mit eingelegter Marmorplatte liegt eine schmale Buchkassette, vielleicht Musterbücher mit Kalligraphien alter Meister. Daneben steht ein Reibstein und Tusche, die mit Pinsel und Papier zu den *Vier Schätzen des Literatenzimmers* zählen.

Kangxi schrieb nach eigenem Bekunden regelmäßig, oft mehr als tausend Schriftzeichen pro Tag. Er übte sich in den verschiedenen Schrifttypen an den vorbildlichen Werken aus der Geschichte der chinesischen Kalligraphie bis in sein hohes Alter hinein, praktizierte gleichwohl auch beständig seine mandschurische Handschrift (vgl. Spence (1974), 57, 59).   HB

Publiziert: *Qingdai dihou xiang*, I, 8. *Dihou shenghuo*, 90. *Zhongguo hua*, 2 (1984), 42.

36 (Abb. 20)
Kaiser Kangxi beim Lesen
Anonym
Hängerolle
Tusche und kräftige Farben auf Seide
138 × 106,5 cm

Kaiser Kangxi, der im Alter von ca. 45 Jahren in frontaler Ansicht gezeigt ist, sitzt mit untergeschlagenen Beinen in seiner Bibliothek. Vor ihm liegt ein aufgeschlagenes Buch. Er trägt einen roten mit einer großen Perle besetzten Sommerhut. Unter seinem tiefblauen, von fünf goldenen Knöpfen zusammengehaltenen Obergewand mit Drachenschmuck trägt er ein Unterkleid in hellerem Blau, dessen eng anliegende Ärmel bis zum Ansatz der Finger reichen und ebenfalls mit Drachendekor verziert sind. Die Gesichtszüge sind fein modelliert, und mit Sorgfalt sind die einzelnen Haare seines Oberlippen- und Kinnbartes gezeichnet. Die leicht überlängten Fingernägel sind das übliche Statussymbol der gebildeten, keiner manuellen Arbeit nachgehenden chinesischen Oberschicht.

Auf den kunstvoll verzierten Regalen im Hintergrund stehen verschiedenfarbige Kassetten (chin. *tao*), die Bücher in chinesischer Heftung enthalten.

Bemerkenswert an diesem Porträt ist die in der chinesischen Malerei unübliche Wiedergabe von Licht-und-Schattenwirkung, wie sie auf der Bibliotheksrückwand auftritt. Auch die Plastizität der Faltenwürfe des Obergewandes mit ihren ausgeprägten, schattendurchwirkten Faltentaschen ist ganz unchinesisch. Der europäische Einfluß ist unverkennbar, und möglicherweise stammt auch dieses Porträt von einem der am Kaiserhof tätigen Jesuitenmaler.   HB

Publiziert: Spence (1974), o. S. *Dihou shenghuo*, 90. *Zijincheng*, 5 (1981), 33.

Abb. 91 (Kat. Nr. 37)

37 (Abb. 91)
Kaiser Yongzheng beim Lesen
Anonym
Hängerolle
Tusche und Farben auf Seide
173 × 156 cm
1 Siegel

Kaiser Yongzheng (reg. 1723-1735) sitzt mit untergeschlagenen Beinen auf einem flachen – mit bunten Teppichen ausgeschlagenen – *kang*-Podest und hält in der erhobenen Linken ein aufgeschlagenes Buch. Die Schriftzeichen der aufgeschlagenen Doppelseite sind nicht lesbar; dies weist darauf hin, daß der Maler des Bildes nicht schreiben konnte. Der in strenger Frontalität gezeigte Kaiser trägt ein prächtiges Hofgewand mit emblematischem, fünfklauigem Drachendekor. Der pelzbesetzte Kragen und die Pelzmütze zeigen an, daß dieses Bild zur Winterzeit entstand. Der Kaiser ist in reifem Mannesalter dargestellt und trägt einen schmalen, bis zum Kinn herabgezogenen Oberlippenbart. Auf den beiden flachen Ablagetischen rechts und links sind Buchkassetten und Schreibutensilien – die *Vier Kostbarkeiten des Literatenzimmers* (Pinsel, Tusche, Papier und Reibstein) – aufgestellt. Die vier Pinsel zur Linken stehen in einem kostbaren antiken Jadegefäß vom Typ *cong* (vgl. Kat. Nr. 54).
Dieses Bild war im Ahnentempel der Mandschu aufgehängt. Es trägt auf der Montierung unten links das Siegel des Erziehungsministeriums, das in den zwanziger Jahren unseres Jahrhunderts aufgedrückt wurde. HB

Publiziert: *Qingdai dihou xiang*, I, 26. Huang Pei (1974), 26. *Zijincheng*, 11 (1982), 32 (Detail).

38 (Abb. 92)
Kaiser Yongzheng im Garten
Anonym
Hängerolle
Tusche und kräftige Farben auf Seide
165,5 × 95,5 cm
1 Siegel

Im Garten des Sommerpalastes, dem *Garten der Leuchtenden Vollkommenheit (Yuanmingyuan)*, sitzt Kaiser Yongzheng (reg. 1723-1735) umgeben von Prinzen und Beratern mit untergeschlagenen Beinen auf einem thronartigen Fels mit reich verzierter Unterlage. Er ist in strenger Frontalität gezeigt und hält in seiner auf dem Knie abgestützten Rechten einen Fächer. Der Kaiser trägt wie seine Begleiter Sommerkleidung, ein Gewand mit fünfklauigem Drachendekor und einen roten Sommerhut. Der Knabe hinter ihm hält ein Buch in seinen erhobenen Händen. Ein Vertrauter des Kaisers steht vorne rechts.
Jenseits des gewundenen Baches, über den ein steinerner Steg führt, und der in den See im Hintergrund mündet, sitzt hinter einem prächtigen Marmortisch ein junger Prinz, der unzweifelhaft die Gesichtszüge des Thronfolgers, des späteren Kaisers Qianlong, trägt. Er hält in seiner erhobenen Rechten einen Pinsel, vor ihm ausgebreitet liegen Papier und Reibstein. Er ist im Begriff, mit dem Schreiben zu beginnen; ihm zur Seite steht ein kaiserlicher Tutor mit kräftigem Bart, dessen Spitze er mit seiner Linken faßt. Zwei weitere Prinzen stehen unmittelbar vor dem Bambushain, der die Kulisse der dargestellten Szene bildet. Außen rechts streben kräftige Kiefernstämme in die Höhe; ihr bizarr verwachsenes Astwerk reicht weit in das Bild hinein. Stilisierte Wolken beleben die Komposition oben links und rechts. Bemerkenswert an dieser Darstellung ist vor allem, daß der junge Qianlong unter den Prinzen so deutlich hervorgehoben ist. Nach den schweren Konflikten um die Kangxi-Thronfolge wurde der Name des Thronfolgers offiziell bis zum Ableben des Kaisers geheimgehalten. Eine direkte Folge der Thronfolgerivalitäten unter Kaiser Kangxi war auch die Einrichtung einer Palastschule durch Kaiser Yongzheng, um Thronfolgespekulationen möglichst wenig Nahrung zu geben. Auch wenn der Kaiser und die Prinzen in der Sommerresidenz weilten, wurde der Unterricht fortgesetzt. Das ausgestellte Bild gibt auch davon Zeugnis.

Auf der Montierung unten links steht das in den zwanziger Jahren unseres Jahrhunderts aufgedrückte Siegel des Erziehungsministeriums. HB

Publiziert: *Qingdai dihou xiang*, I, 24. Huang Pei (1974), 186.

39 (Abb. 35)
Kaiser Qianlong in einer buddhistischen Thangka
Anonym
Um 1760
Hängerolle
Farben auf Seide, in Goldbrokat montiert
108 cm × 62,5 cm

Thangkas sind farbige Gemälde auf Stoff, die kultischen Zwecken dienen und zur Standardausstattung lamaistischer Tempel gehören. Dargestellt sein können Gottheiten aus dem Pantheon des tibetischen Buddhismus, für die Lehre bedeutsame Persönlichkeiten, wie z. B. kirchliche Würdenträger, oder auch mystische Diagramme (Mandalas) – je nachdem, ob die Thangka zur Meditation dient oder ein Gegenstand reiner Verehrung ist.
Bei der hier ausgestellten Thangka handelt es sich um ein historisierendes Gemälde zum Zwecke kultischer Verehrung. Im Mittelpunkt steht eine Darstellung des Kaisers Qianlong in der Erscheinungsform eines Lamas, der im Diamantsitz (*Vajra*sitz) der Meditation auf einem dreifachen Seidenkissen und einer Lotosblüte thront. Er trägt eine Unterweste (tib. *sTod-'gag*), einen Rock (tib. *mThan-gos*), und das aus Flicken zusammengesetzte Obergewand (tib. *Chos-gos*). Seine rechte Hand ist in der Geste der Lehrverkündigung (*vitarka-mudrā*, tib. *chos-'chad-kyi phyag-rgya*) erhoben und hält den dünnen Stengel einer roten Lotosblüte, während die linke Hand in der Geste der Konzentration (*dhyāna-mudrā*, tib. *mñam-gźag-gi phyag-rgya*) ein achtspeichiges Rad (*cakra*, tib. *'khor-lo*) hält. Das Rad symbolisiert im Buddhismus zum einen die Lehre (*dharma*, tib. *chos*), zum anderen auch weltliche Herrschaft. Bereits im frühen Buddhismus wurden Könige und Fürsten als *cakravartin*, d. h. *Beweger des Rades der Herrschaft* bezeichnet. In Verbindung mit diesem doppelsinnigen Insignum sind hier zwei weitere religiöse Attribute zu sehen: auf je einer Lotosblüte neben der rechten Schulter der Zentralfigur ein Schwert, das die Schleier der Unwissenheit zerteilt, und neben der linken Schulter ein Buch als Sinnbild des unbegrenzten Wis-

Abb. 92 (Kat. Nr. 38)

sens. Beide Symbole gehören zu den Erscheinungsformen des Bodhisattvas der Weisheit Mañjushrī (tib. *'Jam-dpal*), als dessen Inkarnation Qianlong und andere chinesische und mandschurische Kaiser galten. In der zentralen Figur, die wegen der Ähnlichkeit mit anderen Porträts Kaiser Qianlongs auch als ein Porträt bezeichnet werden darf, verkörpern sich also zugleich ein göttliches Wesen und eine historische Persönlichkeit der menschlichen Welt.

Eine spezielle Bedeutung gewinnt das Bild allerdings noch durch eine weitere Dimension, die sich dem mit der Kirchengeschichte des tibetischen Buddhismus Vertrauten sogleich offenbart: Die Darstellung des Kaisers ähnelt in verblüffender Weise den Darstellungen eines herausragenden Hierarchen der dGe-lugs-pa-Schule des tibetischen Buddhismus namens Rol-pa'i rdo-rje (1717-1804 o. 1805), der mit dem Titel eines sog. lCaṅ-skya Qutuk-tu unter Qianlong in Peking residierte. Der erste in der Reihe dieser Großlamas wurde im 18. Jh. von Kaiser Kangxi eingesetzt, um die oft religiös bedingten politischen Entwicklungen des tibetisch-mongolischen Raumes unter Kontrolle zu halten. Die lCaṅ-skya Qutuk-tu erfüllten dabei eine wichtige kirchenpolitische Funktion, indem sie zwischen Tibet, der Mongolei und China vermittelnd auf die Verschmelzung lamaistischer und chinesischer Gottheiten hinwirkten. Rol-pa'i rdo-rje erwarb sich zudem besondere Verdienste um die mongolische Sprache, indem er im Auftrag des Kaisers Qianlong eine Revision der mongolischen Übersetzungen des Kanjur und eine Übersetzung des Tanjur ins Mongolische veranlaßte. Dies hatte die Erstellung von Grammatiken, Lexika und zahlreichen anderen Schriften zur Folge. Am bekanntesten ist heute wohl die mit einem Vorwort des Rol-pa'i rdo-rje herausgegebene Sammlung der »Dreihundert Ikonen«.

Die ungewöhnliche Beziehung zwischen dem chinesischen Kaiser und dem tibetischen Patriarchen kommt in diesem Gemälde in mehrfacher Hinsicht zum Ausdruck. Selbst wenn die erstaunliche Ähnlichkeit der Gesichtszüge auf einem Zufall beruhen würde – die für den lCaṅ-skya Qutuk-tu typische Kleidung und Kopfbedeckung sind sicher bewußt gewählt. Einen weiteren Hinweis enthält die tibetische Inschrift auf dem verschiedene kultische Gefäße, Glückssymbole und Opfergaben tragenden Altartisch zu Füßen der Zentralfigur. Der Text beginnt mit einer Widmung für den »Herrscher der Menschheit«, die Verkörperung des Mañjushrī, lobt dann mit einem religiösen Epithet den »König der (buddhistischen) Lehre«, der auf »unerschütterlichem Diamantthron« zum Garanten des »guten Zeitalters« werden möge, in dem sich alle Wünsche erfüllen. Die 2. und 3. Zeile ist so formuliert, daß jeweils die ersten beiden Worte, nämlich »rol-pa'i« und »rdo-rje«, zusammengenommen den Namen jenes lCaṅ-skya Qutuk-tu ergeben.

Ein weiterer Bezug ergibt sich aus dem Aufbau des Gemäldes. Er entspricht der traditionellen sog. *Großen Versammlung* (tib. *chogs-ziṅ*), in der der geistige Stammbaum der Hauptfigur aufgezeigt werden soll. Umgeben von wolkengesäumten Lotosranken sitzen auf einer Ebene mit der Hauptfigur die begleitenden Bodhisattvas, rechts neben ihr der grüne Kṣitigarbha, links neben ihr der weiße Samantabhadra. Auf der Mittelachse des übergeordneten Pantheons erscheint direkt über der Zentralfigur in einem regenbogenfarbigen Kreis der sog. »Wurzellama«, geistiger Ziehvater, den seine Gelbe Mütze als Patriarchen der dGe-lugs-pa-Schule kennzeichnet. Geste und Attribute, die in der linken Hand ruhende Vase mit Lebenswasser sowie Schwert und Buch auf Lotosblüten, lassen erkennen, daß niemand anderes als eben jener Rol-pa'i rdo-rje dargestellt ist.

Auf der Mittelachse darüber erscheint, zwischen verschiedenen Bodhisattvas, die friedliche Schutzgottheit (tib. *yidam*) Guhyasamāya (tib. *dPal gSaṅ-ba 'dus-pa*), rechts daneben der stierköpfige Yamāntaka (tib. *'Jigs-byed*), links Samvara (tib. *bDe-mchog*), als dessen Inkarnation die lCaṅ-skya Qutuk-tu galten. In der Mitte der darüberliegenden Ebene ist der Begründer der dGe-lugs-pa-Schule, Tsoṅkhapa (1357-1419) zu sehen, flankiert rechts von Buddha Amitābha, links von Buddha Akṣobhyavajra. Der Stammbaum kulminiert in Buddha Śākyamuni, den ein Baldachin krönt. Daneben schweben auf und zwischen den Wolken erleuchtete Wesen, himmlische Musikanten und Mönche mit Opfergaben. Unterhalb der Hauptfigur sitzen zu beiden Seiten eines üppigen Lotosteiches Mönche im Halbkreis, rechts wahrscheinlich die verdienstvollsten Schüler des Buddha Śākyamuni. In der untersten Ebene am Bildrand erscheinen zur Abwehr gegen alle Feinde der Religion noch einmal drei Schutzgottheiten in zorniger Form: in der Mitte der sechsarmige Ṣaḍbhujamahākāla (tib. *mGon-po phyagdrug-pa*), rechts flankiert vom Totengott Yama (tib. *gŚin-rje*) als Chos-rgyal und links die auf einem Maultier reitende Śrīdevī (tib. *dPal-ldan lha-mo*). Vergleicht man hierzu ein Bildnis des lCaṅ-skya Qutuk-tu Rol-pa'i rdo-rje im Berliner Museum für Völkerkunde (Blatt 15 eines Albums seiner Präexistenzen), so wird offenbar, daß es dieselben, jenem persönlich zugeordneten zornvollen und friedlichen Schutzgottheiten sind, die auch in Verbindung mit der Darstellung Kaiser Qianlongs auftreten.

Die Thangka gehörte zur Ausstattung des Puning-Tempels, eines in Chengde (Jehol) nordöstlich des kaiserlichen Sommerpalastes gelegenen Bauwerks im tibetischen Stil. Der Tempel wurde unter Kaiser Qianlong nach der endgültigen Niederwerfung des Dsungaren-Aufstandes durch die Qing-Armee im Jahre 1757 errichtet. Die Entstehung des Bildes kann also wohl um 1760 angenommen werden, zumal sich ein Alter von ca. 50 Jahren auch mit den Gesichtszügen des Kaisers in diesem Porträt in Einklang bringen läßt.

Im Realismus der Gesichtsdarstellung spürt man den Einfluß europäischer Maltradition. Möglicherweise wurde das Porträt sogar von Castiglione selbst ausgefügt. Die gesamte übrige Gestaltung des Bildes aber zeigt alle Merkmale der sinnenfrohen tibetischen Malerei. Tatsächlich deutet vieles darauf hin, daß Mönchsmaler aus Zentraltibet hier am Werke waren: die prachtvollen Lotosranken mit gefüllten rundlichen Blüten, die im Hintergrund sanft geschwungenen Hügel und dicht belaubten Bäume, zwischen deren verschieden strukturierten Blattbüschen Klosterbauten eingestreut liegen. Die darin zu sehenden kleinen Figurengruppen stellen wahrscheinlich Szenen aus dem Leben des Buddha Śākyamuni nach seiner Erleuchtung dar und tragen bei zu dem für zentraltibetische Malerei typischen Eindruck der Üppigkeit und Fülle, wohingegen die Gemälde des osttibetischen Raumes mit ihren weiträumigen, eher kargen Hintergrundslandschaften eine kühle Strenge ausstrahlen.

Eingefaßt von fünf Brokatstreifen in den Farben schwarz, gelb, grün, rot und weiß ist diese Thangka ein eindrucksvolles Beispiel für den hohen Stand der tibetischen Kunst im 18. Jahrhundert. Sie dokumentiert zugleich einen wesentlichen historischen Aspekt jener Periode der chinesischen Geschichte in der Person des Kaisers

Abb. 93 (Kat. Nr. 40)

Qianlong, dessen innere Einstellung zum Lamaismus bis heute ein strittiges Thema geblieben ist. Die Staatsräson war zwar der unmittelbare Anlaß für seine politische Begünstigung. Aber nur eine echte, religiös fundierte Neigung, so drängt sich hier der Schluß auf, konnte wohl Qianlong letztlich dazu führen, sich sogar in der Gestalt eines lamaistischen Kirchenfürsten abbilden zu lassen, und sich damit den geistigen Stammvätern des tibetischen Buddhismus zu unterstellen.   RK, PT, UTF

Publiziert: *Gugong ZK*, 14 (1934), 770. *Dihou shenghuo*, 117.

40 (Abb. 93)
Kaiser Qianlong beim Waschen des Elefanten

Ding Guanpeng (tätig ca. 1750-1770)
Datiert 1770
Hängerolle
Tusche und Farben auf Papier
132,2 × 62,6 cm
2 Siegel des Malers, 1 kaiserliches Siegel, 1 weiteres Siegel

Unter zwei hohen, bizarr verwachsenen Bäumen bürsten zwei Burschen einen mächtigen weißen Elefanten. Ein dritter steht mit einem großen roten Tuch bereit, um ihn abzutrocknen. Auf der anderen Seite des Baches schaut ein vierter Bursche, auf seine Bürste gestützt, der Szene zu.

Im Mittelgrund rechts thront die zentrale Heilsgestalt des Bildes. Sie trägt die Gesichtszüge von Kaiser Qianlong. Der Thronende wird umrahmt von zwei Begleitfiguren und einem mit Panzer und Helm gerüsteten Weltenwächter, einem Lokapâla. Im Vordergrund stehen sich mit höflicher Verbeugung zwei eindrucksvolle Gestalten mit indischen Gesichtszügen gegenüber: In roter Robe, von seinem Reittier, einem farbenprächtigen Löwen, begleitet, der Bodhisattva Manjushrī, der in seinen erhobenen Händen ein Buch hält, das *Sutra der Vollkommenen Erkenntnis (prajñâ-pâramitâ)*; in weißer Robe offensichtlich der Bodhisattva Samantabhadra, dessen Reittier der weiße Elefant ist.

Unmittelbar bei den beiden Bäumen des Mittelgrunds blickt hinter dem Elefanten ein junger Mönch mit einem chinesisch gekleideten Begleiter mit ehrfurchtsvoll gefalteten Händen auf die Szene, die sich vor seinen Augen abspielt.

Schauplatz der religiösen Handlung ist eine Gartenlandschaft. Das Gelände steigt nach hinten leicht an. Ein schmaler Bach

94. Waschen des Elefanten. Ding Yunpeng.
1588

schlängelt sich in scharf abgesetzten Windungen in die Tiefe des Raumes, wo sich Wolkenbänke bei einem Hain in das Bild schieben.

Auf dem großen Felsblock unten links steht die Signatur des Malers: *Im sechsten Monat des 35. Jahres der Ära Qianlong (1770) ehrerbietig gemalt von dem Untertan Ding Guanpeng.* Es folgen zwei Siegel des Malers.

Ding Guanpeng war als Hofmaler während der Ära Qianlong (1736-1795) tätig und auf buddhistische und daoistische Figurenmalerei spezialisiert. In vielen seiner Bilder lehnt er sich an das Vorbild seines berühmten Vorfahren, des großen Ming-zeitlichen Malers Ding Yunpeng (tätig ca. 1584-1618) an. So auch in dem ausgestellten Werk. Es stellt eine recht getreue Kopie eines Bildes von Ding Yunpeng aus dem Jahre 1588 dar, das sich heute im Palastmuseum von Taibei befindet (Abb. 94). Kaiser Qianlong schätzte das Ming-zeitliche Original, das sich in seiner Sammlung befand, in besonderem Maße. Es trägt seinen Standardsatz von acht kaiserlichen Siegeln und eine Aufschrift des Kaisers, die auf den 12. Monat des Jahres 1745 datiert ist.

Darstellungen vom Waschen des Elefanten waren in der späten Ming-Zeit beliebt. Die Symbolik des Bildes findet nach einer Quelle aus der späten Ming-Zeit (vgl. Oertling (1980), 227) in einem Wortspiel ihre Erklärung, da das Waschen des Elefanten *(sao xiang)* auch die buddhistische Bedeutung: *Hinwegfegen der (irdisch-illusorischen) Abbilder* haben kann.

Die Ikonographie des Themas entzog sich allerdings bisher der Deutung (vgl. Cahill (1982.2), 219). Möglicherweise liegt aber in den *Gandavyûha* des *Avatamsaka-* oder *Blumenschmucksûtras* der Schlüssel zum Verständnis des Bildes. In diesem zentralen Sûtra der *Huayan-* (jap. *Kegon-*) Schule wird das *Hinübergelangen an das jenseitige Ufer der Erkenntnis* (W. Gundert) des Pilgerknaben Sudhana geschildert. Der Boshisattva Manjushrī nennt ihm 53 Orte, an denen er Belehrung finden kann. Zuletzt kommt er zu dem Bodhisattva Samantabhadra und gelangt dort zur entscheidenden Erkenntnis. Das ausgestellte Bild zeigt daher vielleicht neben den beiden Bodhisattvas in dem jungen Pilger den Knaben Sudhana. Offen ist aber noch immer, um wen es sich bei der zentralen Heilsgestalt des Bildes handelt, die die Gesichtszüge von Kaiser Qianlong trägt. Einen Hinweis bietet die Handhaltung dieser Figur. Die beiden Hände liegen im Schoß mit den Flächen nach oben im Gestus des *Dhyana-mu-*

dra, des Meditationsgestus, der für den Buddha Amitabha, den Buddha des unermeßlichen Glanzes, charakteristisch ist. Diese populäre Heilsgestalt des Mahâyâna-Buddhismus hat ihren Sitz im westlichen Paradies *Sukhavati*, dem Reinen Land. Auch in den abschließenden Hymnen der *Gandavyûha* wird Buddha Amitabha angerufen.

Eine detaillierte Studie dieser ikonographischen Tradition wird vom Verfasser vorbereitet.

Die Darstellung des Kaisers als Buddha Amitabha steht einzigartig dar. Bekannt ist dagegen eine Reihe von Bildern, die ihn als Bodhisattva Manjushrī zeigen (vgl. Einleitung zu diesem Kapitel).

Auf der Montierung unten links steht das in den zwanziger Jahren unseres Jahrhunderts aufgedrückte Siegel des Erziehungsministeriums.   HB

Publiziert: *Qingdai dihou xiang*, III, 2. Kahn (1971), 182. *Zhongguo hua*, 2 (1984), 38.

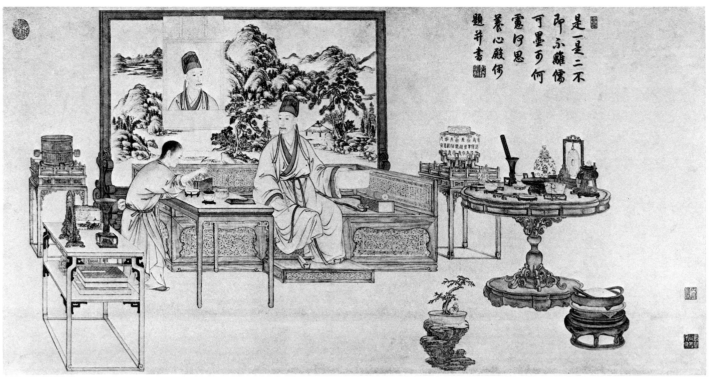

Abb. 95 (Kat. Nr. 42)

41 (Abb. 2, 24)
Kaiser Qianlong beim Betrachten von Bildern

Giuseppe Castiglione (chin. Name Lang Shining; 1688-1766)
Hängerolle
Tusche und Farben auf Papier
136,4 × 62 cm
2 Siegel des Malers, 2 kaiserliche Siegel, 1 weiteres Siegel

Im Schatten hoher Bäume sitzt Kaiser Qianlong, umgeben von Dienern, und betrachtet Bilder aus seiner Sammlung. Er trägt das Gewand eines chinesischen Gelehrten und ist im Alter von ungefähr 40 Jahren gezeigt. Die Hängerolle, die gerade vor ihm entrollt wurde – einer der Diener hält weitere bereit – zeigt das Bild des Malers Ding Yunpeng (1547- nach 1621): *Waschen des Elefanten.* Eine Kopie dieses von Kaiser Qianlong hochgeschätzten Werkes, in dem der zentralen buddhistischen Heilsgestalt seine eigenen Gesichtszüge gegeben wurden, ist ebenfalls in der Ausstellung zu sehen (Kat. Nr. 40).
Der Kaiser sitzt neben einem Tisch, auf dem kostbare Sammelobjekte aufgestellt sind, darunter eine exquisite Jadeglocke. Ein kleiner Diener zur Linken des Kaisers hält ein glückverheißendes *ruyi*-Zepter (vgl. Kat. Nr. 17), auf dem das erste der

acht Urzeichen des *Buches der Wandlungen (Yijing), das Schöpferische (qian),* steht; ein anderer Diener hält einen Pfauenehrenschirm. Der kleinen Brücke über den Bach, der den Vorder- vom Mittelgrund trennt, nähern sich drei Diener, die weitere Kostbarkeiten heranbringen, darunter eine siebensaitige Zither (*qin*; vgl. Kat. Nr. 21). Das wellige Gartengelände steigt nach hinten leicht an, jenseits des Bambushains im Mittelgrund schieben sich dichte Wolkenbänke in das Bild.
Bei der archaisierenden Gewandbildung lehnt sich der Maler stilistisch an den Ming-Maler Ding Yunpeng an, dessen Werk der Kaiser gerade begutachtet.
Unten links steht die Signatur des Malers: *Ehrerbietig gemalt von dem Untertan Lang Shining.* Es folgen zwei Siegel des Malers: *Chen Shining* und *Gong hua.*
Giuseppe Castiglione, der Maler dieses Bildes, war der bekannteste und meistgeschätzte unter den europäischen Malern am Qing-Kaiserhof. Er wurde am 19. Juli 1688 in Mailand geboren. Mit 19 Jahren trat er in Genua in den Jesuitenorden ein und zeigte bald als Maler religiöser Themen seine künstlerische Begabung. 1715 traf er in Macao ein und wurde im November des gleichen Jahres Kaiser Kangxi vorgestellt. Kaiser Qianlong schenkte ihm seine besondere Gunst. Er verlieh ihm ei-

nen Beamtentitel des dritten Ranges und verfaßte, als Castiglione am 17. Juli 1766 in Peking starb, seine Grabinschrift. Castiglione malte in einer Mischung aus europäischem und chinesischem Stil zahlreiche Stilleben, Porträts, kaiserliche Pferde und Hunde, Schlachtenbilder u. a. Unter seiner Planung entstanden auf Weisung Qianlongs im alten Sommerpalast, dem *Garten der Leuchtenden Vollkommenheit (Yuanmingyuan),* Bauten in europäischem, barockisierendem Stil.
Weitere, bis ins einzelne gleiche Versionen dieses Bildes befinden sich im Palastmuseum von Taibei und im Yurinkan in Kyōto. Diese zunächst erstaunliche Tatsache erklärt sich daher, daß es bei den Hofmalern gang und gäbe war, von einer Darstellung mehrere Versionen herzustellen, um den Bedarf des Hofes für die Ausstattung der zahlreichen Paläste zu decken. Eine zusätzliche, leicht modifizierte Version ist auch von zwei weiteren Bildern der Ausstellung bekannt (Kat. Nr. 42 und 43). Auch zu einem Bild Castigliones, das sich heute in Berlin befindet, existiert eine weitere Version im Palastmuseum von Taibei (vgl. Ledderose (1985), 181-193). Im oberen Bildfeld sind zwei Siegel des Kaisers Qianlong aufgedrückt. Das Linke (*Taishang huangdi zhi bao*) verwendete Qianlong nach seiner Abdankung im Jahre

96. *Ein Gelehrter und sein Porträt.*
Anonym. Song-Zeit

1795. Auf der Montierung unten links steht
das in den zwanziger Jahren unseres Jahrhunderts aufgedrückte Siegel des Erziehungsministeriums. HB

Publiziert: *Gugong ZK*, 15 (1934), 810. *Qingdai dihou
xiang*, II, 29.

42 (Abb. 95)
Doppelbildnis des Kaisers Qianlong
Anonym
Hängerolle
Tusche und Farben auf Papier
76,5 × 147,2 cm
5 kaiserliche Siegel

Umgeben von Attributen der Gelehrsamkeit und von exquisiten Kunstobjekten sitzt
ein Gelehrter in seinem Studio auf einer
Liegebank *(kang)* vor einem großen Stellschirm mit einer Landschaftsdarstellung,
von dem eine Hängerolle mit seinem Porträt herabhängt. Lässig hält er in der erhobenen Linken eine leicht aufgerollte Querrolle, in der Rechten einen Pinsel. Neben
ihm liegen eine Buchkassette sowie eine
Querrolle und ein glückverheißendes *ruyi*-
Zepter (vgl. Kat. Nr. 17). Er blickt zu seinem Diener, der ihm gerade eine Schale
Wein (?) eingießt. Der Gelehrte mit hohem
Gazehut, durch den eine Lotosblume
scheint, und weitem, gegürteten Gewand,
trägt die Gesichtszüge Kaiser Qianlongs
im Alter von ungefähr 40 Jahren.
Rechts und links von der Liegebank stehen
reich beschnitzte Ständer mit kostbaren
Sammelobjekten, wie ein Blauweiß-Schul-
tertopf mit Sanskritschrift aus der Ära
Xuande (1426-1435). Weitere Kostbarkeiten verteilen sich auf drei Tischen, darunter antike Bronzekelche vom Typ *gu* und
bi-Scheiben aus Jade (vgl. Kat. Nr. 56).
Ein Kohlebecken auf einem Ständer steht
vorne rechts. Zur Mitte hin ziert ein
Zwergbäumchen (jap. *Bonsai*) in einer
Schale auf einem bizarr geformten Stein
den Raum.

Oben rechts steht eine Aufschrift des Kai-
sers. Sein spielerisch-fragendes Gelegen-
heitsgedicht lautet:
Ist es eins, sind es zwei?
Steht sich weder fern noch nah.
Konfuzianer könnt er sein und auch Mohist.
Doch was lohnt es sich zu grübeln!
Hinzugeschrieben in der Halle der Pflege des
Herzens (Yangxindian).
Siegel: *Qianlong chenhan.*
Der Maler dieses anonymen Werkes, der
Kaiser Qianlong in der Kleidung und dem
Habitus eines chinesischen Gelehrten dar-
stellt, nahm sich ein Bild zur Vorlage, das
sich heute im Palastmuseum von Taibei be-
findet (Abb. 96). Die Abhängigkeit von
diesem Albumblatt eines anonymen Song-
zeitlichen Malers (Tusche und Farben auf
Seide; 29 × 27,8 cm) ist sehr augenfällig.
Lediglich das Mobiliar, die Landschaft auf
dem Stellschirm sowie die Anordnung des
Interieurs sind verschieden. Von dem Dop-
pelbildnis Qianlongs existiert wie auch im
Fall von Kat. Nr. 41 und 43 eine weitere,
leicht modifizierte Version im Palastmuseum von Taibei (*Qingdai dihou xiang*, II,
27).
Die Idee des Doppelbildnisses muß Qianlong fasziniert haben. So zeigt ihn ein anderes Bild als Daoisten in Doppelung (*Gugong ZK*, 15 (1934), 802): Der Knabe
Qianlong trifft auf sein Ebenbild im Mannesalter. Zweifach erscheint er auch auf einem weiteren Bild (*Qingdai dihou xiang*,
III, 12): In buddhistischer Kleidung treffen
der jüngere und der ältere Qianlong zusammen. HB

Publiziert: *Zijincheng*, 21 (1983), 41.

43 (Abb. 53)
Kaiser Qianlong als Eremit
Zhang Zongcang (1686-1756)
Datiert 1753
Hängerolle
Tusche und leichte Farben auf Papier
194 × 159 cm
2 Siegel des Malers, 8 kaiserliche Siegel

Vor dem gewaltigen Naturpanorama gestaffelter Berge sitzt in einem Kiefernhain des Mittelgrundes Kaiser Qianlong in Gelehrtentracht auf einer Felsenplatte mit seiner Zither hinter sich (vgl. Kat. Nr. 21). Er hält in seiner Rechten ein aufgeschlagenes Buch und blickt zu einem Diener, der in gebückter Haltung weiter vorne Tee bereitet. Die beiden Pavillons zur Rechten des Kaisers sind sparsam möbliert. In dem vorderen stehen zwei Gartenhocker, in jenem außen rechts, der auf Pfählen in eine Stromschnelle gesetzt ist, liegen auf einem Tisch Buchkassetten *(tao)* neben zwei kostbaren Gefäßen.

Ein schmaler, steinerner Steg verbindet die von Wasserläufen umgrenzte Klause des gelehrten Einsiedlers mit dem Ufer im Vordergrund. Nebel am Fuße des Gebirges verklären die Landschaft. Wasserfälle tragen zu ihrem Reiz bei.

Oben rechts steht eine Aufschrift Kaiser Qianlongs. Sein zweistrophiges Fünf-Wort-Gedicht lautet:

Inmitten von Kiefern und Felsen, dem Rauschen des Quells,
will trotz schattiger Frische der Sommer nicht kühlen.
Tief in Gedanken, sitz' ich auf kantigem Fels, hochgestimmt, das Kleid und den Gürtel gelöst.
Ein Könner vollendet zum Höchsten die Kunst.
Dem Tüchtigen ist bisweilen die Muße genehm.
Wohl ist es recht, dies im Bilde zu fassen.
Nicht drängt es mich, den Bambushut [Gaozus] zu tragen.
An einem Sommertag des Jahres guiyou [1753] aufgeschrieben.
Es folgen zwei Siegel des Kaisers.

In der letzten Gedichtzeile spielt Qianlong auf den Han-Kaiser Gaozu (reg. 202-195 v. Chr.) an, der aus kleinen Verhältnissen stammte, und noch als Kaiser bisweilen einen Hut aus Bambus aufsetzte, den er vor seiner Inthronisation als Dorfschulze zu tragen pflegte.
Unten links steht die Signatur des Malers:
Im vierten Monat des Jahres guiyou der Ära Qianlong [1753] ehrerbietig gemalt von dem

Untertan Zhang Zongcang. Es folgen zwei Siegel des Malers.

Der Maler Zhang Zongcang stammte aus Suzhou, Provinz Jiangsu, war ein Schüler des Landschaftsmalers Huang Ding (1660-1730) und mit der orthodoxen Schulrichtung der Malerei um Wang Yuanqi (Kat. Nr. 118) vertraut. Typisch für seine Bilder ist der ›trockene‹ Tuscheauftrag.

Als Kaiser Qianlong auf der ersten seiner berühmten sechs Südreisen im Jahre 1751 im Süden weilte, überreichte ihm Zhang sechzehn Ansichten der Gegend um Suzhou. Diese gefielen dem Kaiser so gut, daß er ihm befahl, als Hofmaler in Peking zu dienen. Aufgrund seiner Verdienste, die er sich am Hofe erwarb, erhielt er 1754 den Ehrentitel eines Sekretärs im Finanzministerium. Ein Jahr später verstarb er.

Eine weitere, geringfügig modifizierte Version des Bildes (*Qingdai dihou xiang*, II, 7) – mit einer anderen Gedichtaufschrift Qianlongs – hing mit großer Wahrscheinlichkeit im Jagdpalast der Qing-Kaiser (*Bishu shanzhuang*) bei den Mulan-Jagdgründen in den Bergen des nördlichen Hebei. Dafür spricht, daß das Bild ein kaiserliches Siegel mit der Legende *Bishu shanzhuang* trägt.

Das Gedicht Qianlongs auf dem ausgestellten Werk steht in gleichem Wortlaut auch auf einem Bild, das den Kaiser beim Schreiben in ländlicher Idylle zeigt (*Qingdai dihou xiang*, II, 6).   HB

44 (Abb. 97)
Kaiser Qianlong erlegt einen Tiger
Anonym
Hängerolle
Tusche und kräftige Farben auf Seide
258,3 × 172 cm
3 kaiserliche Siegel, 1 weiteres Siegel

Auf einer leicht abschüssigen Lichtung inmitten einer kargen Gebirgslandschaft rückt Kaiser Qianlong – unterstützt von zwei gerüsteten Helfern – mit einer Lanze mit Widerhaken einem Tiger zu Leibe. Die Lanze im Anschlag nähert sich der Kaiser – jede seiner Bewegungen verrät höchste Anspannung – dem wild die Zähne bleckenden Tiger. Zwischen kräftigen Kiefern steht das gesattelte, an den Fesseln zusammengebundene Pferd Qianlongs, seinen Blick auf die dramatische Jagdszene im Vordergrund gerichtet. In einer Bergmulde links oben zeichnet sich das kaiserliche Zelt ab. Bodennebel verklären im Mittelgrund die Landschaft, zur Rechten geht ein Wasserfall nieder.

Der im Alter von ca. 31 Jahren gezeigte Kaiser trägt ein blaues Gewand mit pelzbesetztem Kragen über einem Unterkleid in hellerem Blau, und – wie seine beiden Begleiter – eine Pelzmütze. Sein in feinen Abstufungen modelliertes Gesicht sowie die plastisch gebildeten Faltenwürfe mit Licht- und Schattenwirkung zeigen europäischen Einfluß und weisen auf Giuseppe Castiglione (s. Kat. Nr. 41) als Maler. Er dürfte auch das Pferd des Kaisers gemalt haben.

Die Tigerjagd zählte wie die Hirschjagd (s. Kat. Nr. 45) zu den beliebten Jagdabenteuern der Kaiser bei der großen Herbstjagd in den Bergen des nördlichen Hebei.

Einen Hinweis, um wen es sich bei den beiden Begleitern des Kaisers handelt, gibt Qianlong in einem Prosatext (*Hushenqiang ji*): *Der Korchin Mongole Mengke und der Mandschure Teku, heute hohe Militärs (neidachen), können mit bloßen Händen ein wildes Tier angreifen wie [einst der berühmte Tigertöter] Feng Fu.*

In der Mitte des oberen Bildfeldes sind drei kaiserliche Siegel aufgedrückt. Jenes außen links (*Taishang huangdi zhi bao*) verwendete Kaiser Qianlong nach seiner Abdankung im Jahre 1795.

Auf der Montierung unten links steht das Siegel des Erziehungsministeriums, das in den zwanziger Jahren unseres Jahrhunderts aufgedrückt wurde.   HB

Publiziert: *Zijincheng*, 17 (1983), 29-31.

Abb. 97 (Kat. Nr. 44)

Abb. 98 (Kat. Nr. 45)

45 (Abb. 98, 99)
Kaiser Qianlong auf der Hirschjagd
Giuseppe Castiglione (chin. Name Lang
Shining; 1688-1766) u. a.
Datiert 1741
Hängerolle
Tusche und Farben auf Seide
267,5 × 319 cm
6 Siegel

Das monumentale Gemälde zeigt den Abschluß der großen kaiserlichen Herbstjagd
im Mulan-Jagdrevier in den Bergen des
nördlichen Hebei. Vor der gewaltigen Na-
turkulisse gestaffelter Berge reitet im Vordergrund der Kaiser – der dritte Reiter von
links – eskortiert von Vertrauten und hohen Würdenträgern in feierlichem Zug
nach links. Hohe, kräftige Kiefern säumen
seinen Weg. In halber Höhe nähert sich im
Mittelgrund rechts eine weitere kleine Abteilung von Reitern. Hoch oben in den Bergen verharren respektvoll größere Reiter-
formationen, darunter Standarten- und
Wimpelträger.
Der Kaiser auf einem schneeweißen
Schimmel wendet sein Antlitz in die Fron-

Abb. 99 (Kat. Nr. 45). Detail

tale. Er trägt wie seine Begleiter Jagdkleidung mit pelzbesetztem Kragen und Kappe. Sein großer Bogen steckt in einer reichverzierten, brokatbeschlagenen Tasche; zahlreiche Pfeile ragen aus dem verdeckten Köcher zu seiner Rechten. Die Reiter an der Spitze des Zuges sind mit Lanze und Gewehr bewaffnet. Über den leicht abschüssigen Weg im Mittelgrund rechts nähert sich ein Reiter, der ein Lastpferd an der Leine führt. Ihm folgt eine Gruppe von Reitern mit Jagdtieren und einem Kamel, das zwischen seinen Höckern einen stattlichen, erlegten Hirschbock trägt. Auch der erste Reiter in der vorderen Reihe führt Jagdbeute mit sich. Er schultert ein posaunenartiges Instrument, das zum Hirschpfeifen verwendet wurde. Der Reiter ihm zur Seite hält auf der vorgestreckten Rechten einen Jagdfalken. Ein weißer Jagdhund begleitet die Gruppe.

Der vielgepriesene Wildreichtum des Mulan-Jagdreviers kommt im Bild anschaulich durch die zahlreichen Rotwildrudel zum Ausdruck, die sich hoch oben im Gebirge in versteckten Tälern aufhalten. Auch Tiger zählten zum Wildbestand. Im Bild unten rechts entfernt sich – aufgeschreckt durch den kaiserlichen Reiterzug – ein prachtvolles Exemplar dieser Gattung.

Das Hirschpfeifen (shaolu) gehörte zu den beliebtesten Jagdformen der Qing-Kaiser und wurde von Qianlong besonders geschätzt. Mit dem Blasinstrument wurde von einem Mann, der als Hirsch verkleidet war, der Ruf des Tieres nachgeahmt, um es hervorzulocken.

Im oberen Bildfeld stehen zwei lange Gedichtaufschriften sowie eine kürzere Prosaaufschrift. Diejenige links oben entstand als erste. Sie enthält die von Kaiser Qianlong verfaßte *Poetische Beschreibung (fu) des Hirschpfeifens (shaolu)* und wurde im Jahre 1749 von dem Minister und kaiserlichen Berater Wang Youdun (1692-1758) aufgeschrieben. Vier Jahre später (1753) schrieb er Qianlongs *Spätere Poetische Beschreibung des Hirschpfeifens* oben rechts hinzu. Mehr als zwanzig Jahre danach, im letzten Herbstmonat des Jahres 1774, fügte der Großsekretär und enge Vertraute des Kaisers, Yu Minzhong (1740-1780), die Aufschrift Qianlongs in der zweiten Kolumne rechts oben an: *Beim Anschauen des Bildes vom Hirschpfeifen aufgeschrieben.* Darin erinnert sich Qianlong voller Wehmut an die 43 Jahre zurückliegende – im Bild von Lang Shining dargestellte – große Herbstjagd von 1741, als er – dreißigjährig – zum ersten Mal im Mulan-Jagdrevier jagte. Der Kaiser gedenkt sodann seiner damaligen Begleiter, von denen, wie er melancholisch bemerkt, die meisten bereits verstorben seien.

Das imposante Gemälde stellt eine Gemeinschaftsarbeit europäischer und chinesischer Hofmaler unter der Führung von Giuseppe Castiglione (Lang Shining) dar, der bei Kaiser Qianlong in hoher Gunst stand (vgl. Kat. Nr. 41).

Der repräsentative Aufzug hoheitsvoller Reiter mit einem Gefolge großer Reitergruppen, die in schlangenförmiger Bewegung aus den Bergen kommen, erinnert in seinem kompositorischen Aufbau und seiner Thematik an Fresken der europäischen Hofmalerei, etwa an den *Zug der Weisen* von Benozzo Gozzoli (1429-1497) in der Kapelle des Palastes Medici-Riccardi in Florenz (*Heydenreich (1972)*, Abb. 330/ 331).

HB

Publiziert: *Zijincheng*, 18 (1983), 32-33. *Guobao*, 149-151.

Abb. 100 (Kat. Nr. 46)

46 (Abb. 100)
Kaiser Daoguang im Kreise der Familie
Anonym
Hängerolle
Tusche und Farben auf Seide
111 × 294,5 cm
3 kaiserliche Siegel

Die große, querformatige Hängerolle zeigt Kaiser Daoguang (reg. 1821-1851) und sieben seiner Kinder, fünf Prinzen und zwei Prinzessinnen, im Garten des Sommerpalastes, dem *Garten der Leuchtenden Vollkommenheit (Yuanmingyuan)*, bei der Muße. Die drei jüngsten Söhne lassen zwei Drachen steigen, die beiden älteren sitzen im Pavillon links und üben sich in der Kunst der Kalligraphie, während sich die beiden Töchter außen rechts an der Baumblüte und den beiden Hündchen erfreuen. In schmalen, seitlich beigefügten Kartuschen sind die Prinzen und Prinzessinnen jeweils benannt.

Im höher gelegenen Pavillon mit quadratischem Grundriß sitzt in statuarisch-würdiger Pose der Kaiser. Er trägt ein Obergewand in kaiserlichem Gelb sowie einen pelzbesetzten roten Hut. Vor ihm auf dem Tisch liegen ein Heft sowie eine Buchkassette, Schreibutensilien stehen bereit. Auf der Tafel über dem Eingang steht ein in Regelschrift geschriebenes Motto: *Lautere Gesinnung und rechter Charakter (chengxin zhengxing)*. Zur Linken, im *Pavillon des Duftenden Glanzes (Fangrunxuan)*, sitzen der vierte und der sechste Sohn des Kaisers jeweils hinter Tischen, auf denen Papier, Schreibgerät und Bücher verteilt sind. Frontal wie der Kaiser sitzt der vierte

Sohn, Yizhu, der spätere Kaiser Xianfeng (reg. 1851-1862), in hellgelbem Obergewand, mit zwei Pinseln in der erhobenen Rechten. Er ist kompositorisch unter den Prinzen hervorgehoben und damit bereits als Thronfolger gekennzeichnet. Dies ist besonders bemerkenswert, weil offiziell der Thronfolger erst mit dem Ableben des amtierenden Kaisers bekanntgegeben wurde. Bereits am 7. August 1846 hatte Kaiser Daoguang inoffiziell aber bereits seine Wahl getroffen (vgl. *Eminent Chinese*, 378). Im *Pavillon des Duftenden Glanzes* links sitzt in blauem Obergewand der sechste Sohn des Kaisers, Yixin (1833-1898), der seinem älteren Bruder Yizhu sehr nahe stand. In der zweiten Hälfte des 19. Jahrhunderts sollte er maßgeblich die Außenpolitik Chinas bestimmen. Er ist unter seinem späteren Titel, Prinz Gong, besser bekannt. Auf seinen Vorschlag hin wurde 1861 das *Amt für auswärtige Angelegenheiten (zongli yamen)* eingerichtet.
Der rechte der drei Kleinsten ist der siebte Sohn des Kaisers, Yihuan (1840-1891), der spätere Vater des siebten Kaisers der Qing-Dynastie, Guangxu (reg. 1875-1908) und Großvater des letzten Kaisers Xuantong (reg. 1909-1911). Er läßt einen Drachen in der Form des Schriftzeichens für *Glück (fu)* steigen. Der Drachen des achten Sohnes im roten Obergewand, Yihe (1844-1868), hat die Form des Schriftzeichens für *Langes Leben (shou)*. Der kleinste, der aufgeregt die Hände hochreckt, ist der neunte und letzte Sohn des Kaisers, Yihui (1845-1877). Von den zehn Töchtern des Kaisers ist die vierte und sechste dargestellt. Die ältere

von beiden, in olivgrünem Gewand, Prinzessin Shouan (1826-1860) steht außen rechts, ihr zur Seite in einem rosa Gewand, Prinzessin Shouen (1830-1859).
Die inoffizielle Entscheidung des Kaisers für seinen Thronfolger Yizhu im August des Jahres 1846 bietet einen Terminus post quem für dieses Bild. Vermutlich ist es im Herbst 1847 entstanden; dies würde sehr gut zum Lebensalter der dargestellten Personen passen. Damals war der Kaiser 65 Jahre alt. Der Thronfolger zählte 16 Jahre, der spätere Prinz Gong 14 Jahre. Der siebte Sohn war 7 Jahre alt, der achte 3 Jahre und der neunte 2 Jahre, während die beiden Töchter 21 bzw. 17 Jahre zählten.

HB

Publiziert: *Qingdai dihou xiang*, IV, 9. *Zijincheng*, 14 (1982), 9.

V Bronze

Im Altertum gab es reiche Kupfer- und Zinnminen im Zentrum des Reiches der Shang- und Zhou-Dynastie (16. Jh.-221 v. Chr.), das in den Gebieten der heutigen Provinzen Henan, Hebei und Hubei lag und sich im Osten bis nach Shandong, im Norden bis nach Shanxi und im Westen bis nach Shaanxi erstreckte. Goldfunde waren selten und zunächst auf den Norden beschränkt, später entdeckte man Gold in der heutigen Provinz Sichuan und Anhui. Silbererze gab es wenig. So ist die Metallkunst in China hauptsächlich auf den Rohstoffen Kupfer, Zinn und Blei aufgebaut. Erst vom 6. Jh. v. Chr. an begann man, Gold- und Silberdrähte für Einlagen in Bronzegerät zu verwenden, und seit der Han-Zeit (206 v. Chr.-220 n. Chr.) kannte man die Feuervergoldung für Bronzen. Eisen ist zwar schon zur späten Shang-Zeit (etwa 1300-1030 v. Chr.) bekannt, wurde jedoch fast ausschließlich zum Guß von Waffen und Ackerbaugerät verhüttet.

Chinas Bronzezeit begann mit der Städtekultur im 17. Jh. v. Chr. und dauerte etwa 1500 Jahre lang an; verglichen mit anderen Hochkulturen umfaßt sie somit einen sehr langen Zeitraum.

Den Bronzegefäßen wird ein hoher Wert zugemessen. Kessel des Typs *ding* (Kat. Nr. 47) gelten zur Zhou-Zeit (11. Jh.-221 v. Chr.) als Herrschaftssymbol; so heißt es, daß im mythischen Götterzeitalter nur zu Regierungszeiten von weisen Herrschern *ding*-Kessel gegossen wurden und ferner liest man: *Kaiser Yu nahm Erze aus den neun alten Provinzen und goß damit neun Kessel, um in ihnen Opferspeisen für [die oberste Gottheit] Shangdi zu kochen..., die neun Kessel wurden auf die Herrscher der nachfolgenden Dynastien... vererbt, als aber die Tugend der Zhou-Herrscher schwand... und die Erdaltäre zerstört waren, da versanken die Kessel... und wurden nicht mehr gesehen* (vgl. Watson (1961), 49).

Der Symbolgehalt der Bronzekessel war im Bewußtsein der Menschen des 6. Jh. v. Chr. noch so stark, daß der Fürst eines Randstaates, als er die Herrschaft über das gesamte Zhou-Reich an sich reißen wollte, *unvermittelt und vieldeutig* nach den Bronzekesseln fragte, um damit seinen Herrschaftsanspruch kundzutun (Franke (1930-52), I, 167-168). Noch zur Regierungszeit von Kaiser Wu der Han-Dynastie (140-87 v. Chr.) wurde die Auffindung eines Bronzekessels als politisches Mittel genutzt, um zu dokumentieren, daß der Segen des Himmels über der Regierung stehe; daher wurde eine neue Kalenderzählung eingeführt; man bezeichnete die Jahre 116-111 v. Chr. als Ära des *ding*-Fundes.

Zur Zeit der Shang- und Zhou-Dynastie wurden in Manufakturen Töpferwaren für den täglichen Gebrauch und kultische Zwecke hergestellt und Waffen gegossen sowie Sakralgefäße, die für Opferzeremonien an Shangdi und die zu Gottheiten gewandelten Ahnen sowie an die Naturgottheiten verwandt wurden. Es entstand eine Priesterklasse, die Bildzeichen entwarf, Vorformen der heutigen chinesischen Schrift. Sie ist unter der Bezeichnung *jiaguwen*, Schrift auf Schildkröten(panzern) und Knochen (Schulterknochen von Rindern und Schafen), bekannt und war für Protokolle der Orakelbefragung bestimmt: Bei Erhitzung der Knochen über Feuer entstanden Sprünge, die von den Priestern entsprechend der Fragestellung des Orakels gedeutet wurden. Die Protokolle ritzten sie dann auf die Rückseite der Knochen. Sie lauteten z. B.: *Tag X, Orakelpriester Y fragt: wird die Ernte gut werden?* oder *wird die Opferzeremonie an den Ahnen Z günstig aufgenommen werden?*

Die Kulthandlung selbst wurde durch die Darbietung von Menschen- und Tieropfern vollzogen. In Bronzekesseln des Typs *ding* (Kat. Nr. 47) wurden Speisen gekocht, in solchen der Typen *gui* oder *fu* (Kat. Nr. 48 und 50) gekochte Speisen gereicht, in Weingefäßen der Typen *hu* oder *lei* (Kat. Nr. 49, 51, 53) der Hirsewein. Die Zeremonien wurden von Musik begleitet, zu den Instrumenten gehörten außer Klangsteinen des Typs *qing* (vgl. Kat. Nr. 34) auch Bronzeglocken des Typs *zhong* (Kat. Nr. 52, vgl. auch Kat. Nr. 33).

Könige und hohe Würdenträger bestattete man zur Bronzezeit mit Beigaben aus bearbeitetem und poliertem Stein, z. B. Jade, beschnitzten Knochen, Keramik und Bronze. Diese sind häufig mit einem Reliefdekor versehen; zu den typischen Ornamenten zählen Drachen und eine *taotie* genannte Tiermaske.

In die Bronzegeräte waren manchmal Inschriften in *Bronzeschrift (jinwen)* eingegossen, die den Namen des Besitzers, seinen Titel oder Klan angeben. Seit der späten Shang-Zeit, d. h. ab dem 14. Jh. v. Chr., versah man bronzene Grabbeigaben häufig mit einer Inschrift, aus der hervorgeht, zu welchem Zweck das Gerät hergestellt worden war: etwa, um Kulthandlungen an dem Ahnen zu vollziehen, dem durch ein zyklisches Zeichen benannten »Vater« oder »Großvater« des Klans. Einige Inschriften nennen auch den Anlaß, der zu ihrer Herstellung geführt hatte, z. B.: *X begleitete den König auf seinem Jagdzug nach Y und erhielt dafür zwei Schnüre von Kaurimuscheln, er verwandte sie, um das kostbare Opfergefäß für den Ahnen Z gießen zu lassen.*

Zur Zeit der Ost-Zhou-Dynastie (770-221 v. Chr.) ließ man auch Gesetzestexte, ferner Ehekontrakte, mit denen Fürstenhäuser verwandtschaftlich verbunden wurden oder auch Belehnungsurkunden auf Bronzegefäßen eingießen. Diese Texte sind authentische Quellen zur Geschichte Chinas und ergänzen die Literatur der chinesischen Klassiker, die auf Seide oder Holz geschrieben wurden.

Im chinesischen Kaiserreich, das der Erste Erhabene Kaiser der Qin, Qin Shihuangdi, 221 v. Chr. gründete, und das bis 1911 n. Chr. bestand, wurden die Bronzegefäße als Relikte des Altertums in Ehren gehalten, galten sie doch als Werke jener Zeit, in der nach Überzeugung der konfuzianischen Gelehrten idealere Zustände geherrscht hatten als in der jeweiligen Gegenwart. Sie waren Zeugnisse für eine Antike, die reich an Vorbildern für rechtes Verhalten war. Diese wurden den Herrschern der Gegenwart als Spiegel vorgehalten, wollte man Kritik an ihnen üben.

Nachdem unter dem Ersten Erhabenen Kaiser der Qin die Schreibweise der chinesischen Schriftzeichen vereinheitlicht worden war, konnten viele alte Schriftzeichen der *Bronzeschrift (jinwen)* nicht mehr gelesen werden. Es entstanden nun die ersten Lexika, das *Erya* als Hilfswerk für die Lektüre der Klassiker und das *Shuowen jiezi*, das von Xu Shen um 100 n. Chr. verfaßt, als *goldene Regel in allen Fragen der Schrift* (Feifel (1959), 61) gilt. Beide Werke erklären und deuten die Schriftzeichen und geben ihre Aussprache an.

Mit der Errichtung von steinernen Gedenkstelen, auf denen seine Taten verherrlicht waren, prägte der Erste Erhabene Kaiser von Qin auch den Schrifttyp der *Siegelschrift (zhuanshu)*, der für bestimmte Dokumente und für Bronze- und Jadesiegel bis in die Gegenwart hinein verwandt wird, in dem aber auch die Inschriften von Bronzespiegeln der Han-Zeit gegossen wurden. Dort sind sie in konzentrischen Bändern zwischen Reliefdarstellungen aus dem Themenkreis des daoistischen Volksglaubens geschoben, über den hier mehr im

Kapitel Jade (siehe Seite 175 ff.) berichtet wird.

Während sich Zentralbegriffe der konfuzianischen Lehren durch Bronzeinschriften bereits für die West-Zhou-Zeit belegen lassen, ist man sich über die Entstehungszeit daoistischen Gedankenguts noch nicht einig. Der Kranich auf dem Deckel des Weingefäßes vom Typ *hu* (Kat. Nr. 51) ist als Symbol für Langlebigkeit eines der Sinnbilder des für die Han-Zeit belegten Volksglaubens. Als Deckelbekrönung eines um 800 v. Chr. gegossenen Gefäßes stellt der als Schneekranich identifizierbare Vogel ein äußerst bemerkenswertes Beispiel für das Auftauchen eines Motives dar, das zum Bereich daoistischer Symbole gehört.

Nach der Han-Zeit wird auch die Bronzekunst in den Dienst der buddhistischen Lehre gestellt. Der Kult der Frühzeit gerät in Vergessenheit. In der Schriftkunst entwickeln sich die Kursiv- und Konzeptschrift. Die größten kulturgeschichtlichen Errungenschaften wurden auf den Gebieten der Ästhetik und Dichtkunst im Süden gemacht, während sich im Norden die Entfaltung der buddhistischen Schulen vollzieht. Nach der Einigung des Reiches unter der Sui-Dynastie (589-618 n. Chr.) entstehen Meisterwerke der Bronzekunst auf dem Gebiet der buddhistischen Plastik; sie erreicht ihren Höhepunkt zur Tang-Zeit (618-907 n. Chr.).

Erst zur Song-Zeit (960-1279 n. Chr.) erwacht mit der Rückbesinnung auf die konfuzianischen Lehren und dem Erstarken der neo-konfuzianischen Schulen ein Interesse am Altertum, und es entsteht eine Palastsammlung archaischer Bronzen: Kaiser Taizong (reg. 976-997 n. Chr.) ließ zunächst einen ausführlichen Kommentar zum Zeichenlexikon *Shuowen jiezi* anfertigen, und der Gelehrte Ouyang Xiu (1007-1071 n. Chr.) verfaßte ein erstes Werk über Bronze- und Steininschriften der Shang- und Zhou-Zeit, das er *Rückwendung zu den Sammlungen des Altertums (Jigulu bawei)* nannte. Mit diesen Werken wird das Interesse für die archaischen Bronzen wieder erweckt und der Grundstein für die kaiserliche Sammlung gelegt. Im Jahre 1092 erschien ihr erster Katalog, *Bilder zum Studium der Antike (Kaogutu)*. Der Verfasser Lü Dalin (1046-1092 n. Chr.) stellte darin zweihundert Bronzen der kaiserlichen Sammlung zusammen. Die Palastsammlung wurde bald erweitert. 1126 n. Chr. erschien der mehr als 800 Objekte umfassende Katalog der Sammlung

des Kaisers Huizong (reg. 1101-1125 n. Chr.), *Xuanhe bogutulu* von Wang Fu. Im Unterschied zum älteren *Kaogutu* enthält dieser *Große, illustrierte Katalog der Xuanhe-Ära* auch Bronzegerät ohne Inschriften, das nur der Schönheit seiner Form wegen in die Sammlung aufgenommen wurde.

Auf den Formenschatz der Song-Dynastie beginnt nun die archaische Bronzekunst einen großen Einfluß auszuüben, der das gesamte Kunstgewerbe bis zur Qing-Zeit hinein prägt (vgl. Kat. Nr. 60).

In den folgenden sechs Jahrhunderten verdoppelt sich der Bestand an Bronzegeräten der Palastsammlungen, die nicht nur in Peking, sondern z. B. auch in Shenyang, in der heutigen Provinz Liaoning, angelegt wurden. Nicht alle Bronzen des im Jahr 1755 in vierzig Bänden publizierten Katalogs der Sammlung des Kaisers Qianlong *Spiegel der Antike (aus der) Westlichen Qing-Dynastie (Xiqinggujian)* stammen aus dem Altertum, manche sind auch Nachschöpfungen der Song-, Ming- oder Qing-Zeit, die auf Anregungen zurückgehen, die die Bronzemeister durch Abbildungen aus dem Song-zeitlichen Katalog empfingen.

Zu den großen Gelehrten, die in unserer Zeit Forschungen zu dem Bestand der Palastsammlungen veröffentlichten, zählt Rong Geng (vgl. auch Kat. Nr. 98).

Als einer der ersten Forscher setzte er sich mit den Problemen der Authentizität und Datierung der Bronzen auseinander und machte Angaben über Fundumstände und Fundort der Bronzen, u. a. auch über das Weingefäß vom Typ *hu* (Kat. Nr. 51). So war er einer der Wegbereiter der modernen Archäologie. UL

47 (Abb. 25)
Kochgefäß, Typ ding
Shang-Zeit (16.-11. Jh. v. Chr.)
Bronze
H. 30,5 cm, D. (Mündung) 24,4 cm

Ein flach-bauchiger Körper auf drei zylindrischen Füßen ist zum breiten Mündungsrand leicht eingezogen. Zwei bogenförmige, sich nach oben verbreiternde Henkel sind in den Rand eingegossen. Ein schmaler Dekorfries umgibt die obere Wandung, er wird plastisch gegliedert durch sechs mit Kerben versehene Flansche und besteht aus gegenständigen Drachenmotiven, die, zusammengesetzt, eine Tiermaske mit seitlichen Körperbändern bilden. Die Song-Ge-

lehrten nannten diesen Tierdämon *taotie*, d. h. Vielfraß. Das *taotie* ist eines der Hauptmotive aus der Bronzekunst der Shang-Zeit.

Auf der Innenwandung ist eine Inschrift eingegossen, die als Klanzeichen gedeutet wird.

Gefäße des Typs *ding* wurden schon zur Steinzeit in China aus Ton und Steinzeug hergestellt, meist als Dreifüße mit bauchigem Körper, doch hat man auch vierkantige Kessel mit vier Füßen getöpfert oder in Bronze gegossen. Da man Fundbeispiele mit Rußspuren am Außenboden und Wasserrändern auf der Innenwandung entdeckt hat, konnte auch archäologisch nachgewiesen werden, daß diese Gefäße zum Kochen verwandt wurden. Der Gefäßtyp ist typisch für die Bronzezeit in China. Zur Han-Zeit erhält er einen mit Löchern versehenen, plastisch ausgeformten Decken und wird dann als Weihrauchbrenner genutzt. In dieser Variante hat sich die Gefäßform bis in die jüngste Zeit erhalten. UL

48 (Abb. 104)
Speisegefäß, Typ gui
West-Zhou-Zeit (11. Jh.-771 v. Chr.)
Bronze
H. 30,5 cm, D. (Mündung) 24,4 cm

Die runde Topfform ist auf einen vierkantigen Sockel angegossen und zur Mündung leicht eingezogen. Unter der ausgezogenen Kragenlippe setzen zwei plastische Tierköpfe an, deren Mäuler die bogenförmigen Henkel umschließen, die in Höhe des Standrings in zungenförmige Fortsätze auslaufen.

Auf den Sockelflächen ist je ein *taotie* in Relief dargestellt, dessen Körper zu beiden Seiten durch Vogelkrallen und nach oben ausgeschwungene Schwanzfedern wiedergegeben ist. Den Standring umgeben gegenständige Gruppen von je drei hintereinander gesetzten Seidenraupen, die auf die Frontseiten zu angeordnet sind. Die Laibung trägt einen geometrischen Dekor, der aus Noppen auf Rhomben besteht. In der oberen Randborte wiederholt sich der Fries des Standrings, die Motive sind hier jedoch je einer plastischen Tiermaske zugeordnet.

In das Gefäß ist eine Inschrift eingegossen, sie lautet *Bo hat das kostbare Sakral-[gefäß des Typs] gui gießen lassen*. Der Titel *bo*, Graf, erscheint häufig auf den Inschriften der West-Zhou-Dynastie. Bemerkenswert

Abb. 101 (Kat. Nr. 50)

ist, daß hier der Gefäßtyp *gui* genannt und damit die Bezeichnung des Gefäßtyps für diese Periode belegt ist.

In Gefäßen des Typs *gui* wurden gekochte Speisen dargeboten. Das *gui* wurde zur Shang-Zeit ohne Sockel mit oder ohne Deckel und Henkel gegossen, zur West-Zhou-Zeit erhält es zwei oder vier plastisch ausgebildete Henkel sowie häufig einen vierkantigen Sockel, an dessen Unterseite manchmal ein Glöckchen angegossen ist.

UL

49 (Abb. 8)
Weingefäß, Typ hu
West-Zhou-Zeit (11. Jh.–771 v. Chr.)
Bronze
H. 50,4 cm, D. (Mündung) 18,9 × 13,9 cm

Birnenförmiger Körper von abgerundet rechteckigem Querschnitt auf ausschwingendem Standring. Den Halsansatz betonen zwei bogenförmige Henkel in Form stilisierter Vögel, sie greifen in je einen beweglichen Ring. Der auf dem Gefäßrand liegende Deckel trägt einen manschettenartig geformten Griff.

Standring und Deckelmanschette umspinnen je zwei schmale Profilbänder. Die Breitseiten der Laibung sind durch Reliefbänder in vier Felder gegliedert, die Mitte von Breit- und Schmalseiten durch plastische Rhomben betont. Jedes der Felder ist

mit einem Augenmotiv gefüllt, das sich aus der Drachendarstellung der frühen West-Zhou-Zeit ableitet. Als Randfriese umgeben diese Motive auch Hals- und Deckelzone. Der obere Halsteil trägt keinen Dekor und bildet so einen glatten Hintergrund für die Vogelhenkel.

Die gürtelartige Gliederung der Laibung mit zentralen Rhomben ist charakteristisch für Gefäße dieses Typs der späten West-Zhou-Zeit und der frühen Periode der Frühlings- und Herbstannalen. Er bringt die spannungsreiche, strenge Form vorzüglich zur Geltung.

Bronzene *hu*-Gefäße wurden schon zur Shang-Zeit den Toten mit ins Grab gegeben und werden in der ältesten Sammlung der chinesischen Literatur, dem *Buch der Lieder* erwähnt. Dort heißt es, daß für ein Abschiedsfest hundert *hu*-Gefäße mit klarem Wein gefüllt wurden; er wurde beim Festmahl getrunken, zu dem geröstete Schildkröte, frischer Fisch, Bambussprossen und junge Triebe von Schilfgewächs gereicht wurden.

UL

50 (Abb. 101)
Deckelgefäß, Typ fu
West-Zhou-Zeit, 8. Jh. v. Chr.
Bronze
H. 19,9 cm, D. (Mündung) 29,9 × 23,8 cm

Charakteristisch für den Gefäßtyp ist seine rechteckige Form. Gefäß und Deckel gleichen sich mit den schräg hochgeführten Wandungspaneelen und den schrägen Manschetten, die Sockel und Griff bilden. Die Schmalseiten sind mit je einem Henkel in Halbbogenform versehen. Gefäß und Deckel schmücken Relieffriese mit drachenähnlichen Motiven.

Das Gefäß diente zum Darbieten von Speisen und ist typisch für den Formenschatz der späten West-Zhou-Zeit und die frühe Periode der Frühlings- und Herbstannalen. Boden und Deckplatten tragen häufig längere Inschriften, wie bei einem in Form und Dekor sehr ähnlichen Gefäß, das man bei Shangcunling, Provinz Henan, im Gräberfeld des alten Staates Nord-Guo ausgegraben hat. Wie aus den Inschriften der dortigen Funde hervorgeht, muß der Staat Nord-Guo vor 771 v. Chr. gegründet worden sein und bis zu seiner Annektion durch den mächtigen Nachbarstaat Jin 655 v. Chr. bestanden haben. Das ausgestellte Gefäß kann somit ins 8. Jahrhundert datiert werden.

UL

51 (Abb. 105)
Weingefäß, Typ hu
Ost-Zhou-Zeit, spätes 6. Jh. v. Chr.
Bronze
H. 122 cm, D. (Mündung) 30,5 × 24,9 cm

Birnenförmige Form von abgerundet rechteckigem Querschnitt auf ausschwingendem Sockel, der auf zwei parallel zueinander gesetzte Tigerplastiken gestellt ist. Die Schmalseiten der Gefäßwandung begleiten die Körper zweier gehörnter Drachen, sie bilden die Henkel. Flach gewölbter Deckel mit doppeltem, plastischen Kranz von durchbrochen gegossenen, lanzettförmigen Blättern. Sie umschließen die Figur eines stehenden Kranichs.

Bis auf den glatten Mündungsrand überzieht Reliefdekor das gesamte Gefäß. Es besteht aus ineinander verhakten Schlangenmotiven. Den Sockelrand umgibt ein Band mit kleinteiligem, ineinander verhaktem Drachenmuster, das nach dem Fundort *Xinzheng*-Dekor genannt wird. Entlang der Fußzone sind insgesamt acht katzenartige Tiere in Relief gegenständig angeordnet. Der Randfries des Deckels besteht aus Augenmotiven.

Das Gefäß entstammt einem 1923 in Xinzheng, Provinz Henan, anläßlich eines Brunnenbaus gemachtem Zufallsfund. Nach Geräten aus diesem Fund, die teilweise in den Besitz des Palastmuseums Peking gelangten, werden die feinteilig ineinander verschlungenen Muster *Xinzheng-Dekor* genannt.

In der Verschleifung der Form wird die Wandlung des Formgefühls von der späten West-Zhou- zur Ost-Zhou-Zeit deutlich, wie ein Vergleich mit Kat. Nr. 49 zeigt. Im Dekor wird der Einfluß des Tierstils der Steppenkunst erkennbar, besonders an den katzenartigen Tieren am Boden und an den Körpern der plastisch ausgeformten Tiger und Drachen.

Das weltberühmte Gefäß wird sehr häufig publiziert, vor allem auch seiner Deckelbekrönung, des Kranichs, wegen. Der Realismus seiner Darstellung ist vielleicht für die Tierbeobachtungen der Steppenvölker typisch. Der Kranich ist flügelschlagend mit vorgestrecktem Kopf wiedergegeben, durch die Verdickung im Gesicht ist der Vogel als Schneekranich *(grus leucogranus)* identifizierbar, dessen Federn zwei Drittel des Gesichtes freilassen und erst am Hinterkopf beginnen. Unter den Kranicharten ist der Schneekranich für seinen klarinettenartigen, melodischen Ruf berühmt, den er unter Flügelschlagen und Vor- und Rückwärtsbewegung des Kopfes ausstößt. Schon im *Buch der Lieder* wird der Vogel mit seinem durchdringenden Ruf besungen. UL

Publiziert: *The great bronze age*, Nr. 67. Weng/Yang (1982), 134-136.

52 (Abb. 12)
Glocke, Typ zhong
Ost-Zhou-Zeit (771-221 v. Chr.)
Bronze
H. 62,2 cm, B. 54 cm

Glocke mit elliptischem Durchmesser mit unten eingebogtem Mantel, der sich nach oben verengt, und flacher Deckplatte mit einem Zapfen in der Mitte.

Die beiden Mantelflächen sind oberhalb des ersten Drittels in je zehn horizontale Streifen und ein mittleres, vertikales Feld gegliedert, das für Inschriften vorgesehen ist. Zu beiden Seiten davon befinden sich je drei Reihen von Buckeln mit abgerundeten, schmaleren Spitzen. Zwischen ihnen und an ihrem unteren Rand befindet sich

Abb. 102 (Kat. Nr. 53)

Reliefdekor. Er besteht aus einer zentralen Maske, die in verhakte Schlangenmuster übergeht, sowie schmalen Friesen dieses Musters.

Aus Fundbeispielen ist bekannt, daß Glocken des Typs *zhong* in Sätzen von acht oder mehr gegossen wurden; sie wurden auf Holzgerüste aufgehängt und mit einem Hammer angeschlagen. Je nach Anschlagstelle ändert sich der Ton, der oft durch die auf der Glocke eingegossene Inschrift benannt ist. Ma Chengyuan untersuchte Glockenspiele der späten West-Zhou-Zeit und stellte fest, daß sie auf die Töne la-do-mi-sol-la-do gestimmt sind. Die Glocken der Ost-Zhou-Zeit bestehen aus größeren Sätzen, sie haben Halbtöne sowohl in Dur- wie auch in Moll-Tonarten, jede Oktave besteht aus zwölf Notentönen. UL

53 (Abb. 102)
Weingefäß, Typ lei
Ost-Zhou-Zeit, um 500 v. Chr.
Bronze
H. 32,3 cm, D. (Mündung) 38,7 cm

Schultertopf auf niedrigem Standring mit kurzem Hals und breiter Kragenlippe. Auf der gewölbten Schulter sind zwei Griffe in Form von sich gegenüberstehenden Tigern angegossen, deren Hinterläufe je einen Ring umschließen. Die Wandung überziehen konzentrische Relieffriese mit Augenmotiven, Zackenmustern und verhakten Schlangendrachen; sie alternieren mit glatten Bändern.

Gefäße dieses Typs wurden seit der Shang-Zeit als Steinzeugware hergestellt, die mit Glasur überzogen war, oder auch in der weißen, porzellanartigen Ware der Shang-Zeit mit eingepreßten Mustern, die dem Bronzedekor entsprechen; der Bronzetyp des *lei* der Shang-Zeit wird in abgewandelter Form charakteristisch für die frühe West-Zhou-Periode. Zur Ost-Zhou-Zeit schwindet der Typ *lei* aus dem Formenschatz. Die Tigerplastiken in ihrer geschmeidigen Haltung sind typisch für die Bronzekunst um 500 v. Chr. UL

VI Jade

Das Wort Jade leitet sich aus dem Spanischen ab, von *piedra de ijada*, Lendenstein. Im Französischen wurde es zu *Jade* abgekürzt und in dieser Form dann auch in andere europäische Sprachen aufgenommen. Zwei Mineralien, Nephrit und Jadeit, bezeichnet man als Jade. Das erstere besteht aus Kalzium und Magnesiumsilikat, das zweite aus Natrium und Aluminiumsilikat, es ist etwas härter und im kristallinen Gefüge dichter als das erstere. In England wurde Nephrit auch *Nierenstein* genannt und durch Sir Walter Raleigh (1552?-1618) bekannt. Sowohl der spanische als auch der englische volkstümliche Name weisen auf Heilkräfte hin, die man dem Stein im Europa des 16. und 17. Jahrhunderts zuschrieb.

In China werden Nephrit und Jadeit sowie andere Mineralien, die sich hochglänzend polieren lassen, Jadesteine *(yushi)* genannt. Schon in der ältesten chinesischen Literatur, dem *Buch der Lieder,* rühmt man an dem Jade die Eigenschaften der Sanftheit: *Mein Herr ist sanft wie Jade* (Salmony (1938) 8). Das Auge erfreut sein weicher Glanz und seine Transparenz, den Tastsinn seine Glätte und Kühle. Zu den *neun Tugenden des Jade* zählen ferner vor allem Lauterkeit, Weisheit und Toleranz. Dem Jade sagt man magische, die Manneskraft erneuernde Kräfte, Mana, nach, und es heißt, Jade entstünde durch die Essenz des Wassers.

Grundsätzlich unterschied man zwischen Fluß- und Bergjade, d. h. dem Material, das als Kiesel in den Flußbetten gefunden wurde, und jenem härteren Bergjade, den man aus Steinbrüchen in den Bergen brach. Je nach Fundort hatten Nephrit und Jadeit unterschiedliche Färbung, die je nach Gehalt an Eisenoxid von Grün über Weiß, Gelb, Rot zu Braun oder sogar Schwarz reichen konnte. Im Altertum soll es im Reich selbst Jade gegeben haben, später werden der Norden, Nordwesten und Westen Chinas als Herkunftsland des Jade erwähnt; berühmt sind Khotan und Yarkand für ihre Lieferungen an Nephrit nach China, beide Städte liegen in der heutigen Provinz Xinjiang.

Jade wurde schon zur Steinzeit als Schmuckstein geschätzt, wie aus Ausgrabungen bekannt ist. Während der Bronzezeit, ab dem 17. Jh. v. Chr., wurden Könige und hohe Würdenträger zusammen mit Insignien aus Jade bestattet. Zur Grabausstattung gehörten ferner kosmologische Symbole, astronomische Instrumente, Geräte und Schmuck aus Jade, dazu zahlreiche Plaketten und Ornamente in Tierform, z. B. Zikaden, Schlangen, Seidenraupen, Fische, Drachen und Tiger, die auf den Symbolgehalt des Jade als Mana deuten. Später gewinnt Jade als Essenz der Lebenskraft, die den Körper vor der Verwesung bewahrt, zunehmend an Bedeutung. Während man bereits zur Shang-Zeit (16.-11. Jh. v. Chr.) dem Toten Kaurimuscheln oder Jadeperlen in den Mund legte, verschließt man in der Zhou-Zeit die neun Körperöffnungen mit Jade, und von der späteren Ost-Zhou-Zeit an kleidet man ihn bisweilen vollkommen in ein Jadegewand ein.

Zu den auch in Europa bekannt gewordenen, berühmten Fundbeispielen zählen die Jadegewänder des Prinzen Liu Sheng (gest. 113 v. Chr.) und seiner Gemahlin Dou Wan (gest. 87 v. Chr.). Jedes bestand aus mehr als 2500 Jadeplättchen, die, zu je zwölf Teilen zusammengenäht, Haupt und Körper der Toten vollkommen von der Luft abschlossen. In ihre Münder hatte man eine Jade-Zikade gelegt, Symbol der Lebenserneuerung oder Metamorphose.

Über den Begriff der Metamorphose heißt es in dem Buch *Guanzi,* dessen Gedankengut in der hier zitierten Stelle bis ins 5. Jh. v. Chr. zurückgehen soll:

Wenn sich Wasser zu Jade verdichtet, erscheinen seine neun Tugenden; verfestigt es sich zum Menschen, so erscheinen seine neun Öffnungen und die fünf Organe. Der Drache lebt auch im Wasser, nimmt jedoch seine fünf Farben an und vergeistigt sich; je nach Wunsch kann er sich in eine Larve oder Seidenraupe verwandeln oder auch über alle Maßen groß werden . . . Die Essenz des Wassers ist dick, zähflüssig, kann sich verdichten, es spendet Lebensdauer, nicht Tod. Es läßt Jade, Schildkröten und Drachen entstehen . . . (vgl. Needham (1956), 44).

Der Symbolgehalt von Jade und Drache findet in der Regenbeschwörungszeremonie der Han-Zeit (206 v. Chr.-220 n. Chr.) Ausdruck: Schamanen nahmen einen grünen Jadestab auf und riefen mit ihm den Drachen herbei, der Regen bringen sollte. Von dem Jadequell, der *die Unsterblichen, die kein Altern kennen,* labte, zeugen die Inschriften der Bronzespiegel der Han-Zeit.

In der Literatur der nachfolgenden Sechs-Dynastien-Zeit (3.-6. Jh. n. Chr.) finden sich Schilderungen von Paradiesen, die man sich vor allem im Westen, aber auch im Ostmeer dachte; von Inseln, in denen das Wasser der Flüsse über ein Bett aus Jadekieseln floß, wo Unsterbliche von der Jademostquelle unter hoch aufragenden Jadefelsen tranken. Von dem Reich der Königin-Mutter des Westens, Xiwangmu, im Kunlun-Gebirge, heißt es, ihr Palast sei umwallt von einer Mauer, aus der Jadetürme aufstrebten, ein Jadetor reiche hinauf zum Himmel, vor dem Palast dehne sich westwärts der Jade-See aus (Bauer (1974), 251-252).

Zu den Motiven aus dem Volksglauben, die häufig in Jade dargestellt werden, zählen die Acht Unsterblichen, *baxian,* sowie die Gestirnsgottheit der Langlebigkeit, Shouxing, der kahlköpfig mit hohem Schädel, auf einem Hirsch oder Kranich reitet (Kat. Nr. 58). Ebenso wie Kranich und Hirsch symbolisiert auch der *lingzhi*-Pilz Langlebigkeit schlechthin, im Schnabel des Kranichs oder im Maul des Hirschen gehalten, verstärkt sich noch sein Symbolgehalt.

Wegen seiner Härte läßt sich Jade nur schleifen, nicht schneiden. Typisch für Jadeobjekte der Shang- und West-Zhou-Zeit (15.-8. Jh. v. Chr.) sind weite, sich nach innen zu verengende Bohrungen (Kat. Nr. 55), sowie eine unterschiedliche Stärke der Platten entlang ihres Durchmessers. Während der West-Zhou-Zeit wurde das Sägen mit einem Draht und feinem Sand als Schleifmittel eingeführt. Zum Ende der Ost-Zhou-Zeit (770-221 v. Chr.) war die Technik der Jadebearbeitung so weit entwickelt, daß man auch durchbrochen geschnitzte Objekte herstellen konnte. Zum Ende der West-Han-Dynastie (206-9 n. Chr.) erreichte die Jadekunst einen ihrer ersten Höhepunkte in der Herstellung von Schmuckgerät und Kleinplastiken.

Die Jadeobjekte der Shang-Zeit haben weiße, grünliche oder bräunlich-schwarze Färbung und werden aus Platten oder Blöcken hergestellt. Vorherrschend unter den Grabfunden sind Insignien, Messer, Streitäxte, Hellebardenspitzen, die in ihrer Form den Bronzewaffen gleichen. Außer kosmologischen Symbolen wie *cong*-Rohr und *bi*-Scheibe (Kat. Nr. 54 und 56), gehörten auch Musikinstrumente wie Klangsteine, *qing* (vgl. Kat. Nr. 34), Gefäße, Plaketten und Schmuckobjekte zur Grabausstattung von Königen und hohen Würdenträgern der Shang- und West-Zhou-Zeit. Die größeren Objekte tragen einen Reliefdekor, der dem Motivschatz der Bronzekunst gleicht.

Zur Zeit der Periode der Frühlings- und Herbstannalen (770-475 v. Chr.) gehören

Insignien und Objekte, welche Rang und Position der Verstorbenen bezeichnen, wie *gui-* oder *zhang*-Zepter, und mit Inschriften versehene Plaketten zur Grabausstattung. Außer *bi*-Scheibe und *cong*-Rohr, Plaketten in Tierform sowie Schmuckgegenständen fand man auch ganze Sätze von Jadesteinen, es sind Nachbildungen der fünf Gesichtsorgane (Augen, Zunge, Mund, Nase und Ohren).

Unter den Grabfunden aus der Epoche der Streitenden Reiche dagegen (475-221 v. Chr.) überwiegen der Schmuck sowie Nachbildungen von Bronzegefäßen. *Bi*-Scheiben und alles andere Gerät zeichnen sich durch glänzend polierte Oberflächen und meisterhafte Ausarbeitung aus.

Zu den Meisterwerken der Jadekunst der Han-Zeit zählen Kleinplastiken von Tieren oder auch durchbrochen gearbeitete Figuren von Unsterblichen. Die *bi*-Scheiben erhalten eine Bekrönung (Kat. Nr. 56). Jadetäfelchen, Siegel, Zepter und Inschriftentafeln gewinnen an Bedeutung für das Staatsritual.

Von den Werken der Jademeister der nachfolgenden Jahrhunderte wissen wir wenig. Zur Tang-Zeit (618-907 n. Chr.) bezog man Jade aus Khotan, einen durchsichtigen, weiß schimmernden Nephrit; und wollte man die Schönheit einer Frau rühmen, verglich man sie mit ihm. Der Dichter Li Bo (Li Taibo, 701-762 n. Chr.) tauschte ein Paar heißersehnter Silberfasane gegen zwei Ringe aus diesem Material. Gürtel und Ringe dieses kostbaren Steins gehörten zu den Geschenken der Fürsten an Kaiser Xuanzong (reg. 713-762 n. Chr.). Viele Objekte wurden ersatzweise aus ähnlichem Gestein hergestellt; da Nephrit sehr teuer war, aber wegen seines Symbolgehalts für den Staatskult große Bedeutung hatte, erließ der Kaiser ein Edikt, in dem er gebot, daß die *Sechs Geräte,* mit denen die Gottheiten verehrt und der Dienst im Ahnentempel verrichtet wurde, aus echtem Jade sein müßten, damit die himmlische Ordnung nicht gestört würde. Nur für geringere Opferdienste dürften Materialien aus anderem Stein ersatzweise verwandt werden (Schafer (1963), 225).

Zu den großen Kulthandlungen, die der Kaiser, wie vor ihm Kaiser Wu der Han-Dynastie, vollzog, zählte das Opfer an dem heiligen Berg Tai in Shandong. Während dieses Aktes wurden Jadetäfelchen am Ostrand des Berges niedergelegt, in denen in mit Gold ausgelegten Schriftzeichen dem Himmel für seinen Segen, den er der Dynastie angedeihen ließ, gedankt wurde. Aus der Literatur ist bekannt, daß sich der Kaiser seine Lieblingspferde aus Jade nachbilden ließ. Die Schätze seiner Sammlung, zu denen auch Gefäße, Miniaturberge und Plastiken gehört haben mögen, sind verschollen. Eine Vorstellung von ihnen läßt sich jedoch bei Betrachtung der aus Gräbern der kaiserlichen Familie geborgenen Keramiken gewinnen.

Nachdem zur Zeit der Nördlichen Song-Dynastie (960-1127 n. Chr.) ein erster Katalog von Jadeobjekten als Anhang zum Bronzekatalog im Jahre 1092 erschienen war, wurde ein Katalog der Sammlung des Kaisers Gaozong (reg. 1127-1162) der Südlichen Song-Dynastie (1127-1278) unter dem Titel *Alter Jade, Beschreibungen und Abbildungen (Guyu tupu)* verfaßt. Die Sammlung selbst wurde nach Eroberung der Hauptstadt Nanjing und Plünderung des Kaiserpalastes durch die Mongolen in alle Winde zerstreut.

Der Katalog umfaßte 700 Objekte, die in 100 Kapiteln mit Abbildungen wiedergegeben sind. Er wurde erst 1773 zur Regierungszeit von Kaiser Qianlong gedruckt, ist jedoch für eine Identifizierung der Objekte wenig brauchbar. Zu den ersten modernen Werken zählt der 1889 publizierte Katalog des chinesischen Staatsmannes und Sammlers Wu Dacheng (1835-1902) mit dem Titel *Jade des Altertums, Forschungsbeiträge mit Abbildungen (Guyu tukao)*. Als frühe Studie eines westlichen Gelehrten ist das 1912 erschienene Buch Berthold Laufers (1874-1934) zu nennen. Erst in jüngster Zeit beginnt aufgrund der fortschreitenden archäologischen Ausgrabungsarbeiten eine genauere Einordnung und Datierung der Jadeobjekte in den Museumsbeständen möglich zu werden.

Einige erste Erkenntnisse bezüglich der Jadeobjekte der Song-Zeit lassen darauf schließen, daß damals die Rückbesinnung auf das Altertum auch die Arbeiten der Jadewerkstätten prägte. Die Schöpfungen der Ming- (1368-1644) und Qing-Zeit (1644-1911) ähneln den Produkten der Lack- und Porzellanmanufakturen dieser Zeit. Die Dekormotive spiegeln Vorstellungen wider, die mit der Bedeutung des Materials als Lebenselixier und im Zusammenhang mit dem daoistischen Volksglauben gesehen werden können (Kat. Nr. 58) oder sie gehen auf Vorbilder des Altertums zurück (Kat. Nr. 60). UL

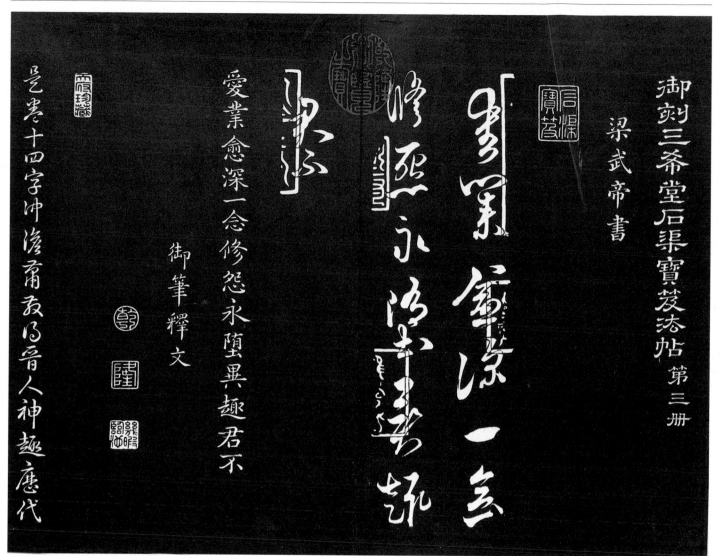

103. Fragment eines buddhistischen Textes.
Kaiser Wu von Liang (reg. 502-549).
Steinabreibung aus Sanxitang fatie. 1747
Katalog Nr. 79.2

105. Weingefäß, Typ hu.
Spätes 6. Jh. v. Chr.
Katalog Nr. 51

104. Speisegefäß, Typ gui.
West-Zhou-Zeit
Katalog Nr. 48 (Seite 178)

106. Röhrenförmiges Gerät, Typ cong. Grüner Jade. Ende 3. Jahrtausend v. Chr. Katalog Nr. 54

107. Bi-Scheibe mit Aufsatz. Grüner Jade.
Han-Zeit
Katalog Nr. 56

*109. Schultertopf (guan). Porzellan mit
kobaltblauem Dekor. Mitte 14. Jh.*

*108. Ösenhenkelvase (hu). Ge-Ware.
12.-13. Jh. (Seite 182)
Katalog Nr. 62*

110. Kasten mit Schreibgerät. Ära Qianlong
Katalog Nr. 76

legen Fundort Liangzhu benannt ist und in die zweite Hälfte des dritten Jahrtausends v. Chr. datiert wird.

Cong-Rohre zählen zu den kosmologischen Geräten, die auch in den Gräbern der Shang-Kultur in der heutigen Provinz Henan gefunden wurden. Dieses Stück befand sich bereits in der Qing-Zeit im Besitz der Palastsammlung. UL

Publiziert: *Kokyū*, 103.

55 (Abb. 111)
Ringförmiges Gerät, Typ jue
Shang-Zeit, Hongshan-Kultur
Gelber Jade
H. 12 cm, L. 7,6 cm

Das Gerät ist in Form eines Drachen gearbeitet und trägt Reliefdekor. Es ist mit einem größeren zentralen Loch und einem kleineren Loch sowie einem schmalen, nach außen verlaufenden Spalt versehen.

An der von außen nach innen verlaufenden Lochbohrung läßt sich die Bohrtechnik der Shang-Zeit gut erkennen. Ringe des Typs *jue* wurden von Bogenschützen am Daumen getragen. Der für diese Art von Ring typische Spalt ist der Grund dafür, daß das Wort *jue* im übertragenen Sinne »getrennt sein« bedeutet.

Jade dieser grau gelben Färbung wird nach ihrem Vorkommen im Bezirk Xiuyan in der heutigen Provinz Liaoning *Xiuyan*-Jade genannt. Geräte des Typs *jue* wurden vor etwa fünfzig Jahren aus den Gräbern der Hongshan-Kultur (im Westteil der heutigen Provinz Liaoning, im östlichen Teil des Autonomen Gebietes der Inneren Mongolei, und im nördlichen Teil der Provinz Hebei) ausgegraben, finden sich jedoch auch noch in Gräbern der Shang- und Zhou-Kultur wieder. UL

Abb. 111 (Kat. Nr. 55)

54 (Abb. 106)
Rohrförmiges Gerät, Typ cong
Liangzhu-Kultur
Ostchina, Späte Steinzeit, Ende 3. Jahrtausend v. Chr.
Grüner Jade
H. 22,1 cm, B. 5,8 cm

Eine Zylinderform ist von einem vierkantigen Mantel von quadratischem Querschnitt umgeben. Der Mantel ist durch horizontale Kerben unterschiedlicher Länge gegliedert. Aufgrund ihrer Form, dem von einem Quadrat umgebenen Rund, werden Geräte des Typs *cong* als Erdsymbol gedeutet. Nach antiker chinesischer Vorstellung wölbt sich der als Kuppel gedachte Himmel über der Erde, deren Form einem Quadrat gleicht. Die Einkerbungen auf der Wandung mögen eine frühe Form der aus ungebrochenen und gebrochenen Linien bestehenden Diagramme sein, die die Grundformen für das *Buch der Wandlungen (Yijing)* bilden.

Das Stück ist ein Beispiel für Artefakte der Longshan-Kultur am Unterlauf des Yangzi, die nach dem 16 km nordwestlich von Hangzhou in der Provinz Zhejiang ge-

56 (Abb. 107)
Bi-Scheibe mit Aufsatz
Han-Zeit
Grüner Jade, ruanyu
H. 13 cm, D. 10,4 cm, Wandstärke 0,5 cm

Es handelt sich um Jade, der nach seinem Fundort im Umkreis von Khotan in der heutigen Provinz Xinjiang *Jiaoshanshi* genannt wird und als *weicher Jade (ruanyu)* bekannt ist.

Die runde Scheibe ist an der zentralen Öffnung und am Außenrand mit einem glatten, erhöhten Rand umgeben, sie trägt Noppendekor in Flachrelief. Sie wird bekrönt durch einen Aufsatz in Dreieckform, der aus zwei durchbrochen geschnitzten Schriftzeichen besteht, die seitlich von je einem Tiger und einem Drachen eingefaßt werden. Sie lauten *yannian (Mögen die Jahre länger werden!).*

Drache und Tiger sind Symbole von *yang* und *yin*, der männlichen und weiblichen Kräfte. Die *bi*-Scheibe selbst ist ein Himmelssymbol, sie wurde schon in Gräbern der Shang-Zeit aufgefunden, wo sie dem Toten direkt auf den Körper, auf die Brust und an das Haupt gelegt wurde.

Bi-Scheiben wurden auch im Ritual der Han-Zeit verwandt, ohne Aufsatz dienen sie auch als Wandschmuck, mit Aufsatz wurden sie aus vielen Gräbern der Han-Zeit geborgen.   UL

57 (Abb. 15)
Schale von ovaler Form
Song-Zeit
Grüner Jade aus der Provinz Xinjiang
H. 6,2 cm, D. 14,5 × 10,1 cm

Bauchige Schale von ovaler Form auf niedrigem Standring. Auf der Wandung Reliefdekor von Hirschen und *lingzhi*-Pilzen, darüber eine Randborte von Berggipfeln und Wolken.

Hirsche und *lingzhi*-Pilze gelten als Symbole des langen Lebens. Man sagte den Hirschen nach, sie seien die einzigen Tiere, die *lingzhi*-Pilze auffinden könnten. Die Randborte weckt die Assoziation zum Kunlun-Gebirge, in dem die Königin-Mutter des Westens residiert.   UL

Abb. 112 (Kat. Nr. 58)

58 (Abb. 112)
Weinkanne
Ming-Zeit
Grüner Jade, ruanyu
H. 27 cm, D. (Mündung) 7,8 × 6 cm

Birnenförmige Kanne von ovalem Querschnitt mit aufliegendem Deckel und plastisch ausgeformtem Knauf. Der S-förmige Henkel ist von einem Tiger bekrönt und leicht ausgeschwungen, er setzt am Hals und am unteren Gefäßkörper an. Die steil hochgezogene, nur leicht ausschwingende Tülle wird am Ansatz von dem Maul eines Dämonentieres umschlossen und ist durch einen aus zwei *lingzhi*-Pilzen gebildeten Steg mit dem Kannenhals verbunden. Als Deckelknauf ist die Gestirnsgottheit der Langlebigkeit, Shouxing, mit dem Hirsch abgebildet.

Auf der Wandung befinden sich Reliefdekor sowie ein Gedicht, das von den Acht Unsterblichen handelt.   UL

Abb. 113 (Kat. Nr. 60)

60 (Abb. 113)
Weihrauchbrenner, Typ gui
Qing-Zeit, Ära Qianlong
Dunkelgrüner Nephrit, ruanyu
H. 17,6 cm, D. 23,1 cm

Flache Schale auf niedrigem Standring mit zwei randständigen Bogenhenkeln, die von Tierköpfen bekrönt werden und unten in zwei Haken auslaufen. Aufliegender, gewölbter Deckel mit kranzförmigem Knauf. Auf Gefäßwandung und Deckelrand ein Reliefdekor von Drachen auf rhombenförmigen Hintergrundmustern, darüber ist die Deckeldecke durch konzentrische Riefen gegliedert.

Das Gefäß ist der Form eines Ritualgefäßs vom Typ *gui* nachgebildet (vgl. Kat. Nr. 48) und ist ein Beispiel für das Interesse, das zur Qing-Zeit an den archaischen Formen der Sakralbronzen bestand. Das modernere Stilempfinden der Qing-Zeit zeigt sich in der unterschiedlichen Proportion zwischen Gefäßkörper und Deckel, der Deckel »lastet« auf dem Gefäß, weil er sich stärker verengt, d. h. seine Wölbung enger wird als das Unterteil. Die Henkel der Tierköpfe dagegen schwingen bei dem Jade-*gui* stärker aus und geben dem Umriß der Form ihre Spannung, die im strenger hochgezogenen Körper des Bronzegefäßes durch den Kontrast zwischen den weiten Bogenformen der Henkel und dem Doppelbau von Schale und Sockel erzeugt wird.   UL

59 (Abb. 14)
Miniaturlandschaft
Qing-Zeit, Ära Qianlong
Grüner Jade, ruanyu
H. 24,3 cm, B. 20 cm

Längliche Steinplatte, aus der eine Gebirgslandschaft mit Bäumen im Vordergrund rechts herausgearbeitet ist. Ein Gelehrter setzt zum Anstieg einer Treppe vor ihm an; er wird begleitet von einem jungen Diener mit einer Zither *(qin)*. Auf mittlerer Höhe befindet sich ein Pavillon, in dem schon ein alter Herr Platz genommen hat. Er lehnt sich auf die Brüstung und blickt erwartungsvoll auf den Freund. Das Thema ist auf einer *bi*-Scheibe auf der Rückseite angegeben. Dort heißt es: *In der kaiserlichen Werkstatt entstand dies Schnitzwerk. Es*

zeigt Freunde, die sich am Zitherspiel erfreuen wollen.
Im kunstvoll bearbeiteten und gut polierten Stein/
erkennt ihr hohe Gipfel, Bäche und Wasserfälle/
es leuchten am Boden die Mimosen/
im Waldesdunkel streicht der Wind durch die Kiefern/
(während die Freunde in die Saiten der Zither greifen und mit ihrer Musik dem Winde antworten).
Die Schnitzerei stellt ein in der Malerei beliebtes Thema dar, das seine Wurzeln in der Sechs-Dynastien-Zeit (3.-6. Jh.) hat, als man begann, die Natur unter ästhetischen Gesichtspunkten zu betrachten. Miniaturberge aus Jade oder ihre Nachbildungen aus anderen Materialien schmückten bereits die Studierstuben der Gelehrten der Tang-Zeit. Die Darstellung von Miniaturlandschaften mit Wanderern ist freilich wohl erst eine Schöpfung späterer Zeit, in der die Traditionen der Vergangenheit in einen neuen Zusammenhang gebracht wurden.   UL

VII Porzellan aus Jingdezhen und die kaiserliche Palastsammlung

Porzellan konnte in China bereits seit der Tang-Zeit (618-907) hergestellt werden. Diese weiße, harte, transluzente Ware mit ihren überlegenen technischen Vorteilen verband sich bereits sehr früh in aller Welt mit der Vorstellung von China. Das in der südchinesischen Provinz Jiangxi gelegene Jingdezhen entwickelte sich seit dem 15. Jahrhundert zur beinahe ausschließlichen Metropole der Porzellanherstellung. Begünstigt war Jingdezhen durch die in unmittelbarer Nähe verfügbaren notwendigen Rohmaterialien. Ein Fluß- und Kanalsystem verband die in der Art von Industrieunternehmen organisierten Brennöfen mit den Überseehäfen und der Hauptstadt Peking und ermöglichte die riesigen Lieferungen an den Palast sowie nach Übersee.

Die eigentliche Entwicklung des Porzellans fand auf dem Gebiet des gemalten Dekors statt. Die revolutionäre Neuerung im frühen 14. Jahrhundert war die Verwendung von Kobaltblau als Unterglasurfarbe. Seit dem späten 15. Jahrhundert zeichnet sich zunehmend die Tendenz ab, das einfache Farbschema Blau-Weiß durch Schmelzfarben über der Glasur zu bereichern. Diese mußten in einem zweiten Brand in einem Muffelofen auf die Glasur aufgeschmolzen werden. Bei der *doucai*-Technik ist die gesamte Konturzeichnung in Kobaltblau unter der Glasur gemalt und nachträglich mit Schmelzfarben über der Glasur ausgefüllt. Eine Variante ist die *wucai*-Technik. Hier wird Kobaltblau unter der Glasur gleichwertig mit den Schmelzfarben über der Glasur flächig verwendet. Aus der letzteren Technik entwickelten sich im späten 17. und 18. Jahrhundert die unter ihrem französischen Namen bekannten Gruppen der *famille verte* und der *famille rose*. Bei diesen werden nur noch Schmelzfarben verwendet.

Besonders im frühen 18. Jahrhundert besteht ein starkes Interesse an Techniken und Stilen von Keramiken der Song-Zeit, (960-1279) und der frühen Ming-Zeit. Dies führt zu einer neuen Blüte von Porzellanen mit monochromen Glasuren und in historistischen Stilen.

Trotz ihrer viele tausend Jahre langen Geschichte eroberte sich die Keramik im Vergleich zu anderen Materialien erst relativ spät eine akzeptierte Position in der Lebenswelt der Literaten. Während in der Nördlichen Song-Zeit (960-1127) der private Wohlstand wuchs, wurden gleichzeitig kostbare Metalle zur Herstellung von Gefäßen knapp. Automatisch entstand ein starkes Interesse nach ausgefallener Keramik. In dieser Zeit blühte eine Reihe von keramischen Manufakturen auf, die sehr verschiedenartige monochrome Waren von höchster Qualität herstellten, und zwar für eine Schicht von Kennern unter den chinesischen Literaten. Sieht man von der *yue*-Ware des 10. Jahrhunderts ab, so wurden erst jetzt die verschiedenen Warengattungen auch namentlich bekannt und als Kostbarkeiten gesammelt.

Diese neu sich entwickelnde Vielfalt auf dem Gebiet der Keramik wurde zunächst vom Hof kaum beachtet. Eine Ausnahme bilden die *ru*- und die *guan*-Ware. *Guan* bedeutet »offiziell« oder »kaiserlich«, d. h. die so bezeichnete Ware war für den offiziellen Gebrauch am Hof bestimmt. Sie wurde in Keramikmanufakturen hergestellt, die ausschließlich für diesen Zweck arbeiteten. Nach einer alten Tradition sollen die ersten keramischen *guan*-Manufakturen in Linru in Henan, die die *ru*-Ware herstellten, schon gegen Ende der Nördlichen Song-Zeit bestanden haben. Nach dem Zusammenbruch im Norden wurden sie auch im Süden in der neuen Hauptstadt Hangzhou wiederbegründet, als *guanyao*, d. h. offizielle Öfen.

Während der Yuan-Zeit (1260-1368) ist der Geschmack des Hofes bezüglich der keramischen Produktion kaum faßbar. Keine der keramischen Gruppen dieser Zeit wurde als offizielle Ware für den Hof speziell gefördert. Die Produktion folgte rein ökonomischen Gesichtspunkten. Gerade in dieser Zeit wandelten sich die als private Handwerksbetriebe geführten Brennöfen in regelrechte Industrieanlagen, deren Produktion von kommerziellen Syndikaten finanziert wurde.

Das gilt besonders für Jingdezhen. Hier konzentrierte sich seit dem Beginn der Ming-Zeit beinahe die gesamte Porzellanherstellung. Schon unter Hongwu (reg. 1368-98) soll hier eine erste offizielle kaiserliche Manufaktur eingerichtet worden sein. Dies ist so zu verstehen, daß der Hof seine Aufträge bevorzugt an bestimmte Brennöfen vergab, die jedoch nicht unter der direkten Leitung eines Beamten standen. Die fertige Produktion wurde von einem Abgesandten aus der Hauptstadt kontrolliert. Während der ganzen Ming-Zeit gab es keine *guanyao*, offizielle Manufakturen, im Sinne des 17. und 18. Jahrhunderts, die von einem Beamten verantwortlich geleitet worden wären.

Während der Ming-Zeit nahm das Kontrollsystem und damit der Einfluß des Hofes verschiedene Formen an. Bereits unter Yongle (reg. 1403-1424) wurden an bestimmte Manufakturen in Jingdezhen Aufträge vergeben, die nach Vorlagen ausgeführt werden sollten, die von Beamten des *Amtes für öffentliche Arbeiten (gongbu)* überbracht wurden. Damit macht sich kaiserlicher oder höfischer Geschmack erstmals direkt in Jingdezhen bemerkbar. Naturgemäß wirkte sich dieser Einfluß nicht nur bei den auf speziellen Auftrag hergestellten Porzellanen aus, sondern beeinflußte auch die Produktion anderer Öfen. Es kam auch vor, daß die Töpfer, die bei den Brennöfen für die offiziellen Aufträge arbeiteten, sich freistellen lassen und zu solchen überwechseln konnten, die nur für den allgemeinen Markt arbeiteten. So ist das Verhältnis zwischen höfischer Ware und der sogenannten Handelsware außerordentlich komplex und eine saubere Trennlinie oft nicht zu ziehen.

Höhepunkte der kaiserlichen Protektion waren die Xuande- (1426-1435) und die Chenghua-Ära (1465-1487). Während im 15. Jahrhundert aufgrund des höfischen Interesses der kräftige, freie Dekorstil des 14. Jahrhunderts verfeinert wurde, vollzog sich im 16. und 17. Jahrhundert eine umgekehrte Entwicklung. Der erstarrte höfische Stil dieser Zeit wurde durch einen eher volkstümlichen Geschmack beeinflußt und erlangte neue Vitalität.

In den 80er Jahren des 17. Jahrhunderts wurde unter Kangxi (reg. 1662-1722) das Produktionswesen in Jingdezhen gründlich reorganisiert und eine kaiserliche Manufaktur unter die Leitung eines befähigten Beamten gestellt, dem unter den folgenden Regierungen noch zwei weitere folgten. Dies führte zu einem ungeahnten neuen technischen und künstlerischen Aufschwung in Jingdezhen, zunächst in der offiziellen Manufaktur selbst und bald auch in den privat betriebenen. Inwieweit sich jedoch ein persönliches Interesse des Kaisers als einem Gönner der Künste auch bei der Porzellanproduktion auswirkt, bleibt fraglich. Möglich ist, daß ihm mehr an Effizienz gelegen war. Grundsätzlich muß man das Interesse des Hofes an der zeitgenössischen Porzellanproduktion von einem antiquarischen Interesse unterschei-

Abb. 114 (Kat. Nr. 61)

den, das auf Porzellan und Keramik allgemein gerichtet war. Daß hier ein Unterschied besteht, verdeutlicht auch die Art der Aufbewahrung der keramischen Schätze im Palast in Peking während der Ära Qianlong (1736-1795).

Die am Beginn der Qing-Zeit vorhandenen keramischen Bestände gingen letztlich auf Sammlungskomplexe zurück, die noch aus dem Palast der Südlichen Song in Hangzhou stammten. Sie waren von den Mongolen nach Peking geschafft worden und wurden vermehrt um die Neuproduktion während der Ming-Zeit. Am Beginn der Ära Qianlong hatte der Bestand immense Ausmaße angenommen und übertraf zahlenmäßig weit die anderen Kunstsammlungen. Während man jedoch für die Bücher, Bronzen, Malereien und Kalligraphien unter Kangxi und Qianlong umfassende Katalogwerke erstellte, wurde leider für den riesigen Bestand an Keramiken im Palast ähnliches nicht begonnen.

Die Residenz des Kaisers Qianlong war die *Halle der Pflege des Herzens (Yangxindian)*. Hier in seiner unmittelbaren Nähe versammelte der Kaiser die Keramiken der Song-Zeit, die er besonders schätzte. Es ist bezeichnend für diese Vorliebe, daß er viele Song-zeitliche Stücke mit von ihm verfaßten Gedichten versehen ließ, die meist auf der Unterseite der Keramiken eingraviert wurden. Noch in drei weiteren Palastbauten *(Yongshougong, Cininggong* und *Gudongfang)*, die der *Halle der Pflege des Herzens* als Wirtschafts- und Vorratsgebäude zugeordnet waren, wurden Keramiken dieser Zeit aufbewahrt. Die Porzellane der Ming-Zeit sollen systematisch nach Keramikgruppen und chronologisch geordnet in beschrifteten Schüben aufbewahrt worden sein. Diese Sammlung hat etwa 7000 ausgewählte und klassifizierte Stücke umfaßt.

Von den zeitgenössischen Porzellanen wurde allein eine spezielle Gruppe von 500 Stücken einer besonderen Aufbewahrung für würdig befunden. Diese stammten aus der Zeit von Kangxi, Yongzheng und Qianlong und waren mit Schmelzfarben dekoriert. Sie wurden in dem nördlichen Vorratshaus der *Duanningdian* gehütet. Hingegen wurden die höfischen Tafelservices, die für den täglichen Gebrauch bestimmt waren und teilweise noch aus der Ming-Zeit stammten, in mehreren tausend Kästen in der *Halle der Kaiserlichen Absolutheit (Huangjidian)* und dem *Palast des Ruhevollen Alters (Ningshougong)*, wohl als einer Art Hoftafelkammer, aufbewahrt. Es war allgemein üblich, fehlende Stücke zu ergänzen. Tafelservices mit einheitlichen Mustern und Farben waren eine Neuerung der Ming-Zeit. Für die Ära Jiajing ist ein Auftrag aus dem Jahr 1544 belegt, bei dem nicht weniger als 1340 Sets bestellt wurden, von denen jedes einundzwanzig Teile umfaßte.

In der Regel hat wohl keiner der Kaiser der Ming- und Qing-Zeit, von wenigen ganz speziellen Waren abgesehen, zeitgenössisches Porzellan in seinem persönlichen Gebrauch gehabt. Sie zogen kostbarere Materialien vor. Dies entsprach einem allgemeinen Hang zum Luxus, so daß ein Erlaß herausgegeben werden mußte, der die Verwendung von goldenem Tafelgeschirr strikt reglementierte und lediglich dem Kaiser und den Prinzen vom ersten Rang zugestand. Hingegen war die Verwendung von Porzellan, das im Gegensatz zu Metallen keinen eigenen Materialwert hat, allgemein gestattet. Die im Westen gerne verwendete Bezeichnung ›kaiserliches Porzellan‹ bedeutet nichts anderes, als daß es sich um Stücke handeln könnte, die für den immensen Bedarf am kaiserlichen Hof geschaffen waren.

Das persönliche Interesse der Kaiser dürfte auch hier eher antiquarischen Stücken gegolten haben. Häufig wird nach dem *Taolu* zitiert, daß auf dem Tisch eines Kaisers am Ende der Ming-Zeit zwei Porzellanbecher gestanden hätten. Dieses Becherpaar aus der Chenghua-Ära soll damals bereits so außerordentlich wertvoll gewesen sein, daß es hunderttausend Münzen gekostet habe. UW

61 (Abb. 114)
Schale (xi)
Song-Zeit, 12. Jh.
Guan-Ware
Steinzeug mit einer blauen krakelierten Glasur
H. 6 cm, D. (Mündung) 21 cm,
D. (Basis) 18,5 cm

Kurz nachdem sich der Hof der Song im Süden, in der neuen Hauptstadt Hangzhou, eingerichtet hatte, entstand auch der Wunsch, ein Äquivalent für die kaiserliche Ware der Nord-Song-Zeit zu finden. In der Hauptstadt wurden Brennöfen errichtet, die eine der *ru*-Ware sehr ähnliche Keramik herstellten, die als *guan*, d. h. offizielle oder kaiserliche Ware, bezeichnet wurde. Die Öfen unterstanden der direkten Kontrolle des Palastes. Die Glasur der *guan*-Ware entspricht dem *ru*. Technisch ergibt sich aber eine enge Verwandtschaft zur *Longquan*-Ware. Diese edel geformte Schale diente wahrscheinlich als Pinselwascher. Die glänzende, dicke Glasur, mit der das Stück vollständig überzogen ist, erhält durch ein groß- und kleinmaschiges Krakelee Tiefe. Auf der flachen Basis sind die Reste von Sporen, auf denen das Stück beim Brennen gestanden hat, sichtbar. UW

62 (Abb. 108)
Ösenhenkelvase (hu)
Song-Zeit, 12.-13. Jh.
Ge-Ware
Steinzeug mit einer weißlichen krakelierten Glasur
H. 16,8 cm, D. (Mündung) 6,5/4,8 cm,
D. (Fuß) 6,8/5,6 cm

Die *ge*-Ware gehört seit alters zu den namentlich bekannten Waren der Song-Zeit, aber heute wird sie von manchen Autoren nicht mehr als eigenständige Keramikgruppe akzeptiert. Ihr Ursprung ist eher legendär. Sie wird mit dem älteren Bruder, *ge*, der beiden Brüder Zhang in Hangzhou in Verbindung gebracht, der für das besonders feine Krakelee seiner Waren bekannt war. Die Anregung für dies ovale Gefäß hat eine archaische Bronzeform gegeben. »Gold«- und »Eisendrahtlinien« durchziehen die dicke weißliche Glasur als ein zweifaches Krakelee.

Das häufige Wiederaufgreifen von archaischen Bronze- und Jadeformen während der Song-Zeit zeigt das besondere antiquarische Interesse der Gelehrtenklasse. Dieses verbindet sich mit der Vorliebe für die Effekte monochromer Glasuren. UW

63 (Abb. 13)
Teller (pan)
Nördliche Song-Zeit, Ende 11.-Anfang 12. Jh.
Ru-Ware
Steinzeug mit einer himmelblauen krakelierten Glasur
H. 3,4 cm, D. (Mündung) 19,3 cm,
D. (Basis) 12,3 cm

Ru-Ware ist eine offizielle oder kaiserliche Ware, die besonders mit dem Namen des vorletzten Kaisers der Nördlichen Song-Zeit, Huizong (reg. 1101-1125), In Verbindung gebracht wird. Dieser übte einen dominierenden Einfluß auf den Stil seiner Zeit aus. Wahrscheinlich wurde die *ru*-Ware in der Nähe von Kaifeng, der Hauptstadt der Nördlichen Song-Zeit, produziert. Die Brennöfen sind noch nicht sicher identifiziert. *Ru* ist ein feingetöpfertes, nicht sehr hoch gebranntes Steinzeug. Meist sind es elegante kleine Formen, die alle einen zierlich geformten Fuß und eine zart gebogene Lippe haben. Die Stücke sind mit einer dicken, semiopaken, eisenhaltigen Glasur überzogen – und zwar in mehreren Lagen – und auf Sporen gebrannt, deren Spuren auf der Basis sichtbar

blieben. Die Dicke der Glasur führte zu einer Sprüngelung, die mit einem unregelmäßigem Netz und längeren durchgehenden Linien die Glasur durchzieht und eine Vielfalt von Reflexionen verursacht. UW

64 (Abb. 109)
Schultertopf (guan)
Yuan-Zeit, Mitte 14. Jh.
Jingdezhen-Ware
Porzellan mit kobaltblauem Dekor
H. 28,5 cm, D. (Mündung) 21 cm,
D. (Basis) 18,7 cm

Der Weintopf hat eine mächtige ausschwingende Form mit einer breiten Schulter und einem kurzen Hals, über dem ursprünglich ein gewölbter Deckel mit einem schmalen, überkragenden Rand gesessen hat. Die Gefäßwandung ist entsprechend ihrer Form in drei horizontale Dekorzonen gegliedert. In der Mitte ist ein breites Band mit einer umlaufenden Blätterranke und großen Päonienblüten, die in verschiedenen Ansichten gezeigt werden. Gerahmt wird diese Zone von einem »Lotosblatt«-Kranz und auf der Schulter von einer Lotosblütenranke. Der Hals trägt ein weiteres Band mit einer kleinteiligen Ranke. Der Topf zeigt bereits die sichere Beherrschung der neuen Dekortechnik in Kobaltblau unter der Glasur, die seit dem 14. Jahrhundert die Entwicklung des chinesischen Porzellans bestimmte. Charakteristisch für die Malweise bei diesem Stück ist, daß die einheitlich dunkelblau flächig behandelten Blütenpartien durch solche in hellem Blau und weiße Partien akzentuiert werden. UW

Abb. 115 (Kat. Nr. 65)

65 (Abb. 115)
Birnenförmige Flasche (yuhuchun ping)
Frühe Ming-Zeit, 2. Hälfte 14. Jh.
Jingdezhen-Ware
Porzellan mit kupferrotem Dekor
H. 32,5 cm, D. (Mündung) 8,5 cm,
D. (Fuß) 11,6 cm

Die neue Flaschenform, die als *Jadekrug-frühling (yuhuchun)* bezeichnet wird, hat einen tiefliegenden schweren Gefäßkörper, der sich zu einer trompetenförmig ausschwingenden Mündung verjüngt, und einen niedrigen, betonten Fuß. Der Dekor besteht aus einer hohen Mittelzone mit einer Lotosranke mit vier Blüten, die unten von einem »Lotosblatt«-Kranz mit kleinteiligen Spiralmustern gerahmt wird, und von oben mit einem Wolkenkragenmuster. Wie bei dieser relativ großen Gruppe von Flaschen üblich ist der Fuß mit einer »klassischen« Ranke geschmückt und die Mündung mit einem Kranz von Bananenblättern. Den Übergang vom bauchigen Gefäß zur Mündung bilden immer zwei schmale Ornamentbänder. In der zweiten Hälfte des 14. Jahrhunderts wurde statt Kobaltblau vorherrschend Kupferrot verwendet, wahrscheinlich als Ersatz, denn das erstere Pigment konnte damals kaum importiert werden und einheimische Quellen waren noch nicht gefunden. Nur selten konnten die Töpfer jedoch damals die Bedingungen beim Brennen schon so kontrollieren, daß die gewünschte kupferrote Farbe zur vollen Geltung kam. Stilistisch zeigt die Flasche den allmählichen Übergang von der Yuan- zur Ming-Zeit. So bilden die einzelnen Felder des »Lotosblatt«-Kranzes nun ein geschlossenes Band und stehen nicht mehr vereinzelt. UW

66 (Abb. 116)
Vase (zun)
Yuan-Zeit, 2. Hälfte 14. Jh.
Longquan-Ware
Steinzeug mit einer Seladonglasur
H. 70,5 cm, D. (Mündung) 30,5 cm,
D. (Fuß) 18 cm

Diese mächtige Seladon-Vase gehört zu einem Typus, der als *Phönixschwanz (fengwei)* bezeichnet wird und nicht nur für
China selbst belegt ist, wie z. B. ein auf das
Jahr 1327 datiertes Vasenpaar bezeugt, das
einem buddhistischen Tempel gestiftet
wurde, sondern einen internationalen Ex-
portartikel bildete. Beispiele lassen sich von
Kairo bis Japan finden. In japanischen
Tempeln haben sich auch noch die beiden
Holzständer erhalten, auf denen die Vasen
ihre raumbeherrschende Aufstellung fanden. Solche Vasen wurden in drei Teilen –
untere Zone, Schulterteil, Hals – geson-
dert geformt und vor dem Glasieren und
Brennen zusammengefügt. Die Gliederung der Außenwandung in Dekorzonen
mit formalisierten Ornamenten und solchen, die naturalistisch beobachtet sind,
wie die kühnen Päonienblüten, ist typisch
für die Zeit. Die enge Verwandtschaft zu
dem in Kobaltblau gemalten Dekor der
Porzellane aus Jingdezhen ist deutlich. Die
grün glasierten Seladone bilden einen der
Hauptströme in der Entwicklung der chinesischen Keramik bis zum 15. Jahrhundert, als die Blauweiß-Porzellane sie ver-
drängten. Das Zentrum der Herstellung
während der Süd-Song- und der Yuan-Zeit
lag in Longquan in der Küstenprovinz
Zhejiang.   UW

Abb. 116 (Kat. Nr. 66)

Abb. 117 (Kat. Nr. 67)

67 (Abb. 117)
Topf (guan)
Ming-Zeit, Ära Yongle (1403-1424)
Jingdezhen-Ware
Porzellan mit einer weißen Glasur
H. 8,7 cm, D. (Mündung) 9 cm,
D. (Fuß) 12,4 cm

Die monochromen weißen Porzellane bilden einen der Höhepunkte in der Geschichte des chinesischen Porzellans. Die Dünne, Reinheit und Transparenz des Scherben wie bei diesem Stück und die makellose glatte Glasur, die als *süßes Weiß (tianbai)* bezeichnet wird, mit ihrem weichen, matten Glanz sind mit der Ära Yongle verbunden und blieben später, auch im 18. Jahrhundert, unerreicht. Diese Porzellane zeigen die technische und künstlerische Meisterschaft der Manufakturen in Jingdezhen, als der höfische Geschmack der frühen Ming-Zeit prägend wurde. Die Form dieses Schultertopfes, dessen Funktion nicht bekannt ist, wurde wahrscheinlich durch einen Deckel vollendet.   UW

68 (Abb. 118)
Schale (wan)
Ming-Zeit, frühes 15. Jh.
Jingdezhen-Ware
Porzellan mit einer kupferroten Glasur
H. 8 cm, D. (Mündung) 19 cm,
D. (Fuß) 8 cm

Ebenbürtig neben den weißglasierten Porzellanen stehen die kupferrot glasierten
Monochrome der frühen Ming-Zeit. Das
Brennen einer mit Kupfer gefärbten
Glasur, um ein gutes, gleichmäßiges Rot zu
erzielen, war eine der schwierigsten Aufgaben des Töpfers. Versuche im 14. Jahrhundert waren nicht sehr erfolgreich gewesen. Die Tiefe und Brillanz der Beispiele
des frühen 15. Jahrhunderts zeigen, daß
nun die Schwierigkeiten in der Kontrolle
des Brennvorgangs gemeistert werden
konnten. Die Glasurfarbe dieser Schale
wird mit *Frischrot (xianhong)* oder *Dia-
mantrot (baoshihong)* umschrieben. Charakteristisch für diese Stücke ist der weiße
Rand an Mündung und Fuß, der entsteht,
wenn das Kupfer sich beim Steigen der hohen Temperaturen zusammenzieht. UW

Abb. 118 (Kat. Nr. 68)

69 (Abb. 16)
Schüssel (pan)
Ming-Zeit, frühes 15. Jh.
Jingdezhen-Ware
Porzellan mit kobaltblauem Dekor
H. 7,3 cm, D. (Mündung) 40 cm,
D. (Fuß) 12,4 cm

Der Dekor dieser großen Schüssel mit flachem auskragendem Rand wird von einem
elegant, in einer geschmeidigen Bewegung
geschwungenen Päonienzweig bestimmt,
der sich dem Rund des Spiegels einpaßt.
Die Blätter des Zweiges folgen der Dreh-
richtung und umspielen zwei vollgeöffnete
Päonienblüten, eine weitere, die sich gerade öffnet, und eine Blütenknospe. Dieses
Mittelfeld wird gerahmt von einer Lotosranke mit acht Blüten auf dem Cavetto und
auf dem Außenrand von acht einzelnen im
Wechsel stehenden Blüten- und Früchte-
zweigen, unter anderem Chrysantheme,
Granatapfel und Kamelie. Der Dekor der
Außenwandung hat, entsprechend zum
Cavetto, ebenfalls eine Lotosblütenranke.
Die abgestuft gesetzten Akzente und die
realistische Beobachtung von Blüten und
Blättern zeigen bereits den voll entwickel-
ten Stil der frühen Ming-Zeit. Dieser große
Gefäßtypus ist nicht nur für China belegt.
Schüsseln mit identischem Dekor haben

Abb. 119 (Kat. Nr. 70)

Abb. 120 (Kat. Nr. 71)

sich in alten islamischen Sammlungen wie dem Topkapi Saray Museum und im Ardebil Schrein erhalten.   UW

70 (Abb. 119)
Fußschale (gaozu bei)
Ming-Zeit, Ära Chenghua (1465-1487)
Jingdezhen-Ware
Porzellan mit doucai Dekor
H. 7,2 cm, D. (Mündung) 6,8 cm,
D. (Fuß) 3,6 cm
Chenghua-Marke

Der elegante kleine, aus zwei einfachen Formelementen zusammengesetzte Kelch hat als kostbares Weingefäß gedient. Die in der Ära Chenghua neu entwickelte Technik des *doucai*-Dekors entsprach ganz dem damaligen höfischen Stil und erweitert die bisherigen Möglichkeiten der Unterglasurarbeiten Kobaltblau und Kupferrot um eine reiche Farbenpalette von über der Glasur aufgetragenen »ergänzenden« Schmelzfarben. Bei den während der Chenghua-Ära hergestellten meist kleinen *doucai*-Porzellanen wurden in einem blassen Kobaltblau die Konturlinien und gewisse Einzelheiten des Dekors auf den Scherben gemalt. Die Malerei wurde dann nach dem ersten Brand über der Glasur durch die minutiös eingesetzten transparenten Schmelzfarben vervollständigt. Bei diesem Beispiel sind es vier Lotosblütenmedaillons auf der Außenwandung, die von zwickelartigen, floralen Ornamenten eingefaßt werden. Die aus sechs Zeichen bestehende Chenghua-Marke ist in einer horizontalen Zeile in den trompetenförmigen Fuß geschrieben.   UW

71 (Abb. 120)
Zwölf Becher (bei)
Qing-Zeit, Ära Kangxi (1662-1722)
Jingdezhen-Ware
Porzellan mit kobaltblauem Dekor
H. 4,8 cm, D. (Mündung) 6,6 cm,
D. (Fuß) 2,7 cm
Kangxi-Marke

Die zwölf Weinbecher aus hauchdünnem, durchscheinendem Eierschalenporzellan tragen auf der Außenwandung je eine verschiedene, ausschnitthaft gesehene Landschaftsdarstellung, die von einer Blume oder Pflanze beherrscht wird. Der ganze Satz versinnbildlicht die zwölf Monate des Jahres. Auf der Rückseite jedes Bechers ist ein entsprechendes Gedicht geschrieben. Bei den Blumen und Pflanzen der zwölf Monate können die Auswahl und Folge variieren, sie entsprechen aber dem gemäßigten Klima Zentralchinas. Bei diesem Satz von Weinbechern stehen für die einzelnen Monate folgende Pflanzen:
  1. Monat: Prunus
  2. Monat: Aprikose
  3. Monat: Pfirsich
  4. Monat: Rose
  5. Monat: Holzapfel
  6. Monat: Päonie
  7. Monat: Lotos
  8. Monat: Granatapfel
  9. Monat: Zimt oder Kassia
 10. Monat: Chrysantheme
 11. Monat: Orchidee
 12. Monat: Narzisse
Die zarte Miniaturmalerei mit ihren fein abgestuften Blautönen schafft eine räumliche Wirkung und zeigt den Reichtum malerischer Möglichkeiten, der in der Ver-

wendung von nur einem Pigment liegt. Gleichzeitig wurden solche Zwölf-Monats-Becher mit identischem Dekor auch in *wucai*-Technik bemalt, in einer Verbindung von Kobaltblau unter der Glasur und mit Schmelzfarben über der Glasur.
Auf der Basis ist in sehr kleiner Schrift in Kobaltblau die Kangxi-Marke in sechs Zeichen in einem Doppelring geschrieben.
                    UW

72 (Abb. 17)
Vase (ping)
Qing-Zeit, Ära Kangxi (1662-1722)
Jingdezhen-Ware
Porzellan mit einer »himmelblauen«
Glasur
H. 16 cm, D. (Mündung) 2,6 cm,
D. (Fuß) 10,7 cm
Kangxi-Marke

Die extrem vereinfachte Form dieser Vase,
die als *Pferdehuf (mati)* bezeichnet wird,
war sicher für den Schreibtisch eines Gelehrten gedacht und dürfte einen eigenen
Untersatz erfordert haben, um voll zur
Wirkung zu kommen. Während der Ära
Kangxi wurden in Jingdezhen zunehmend
Anstrengungen unternommen, besondere
Glasuren und Glasureffekte zu erzeugen.
Dabei spielte das Vorbild der als kaiserlich
betrachteten Waren der Song-Zeit eine
wichtige Rolle, und häufig wurden Stücke
aus dem Besitz des Palastes nach Jingdezhen zur Nachahmung gesandt. Da die
Töpfer in der Regel die technischen Vor-
aussetzungen für die alten Glasuren nicht
kannten, versuchten sie nicht selten, ähnliche Effekte mit Hilfe von Kobaltblau zu
erzielen, wie bei dieser *himmelblauen (tianlan)* Glasur. Auf der Basis der Vase ist die
Kangxi-Marke in sechs Zeichen geschrieben.   UW

73 (Abb. 121)
Flasche (ping)
Qing-Zeit, Ära Yongzheng (1723-1735)
Jingdezhen-Ware
Porzellan mit kupferrotem Dekor
H. 33,5 cm, D. (Mündung) 3,6 cm,
D. (Fuß) 11,5 cm

Die Flasche mit gedrücktem bauchigen
Gefäßkörper und einem hohen, schmalen,
zylindrischen Hals erinnert mit ihrem
Rückgriff auf die jetzt voll beherrschte
Technik der Unterglasurmalerei in Kupferrot an Stücke der frühen Ming-Zeit. Stilistisch aber sind die zwei fünfklauigen
Drachen, die sich zwischen Wolken und
Flammen von oben spiralförmig um die
Gefäßwandung winden und der Perle
nachjagen, typisch für die Qing-Zeit.
Stücke mit Dekor in Unterglasurblau oder
-rot erhalten im Gegensatz zu Porzellanen
mit Schmelzfarbendekoren einen zunehmend stilisierten Charakter.   UW

Abb. 121 (Kat. Nr. 73)

Abb. 122 (Kat. Nr. 74)

74 (Abb. 122)
Teller (pan)
Qing-Zeit, Ära Yongzheng (1723-1735)
Jingdezhen-Ware
Porzellan mit fencai-Dekor
H. 8,4 cm, D. (Mündung) 50,5 cm,
D. (Fuß) 29 cm
Yongzheng-Marke

Bei diesem großen Teller, der sicher einmal zu einem Tafelservice gehört hat, sind Außenwandung und Innenfläche als einzige zusammengehorige Dekorzone behandelt. Vom Fußring ausgehend legen sich blühender Pfirsich und Päonie um die Außenwandung. Zwei Pfirsichstämme winden sich in einer Rechtsdrehung um den Tellerrand, kontrapunktiert von einem blühenden Päonienzweig in saftigen Farben. Aus dem kräftigeren der beiden Pfirsichstämme wachsen *lingzhi*, die Pilze des langen Lebens. Auf der Basis des Tellers ist die Yongzheng-Marke in sechs Zeichen in einem Doppelring in Kobaltblau geschrieben. Während der Ära Yongzheng erreichte die *fencai*-Technik, d. h. Schmelzfarbendekore in der *famille verte*-Palette, ihren technischen und künstlerischen Höhepunkt. Der Teller zeigt die Möglichkeiten eines großzügig frei laufenden Dekors dieser Zeit. Bei dieser Technik liegen die Schmelzfarben im Gegensatz zum *wucai* auf einer opaken Glasur. UW

Publiziert: *Kokyū*, 85.

75 (Abb. 9)
Hohe Vase (da ping)
Qing-Zeit, Ära Qianlong (1736-1795)
Jingdezhen-Ware
Porzellan mit Schmelzfarbendekor in Reserven und blauem Fond
H. 56 cm
Qianlong-Marke

Die balusterförmige achtseitige Vase mit Henkeln und applizierten Gehängen zeigt die schwere und dekorative Prachtentfaltung seit der Mitte des 18. Jahrhunderts, die durch die damals erzielte technische Meisterschaft und die Kombination unterschiedlichster Dekortechniken ermöglicht wurde. Die vier breiteren Schauseiten tragen je eine Reserve mit Landschaftsdarstellungen in Schmelzfarben, die sich von dem blauen Fond abheben. Der stellenweise eingepreßte, archaisierend geometrische Dekor soll an alte Bronzevorbilder erinnern. In diese Richtung weisen auch die Bänder mit archaisierenden *kui*-Drachen unterhalb der Mündung, auf der Schulter und am Fuß. Der Reliefdekor in Gold und der mit Gold gemalte florale Dekor auf dem blauen Fond zusammen mit den Reserven lösen die Geschlossenheit der Gefäßform auf und erzeugen eine Wirkung von Mehrschichtigkeit.
Die Vase diente als Dekorationsstück für einen Palast. Die elegant verspielte Verknüpfung von archaisierenden und modernen Dekorelementen in ein und demselben Stück zeigt im China des 18. Jahrhunderts ein vergleichbares Stilempfinden wie in Europa in dieser Zeit.
Auf der Basis steht die Qianlong-Marke in sechs Siegelschriftzeichen. UW

76 (Abb. 110)
Kasten mit Schreibgerät
Qing-Zeit, Ära Qianlong (1736-1795)
Jingdezhen-Ware
Porzellan mit Schmelzfarbendekor
H. 10,5 cm, L. 20,8 cm, T. 12 cm
Qianlong-Marke

Seit der Mitte der Ära Qianlong brillieren die Porzellandekorateure in der Adaption jedweden bekannten kostbaren Materials – sei es in Gold, Bronze, Lack, Holz oder, wie in diesem Fall, Elfenbein, Brokat und Jade – für die illusionistische Wiedergabe in Porzellan. Hier ist es ein Bucheinband aus Brokat mit der Aufschrift *Halle der guten Freude (leshantang)* auf dem Klebezettel, der durch Elfenbeinstifte verschlossen ist und fünf Bände enthält.
Darauf gestellt sind eine flache Dose, die in der Tat nun Porzellan darstellt, und ein zweiteiliges Jadesiegel. Die Dose ist in ihrem Unterteil mit dem Sockel zusammengebrannt. Sie ist mit Unterglasurblau bemalt und trägt einen durchbrochen gearbeiteten, rot gefaßten Deckel. Das Innere der Dose enthält als Überraschung eine Kirsche, Erdnüsse und Lotossamen. Der andere Gegenstand auf dem Buchdeckel ist ein Doppelsiegel mit einer reichen Steinmaserung, aber ohne Siegellegende. Der Siegel ist mittels zwei quadratischer Zapfen mit dem Sockel verbunden.
Das köstliche Gelehrtenspielzeug trägt die Qianlong-Marke in sechs Siegelschriftzeichen. UW

77 (Abb. 123)
Vase (ping)
Qing-Zeit, Ära Qianlong (1736-1795)
Jingdezhen-Ware
Porzellan mit Schmelzfarbendekor
H. 41 cm, D. (Mündung) 10,7 cm,
D. (Fuß) 14,2 cm
Qianlong-Marke

Die schlanke Vase hat an Hals und Fuß unter einem karmesinroten Fond in den
Scherben gravierten kleinteiligen Ranken-
dekor. Das Schriftzeichen *shou (langes Leben)* und floraler Dekor sind ausgespart.
Der hohe, leicht gebauchte zylindrische
Mittelteil dient als Bildzone für die Darstellung einer Versammlung alter Männer
in einer Felsenlandschaft. Sie geben sich
den Mußebeschäftigungen der Gelehrten
hin. Einer von ihnen schreibt auf eine Felswand. Der dicht gemalte *fencai*-Dekor in
den Schmelzfarben der *famille rose*-Palette
läßt, anders als bei den Beispielen der Ära
Yongzheng, kaum mehr die weiße Glasur
kontrastierend zur Wirkung kommen. In
für das späte 18. Jahrhundert typischer
Weise sind das Innere der Vase und die Unterseite türkisblau gefaßt. Auf der Unterseite steht die Qianlong-Marke in sechs
Siegelschriftzeichen.   UW

Abb. 123 (Kat. Nr. 77)

VIII Kalligraphie

Von jeher war die Beherrschung der Schriftzeichen in China das Kennzeichen für einen gehobenen sozialen Status. Bereits die frühesten bekannten Schriftzeichen auf den sog. Orakelknochen aus der zweiten Hälfte der Shang-Dynastie (16.-11. Jh. v. Chr.), mit deren Hilfe man Voraussagen über die Zukunft einholen wollte, wurden von einer besonderen Kaste von Schreibern und Priestern geschrieben und gelesen. Freilich blieben diese Schreiber wie auch die Schreiber der Bronzeinschriften der späten Shang- und der anschließenden Zhou-Dynastie (11. Jh.-221 v. Chr.) noch anonym.

Einer der ersten unter den ganz wenigen Schreibern des Altertums, die wir mit Namen kennen, war Li Si (gest. 208 v. Chr.), der Kanzler des großen Ersten Kaisers, Qin Shihuangdi (reg. 221-210 v. Chr.). Li Si schuf die gemessen-epigraphische Kleine Siegelschrift (xiaozhuan) für die Inschriften auf den Stelen, die der Erste Kaiser zum Gedenken an seine Einigung des Reiches aufstellen ließ. Die Siegelschrift wurde bald danach von der Kanzleischrift (lishu) abgelöst, in deren modulierten Strichen man bereits den Duktus des elastischen Haarpinsels erkennt. Allerdings benutzte man die Siegelschrift weiterhin für wenige festgelegte Funktionen, insbesondere für Siegel, wie auch die vielen Maler- und Sammlersiegel auf den Bildern dieser Ausstellung bezeugen.

Der Präzedenzfall, den der Erste Kaiser mit der Errichtung der Gedenkstelen geschaffen hatte, fand bald vielerlei Nachfolge, auch aus weniger bedeutendem Anlaß. Berühmt wegen ihrer kraftvollen Kanzleischrift ist die Gedenkstele im Konfuziustempel in Qufu, die anläßlich der Stiftung von neuen Kultgeräten im Jahre 156 n. Chr. geschrieben und aufgestellt wurde. Die Stele selbst ist zwar am Ende der Ming-Zeit verlorengegangen, aber alte Abreibungen davon sind noch erhalten, und eine davon ist in der Ausstellung zu sehen (Kat. Nr. 78).

Um eine Steinabreibung – bisweilen auch Steinabklatsch genannt – herzustellen, legt man eine elastische aber feste Papierbahn auf den Stein und feuchtet sie an, so daß das Papier in die vertieft eingravierten Stellen einsinkt. Dann klopft man mit einem mit Tusche getränkten Stoffballen die gesamte Papierfläche ab. Dabei färben sich die flach auf dem Stein aufliegenden Partien schwarz, während die vertieften Teile des Papiers weiß bleiben. Einer der entscheidenden Vorteile dieses ingeniösen Reproduktionsprozesses besteht darin, daß das Problem der Seitenverkehrung gar nicht erst auftritt.

Der Name des Schreibers der Gedenkstele im Konfuziustempel ist ebenfalls noch nicht überliefert, doch bereits einige Jahrzehnte später beginnen auch die Schreiber von Stelen aus der Anonymität herauszutreten und mit ihrem Namen zu signieren. Dies ist jedoch nur ein Aspekt in einem generellen Prozeß einer grundlegenden Neuorientierung der Kalligraphie, der charakterisiert war durch die Entfaltung ihrer ästhetischen Dimension. Man begann damals, den Schriftzug in einer quasi-graphologischen Betrachtungsweise als den unmittelbaren Niederschlag der Persönlichkeit des Schreibenden zu sehen und nach ästhetischen Kriterien zu beurteilen. Eine bekannte Anekdote berichtet, wie Kaiser Mingdi (reg. 57-75 n. Chr.), als er vom bevorstehenden Tode eines ihm eng verbundenen Freundes hörte, einen Eilboten zu Pferde an das Sterbebett schickte und den Dahinscheidenden bitten ließ, ein letztes Mal zehn Blätter in Kursivschrift für ihn zu schreiben. Auch nach dem Tode war dem Kaiser sein Freund dann noch gegenwärtig, wenn er seine Schriftzüge betrachtete.

Es waren vor allem die Literaten-Beamten, die das neu entdeckte ästhetische Potential der Kalligraphie entwickelten. Diese dünne Oberschicht, die sich in den ersten Jahrhunderten unserer Zeitrechnung ausbildete und fast zwei Jahrtausende Träger der politischen Macht und der kulturellen Überlieferung blieb, rekrutierte sich durch staatliche Examina, in denen die literarische Bildung und auch die Beherrschung der Kalligraphie geprüft wurden. Seit etwa dem 4. Jahrhundert haben sich Material und Technik der Kalligraphie kaum noch geändert. Damals bildeten sich auch jene drei Schrifttypen endgültig aus, welche heute noch in allgemeinem Gebrauch sind, nämlich die deutliche Regelschrift (kaishu), die auch als Druckschrift verwendet wird, die Kursivschrift (xingshu) und die sehr kürzelhafte und verschliffene Konzeptschrift (caoshu). Auch wurden damals zum ersten Mal Werke der Kalligraphie als Kunstwerke gesammelt, und es bildete sich ein Kanon von klassischen Meisterwerken heraus, die jahrhundertelang als stilistische Vorbilder galten und ästhetische Maßstäbe setzten. Den wichtigsten Platz in diesem Kanon nahmen die Werke des großen Kalligraphen Wang Xizhi (303-361) ein. Seine dominierende Position wurde endgültig durch den zweiten Tang-Kaiser, Taizong (reg. 626-649) gefestigt, der eine vollständige Sammlung von Wangs Handschriften in seinem Palast zusammenbrachte und sich das berühmteste Stück, das Vorwort vom Orchideenpavillon (Lantingxu) sogar mit in sein Grab geben ließ.

Die Tradition der chinesischen Kalligraphie entwickelte sich so in einer in der Weltkunst beispiellosen Kohärenz, die die Kohärenz der sozialen Elite widerspiegelte und zugleich auch garantierte. Da jeder Angehörige der gebildeten Schicht viele Jahre seiner Jugend damit zubrachte, in disziplinierter Übung die Kunst des Schreibens zu erlernen, konnte er – eben wegen der technischen, stilistischen und ästhetischen Homogenität der kalligraphischen Tradition – die Schrift eines jeden anderen Mitgliedes der gebildeten Schicht nach den gleichen Kriterien beurteilen, nach denen auch seine eigene Schrift beurteilt wurde, selbst wenn beide durch Tausende von Meilen oder durch Jahrhunderte getrennt waren.

Allerdings wäre es falsch, wenn man schließen wollte, daß die ungeheure Kohärenz der kalligraphischen Tradition ihre Fortentwicklung erstickt oder gar unmöglich gemacht hätte. Auch wenn sich spätere Meister dem klassischen Kanon verpflichtet fühlten, so suchten sie doch ständig nach neuen stilistischen Wegen und Ausdrucksmöglichkeiten. Dabei arbeiteten sie freilich vielfach mit Stilzitaten, stilistischen Anspielungen und stilistischen Ebenen. Beispielsweise schreibt der große Dong Qichang (1555-1636) den Text eines Tangzeitlichen Gedichtes (Kat. Nr. 82) und fügt am Ende, sich selbst interpretierend, hinzu, daß er sich dabei den Stil der Handschrift eines Meisters des 8. Jahrhunderts, Xu Hao (703-782), zum Vorbild genommen habe, ja sogar eines bestimmten Werkes von ihm. Xu Hao wiederum hatte seinen eigenen Stil an den Meistern der Regelschrift der frühen Tang-Zeit (618-907) geschult, die ihrerseits wieder großenteils auf der Regelschrift des Wang Xizhi basierten. Alle diese Zusammenhänge waren natürlich Dong Qichang, aber auch dem Betrachter seiner Kalligraphie bewußt. Dies ist ein Beispiel für die gewaltige kunsthistorische Dimension in Werken der chinesischen Kalligraphie, die, will man diese adäquat verstehen, auch mitgesehen werden muß.

Abb. 124 (Kat. Nr. 78). Ausschnitte

Die im Bereich der Kalligraphie gewonnene, zum Teil recht intellektuelle Ästhetik wurde von den Literaten im übrigen auch auf die Malerei übertragen. Auch diese wurde im Laufe der Jahrhunderte mehr und mehr als der gestaltete Niederschlag der Persönlichkeit des Künstlers betrachtet. Auch das Material – Papier, Pinsel, Tusche, Reibstein –, die Technik, die Vorliebe für das reine Tuschebild ohne Farben, und sogar die Form einzelner Striche wurden aus der Kalligraphie entlehnt. Diese generelle kalligraphische Orientierung der Literatenmaler ist der wesentliche Grund dafür, daß der realistischen Darstellung in der chinesischen Malerei, im Gegensatz zum Abendland, kaum je ein hoher Wert zugebilligt wurde, was auch theoretisch immer wieder begründet worden ist.

Die Technik der Abreibung wurde seit der Tang-Zeit das probate Mittel, um die Handschriften berühmter Kalligraphen zu vervielfältigen und im Reich zu verbreiten. Während die Schrift auf den frühen Stelen, wie den vom Ersten Kaiser aufgestellten oder der Stele im Konfuziustempel, ursprünglich nicht mit dem Blick auf die Möglichkeiten der Reproduktion geschrieben worden war (diese wurde ja erst machbar nach der Erfindung des Papiers, wahr-

scheinlich um 100 n. Chr.), begann man in der Tang-Zeit nun damit, ursprünglich mit Tusche auf Papier oder Seide geschriebene Handschriften, darunter auch Briefe, in Stein zu schneiden, damit davon ebenfalls Abreibungen hergestellt werden konnten. In der Song-Zeit schnitt man dann unter kaiserlichen Auspizien in den Jahren 988-992 ein ganzes Kompendium solcher vorbildlicher Handschriften in Stein und heftete die Abreibungen in Albumform zusammen. Es waren die sog. *Musterschriften aus dem Chunhua-Pavillon (Chunhuage tie).* Damit stand angehenden Kalligraphen ein breites Spektrum verschiedener Stile alter Meister als Vorlage handlich zusammengefaßt zur Verfügung. In der Tat wurde von einem versierten Kalligraphen erwartet, daß er in mehreren Stilen schreiben konnte, wenn auch nie in Frage gestellt war, daß das höchste künstlerische Ziel darin bestand, durch intensives Studium der Tradition schließlich zu einem persönlichen Stil zu finden.

Später, vor allem in der Ming-Zeit, wurden derartige Kompendien von Abreibungen auch auf private Initiative zusammengestellt. An der Auswahl der aufgenommenen Stücke lassen sich mancherlei bemerkenswerte Geschmacksverschiebungen verfol-

gen; immer aber ist den Schriften des Wang Xizhi ein prominenter Platz eingeräumt worden. Im 18. Jahrhundert unternahm es Kaiser Qianlong dann noch einmal, ein kaiserliches Kompendium von in Stein geschnittenen Musterschriften herstellen zu lassen. Die Originale befanden sich alle in seiner Palastsammlung (Kat. Nr. 79). In 495 Steinplatten wurden Kalligraphien vom 2. Jahrhundert n. Chr. bis zur Ming-Zeit eingraviert. In ihren Dimensionen und in ihrem enzyklopädischen Anspruch steht diese Summa der chinesischen Kalligraphiegeschichte den anderen kulturellen Unternehmungen Qianlongs nicht nach.

Außer den Abreibungen werden in der Ausstellung mehrere Originalhandschriften von berühmten Kalligraphen gezeigt, von denen diejenigen aus der Ming-Zeit die größte Gruppe bilden. Abgesehen von der bereits erwähnten Regelschrift des Dong Qichang (Kat. Nr. 82) sind es alles flüssige Kursivschriften, in denen die unterschiedlichen Persönlichkeiten der Schreibenden und die Spontaneität des kreativen Moments besonders augenfällig sind, wie in dem langen *Tausend-Zeichen-Klassiker* von Shen Can (Kat. Nr. 80), in der recht eigenwilligen Hängerolle von Zhu Yunming (Kat. Nr. 81), und in den beiden weiteren ungestümen Hängerollen von Fu Shan (Kat. Nr. 83) und Wang Duo (Kat Nr. 84), zwei Meistern, die in der politischen und kulturellen Umbruchsphase am Ende der Ming- und Anfang der Qing-Dynastie lebten. Das letzte Werk der Gruppe ist wieder eine feingliedrige Regelschrift. Sie stammt von einem Sohn Kaiser Qianlongs.   LL

78 (Abb. 124)
Stele anläßlich der Stiftung von Kultgeräten für den Konfuzius-Tempel (Kong miao Liqibei)
Kanzleischrift (lishu)
Datiert 156 n. Chr.
Abreibung, montiert in Albumform
Jede Seite 28,5 × 14 cm

Im Jahre 156 n. Chr. stiftete ein gewisser Han Chi aus dem Staate Lu für die Ahnenhalle des Ehrentempels des Konfuzius in dessen Geburtsort Qufu in der Provinz Shandong neue Kultgeräte. Die Stele wurde anläßlich dieser Stiftung errichtet. Darüber hinaus wurden besondere Steuerprivilegien der mit Konfuzius verwandten Familien bekannt gemacht. Die Originalstele ist heute nicht mehr erhalten.
Der Schreiber der Schrift ist nicht bekannt, jedoch wird die Stele als herausragendes Beispiel für die Kanzleischrift (lishu) in der späten Han-Zeit angesehen. Wie allgemein in diesem Schrifttyp üblich gehen die Schriftzeichen in die Breite; im Gegensatz zur Frühphase spürt man in den nach rechts laufenden waagerechten und schrägen Strichen die Bewegung des Pinselduktus, insbesondere bei den messerförmigen Enden der Striche. Die epigraphische Kanzleischrift ist, auch nachdem sie durch die Regelschrift (kaishu) abgelöst wurde, der bevorzugte Schrifttyp für derartige Tempelinschriften geblieben.
Diese Ming-zeitliche Abreibung ist als Album montiert mit drei Zeilen zu je sechs Schriftzeichen pro Blatt. Die Originalabreibung besteht aus 16 Zeilen mit maximal 36 Schriftzeichen. Die Abbildung zeigt den Anfang der Stele. In der ersten Zeile auf dem rechten Blatt ist der Stifter Han Chi mit seinem Beamtenrang genannt.   GD

Publiziert: Shodō zenshū, II, Tfl. 84-85 (Details), 186-187. Goepper (1965), Tfl. 93 (Detail). Shoseki meihin sōkan, III (vollständig). Ledderose (1979), 10 f. Shi Anchang (1983).

79 (Abb. 27, 103, 125, 126)
Die Musterschriften aus der Kaiserlichen Sammlung im Studio der Drei Kostbarkeiten (Yuke Sanxitang Shiqubaoji fatie)

Abreibungen von Steinschnitten
Datiert 1747
In 32 Heften gebunden (Auswahl von 5 Heften)
Jedes Doppelblatt 27,5 × 35,3 cm

Mit den Drei Kostbarkeiten (sanxi) sind drei berühmte Kalligraphien des Wang Xizhi (303-361), des Wang Xianzhi (344-388) und des Wang Xun (349-400) gemeint, welche Kaiser Qianlong als die drei größten Schätze in seiner Palastsammlung betrachtete und in seinem gleichnamigen Privatstudio aufbewahrte. Außer diesen drei Meisterwerken ließ er jedoch noch zahlreiche andere Kalligraphien aus seiner Palastsammlung in Stein nachschneiden und die davon angefertigten Abreibungen in 32 Heften binden. Die Originalsteine sind bis heute erhalten geblieben und werden im Yuegulou im Beihai-Park westlich des Kaiserpalastes ausgestellt. Sie haben allerdings eine Mäanderumrandung, die in dieser Edition fehlt.
Das Sanxitang fatie versteht sich, wie Kaiser Qianlong in seinem Vorwort hervorhebt, als eine Fortsetzung des Song-zeitlichen Kompendiums von Musterschriften, Chunhuage tie, das in den Jahren 988-992 unter kaiserlichen Auspizien kompiliert wurde. Wenn auch mit Hilfe von Hofgehrten wie Liang Shizheng, Jiang Fu, Ji Huang, Wang Youdun u. a. erstellt, so ist das Sanxitang fatie doch in erster Linie eine persönliche Auswahl chinesischer Kalligraphie von Kaiser Qianlong. Der Manchu-Kaiser trieb Kulturpolitik, indem er bestimmte Schriftmeister bevorzugte und dadurch z. B. dafür sorgte, daß die kalligraphischen Stile von Dong Qichang (Kat. Nr. 82) breite Nachahmung fanden. Qianlong selbst hat sich auch in seiner Regelschrift (kaishu) und Kursivschrift (xingshu) Dong Qichang zum Vorbild genommen.

79.1 (Abb. 27)
Wang Xizhi
Aus dem ersten Heft ist ein Nachschnitt von einer der Drei Kostbarkeiten, dem Kuaixue shiqing tie des Wang Xizhi abgebildet. Die Musterschrift ist nach den 4 Zeichen (kuaixue shiqing) zu Anfang des Briefes benannt, der in deutscher Übersetzung lautet: Xizhi verneigt sein Haupt. Nach dem Schneefall war der Himmel wunderbar klar. (Ich) dachte wie es Euch wohl ergeht, habe aber noch keine Gewißheit bekommen. So weit für heute. Wang Xizhi verneigt sein Haupt.
Das Original befindet sich heute im Palastmuseum in Taibei. Kaiser Qianlong hat in seiner eigenhändigen Nachschrift den kalligraphischen Stil dieses Biefes mit den Worten charakterisiert: Der Drache springt durch das Himmelstor, der Tiger liegt im Phönixpalast.

79.2 (Abb. 103)
Kaiser Wu aus der Liang-Dynastie
Aus dem dritten Heft ist eine Schriftprobe von Kaiser Wu (reg. 502-549) der Liang-Dynastie in Konzeptschrift (caoshu) abgebildet. Kaiser Wu, selbst ein großer Förderer des Buddhismus, hat hier einen Passus aus einem buddhistischen Text in dem kalligraphischen Stil des Wang Xizhi abgeschrieben. Die Doppelseite zeigt in exemplarischer Weise alle wichtigen Schrifttypen: in der ersten Zeile rechts den Titel und die Heftzahl des Kalligraphiekompendiums in eckiger Kanzleischrift (lishu); dann den Namen von Kaiser Wu der Liang-Dynastie in elegant gewinkelter Regelschrift (kaishu); es folgt die zweieinhalbzeilige Kalligraphie des Kaisers selbst in stark verschliffener Konzeptschrift (caoshu). Der gleiche Text ist noch einmal der besseren Lesbarkeit halber in Regelschrift dahinter geschrieben; in der letzten Zeile beginnt in proportionierter, leicht verschliffener Kursivschrift (xingshu) schließlich Qianlongs Kolophon. Dazwischen stehen sechs rechteckige, quadratische, runde und ovale Siegel in archaisch stilisierter Siegelschrift (zhuanshu) und in den Zeilen der Konzeptschrift des Kaisers sind auch noch Bruchstücke von drei weiteren Siegeln erkennbar. Alle weiß auf schwarzem Grund stehenden Siegel befanden sich auf dem Original und wurden wie die Kalligraphie selbst in den Stein geschnitten. Bei den roten Siegeln oben in der Mittel hingegen handelt es sich um einen originalen Abdruck auf dem Papier der Abreibung.

Abb. 125 (Kat. Nr. 79.4)

Abb. 126 (Kat. Nr. 79.3)

79.3 (Abb. 126)
Su Dongpo

Aus dem 10. Heft sind die beiden von Su Dongpo (1036-1101) verfaßten und in seiner eigenen Kalligraphie geschriebenen Verse *Der Fischer (yufu)* abgebildet. Su Dongpo schrieb die Verse im Jahre 1058:

I

In welche Schenke begab sich der Fischer zum Trinken?
Die mitgebrachten Fische und Krabben waren im Nu veräußert.
Er hatte nur wenig getrunken und war schon angeheitert.
Von Geld war keine Rede mehr.

II

Wenn der Fischer zu viel getrunken hatte, tanzte er in seinem binsenen Regenmantel.
Sogar in trunkenem Zustand
suchte er immer noch nach dem Heimweg.
Die kurze Ruderstange seines einsamen Bootes ließ er schief liegen.
Als er wieder nüchtern war,
wußte er nicht mehr, wo er sich befand.

Charakteristisch für diese Kalligraphie von Su Dongpo sind die von links nach rechts, dickflüssig auslaufenden Schrägstriche, die an den Schreibstil in buddhistischen Sutren erinnern. Das in Tusche geschriebene Original war – wie die Modulation der Striche erraten läßt – nicht in einem einheitlichen schwarzen Ton gehalten, sondern innerhalb des Schwarztones abgestuft, was in der Steinabreibung verloren-

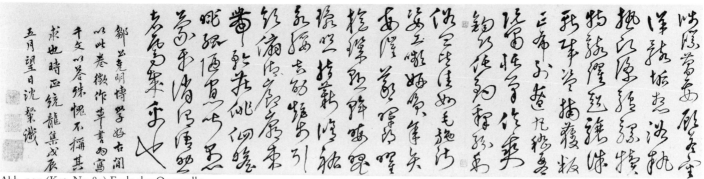

Abb. 127 (Kat. Nr. 80) Ende der Querrolle

geht. Der rhythmische Wechsel von kräftigen Strichen und Schriftzeichen mit fast filigranartigen, dünnen Partien läßt einen raschen Duktus spüren.

Publiziert: Ogawa (1973), II, 2. Photo.

79.4 (Abb. 125)
Huang Tingjian

Einen ganz anderen Stil zeigt in Heft 13 eine Schriftprobe von Huang Tingjian (1045-1105), der eine scheinbar bäuerlich große Handschrift hatte, die aber in ihrem Gesamteindruck von genialer Ausgewogenheit ist.

Die Anfangszeilen des Gedichtes Der ›Kiefernwind-Pavillon‹ von Wuchang lauten in deutscher Übertragung (Bieg (1971), 304):

Vom Pavillon, der an den Berg gelehnt errichtet ist,
blickt man auf den ruhig [dahinfließenden] Strom,
[Welch ein Anblick, von hier oben, wo] wenn die Nacht
vorrückt, Sieb und Scheffel [gleichsam] im Gebälk des [Pavillon-]Daches stecken. (. . .)

Huang Tingjian schrieb dieses Gedicht 1102 im Alter von 58 Jahren. Das Original befindet sich heute im Palastmuseum in Taibei. Ein Vergleich des Originals mit dem Nachschnitt zeigt, daß einige Siegel von Connaisseuren aus der Ming-Dynastie weggelassen wurden.

Bei all ihrer Pracht war die Qianlong-Ära auch eine Periode der schärfsten Zensur, und das Ignorieren von bestimmten Siegeln unliebsamer Personen muß man auch in diesem Zusammenhang sehen. GD

80 (Abb. 127)
Der Tausend-Zeichen-Klassiker (Qianziwen)

Shen Can (tätig Mitte 15. Jh.)
Konzeptschrift (caoshu)
Datiert 1448
Querrolle
Tusche auf Papier
25 × 575 cm
3 Siegel des Kalligraphen, 19 Sammlersiegel, davon 12 Saumsiegel, von denen jeweils 6 identisch sind.

Kaiser Wu (reg. 502-549) aus der Liang-Dynastie hatte seinen Hofmarschall Zhou Xingsi beauftragt, einen Essay mit 1000 verschiedenen Schriftzeichen zu verfassen und ließ diesen Text dann in dem kalligraphischen Stil des Wang Xizhi (303-361) in Stein meißeln. Zhou Xingsi wählte die Form des vierzeiligen Vier-Wort-Gedichtes mit insgesamt 250 Versen. Der Text enthält allgemeine kosmologische und moralisierende Sentenzen sowie einen Abriß der chinesischen Geschichte. Als einer der Elementarlehrtexte wurde er von den Kindern auswendig gelernt. Da ihn jeder gebildete Chinese beherrschte, konnte der Text gelegentlich auch für die numerische Zählung von 1-1000 verwendet werden. Seit dem frühen 19. Jh. hat es mehrere Übersetzungen in westliche Sprachen gegeben.

Literarisch gesehen hat der *Tausend-Zeichen-Klassiker* kein besonders hohes Niveau, aber da sich bei ihm kein einziges Schriftzeichen wiederholt, diente er als ideale Vorlage beim Üben der Kalligraphie. Wer diese 1000 Zeichen beherrschte, konnte leicht auch alle übrigen Schriftzeichen in dem gleichen Stil schreiben. Im Laufe der Jahrhunderte haben zahlreiche Kalligraphen nicht nur in ihrer Jugend den *Tausend-Zeichen-Klassiker* immer wieder als ganzes abgeschrieben.

Shen Can (tätig unter Yingzong reg. 1436-1449 u. 1457-1464) war u. a. Korrek-tor in der Hanlin-Akademie. In seiner Kursivschrift folgt er der Tradition des Wang Xizhi (vgl. Kat. Nr. 79.1), aber wie auch bei Zhu Yunming (vgl. Kat. Nr. 81) sind in seiner Schrift die Zeichen stärker verschliffen. Manche Zeichen sind aber auch auf kleinste Striche reduziert, die dennoch in dem flüssigen Duktus jeder Schriftzeile integriert bleiben. GD

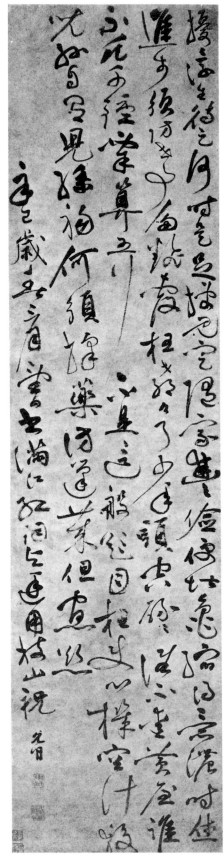

Abb. 128 (Kat. Nr. 81)

81 (Abb. 128)
Lied nach der Melodie ›Der rote Fluß‹
Zhu Yunming (1461-1527)
Konzeptschrift (caoshu)
Datiert 1519
Hängerolle
Tusche auf Papier
130,9 × 32,4 cm
2 Siegel des Kalligraphen

Zhu Yunming entstammte einer wohlhabenden Familie aus Changzhou bei Suzhou. Trotz seiner Kurzsichtigkeit und eines sechsten Fingers erwies er sich von Kindheit an als hochbegabt und konnte schon bald selbst Gedichte schreiben. Nach mehreren Mißerfolgen bei den Prüfungen zog er sich wieder in seine Heimat zurück und widmete sich ganz seinen literarischen Neigungen und der Kalligraphie. Er war mit bekannten Literaten seiner Zeit befreundet, u. a. mit Wen Zhengming (1470-1559) und Tang Yin (Kat. Nr. 99). 1515 wurde ihm dann doch das Amt eines Magistrats von Xingning in der Provinz Guangdong angeboten. Eine zweite Beförderung lehnte er jedoch ab und zog sich um 1520 wieder ins Privatleben zurück.

Zhu Yunming sprach – wie viele Gelehrte – gerne dem Wein zu und er war auch den Frauen und dem Glücksspiel nicht abgeneigt. Als Kalligraph bevorzugte er die Konzeptschrift (caoshu), die bei ihm häufig die noch extremere Form der *verrückten Konzeptschrift (kuangcao)* erreichte.

Diese Kalligraphie ist datiert auf das Jahr 1519, also in jene Zeit, als er wohl schon das Bedürfnis verspürte, sich aus dem öffentlichen Leben zurückzuziehen. Das von ihm selbst verfaßte Lied nach der Melodie *Der rote Fluß (Manjianghong)* läßt schon diese Amtsverdrossenheit ahnen. Er sagt darin, daß man statt auf Reichtümer und eine Beamtenkarriere zu hoffen – Dinge, die sich von heute auf morgen ändern können –, das Leben leichter nehmen solle. Es sei auch sinnlos, sich über das Glück der Kinder und Enkel Sorgen zu machen, denn diese müßten ihre Zukunft selbst gestalten.

Zhus kalligraphischer Stil ist hier ausschweifend und scheinbar unbeholfen, aber dennoch ist jeder Schriftzeile ein durchgehender Duktus zu eigen. Ein lebendiger Rhythmus entsteht dadurch, daß Zhu mit vergleichsweise trockenem Pinsel schreibt und ihn daher häufig in die Tusche eintauchen muß. Seine lang ausgezogenen Striche werden gegen Ende immer poröser.
GD

82 (Abb. 129)
Das Leben auf dem Lande
Dong Qichang (1555-1636)
Regelschrift (kaishu)
Hängerolle
Tusche auf Papier
117,5 × 47,5 cm
3 Siegel des Kalligraphen, 4 kaiserliche Siegel

Diese Kalligraphie von Dong Qichang ist die in Regelschrift *(kaishu)* geschriebene erste Strophe eines aus acht Strophen bestehenden Gedichtzyklus *Das Leben auf dem Lande (Tianjia zaxing)* von dem Tang-Dichter Chu Guangxi (1. H. 8. Jh.); vgl. den *Corpus der Tang-Gedichte (Quan Tangshi, juan 137, 1386)*. Das Fünf-Wort-Gedicht in vierzehn Zeilen lautet in deutscher Übertragung:

Als der Frühling kam, schrien die Kraniche und Pirole.
Leichtfertig sagte ich, daß ich auf die Felder ginge,
Die ich aber mit eigener Kraft nicht mehr bestellen konnte.
Ich bemühte mich daher, ein Mädchen aus der Nachbarschaft zu heiraten.
Da ich auch Kinder in die Welt setzen wollte,
Mußte ich den Landbesitz vergrößern.
In der Freizeit machte man untereinander Scherze
Und wir freuten uns an der gedeihenden Hirse.
Jede Nacht stieg ich auf die Xiao-Terrasse.
In Richtung Süden sah ich die Ufer des Dongting-Sees.
Die Gräser waren noch mit Rauhreif bedeckt.
Im Herbst schallte der Klang des Wäscheschlagens aus den Bergen.
[In solchen Momenten] vermißte ich die vergangenen Zeiten,
In denen ich noch wunschlos [glücklich] war.

Am Ende vermerkt Dong Qichang, daß er sich den Schriftstil zum Vorbild genommen habe, den Xu Jihai (Xu Hao; 703-782) bei seiner Abschrift des Kanonischen Buches des Daoismus, *Daodejing*, benutzt habe. Insgesamt zeigt diese Kalligraphie noch Unsicherheiten, was wohl auf ein Frühwerk hindeutet. Trotzdem scheint Kaiser Qianlong, der große Bewunderer von Dong Qichang, das Werk geschätzt zu haben, wenn er es mit drei Siegeln versah. Auch sein Nachfolger, Kaiser Jiaqing, setzte noch ein Siegel hinzu.
GD

83 (Abb. 28)
Abschrift eines Briefes von Wang Xizhi
Fu Shan (1607-1687)
Konzeptschift (caoshu)
Hängerolle
Tusche auf Seide
162,7 × 44,6 cm
1 Siegel des Kalligraphen

Fu Shan gehörte zu jenen umstrittenen Künstlerpersönlichkeiten des 17. Jahrhunderts, die in der Zeit des Machtwechsels von der Ming- zur Qing-Dynastie lebten. Er weigerte sich trotz vieler Überredungsversuche, ein Amt unter den neuen Machthabern anzunehmen.

In seinen späten Jahren beschäftigte er sich zunehmend mit der Kalligraphie des Wang Xizhi (303-361) und kopierte seine Werke. Die vorliegende Kalligraphie ist eine freie Kopie eines Wang Xizhi-Briefes, der allerdings von der im *Chunhuage tie* (vgl. auch Kat. Nr. 79) als Abreibung erhaltenen Version abweicht. Fu Shans Stil ist etwas derber als der seines Vorbildes. Fu Shan hat auch zusätzlich noch den Namenszug Xizhi hinzugesetzt und seine Signatur lautet: *Frei kopiert von Zhenshan.* Siegel: *Fu Shan.*

In seinem Brief führt Wang Xizhi aus, daß er den Adressaten schon lange nicht mehr gesehen habe, er aber immer noch an das letzte gemeinsame Zusammentreffen denken müsse. Er habe sich bereits bei anderen Leuten erkundigt, um etwas über sein augenblickliches Befinden in Erfahrung zu bringen.　　　　GD

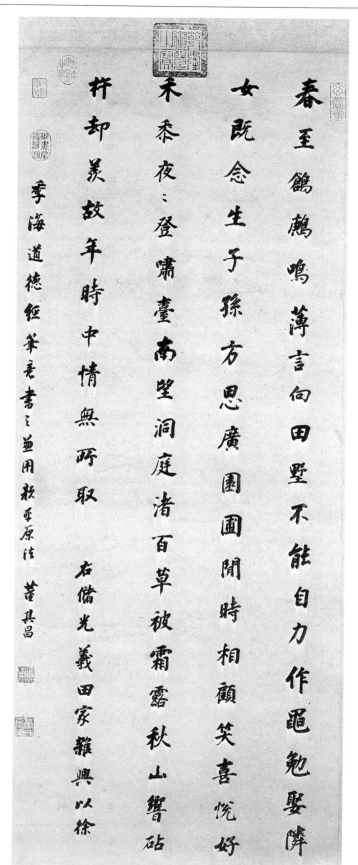

Abb. 129 (Kat. Nr. 82)

Abb. 130 (Kat. Nr. 84)

84 (Abb. 130)
Dankschreiben in Konzeptschrift
(caoshu)
Wang Duo (1592-1652)
Datiert 1650
Hängerolle
Tusche auf Papier
23,5 × 52,7 cm
1 Siegel des Kalligraphen

Wang Duo ist gleichermaßen als Maler, Kalligraph und Staatsmann bekannt. In seiner Jugend studierte er die Schriftstelen auf dem Beimang-Berg in der Nähe seiner Heimatstadt Mengjin. Auf dem Gebiet der Kalligraphie tat er sich hauptsächlich als Schreiber von Konzeptschrift (caoshu) hervor. Von 1638 an war er Vizepräsident des Ritenamtes und auch nach dem Dynastiewechsel unter den Mandschu-Herrschern wieder in dem gleichen Amt tätig.
Der Text der Kalligraphie ist ein Exzerpt eines Dankschreibens nach einem kaiserlichen Bankett, das von Wang I (276-322) verfaßt wurde. Wang Is Kalligraphie ist in das Song-zeitliche Kalligraphie-Kompendium Chunhuage tie (vgl. auch Kat. Nr. 79) aufgenommen. Es diente Wang Duo als Vorlage. Allerdings hat er den Text des Schreibens stark gekürzt. Im Winter erhielt Wang I eine Einladung zu einem kaiserlichen Dinée. Er sieht ein besonderes Privileg darin, daß der Kaiser sich herabgelassen hat, auch den niederen Beamten auf diese Weise seine Gunst zu erweisen. Mit seinem eigenen Schreiben möchte er noch einmal seinen Dank zum Ausdruck bringen.
Wang Duos Kalligraphie ist ein Alterswerk und zeigt eine gewisse Sprödigkeit, die aber immer noch kraftvoll und sicher wirkt. GD

85 (Abb. 4)
Zwölf Eulogien zu einem Album von
Dong Gao
Yongxing (1752-1823)
Regelschrift (kaishu)
Hängerolle
Tusche auf Papier
127 × 79 cm
2 Siegel des Kalligraphen

Yongxing, Prinz Chengqin (Chengqinwang), war der elfte Sohn des Kaisers Qianlong. Sein Vater schätzte ihn besonders wegen seines Talentes als Kalligraph der Regelschrift (kaishu). Auch dieses Werk ist in grazier und sensibler Regelschrift geschrieben. Der Text besteht aus zwölf Eulogien zu einem Album von zwölf berühmten Landschaften, die Kaiser Qianlong bei dem Maler Dong Gao (1740-1818) in Auftrag gegeben hatte. Am Ende eines jeden Gedichtes sind doppelzeilig jeweils die Region und die jahreszeitlich bedingte Stimmung genannt. Fünf beziehen sich auf den Frühling, drei auf den Sommer, zwei auf den Herbst und zwei auf den Winter. Es sind Stimmungsbilder wie z. B. Im Rauch verhüllte Weiden bei Fengcheng (Nr. 2), Frühlingsmorgen in Wuling (Nr. 3), Vollmond über Dengjiang (Nr. 9), Herbstdüfte in Guiling (Nr. 10) oder Duftiger Schnee in Luofu (Nr. 12). Die Signatur lautet: Respektvoll geschrieben von dem Untertan Yongxing. Siegel: Chen (Untertan); Yongxing. Dong Gao malte im Auftrag von Kaiser Qianlong zahlreiche Alben. Das Werk, zu dem diese Eulogien geschrieben wurden, läßt sich jedoch nicht in den Kaiserlichen Katalogen nachweisen. GD

IX Höfische und Professionelle Maler der Ming-Zeit

Aus den Wirren am Ende der Yuan-Dynastie, der nahezu ein Jahrhundert währenden mongolischen Fremdherrschaft über China, ging ein Mann aus dem einfachen Volk als der Begründer einer neuen Dynastie hervor. 1368 proklamierte sich der Rebellenführer und Mönch Zhu Yuanzhang in Nanjing zum ersten Kaiser der Ming- (der *Strahlenden*) Dynastie und vertrieb noch im gleichen Jahr die Mongolen aus Peking. Die Zeichen der Zeit standen nun auf militärischer Konsolidierung der Macht, und mit eiserner Hand verfolgte er als Kaiser Taizu (reg. 1368-1398) sein Ziel. Bald trieb auch die kulturelle Restauration, die Rückbesinnung auf die nationalen kulturellen Traditionen, erste Blüten. Kaiser Yongle (reg. 1403-1424) versammelte Tausende von Gelehrten am Hofe zu einer umfassenden Bestandsaufnahme aller Sparten von Wissenschaft und Kunst, und 1407 lag eine monumentale Enzyklopädie *(Yongle dadian)* mit über 11 000 Bänden vor. Privater Handel und freies Gewerbe entfalteten sich, in den Städten entstanden große Manufakturen. Auch der Schiffbau entwickelte sich rapide, und unter Yongle stach 1405 eine Flotte zu der ersten der berühmten sieben See-Expeditionen unter der Leitung des Eunuchen Zheng He in See. Auf ihrer letzten Fahrt gelangte die Flotte 1433 bis zur Hafenstadt Djidda am Roten Meer.

Auf dem Gebiet der Malerei standen sich zwei große Schulen gegenüber, die der professionellen und höfischen Maler und die der Literatenmaler. Sie unterschieden sich sowohl nach dem sozialen Status der Maler als auch nach der Thematik und dem Stil ihrer Bilder. Während die Literatenmaler (Kap. X) an die Tradition der Gelehrtenmaler der Yuan-Dynastie anknüpften, orientierten sich die professionellen und höfischen Maler am Vorbild der Song-Akademie, die ihre Blütezeit während der Ära Xuanhe (1119-1126) und Shaoxing (1131-1162) hatte.

Zu den berühmtesten professionellen Malern der frühen Ming-Zeit zählte Dai Jin (Kat. Nr. 86), der für kurze Zeit auch am Kaiserhof tätig war. Er wurde zum Begründer der nach seiner Heimatprovinz Zhejiang benannten Zhe-Schule, die in der Ausstellung neben Dai Jin durch weitere ihrer bedeutendsten Meister wie Li Zai (Kat. Nr. 87), Wu Wei (Kat. Nr. 89) und Zhang Lu (Kat. Nr. 90) repräsentiert ist. Oft malten sie narrative Themen, deren deskriptive Genauigkeit bisweilen verblüfft. Eindrucksvoll bezeugen dies in dem meisterlichen Werk von Dai Jin: *Zhong Kui auf nächtlicher Reise* (Kat. Nr. 86) effektvolle Details wie die Spiegelung der Mondscheibe auf der nebelverhangenen Wasserfläche jenseits des Berges und die Fußabdrücke der Dämonen im Schnee.

Typisch für die Zhe-Schule ist bei diesem Werk auch die auf dramatische Wirkung angelegte Darstellung mit kräftiger Tuschegebung unter Verwendung von Farbe. Wie fast alle Maler dieser Gruppe verwendet auch Dai Jin als Malgrund Seide, wohingegen die Literatenmaler in der Regel auf Papier malten. Die Seide stellte an die Maler besonders hohe Anforderungen und verlangte diszipliniertes und präzises Arbeiten. Es erforderte ein besonderes Geschick, das breitflächige und in sich abgestufte Tuschelavis, das die professionellen Maler schätzten, aufzutragen.

Die Maler der Zhe-Schule waren im allgemeinen versiert in verschiedenen Genres. Besonders auf die Landschaftsmalerei war Li Zai (Kat. Nr. 87) spezialisiert. Seine *Weite Flußlandschaft und ferne Gipfel* bezeugt in typischer Weise seine Vorliebe für die monumentalen Gebirgslandschaften des Guo Xi (ca. 1001-ca. 1090), eines der großen Meister der Nord-Song-Zeit.

Li Zai war als Hofmaler während der Ära Xuande (1426-1435) tätig, der ersten Blütezeit höfischer Malerei in der Ming-Zeit. Kaiser Xuande selbst malte und förderte die Künstler am Hofe. Auch Kaiser Chenghua (reg. 1465-1487) war selbst Maler. *Glückverheißende Gaben am Neujahrstag* (Kat. Nr. 88) stammt von seiner Hand und zeigt die bereits durch das Bild von Dai Jin vertraute Gestalt des Dämonenbezwingers Zhong Kui in dem für die Zhe-Schule typischen Stil.

Einer der von Kaiser Chenghua meistgeschätzten Hofmaler war Wu Wei (Kat. Nr. 89), dem er außerordentliche Freiheiten einräumte. Wu Wei zählte zu jenen professionellen Malern, die durch ihr exzentrisches und unkonventionelles Verhalten von sich Reden machten und in ihrer Malerei eine Vorliebe für daoistische Themen hegten. Als der Kaiser ihn einmal zu sich befahl, war Wu Wei so betrunken, daß er nur von Dienern gestützt vor dem Kaiser erscheinen konnte. Auf dessen Geheiß hin, Kiefern im Wind zu malen, kniete er sich auf den Boden und begann Tusche auf dem auf der Erde ausgebreiteten Malgrund zu verspritzen und zu verreiben. Das Ergebnis ließ die umstehenden Diener erbleichen. Doch der Kaiser soll tief Luft geholt und gesprochen haben: *Dies ist wahrhaft der Pinselzug eines Unsterblichen.*

Im Schatten einer Weide lesend (Kat. Nr. 89) bezeugt eindrucksvoll, wie meisterlich es Wu Wei verstand, in seinem von einer daoistischen Grundstimmung geprägten Bild die vielgestaltigen Möglichkeiten des Tuschelavis auszuschöpfen. Dies gilt gleichfalls für den professionellen Maler Zhang Lu (Kat. Nr. 90), der in der Nachfolge von Dai Jin und Wu Wei arbeitete. In seiner Figurenmalerei stellte er gerne populäre Unsterbliche des daoistischen Pantheons dar. Auch das ausgestellte Bild zeigt eine Flöte spielende daoistische Unsterbliche. Die übernatürliche Erscheinung gewinnt durch das machtvolle Naturschauspiel des heftig bewegten Gewässers mit wild schäumender Gischt noch an suggestiver Intensität.

Die Vorliebe für die Darstellung von atmosphärischer Wirkung unter den Malern der Zhe-Schule kennzeichnet auch das Bild von Wang Zhao (Kat. Nr. 91), auf dem ein Gelehrter mit seinem Diener bei stürmischem Wetter überrascht vor einer übernatürlichen himmlischen Erscheinung innehalten.

Die Zhe-Schule hatte ihren Zenit bereits überschritten, als Wang E (Kat. Nr. 92) als Hofmaler diente. Er kam während der Ära Hongzhi (1488-1505) an den Kaiserhof und wurde vom Kaiser besonders für seine dem Stil des Song-zeitlichen Hofmalers Ma Yuan (ca. 1160-nach 1225) nachempfundenen Bilder geschätzt. Auch die Hofmaler stellten bisweilen literarische Themen dar wie Wang E in der *Suche nach der Pflaumenblüte im Schnee* (Kat. Nr. 92). Das Bild zeigt den Dichter Meng Haoran (689-740), der des Winters nach der Pflaumenblüte sucht, ein Sinnbild für die Suche nach poetischer Eingebung. Fundamental unterscheidet sich die Darstellung dieses Professionellen von der eines Literatenmalers wie etwa Xu Wei (Kat. Nr. 104), der das Thema ebenfalls gestaltete. Wang E bettet auch hier in einer für die Zhe-Schule typischen technischen Brillanz die Figuren in eine ›atmosphärische‹, nebelverklärte Landschaft.

Die Lebensdaten des Hofmalers Liu Jun (Kat. Nr. 93) sind nicht bekannt; nach Meinung der chinesischen Experten am Palastmuseum Peking war er möglicherweise ebenfalls im frühen 16. Jahrhundert tätig. Sein narratives Bild: *In verschneiter Nacht zu Besuch bei Zhao Pu* (Kat. Nr. 93) zeigt eine historische Begebenheit, den Besuch des Begründers der Song-Dynastie, Kaiser Taizu (reg. 960-976), bei seinem getreuen Berater und Freund Zhao Pu zu nächtlicher Stunde, eine Handlung also, die zur Zeit einer dynastischen Erneuerung spielt. Solche Darstellungen waren allerdings eher in der frühen Ming-Zeit, vor allem am Hofe des Kaisers Xuande (reg. 1426-1435), beliebt, als es darum ging, die Bildkunst zur Verherrlichung der wiedererlangten chinesischen Herrschaft der Ming propagandistisch zu nutzen.

Ein am Hofe ebenfalls geschätztes Genre war die Blumen-und-Vogel-Malerei. Besonders zu Festtagen wie zu Neujahr bestand bei Hof ein großer Bedarf an den farbenprächtigen, auf Seide gemalten Bildern, wie sie der vielleicht berühmteste Maler dieser Gattung, Lü Ji (Kat. Nr. 94) zu gestalten wußte. *Granatäpfel, Malven und Hahn* ist ein typisches Beispiel für dieses Genre. Diese höfische Tradition war alt; als ihr Stammvater galt der Hofmaler Huang Quan (903-968). Hofmaler wie Lü Ji, die sich in diesem Genre hervortaten, malten nach dem Prinzip *xiesheng (Abmalen des Lebens)*. Die Literaten wiederum verfuhren bei ihren Bildern dieser Gattung nach dem Prinzip *xieyi (Abmalen der Idee)*. Xu Weis (Kat. Nr. 105) brillantes Tuschespiel hingegen repräsentiert mustergültig die Literatentradition der Blumen-und-Vogel-Malerei.

Dem höfischen Geschmack entsprachen auch die beliebten genrehaften Darstellungen vom Leben der Hofdamen, die gerne in Palastgärten gezeigt wurden, wie es ganz typisch in dem Werk eines anonymen Malers des 16. Jahrhunderts: *Honigverkäufer im Palastgarten* (Kat. Nr. 95) zu sehen ist. Bereits an das Ende der Ming-Zeit führt das narrative Bild des Malers Yuan Shangtong (Kat. Nr. 96): *Morgendliches Gedränge der Boote beim Zolltor*. Es zeigt einen wirklichen Schauplatz, das rege, lebhafte Treiben auf dem Fluß vor einem Wassertor von Suzhou in der Provinz Jiangsu. Auch diese deskriptiv-getreue Wiedergabe beruht auf einer alten Tradition, die in der Song-Zeit wurzelt. Zhang Zeduans (spätes 12. Jh.) berühmte Querrolle: *Flußaufwärts beim Qingming-Fest* – das Original befindet sich im Palastmuseum Peking – stellt das berühmteste Meisterwerk dieses Genres dar. Sie wurde in der Ming- und Qing-Zeit oft kopiert und ist in der Ausstellung

Abb. 131 (Kat. Nr. 86). Detail

durch eine anonyme Kopie eines Mingzeitlichen Professionellen vertreten (Kat. Nr. 97). Sie beschließt die Gruppe der professionellen und höfischen Malerei, deren Vielfalt und Ausdruckskraft immer wieder von neuem bestechen. HB

86 (Abb. 46, 131)
Zhong Kui auf nächtlicher Reise
Dai Jin (1388-1462)
Hängerolle
Tusche und Farben auf Seide
189,7 × 120,2 cm
'1 Siegel des Malers, 2 weitere Siegel

Auf einem Gebirgspfad ist zu nächtlicher Stunde – die Mondscheibe ragt oben links in das Bild – der Dämonenbezwinger Zhong Kui (vgl. auch Kat. Nr. 88) mit seinem Gefolge unterwegs. Vier Dämonen tragen die Rattansänfte des wie gewöhnlich grimmig blickenden und in Beamtentracht gezeigten Zhong Kui. Ihre Fußabdrücke zeichnen sich – ein Zeugnis für die

Detailfreude des Malers – im Schnee ab. Ein fünfter Dämon hält einen löchrigen Ehrenschirm über Zhong Kuis Haupt. Jenseits einer leichten Erhebung folgt der Gruppe ein letzter Dämon, der eine Tragestange geschultert hat, an der Zhong Kuis Schwert und eine Zither *(qin)* herabhängen.

Um die Gestalt des Dämonenbezwingers, einem seit der Tang-Zeit beliebten Sujet der narrativen Malerei, ranken sich verschiedene Legenden. Gemeinsam ist ihnen, daß Zhong Kui unter Kaiser Gaozu (reg. 618-627) bei den Staatsexamina glanzvoll abschnitt. Sei es, daß ihm nun der ihm gebührende erste Rang vorenthalten blieb, sei es, daß der Kaiser bei der üblichen Audienz für die erfolgreichsten Prüflinge über seine Häßlichkeit erschrak, Zhong Kui nahm sich jedenfalls das Leben. Mit höchsten kaiserlichen Ehren wurde er daraufhin bestattet und gelobte seinerseits zum Dank, den Kaiser fürderhin vor Dämonen zu schützen.

Auf einem Fels am linken Bildrand steht die

Abb. 132 (Kat. Nr. 87)

Signatur des Malers: *Skizziert von Dai Jin (aus Hangzhou am) Westsee;* es folgt sein Siegel: *Jing'an.*

Dai Jin, Beiname Jing'an, wurde 1388 in Qiantang in der Gegend von Hangzhou, Provinz Zhejiang, geboren. Um 1425 wurde er als Hofmaler an den Kaiserhof in Peking empfohlen, fiel aber – wohl aufgrund von Konkurrenzneid – in Ungnade und mußte fliehen. Um 1440 begab er sich erneut nach Peking und stieg zu einem der führenden professionellen Maler der Hauptstadt auf. Seine späten Jahre verbrachte er im heimatlichen Hangzhou. Dai Jin gilt als der Begründer der Zhe-Schule, die nach seiner Heimatprovinz benannt wurde. Kräftige und kühne Pinselführung, in Anknüpfung an die professionelle Maltradition der Song-Zeit, und eine großflächige Komposition kennzeichnen diese Schulrichtung.

Die beiden Siegel unten rechts und links stammen von dem modernen, vor wenigen Jahren verstorbenen Sammler Li Zhichao.

HB

Publiziert: *Zhongguo hua,* 1 (1957), 21. Laing (1969), 190. *Gugong YK,* 4 (1981), 6-8, Taf. 3. *YYDY,* 13 (1981), 23. *Mingdai gongting,* 62.

87 (Abb. 132)
Weite Flußlandschaft und ferne Gipfel
Li Zai (tätig in der Ära Xuande,
1426-1435)
Hängerolle
Tusche auf Seide
165,2 × 90,4 cm

Li Zai stammte aus Putian in der Provinz Fujian und gehörte zusammen mit Dai Jin (Kat. Nr. 86) zur Gruppe der prominenten Hofmaler der Ära *Xuande* (1426-1435), die die große Tradition der Landschaftsmalerei der Song-Zeit (960-1279) wieder aufgriffen und weiterführten, nicht zuletzt wohl, um den neu erbauten Kaiserpalast in Peking mit repräsentativen Bildwerken auszustatten. Dabei spezialisierte sich Li Zai in besonderem Maße auf den Landschaftsstil Guo Xis (ca. 1001-ca. 1090), eines der klassischen Meister der monumentalen Landschaftsmalerei der Nördlichen Song-Zeit. Auch dieses Bild mit dem hoch aufragenden Hauptmassiv, der engen Schlucht rechts oben mit dem Tempelgebäude und dem Blick in das weite Flußtal links zeigt das charakteristische Kompositionsschema dieses Meisters. Li Zai hat dessen Stil so erfolgreich nachempfunden, daß spätere Fälscher das Bild als echtes Werk

Guo Xis ausgaben, indem sie die ursprüng-
liche Signatur Li Zais, die sich wohl links
oben befand, entfernten und eine ge-
fälschte Signatur Guo Xis in der rechten
unteren Ecke anbrachten. Doch sind die
asymmetrische Komposition, die eigenwil-
lige, dynamische Zickzack-Form des Bergrückens, die verhältnismäßig große und
detaillierte Darstellung von Figuren und
Gebäuden und vor allem die temperament-
voll-ungestüme Pinselführung typische
Merkmale der frühen Ming-Zeit. Spätere Literatenmaler bezeichneten Li Zais
Handschrift abschätzig als »nachlässig«
(cao) und »wild« (kuang).
Einen pulsierenden, dynamischen Rhythmus erhält das Bild durch den scharfen
Kontrast von unmittelbar aneinanderge-
setzten sehr hellen und sehr dunklen Partien, ein Stilmerkmal, das wir auch bei dem
japanischen Maler Sesshū (1420-1506) finden, der 1468 China besuchte und Li Zais
Schüler wurde. Dieser bezeichnete Li Zai
als den fähigsten Maler seiner Zeit.
Im Palastmuseum Peking befindet sich
noch eine weitere, signierte, Hängerolle Li
Zais, die dieser überaus ähnlich ist (*Zhongguo huihuashi*, 477).   GH

Publiziert: *YYDY*, 13 (1981), 14.

88 (Abb. 66)
Glückverheißende Gaben am Neujahrstag
Zhu Jianshen (1447-1487)
Datiert 1481
Hängerolle
Tusche und Farben auf Papier
59,7 × 35,5 cm
6 kaiserliche Siegel

Dieses Neujahrsbild zeigt den Dämonenbezwinger Zhong Kui (vgl. Kat. Nr. 86) in
Begleitung eines kleinen Dämonen, der in
seinen hochgereckten Händen eine Schale
mit glückverheißenden Gaben trägt: Zedernzweige *(bai)* und Persimonen *(shi)*,
gleichlautend mit *Hundert Dinge (bai shi)*.
Zhong Kui, wie üblich in Beamtentracht
mit Amtskappe und Stiefeln dargestellt,
hält in seiner erhobenen Rechten ein
Wunschzepter *(ruyi)*. Glückverheißende
Symbolkraft besitzt ebenfalls die Fledermaus, die oben rechts fliegt und oft zusammen mit Zhong Kui erscheint. Spuren von
Goldstaub finden sich auf dem Ärmel des
Dämon und auf den Rändern des flattern-
den Gewandzipfels von Zhong Kui. In seiner kraftvoll-expressiven Pinselführung
und der satten Tuschegebung steht dieses

narrative Bild in der Tradition der Zhe-
Schule.
Die Signatur des Malers steht oben links:
*Im Jahre xinchou der Ära Chenghua [1481]
in der Halle der Literarischen Blüte (Wen-
huadian) mit kaiserlichem Pinsel ausgeführt.*
Auf die Aufschrift ist das kaiserliche Siegel
(Guangyun zhi bao) gesetzt. Oben rechts
steht ein von der gleichen Hand geschrie-
benes Sieben-Wort-Gedicht in vier Versen
mit dem Titel:
*Zedernzweige und Persimonen (›Hundert
Dinge‹), ganz nach Wunsch!
Mit dem Pulsschlag des Frühlings kehrt milde
Witterung ein.
Wind und Wolken treffen über zehntausend
Meilen auf friedliches Land.
Dies Bild bringt glückverheißende Gaben;
möge sich jahrein, jahraus der Dinge Vielfalt
wunschgemäß einstellen!*
Das Bild malte, wie es die Aufschrift be-
zeugt, Kaiser Chenghua (reg. 1465-1487),
der mit persönlichem Namen Zhu Jianshen
hieß. Seine Vorliebe für die Zhe-Schule er-
hellte bereits die in der Einleitung zu die-
sem Kapitel wiedergegebene Anekdote.
Das vorliegende Bild gestaltete er ganz im
Stile dieser Schultradition.
Die erste Hälfte seiner Regierungszeit
stand unter einem glücklichen Stern. Der
Kaiser widmete sich seinen Aufgaben mit
Sorgfalt und hatte bei der Wahl seiner Berater eine gückliche Hand. In der späten
Phase seiner Herrschaft geriet er jedoch
zunehmend unter den Einfluß ihm nahe-
stehender Frauen am Hofe. Er war den
Künsten zugetan und als guter Kalligraph
bekannt.
In der Qing-Zeit befand sich die Hängerolle in der kaiserlichen Sammlung und
wurde in den Kaiserlichen Katalog von
1745 *(SQBJ chu)* aufgenommen. Sie trägt
Siegel der Kaiser Qianlong, Jiaqing und
Xuantong.
Auf der Montierung unten links steht das in
den zwanziger Jahren dieses Jahrhunderts
aufgedrückte Siegel des Erziehungsministeriums *(Jiaoyubu dianyan zhi zhang)*. Das
Bild wurde kürzlich hervorragend restauriert und neu montiert.   HB

Publiziert: *SQBJ chu*, II, 1140. *Gugong SHJ*, 26 (1932), 9.
Gugong ZK, 19 (1935), 1181. Harada (1936), 489. *Ming
biography*, I, 303.

89 (Abb. 43)
Im Schatten einer Weide lesend
Wu Wei (1459-1508)
Hängerolle
Tusche auf Seide
168 × 105 cm
1 Siegel des Malers

Auf einer Uferbank sitzt im Schatten einer
Weide ein Literat an einen kauernden Wasserbüffel gelehnt, vertieft in die Lektüre eines Buches. Um die naß lavierten Felsen des
Vordergrunds wächst Bambusgestrüpp.
Jenseits der weiten Wasserfläche, über der
zwei Vögel im Fluge gezeigt sind, erheben
sich zunächst kleinere, dann größere Fels-
formationen. Ein hoher Berg, dessen Kuppen Vegetationstupfen beleben, nimmt den
Hintergrund ein. In dem reichen Wechsel-
spiel der Tuschetöne liegt der besondere
Reiz dieses Bildes. Seine daoistische Kom-
ponente ist in der Verbindung des naturver-
bundenen, lesenden Gelehrten mit dem
Wasserbüffel unverkennbar.
Oben rechts steht die Signatur des Malers:
Xiaoxian (Kleiner Unsterblicher), gefolgt
von seinem Siegel: *Wu Wei*.
Wu Wei wurde 1459 in Jiangxia in der heutigen Provinz Hubei, als Sproß einer angesehenen Familie von Literatenbeamten geboren. Er wandte sich, nachdem sein Vater
den Familienbesitz durchgebracht hatte
und früh verstorben war, der Malerei zu
und fiel durch seine unkonventionelle, ex-
zentrische Lebensweise auf. Seine Begabung erregte die Aufmerksamkeit des Hofes in Peking. Wu Wei wurde Hofmaler und
in der Brokatkleidgarde beamtet. An den
Folgen übermäßigen Alkoholgenusses
starb er bereits im Alter von 50 Jahren.
Seine exzentrisch-wilde Lebens- und Malweise gibt diesem professionellen Maler
seine besondere Couleur.   HB

Publiziert: *Mingdai gongting*, 69. *Zhongguo hua*, 1
(1983), 59.

90 (Abb. 44)
Flötenspielende Unsterbliche
Zhang Lu (ca. 1464-1538)
Hängerolle
Tusche auf Seide
141,3 × 91,8 cm
1 Siegel des Malers

Auf einem Felsplateau am Ufer eines wild
schäumenden Gewässers sitzt eine junge
Frau und spielt Flöte. Der zum Tragen über
der Schulter bestimmte Korb mit langem
Stiel, der hinter ihr liegt und in dem sich ein

Abb. 133 (Kat. Nr. 91)

großer Pfirsich der Unsterblichkeit befindet sowie die Flöte sind Attribute des Lan Caihe, eines der legendären Acht Unsterblichen, der, wie hier, oft als Frau dargestellt wird. Eine mächtige Kiefer und die lebensverlängernden Pilze rechts unten zwischen ihren Wurzeln verstärken noch den daoistischen Symbolgehalt des Bildes.

Zhang Lu stammt aus Kaifeng. Nachdem er zunächst an der Nationalen Universität *(Taixue)* in Nanjing studiert hatte, um eine Beamtenlaufbahn einzuschlagen, wurde er, als dies fehlschlug, professioneller Maler. In den Kreisen der Literaten-Beamten und Kaufleute in Nanjing und Suzhou hatte er mit seinen Bildern großen Erfolg. Als bedeutender Nachfolger Dai Jins (Kat. Nr. 86) und Wu Weis (Kat. Nr. 89) steht er in der Tradition der Zhe-Schule, für die eine breitflächige Tuschlavierung – bei diesem Bild in den Felsen links unten – charakteristisch ist. Typisch für Zhang Lu sind außerdem der stark schattierte Baumstamm, der wie eine Klippe ins Bild ragt, sowie die von den Zweigen der Kiefer herabhängenden, mit heller Tusche silhouettenhaft gemalten Schlingpflanzen. Die Brillanz seiner Figurenmalerei zeigt sich in den kraftvollen, kalligraphisch stark modulierten Tuschelinien im Gewand der Unsterblichen. Tiefschwarze, breit hingewischte Striche bis hin zu feinsten, hellen Linien sind mit großer Geschwindigkeit und Dynamik auf die Seide gesetzt. Damit stellt sich Zhang Lu in die Nachfolge des großen Figurenmalers der Tang-Zeit, Wu Daozi (tätig ca. 710-760), der ihn bereits in jungen Jahren, noch in Kaifeng, zur Malerei inspiriert hatte.

Rechts neben der Figur hat der Künstler mit seinem Beinamen »Ebener Berg« *(Pingshan)* signiert und auch sein Namenssiegel *Zhang Lu* auf das Bild gesetzt. Es ist bezeichnend, daß sich keinerlei Sammlersiegel, auch keine kaiserlichen Siegel, auf der Bildrolle befinden, denn bald nach dem Tode des Malers geriet der Stil der Zhe-Schule aus der Mode, später sogar in Verruf; erst heute beginnt man auch in China die virtuosen Qualitäten in dieser Malerei wieder zu schätzen. GH

Publiziert: *YYDY*, 13 (1981), 10. *Lidai shinühua*, Nr. 12. *Mingdai gongting*, 78.

Abb. 134 (Kat. Nr. 92). Detail

91 (Abb. 133)
Aufsteigender Drache
Wang Zhao (Ende 15./Anfang 16. Jh.)
Hängerolle
Tusche und Farben auf Seide
167,5 × 100,9 cm
1 Siegel des Malers

Ein Gelehrter und sein Diener streben einem überhängenden Felsblock zu. Der Gelehrte schaut erstaunt nach oben, wo in einer dunklen Wolke ein Schuppendrache auftaucht. Es scheint, als ob der Drache am Himmel den Sturm verursacht habe, der das Blattwerk der Bäume nach links hinüber treibt. Das großflächige Lavis, das locker hingetupfte Laubwerk — Stilmittel der Zhe-Schule — lassen die Frische des Windzuges geradezu spüren. Der leichte Braunton verstärkt noch die Wirkung eines Ungewitters. Ein Charakteristikum der Zhe-Schule ist die Darstellung von atmosphärischen Erscheinungen und Stimmungen.

Die Lebensdaten des Künstlers sind nicht bekannt. Er stammte aus Xiuning in der Provinz Anhui und war im ausgehenden 15. und frühen 16. Jh. tätig. Sein Beiname lautete Dechu, sein Künstlername Haiyun. Er arbeitete in den Gattungen Landschafts-, Figuren-, Blumen- und Vogelmalerei. Seine Vorbilder waren Dai Jin (Kat. Nr. 86) und Wu Wei (Kat. Nr. 89). Das Bild ist am linken Bildrand mit seinem Künstlernamen Haiyun signiert. GD

Publiziert: *YYDY*, 13 (1981), 18. *Mingdai gongting*, 85. *Zhongguo huihuashi*, 530.

92 (Abb. 49, 134)
Auf der Suche nach der Pflaumenblüte im Schnee
Wang E (tätig um 1500)
Hängerolle
Tusche und Farben auf Seide
106,7 × 61,8 cm
1 Siegel des Malers, 2 kaiserliche Siegel

Über einen schmalen gewundenen Gebirgspfad begibt sich in einer verschneiten winterlichen Hochgebirgslandschaft ein Reiter mit seinem aus drei Männern bestehenden Gefolge talwärts. Die von einem kleinen Diener angeführte Gruppe nähert sich zwei Bäumen, die im Vordergrund links auseinanderstrebend hoch aufragen. Ein schroff ansteigendes hohes Gebirgsmassiv nimmt den Hintergrund ein. Schemen bizarrer Felsspitzen erscheinen in der Tiefe des Raums. Dieses narrative Bild trägt den Titel: *Auf der Suche nach der Pflaumenblüte im Schnee*. Damit wird auf den Tang-Dichter Meng Haoran (689-740) angespielt, der über mehrere Jahrzehnte zurückgezogen im Einklang mit der Natur lebte, und, wie es heißt, in verschneiter Landschaft bisweilen auf Eselsrücken nach poetischer Eingebung suchte (vgl. auch Kat. Nr. 104). Auf dem Felsblock vorne links steht die Signatur des Malers: *Skizziert von dem Untertan Wang E;* es folgt sein Siegel: *Yufu tuhui zhi ji*.
Wang E stammte wie Lü Ji (Kat. Nr. 94) aus Ningbo, Provinz Zhejiang, dem alten Zentrum für die gewerbsmäßige Malerei.

Abb. 135 (Kat. Nr. 93). Detail

Während der Ära Hongzhi (1488-1505) wurde er Hofmaler und arbeitete in der *Halle der Menschlichkeit und Weisheit (Renzhidian)* innerhalb des Palastbezirks. Der Kaiser schätzte seine Werke und pries ihn als *Ma Yuan unserer Zeit*. In der Ära Zhengde (1506-1521) gelangte er zu noch größerer Reputation. Der Kaiser verlieh ihm den Titel eines Bataillonskommandanten der Brokatkleidgarde und schenkte ihm 1510 ein Siegel, das die späten Bilder Wang Es ziert. Das vorliegende Bild trägt zwei kaiserliche Siegel der Ära Hongzhi, es gehört demnach in die frühere Schaffensperiode des Malers. Die Affinität zu dem Song-zeitlichen Hofmaler Ma Yuan (ca. 1160-nach 1225) beruht auf der Verwendung der für Ma Yuan typischen, als *Axthieb-cun* bezeichneten Pinselstriche auf den steil aufragenden Felswänden und den scharfkantig abknickenden Felsblöcken, und der diagonalen Gesamtkomposition. HB

Publiziert: *Mingdai gongting*, 45.

93 (Abb. 48, 135)
In verschneiter Nacht zu Besuch bei Zhao Pu
Liu Jun (15. Jh.)
Hängerolle
Tusche und Farben auf Seide
143,2 × 75 cm
1 Siegel des Malers

Das narrative Bild schildert eine historische Begebenheit, den Besuch von Kaiser Taizu (reg. 960-976) bei seinem getreuen Berater und Freund Zhao Pu (921-991) in einer Winternacht. Die Darstellung zeigt den Kaiser in der vorderen Halle eines stattlichen schneebedeckten Anwesens in frontaler Ansicht. In in Gespräch vertieft, sitzt er mit unterkreuzten Beinen mit Zhao Pu zusammen. Die Ehefrau des Gastgebers wartet ihnen auf. Die beiden Männer sitzen vor einem Stellschirm, auf dem eine wolkenverhangene Landschaft im Stile der Song-Zeit dargestellt ist. Der Kaiser trägt ein mit Drachenmotiven – Emblemata kaiserlicher Macht – geschmücktes Gewand. Aufmerksam wendet er sein würdig-strenges Antlitz Zhao Pu zu, der respektvoll die gefalteten Hände erhoben hält.
In den Zweigen eines Baumes vor dem Haus sitzen zwei Dohlen; schwer lastet der Schnee auf dem Bambus, der um einen Ziefelsen zur Rechten wächst. Im Hintergrund zeichnen sich die Silhouetten steiler Felsen und Berge ab.
Vor dem halb geöffneten, mit einem prächtigen Dach versehenen Eingangstor ver-

harrt das kaiserliche Gefolge. Ein Pferdeknecht zügelt das Pferd des Kaisers, ein anderer hält einen großen gefalteten Schirm. Die Kälte der Winternacht spiegelt sich in ihrer Haltung.
Die Szene geht auf die in den Song-Annalen enthaltene Biographie Zhao Pus zurück. Diese Quelle, an die sich der Maler recht getreu hält, nennt auch den Zeitpunkt des Zusammentreffens. Der Kaiser besuchte demnach Zhao Pu, um mit seiner Hilfe eine Strategie zu entwerfen, wie er den Norden erobern könne, nachdem er bereits den Süden unterworfen hatte.
Auf dem Felsen unten links steht die Signatur des Malers: *Skizziert von Liu Jun, Bereichskommandant der Brokatkleidgarde*. Es folgt ein unleserliches Siegel des Malers.
Die Biographie von Liu Jun, Mannesname Tingwei, liegt im Verborgenen. Auf seine hohe Wertschätzung bei Hofe weist sein Titel, der nur verdienten Hofmalern verliehen wurde.
Das Bild wurde, nachdem es sehr brüchig geworden war, in moderner Zeit neu montiert. Das Titelschildchen schrieb der zeitgenössische Kunsthistoriker Xu Bangda (geb. 1911). HB

Publiziert: *Zhongguo meishu*, 2 (1981), 35, 42. *Zijincheng*, 13 (1982), 40-41. *Mingdai gongting*, 16. *Zhongguo huihuashi*, 509

94 (Abb. 136)
Granatäpfel, Malven und Hahn
Lü Ji (1477-?)
Hängerolle
Tusche und kräftige Farben auf Seide
170,5 × 105,5 cm
1 Siegel des Malers

Auf leicht abfallendem, grasbewachsenem
Gelände steht ein farbenprächtiger krä-
hender Hahn – Sinnbild für Verdienste und
Ruhm – im Profil nach links. Er bildet den
Blickfang dieses stark kolorierten, dekorativen Bildes der Blumen-und-Vogel-Gat-
tung. Zwischen den naß lavierten Zierfelsen zur Rechten erscheint der Kopf eines
Huhns. Malven und Chrysanthemen sprie-
ßen dahinter hervor. Im Vordergrund
rechts zieht sich der knorrige Stamm eines
Granatapfelbaums in starker Windung in
die Höhe. Oben rechts ragt ein kräftiger
Ast dieses Baumes in das Bild. Auf einem
seiner Zweige sitzt ein Paradies-Fliegen-
schnäpperpaar *(shoudainiao)*, Langlebigkeit verheißende Vögel. Der untere hat gerade einen Kern aus einem Granatapfel –
Fruchtbarkeit symbolisierend – herausge-
pickt und blickt zu dem Vogel über ihm.
Auch die paarweise Darstellung der Tiere
ist sinnbildlich zu verstehen, sie weist auf
eheliches Glück und reiche Nachkom-
menschaft.
Außen rechts steht die Signatur des Malers: *Lü Ji,* gefolgt von seinem Siegel:
Tingzhen.
Lü Ji, Mannesname Tingzhen, einer der
führenden Blumen-und-Vogelmaler der
Ming-Zeit, wurde in der Hafenstadt
Ningpo, Provinz Zhejiang, geboren. Die
gewerbsmäßige Herstellung von Gemälden hatte in dieser Stadt eine lange Tradition. Während der Ära Hongzhi (1488-
1505) wurde Lü Ji an den Kaiserhof berufen, arbeitete wie sein großer Vorgänger,
Lin Liang (tätig ca. 1459-1500) in der *Halle
der Menschlichkeit und Weisheit (Renzhidian)* innerhalb des Palastbezirks, und erlangte wie jener auch den Titel eines Kom-
mandanten der Brokatkleidgarde.
Die dekorativen Bilder dieses Malers waren besonders zu Festtagen wie Neujahr als
Geschenk begehrt. In Japan übten sie großen Einfluß auf die Kanō-Schule aus.   HB

Publiziert: Capon/Pang (1981), Nr. 9. *Mingdai gongting,* 38.

Abb. 136 (Kat. Nr. 94)

Abb. 137 (Kat. Nr. 95). Detail

95 (Abb. 47, 137)
Honigverkäufer im Palastgarten
Anonym
16. Jh.
Hängerolle
Tusche und Farben auf Seide
196 × 104 cm
6 kaiserliche Siegel, 1 Sammlersiegel

In einem kaiserlichen Garten hat ein Honigverkäufer aus Fujian vor einer Balustrade seinen Stand aufgebaut, der mit allerlei Schmuckwerk wie Bändern, Drachen, bestickten Decken etc. dekoriert ist. Auf seinem Tablett steht ein reiches Sortiment von Kannen und Schalen, Trauben, Lizhis, Granatäpfeln und Trauben.

Fahrende Händler durften zu bestimmten Zeiten des Jahres die kaiserlichen Gärten betreten. Anhand der Blumen im Vordergrund und der Baumblüten kann man das Bild dem Sommer zuordnen. Zwei Hofdamen – eine hält ihren Rundfächer in der rechten Hand bereit –, ein Mädchen und ein kleiner Junge scharen sich um ihn. Der Verkäufer gießt gerade dem Mädchen aus einer Kanne in eine Schale, die sie auf einem Tablett hält. Die Hofdamen, die sonst keinen Kontakt zur Außenwelt haben, nutzen die Gelegenheit zu dieser Abwechslung in ihrem eintönigen Palastleben.
Die Hängerolle gehört zu einem Zyklus von vier Bildern fahrender Händler in den vier Jahreszeiten, von denen nur die Bilder

für Sommer, Herbst und Winter erhalten sind. Im dritten Teil des *Kaiserlichen Kataloges* von 1816 wird das Werk einem anonymen Yuan-zeitlichen Künstler zugeschrieben und soll ein Sammlersiegel von Tang Bohu (Tang Yin, 1470-1523; vgl. Kat. Nr. 99) tragen. Der anonyme Künstler muß jedoch vielmehr im Umfeld von professionellen Malern wie Qiu Ying (gest. 1552; vgl. Kat. Nr. 100) gearbeitet haben, die häufig Szenen in Palastgärten mit Balustraden malten. Das Motiv des wandernden Händlers steht auch in der Tradition des Song-Malers Su Hanchen (gest. nach 1163; vgl. Sirén (1956-58), III, 267).   GD
Publiziert: *SQBJsan*, IV, 1689.

Abb. 138 (Kat. Nr. 97). Ausschnitt

96 (Abb. 54)
Morgendliches Gedränge der Boote vor dem Zolltor
Yuan Shangtong (1570-?)
Datiert 1646
Hängerolle
Tusche und Farben auf Papier
115,6 × 60,1 cm
2 Siegel des Malers

Vor dem Nordwesttor von Suzhou, dem *Himmelspfortentor (Changmen)*, drängen sich zahlreiche kleine Boote, die mit Brennmaterial wie Holz, Reisig etc. beladen sind. Die Drängelei entsteht, weil ein großes Boot gerade herausfahren will, und die übrigen Boote sich den günstigsten Platz für die Einfahrt sichern wollen. Unbeteiligt davon liegt vorne ein weiteres Boot, in dem eine Frau mit ihrem Kind sitzt. Auf einer Brücke versammeln sich Menschen und schauen belustigt auf das Treiben vor dem Tor. Das Bild zeigt den Blick von der Nordwestecke der Stadt. In der Ferne erkennt man die Ruiguang-Pagode, die im Südwestwinkel innerhalb der Stadtmauer lag. Die Flußszene mit den Handelsschiffen erinnert an Details in Zhang Zeduans Bildrolle *Qingming shanghe tu* (vgl. Kat. Nr. 97); hier wirkt die Tradition der Song-zeitlichen narrativen Malerei nach, wenn auch der lockere Pinselduktus das Geschmacksideal der Literatenmalerei erkennen läßt. Der Maler Yuan Shangtong, geboren in Wude bei Suzhou in der Provinz Jiangsu, soll über 90 Jahre alt geworden sein. Er ist hauptsächlich als Landschafts- und Figurenmaler bekannt, der sich an Song-zeitlichen Vorbildern orientiert hat. Andere, von ihm erhaltene Bilder, zeigen seine Vorliebe für Flußszenen mit Ansiedlungen und Schiffen (vgl. Suzuki (1982-83), JP 12-018 u. JP 12-125).
Dieses Bild ist mit einer eigenhändigen Aufschrift des Malers versehen:
Morgendliches Gedränge der Boote vor dem

Zolltor, gemalt an einem Herbsttag des Jahres pingxu [1646] in Zhushen, von Yuan Shangtong; Siegel: *Shangtong siyin* u. *Shuming biaoyin.*
Eine Hängerolle im Britischen Museum von dem Qing-zeitlichen Maler Huang Ji (vgl. Suzuki (1982-83), E 15-068) mit dem gleichen Titel zeigt die gleichen Motive, sie ist aber in der Gesamtkomposition etwas kompakter und hat als Hintergrund hohe Berge. 　　　　　　　　　　　GD

97 (Abb. 138)
Flußaufwärts beim Qingming-Fest (Qingming shanghe tu)
Anonyme Kopie nach Zhang Zeduan
Ming-Zeit (1368-1644)
Querrolle
Tusche und Farben auf Seide
28,9 × 688,7 cm

Die Bildrolle *Flußaufwärts beim Qingming-Fest* von Zhang Zeduan (spätes 12. Jh.) gehört zu den berühmtesten Kompositionen der chinesischen Malereigeschichte. Das Original zeigt ein Panorama der damaligen Hauptstadt Bianliang (des heutigen Kaifeng), in der Zhang Zeduan mit enormer Detailfreude einen Einblick in ganze Straßenzüge vermittelt. Sein Werk ist auch ein kulturhistorisches Dokument ersten Ranges. Landschaftsmalerei, Architektur-, Tier- und Figurenmalerei sind in der weitläufigen Komposition vereint. Außerdem ist es auch eine unersetzliche Quelle für technische Errungenschaften der Song-Zeit, wie etwa für die Konstruktion von Häusern, Brücken und Schiffen, die der Künstler oft bis ins letzte Detail schildert.
Die Bildrolle ist häufig kopiert worden und zur Vorlage einer bestimmten narrativen Tradition der Malerei geworden, für die die Freude am Erzählen, die sehr präzise und detaillierte Ausführung charakteristisch sind. Diese Tradition stand in der

Ming-Zeit lange im Schatten der Literatenmalerei, wurde aber in der Qing-Zeit (1644-1911) insbesondere in den höfischen Zeremonialbildern wiederaufgegriffen. Reminiszenzen an Details aus der Rolle finden sich z. B. bei Yuan Shangtong (Kat. Nr. 96) und bei Li Yin (Kat. Nr. 109).
Obwohl die Rolle sich vom Titel her auf das religiöse Ereignis des Qingming-Festes bezieht, jenen Tag, an dem die Gräber gereinigt werden, so ist das Bild dennoch in der Malereigeschichte zu einem Musterbeispiel für breit angelegte Panoramabilder geworden.
Diese kolorierte Version eines unbekannten Künstlers aus der späten Ming-Zeit steht in der Überlieferungsgeschichte der Rolle stilistisch zwischen dem monochromen Original und den farbenprächtigen Neufassungen der Qing-Zeit, für die sie wohl ihrerseits wieder als Vorlage gedient hat. Die Rolle trägt eine nicht verläßliche Signatur von Zhang Zeduan und zwei seiner Siegel.
Der hier abgebildete Ausschnitt zeigt die im Zentrum der Stadt liegende Bogenbrücke, auf der Händler ihre Stände aufgebaut haben. 　　　　　　　　　　　GD

X Literatenmaler der Ming-Zeit

Zu den großen Beiträgen der Chinesen zur Weltkunst zählt die chinesische Literatenmalerei, die in der Ming-Zeit auf eine bereits tausendjährige Tradition zurückblicken konnte. Diese Kunst wurde von jener staatstragenden Elite von Literaten-Beamten gepflegt, die sich bereits in den ersten Jahrhunderten unserer Zeitrechnung formiert hatte und der die Beherrschung der Kalligraphie und die Fähigkeit zu dichten selbstverständlich war. Ihnen galt die Malerei als Mußebeschäftigung, anders als den Professionellen, die für ihren Lebensunterhalt malten. In ihren Bildern erstrebten die Literaten nicht die Abbildung der Wirklichkeit, ihr Ziel war vielmehr – spätestens seit der Song-Zeit – einen ›Abdruck des Herzens‹ zu erlangen. Wie die professionellen und höfischen Maler hatten auch die Literatenmaler ihren eigenen Kanon von stilistischen Vorbildern. Die großen Gelehrten-Maler der Yuan-Zeit dienten ihnen als Richtschnur.

Eines der augenfälligsten Kennzeichen der Literatenmalerei ist die enge Verbindung von Bild und Schrift. Grundsätzlich verwendet der Literatenmaler ja in der Regel wie beim Schreiben auch beim Malen Pinsel, Tusche, Papier und Reibstein, die *Vier Kostbarkeiten des Literatenzimmers*. Der kalligraphische Duktus bestimmt zumeist auch die Ausführung des Bildes. Aufschriften bzw. Nachschriften vervollständigen das Bild, ein ganz typisches Merkmal der Literatenmalerei. Konstitutiv sind nicht zuletzt auch die Siegel, deren kräftiges Rot auf den Bildern hervorsticht. Wiederum bestimmt die Schrift – die würdevollen Schriftzüge der Siegelschrift *(zhuanshu)* – deren Gestalt. Die Legende der Siegel besteht bisweilen aus einem poetischen Motto. Ein besonders schönes Beispiel bietet das Siegel von Wen Jia am Ende seiner Gedichtaufschrift auf dem Bild seines Freundes Lu Zhi (Kat. Nr. 103). Sein Motto: *Und er [der Vater] verlieh mir einen glückverheißenden Namen* entlehnt er den berühmten *Elegien von Chu* des Qu Yuan (ca. 332-295 v. Chr.). Das Schriftzeichen für *glückverheißend (jia)* ist dabei mit dem seines eigenen Namens (Jia) identisch. Auf die geschilderte Weise verbindet sich bei den Literatenmalern Schrift und Bild in einer in der Weltkunst einmaligen Symbiose zu einer integralen Einheit.

Das durch eine blühende Baumwoll- und Seidenindustrie reich gewordene Suzhou, am Unterlauf des Yangzi gelegen, sollte im 15. Jahrhundert zu einem der bedeutendsten Schauplätze in der Malereigeschichte der Ming-Zeit werden. Diese von einem verzweigten Kanalsystem durchzogene Stadt, in der 1405 der Eunuche Zheng He seine Flotte von 63 Schiffen mit einer Besatzung von 27 870 Mann zusammenbrachte, um zu seinen berühmten See-Expeditionen aufzubrechen, bezaubert ob ihrer Anmut noch heute den Besucher wie einst bereits den berühmten europäischen Reisenden Marco Polo (1254-1324). Ihre Gärten waren von atemberaubender Schönheit und für die Literaten und Künstler der Stadt ein Ort der Muße und Inspiration. Schon gegen Ende der Yuan-Zeit war sie zu einem Zentrum der Malerei geworden. Aus dieser Stadt stammte Shen Zhou (Kat. Nr. 98), der zum Begründer der Wu-Schule wurde. Wie so oft, wurde auch hier die Schule nach der Region benannt, aus der ihr Ahnherr stammte; Wu war ein alter Name für das Gebiet am Unterlauf des Yangzi. Das Bild von Shen Zhou *Im Schatten der Wutong-Bäume* zeigt im Vordergrund eine Szene von poesievoller Anmut: einen Gelehrten unter Bäumen in vertrauter Zwiesprache mit einem weißen Kranich. Das dargestellte Thema liegt auch seinem Gedicht zugrunde, das er auf das Bild geschrieben hat. Im 18. Jahrhundert fügte dann Kaiser Qianlong zwei weitere Gedichte mit demselben Thema hinzu und schrieb zuletzt noch ein poetisches Motto in zwei mächtigen Schriftzeichen auf die Montierung oberhalb des Bildes. Shen Zhou malte die weite Gebirgs- und Wasserlandschaft in einem archaisierenden Blau-und-Grün-Stil, der in die Tang-Zeit zurückgeht, auf dem für die Literatenmaler ungewöhnlichen Malgrund, der Seide. Auch dabei zeigt er sich als ein Meister seiner Kunst. Im Literaten- und Künstlermilieu von Suzhou war auch Tang Yin (Kat. Nr. 99) heimisch, dessen Weg zu einer erfolgreichen Beamtenkarriere unglücklich verlief, wie übrigens bei einer ganzen Reihe von Literatenmalern, und der sich daraufhin der Malerei zuwandte. Auch seine *Landschaft bei Qiantang* (Kat. Nr. 99) trägt ein von ihm geschriebenes Gedicht, das die Darstellung assoziativ weiterführt.

Sein sehr deskriptives, altmeisterliches Bild zeigt eine reale Landschaft, nämlich jene für ihre Schönheit gerühmte Gegend bei Hangzhou in der Provinz Zhejiang.

Qiu Ying (Kat. Nr. 100) übersiedelte bereits in jungen Jahren nach Suzhou und verkehrte mit Literaten, Künstlern und Kunstmäzenen. Er wurde Berufsmaler und nahm für einige Jahre bei einem der größten Kunstsammler Chinas, Xiang Yuanbian (1525-1590), Wohnsitz, in dessen Sammlung sich auch die Bilder von Chen Shun (Kat. Nr. 101) und von Lu Zhi (Kat. Nr. 103) befanden. In der *Strohhütte im Pfirsichhain* (Kat. Nr. 100) porträtiert Qiu Ying den älteren Bruder von Xiang Yuanbian bei seiner Gelehrtenklause vor der Kulisse einer Gebirgslandschaft.

Chen Shun (Kat. Nr. 101) entstammte der reichen Beamtenschicht von Suzhou und widmete sich zeitlebens ausschließlich den Künsten. Dieser Schüler von Shen Zhou ist ein typischer Vertreter der Wu-Schule. Er brillierte nicht nur durch seine reinen Tuschelandschaften, in denen er wie auf der ausgestellten Querrolle (Kat. Nr. 101) mit feucht getupfter Tusche und meisterlich abgestuften Tuschetönen eine atmosphärische Stimmung evoziert, sondern er verstand sich auch ebenso auf die Blumenmalerei im freien Tuschestil *(xieyi)*, dem zweiten Genre, das die Literatenmaler bevorzugten und das durch die Querrolle von Xu Wei (Kat. Nr. 105) *Blumen und Pflanzen der Vier Jahreszeiten* repräsentiert wird. Ausschließlich für die Kunst lebte auch Xie Shichen (Kat. Nr. 102), der seine Heimatstadt Suzhou kaum je verließ. Auch er war durch das Vorbild von Shen Zhou geprägt, neigte in seinem Spätwerk aber dann mehr dem deskriptiveren Stil der Zhe-Schule zu. Sein mit Tusche und Farben auf Seide – wie es die Zhe-Schule liebte – gemaltes meisterliches Bild, *Der ›Verbannte Unsterbliche‹ erfreut sich am Monde* (Kat. Nr. 102), zeigt einen der größten Dichter Chinas, Li Taibo (701-762), der gerne dem Wein zusprach, in einem Boot mit erhobener Weinschale dem Mond zuprostend. Mit Lu Zhi (Kat. Nr. 103) schließt sich der Kreis der in der Ausstellung vertretenen großen Suzhou-Maler. Er zählt zu der zweiten Generation von Malern der Wu-Schule und erlernte die Malerei von dem nach Shen Zhou einflußreichsten Maler dieser Schule, Wen Zhengming (1470-1559), dessen Sohn Wen Jia (1501-1583) ein Gedicht auf das Bild seines Freundes Lu Zhi schrieb. Sein Bild zeigt einen Abschied am Ufer eines Sees, ein Thema, das die Literatenmaler liebten. Wie sehr dieses zarte und lyrische Werk von den Chinesen geschätzt wurde, bezeugt seine Sammlungsgeschichte, die sich anhand der Siegel nahezu lückenlos verfolgen läßt, was ja übrigens eine Besonderheit chinesischer Bilder darstellt. Lu Zhis Abschied in Hao befand sich nacheinander in drei der bedeutendsten chinesischen Privatsammlungen und wurde von dem Sammler Pang Yuanji (ca. 1865-1949) in seinem Sammlungskatalog detailliert dokumentiert.

Xu Wei, der sowohl durch eine Hängerolle (Kat. Nr. 104) als auch durch eine Querrolle (Kat. Nr. 105) in der Ausstellung vertreten ist, gehört zu keiner der großen Schulen der Ming-Malerei; gleichwohl hegte er große Bewunderung für Xie Shichen, dessen kräftigen Gebrauch der Tusche er schätzte. Xu scheint am ehesten ein ferner Erbe jener unkonventionellen Maler der Tang-Zeit zu sein, wie etwa des exzentrischen *Tusche-Wang*, Wang Mo (tätig um 800), der in rauschhaftem Zustand Tusche auf dem Malgrund verspritzte und verkleckste *(pomo)*. Mit wenigen, sparsamen Pinselstrichen – meisterlich in der Kunst der Andeutung – versteht er es, in seinem Bild *Auf Eselsrücken Gedichte rezitierend* die Gestalt des Dichter-Gelehrten auf dem Esel, unter einem blühenden Pflaumenbaum, lebendig vor das Auge des Betrachters treten zu lassen.

Mit Xu Wei befinden wir uns bereits in der späten Ming-Zeit, einer Epoche des gesellschaftlichen Umbruchs und großer sozialer Mobilität. Insbesondere der Berufsstand der Händler erlangte damals neue Möglichkeiten der Partizipation an der Seite der bürokratischen Elite. Symptomatisch war, daß neue literarische Ausdrucksformen, wie der Roman und das Drama, die bislang unter den Literaten eher verpönt waren, Beachtung fanden. Die traditionelle Rollenverteilung geriet in Bewegung und dies führte zugleich auch zur Neuorientierung und Neuformulierung der Regeln des Zusammenlebens. Ein typischer Repräsentant dieser Epoche, die die moderne Forschung auch als den Beginn der Neuzeit bezeichnet, ist der große Maler, Kalligraph und Kunsttheoretiker Dong Qichang. Er ist in der Ausstellung nicht nur durch ein Bild (Kat. Nr. 106) sondern auch durch eine Kalligraphie (Kat. Nr. 82) und eine Aufschrift auf dem Bild von Qiu Ying (Kat. Nr. 100) vertreten. Dong Qichang setzte vor allem durch seine berühmte Theorie der südlichen und nördlichen Schule neue Maßstäbe für die Malerei. Er selbst zählte sich zur südlichen Schule, jene der Literatenmaler, die er von jener der professionellen Maler, der nördlichen Schule, absetzte. Auch seine Aufschrift auf dem Bild *Dong Yuan vereint mit Fan Kuan* (Kat. Nr. 106) zeugt von einem

sehr intellektuellen Zugang zur Kunst. Den Stil des von ihm zum Ahnherrn der Literatenmaler stilisierten Dong Yuan (gest. 962) vereint er auf seinem Bild mit dem des Fan Kuan (gest. ca. 1027), einem Vertreter der nördlichen Schule. Damit zeigt er in diesem Spätwerk versöhnliche Züge.

Einen Blick auf ein ganz anderes – den Literatenmalern gewöhnlich fernes – Genre der Malerei gewährt zuletzt ein Bild, das dem Maler Chen Hongshou (Kat. Nr. 107) zugeschrieben wird. Chen Hongshou, der seit frühester Jugend malte und in vielen seiner Bilder die Haltung eines Literaten offenbart, erlebte den Zusammenbruch der Dynastie als Trauma. In seinen oft mit feiner Akribie und sensiblem Pinselstrich ausgeführten archaisierenden Bildern vernimmt der Betrachter seine Sehnsucht nach Werten, die der Maler in den als widrig erlebten Zeitläufen verloren glaubte. HB

98 (Abb. 50)
Im Schatten der Wutong-Bäume
Shen Zhou (1427-1509)
Hängerolle
Tusche und Farben auf Seide
124,3 × 62,7 cm
1 Siegel des Malers, 14 kaiserliche Siegel, 2 weitere Siegel

Dem Blick öffnet sich eine in die Tiefe des Raumes gestaffelte See- und Gebirgslandschaft. Sie bildet die imposante Kulisse für die im Vordergrund dargestellte beschauliche Szene. Auf einem vorgelagerten Felsplateau steht ein Gelehrter im Schatten zweier Wutong-Bäume auf seinen Wanderstab gestützt. Er blickt zu einem Kranich, einem Sinnbild des Langen Lebens, der auf einem schmalen steinernen Steg außen links verharrt. Im Mittelgrund schieben sich von links und rechts Fels- und Hügelformationen in das Bild. Eine Holzbrücke verbindet die Ufer. Leicht aus der Mittelachse nach rechts versetzt steigt im Hintergrund das treppenartig abgesetzte, hoch sich türmende Gebirgsmassiv an. Am fernen Horizont zeichnen sich die Silhouetten weiterer Gebirgszüge schemenhaft ab.

Die starke Farbigkeit des Bildes entspricht dem vom Maler gewählten ›Blau-und-Grün‹-Stil, der in der Tang-Zeit entstand und als Archaismus noch in der Ming-Zeit fortlebte.

Die rechte der drei Aufschriften des Bildes stammt vom Maler selbst. Sein Sieben-Wort-Gedicht lautet:
Die beiden Wutong-Bäume spenden schatt'ge Kühle.

Auf einen Wanderstab gestützt steh ich im Abendrot.
Wie nur versteht der weiße Kranich eines Menschen Sinn?
Den Steinsteg überquert er müßig als Gefährte.
Shen Zhou. Siegel des Malers: Qi'nan.

Die beiden anschließenden Gedichtaufschriften schrieb Kaiser Qianlong im Sommer 1781 und Sommer 1782. Oberhalb des Bildes, auf der Montierung, steht ein von ihm geschriebener Titel in zwei mächtigen Zeichen: *Das Reizvolle schätzen.* Kaiserliches Siegel: *Qianlong yubi.*

Shen Zhou, aus einer wohlhabenden Familie stammend, wuchs in einem anregenden Literaten- und Künstlermilieu auf. Die Literatenmaler Du Qiong (1397-1474) und Liu Jue (1410-1472) unterwiesen ihn in der Kunst des Malens. Shen Zhou gilt als der Begründer der Wu-Schule und zählt zu den bedeutendsten Malern der Ming-Zeit. Stilistisch ist er fest in der Tradition Song- und Yuan-zeitlicher Maler verankert und nahm sich vor allem Huang Gongwang (1269-1354) zum Vorbild.

Das Exponat gelangte in die kaiserliche Sammlung und wurde in den Kaiserlichen Katalog, dritte Folge, von 1816 *(SQBJ san)* aufgenommen. In der Moderne befand es sich in der Sammlung des berühmten Epigraphikers Rong Geng (1894-1983), dessen Siegel unten links aufgedrückt ist. HB

Publiziert: *SQBJ san, IX, 4407. Guwu, juan 6, 13 b–14 a. Gugong ZK, 3 (1931). Kokyū, Nr. 78.*

99 (Abb. 139)
Landschaft bei Qiantang
Tang Yin (1470-1524)
Hängerolle
Tusche auf Seide
71,4 × 37,2 cm
3 Siegel des Malers

Leicht aus der Mittelachse nach rechts versetzt ragt ein schroffes, bizarr zergliedertes Felsmassiv auf. Zu seinen Füßen gruppieren sich am Ufer des Flusses zahlreiche Häuser einer Siedlung. Im Vordergrund rechts naht eine Gruppe von Reitern. Auf dem Fluß treiben Boote.

Das sehr altmeisterliche, kleinteilig gemalte Bild zeigt die für ihre landschaftlichen Reize bekannte Landschaft bei Hangzhou in der Provinz Zhejiang. Dort bietet sich auf dem Qiantang-Fluß Jahr für Jahr das schon in früher Zeit gerühmte, gewaltige Naturschauspiel der großen Flutwelle. Der Dichter Mei Sheng (gest. 140

Abb. 139 (Kat. Nr. 99)

Abb. 140 (Kat. Nr. 101). Ausschnitt

v. Chr.) beschreibt sie als einer seiner berühmten *Sieben Anregungen* (Übersetzung: von Zach (1958), II, 607-617).
Oben links steht die Aufschrift des Malers. Sein vierzeiliges Sieben-Wort-Gedicht lautet:
Die Ansicht von Qiantang gleicht einem Stellschirm:
Wege in felsiger Höhe, auf Uferbänken die Hütten.
Unter Weiden am Hang rastet Mensch als auch Pferd.
Am Boote vorbei streicht der Kormoran, würziger Duft überm Fluß.
Tang Yin. Es folgen zwei Siegel des Malers: *Tang Bohu, Xuebutang;* weiteres Malersiegel am Anfang der Aufschrift: *Wuqu.*
Tang Yin entstammte der Kaufmannsschicht von Suzhou in der Provinz Jiangsu. In jungen Jahren fand er – begabt und lebenslustig – rasch Eingang in die Literaten- und Künstlerzirkel seiner Heimatstadt. Er lernte Shen Zhou (Kat. Nr. 98) kennen und schloß Freundschaft mit dem bedeutenden Kalligraphen Zhu Yunming (Kat. Nr. 81). Der Tod seiner Eltern, seiner Schwester und seiner Ehefrau in kurzer zeitlicher Folge veranlaßten seinen Rückzug und die Hinwendung zum Studium. Die Provinzprüfung bestand er im Jahre 1498 glanzvoll, doch als er im folgenden Jahr bei der hauptstädtischen Prüfung in einen Bestechungsskandal verwickelt wurde, schwand jede Hoffnung auf eine erfolgreiche Beamtenkarriere. Zurück in Suzhou wird er zum Bohemien. Bei Zhou Chen (gest. nach 1535) erlernte er damals die Malerei und stieg bald zu einem der berühmtesten Künstler auf. Er zählt gemeinsam mit Shen Zhou, Wen Zhengming (1470-1559) und Qiu Ying (Kat. Nr. 100) zu den *Vier Meistern der Ming-Zeit.* HB

100 (Abb. 51)
Die Strohhütte im Pfirsichhain
Qiu Ying (gest. 1552)
Hängerolle
Tusche und Farben auf Seide
150 × 53 cm
1 Siegel des Malers, 38 weitere Siegel

Die Titel des Bildes, *Die Strohhütte im Pfirsichhain (Taocun caotang),* ist eine bescheidene Umschreibung für den Gelehrtenpavillon der Familie Xiang. In der unteren Hälfte des Bildes sieht man einen hell gekleideten Mann. Es handelt sich dabei um den Kalligraphen und Kunstsammler Xiang Yuanqi, den älteren Bruder des noch weit bekannteren, großen Sammlers und Connaisseurs Xiang Yuanbian (1525-1590). An dem Fluß in der Nähe des Pavillons ist ein Diener zu sehen, der einen Tuschreibstein reinigt, auf der Brücke hält ein weiterer Diener Bildrollen in den Händen, und aus dem strohgedeckten Anwesen holt ein dritter Diener einen mit einem Tuch umwickelten Kasten, wahrscheinlich den Siegelkasten. Xiang Yuanqi selbst ist auf dem Wege zu dem von Pfirsichbäumen umgebenen offenen Pavillon, um eine Kalligraphie oder eine Malerei auszuführen.
Der Maler des Bildes, Qiu Ying, zählt zu den hervorragenden Figurenmalern seiner Zeit. Nach dem undatierten Kolophon von Dong Qichang (1555-1636; vgl. Kat. Nr. 82 und 106) auf der Montierung oben rechts war Qiu Yings Vorbild der Song-Maler Zhao Boju (ca. 1120-1162), und nach Dongs Einschätzung soll Qiu Ying ihn mit diesem Bild sogar noch übertroffen und die gleiche Stufe wie der große Literatenmaler Wen Zhengming (1470-1559) erreicht haben.

In dem Kolophon oben links auf der Montierung geht ein nicht näher bekannter Kun Qian kurz auf die Bemerkungen von Dong Qichang ein, betont aber, daß der Kommentar über Wen Zhengming keine Diskreditierung des Künstlers bedeute. Das Kolophon von Xu Zonghao (1880-1957) aus dem Jahre 1948 am unteren Rand der Montierung gibt Angaben über die Geschichte des Werkes. Xu notiert u. a., daß Xiang Yuanbian, in dessen Sammlung sich die Rolle befand, insgesamt neun eigene Siegel angebracht habe, um der Nachwelt damit zu dokumentieren, daß es sich um ein Meisterwerk von Qiu Ying handle.
Das Bild trägt auch Siegel von Kaiser Qianlong. Es ist aber nicht in den *Kaiserlichen Katalogen* verzeichnet. GD
Publiziert: *Zhongguo huihuashi,* 573.

101 (Abb. 140)
Wolkenverhangene Berglandschaft
Chen Shun (1483-1544)
Querrolle
Tusche auf Papier
14,8 × 247,2 cm
2 Siegel des Malers, 41 Sammlersiegel

Die über zwei Meter lange, doch ungewöhnlich schmale Bildrolle zeigt ein grandioses Panorama sich unerschöpflich hinziehender, nebelverhangener Bergkuppen, im Vordergrund begleitet von virtuos skizzierten Gebäuden, Baumgruppen, einem einsamen Wanderer und Fischerbooten. Sie schließt mit einem von einer Felswand herabstürzenden Wasserfall und einem offenen kleinen Aussichtspavillon ihm gegenüber. Die typisch südchinesische Landschaft ist im aquarellartig anmutenden, feucht getupften Stil des berühmten Ma-

Abb. 141 (Kat. Nr. 102)

lers der Nördlichen Song-Zeit, Mi Fu (1051-1107), sowie seines Sohnes Mi Youren (1075-1151) und seines späteren Nachfolgers Gao Kegong (1248-1310) gemalt. Charakteristisch dafür sind die waagrechten Tupfen, aus denen die Berge mit ihren natürlich runden Kegelformen aufgebaut sind, und auch die weiten ausgesparten Flächen, die Wolken und Nebel darstellen. Chen Shun arbeitete in seiner Landschaftsmalerei fast nur in diesem Stil (vgl. seine Querrolle in der Nelson Gallery of Art, Kansas City, USA) und zeichnet sich durch meisterhafte Beherrschung reich variierter Tuscheabtönung aus. Dies ist auch die herausragende Qualität seiner Blumenmalerei im freien Tuschestil *(xieyi)*, für die er in erster Linie berühmt ist, und in der er die Tradition seines Lehrers Shen Zhou (Kat. Nr. 98) weiterführte.

Chen Shun, der sich später Chen Daofu nannte, stammte aus einer begüterten Beamtenfamilie in Suzhou. Obwohl er eine hervorragende Ausbildung genoß, strebte er doch nie die Beamtenlaufbahn an, sondern widmete sein Leben ganz der Literatur, Kalligraphie und Malerei. Als typischer Literatenmaler gehörte er zum Freundeskreis um Wen Zhengming (1470-1559), der ihn als einen ihm selbst ebenbürtigen Maler anerkannte.

Dem Bild hat der Maler eine Nachschrift mit seiner Signatur und seinen beiden Namenssiegeln *Fufu shi* und *Baiyang shanren* angefügt, in der er seinen Lehrer Shen Zhou als großen Meister in der hohen Kunst der reinen Tuschmalerei bezeichnet. Anschließend folgt noch eine weitere Nachschrift eines Herrn Huang Yizhi aus Jiangxia (heute Wuhan). Bald nach dem Tode des Malers gelangte die Bildrolle in die Sammlung Xiang Yuanbians (1525-1590), eines der berühmtesten Kunstsammler in der chinesischen Geschichte. Seine mindestens zwölf Siegel auf dieser Rolle dürfen als Bürgen für deren Qualität angesehen werden. In die kaiserliche Palastsammlung scheint das Bild erst ziemlich spät gelangt zu sein, wie das Siegel des Kaisers Jiaqing (reg. 1796-1820) als einziges identifizierbares Kaisersiegel nahelegt.

GH

102 (Abb. 141)
Der › Verbannte Unsterbliche‹ erfreut sich am Monde
Xie Shichen (1487-nach 1567)
Hängerolle
Tusche und Farben auf Seide
176,4 × 98,2 cm
2 Siegel des Malers, 3 Sammlersiegel

Auf dem Bug des zur Bildmitte herangetriebenen Bootes sitzt ein Gelehrter, der mit einer Weinschale in der erhobenen Hand dem Mond oben links zuprostet. Ein kleiner Diener kauert unter einem kajütenartigen Aufbau und hält eine Schale mit Speisen bereit. Vor ihm steht ein Weinbottich mit einem kleinen Schöpflöffel. Ein weiterer Diener auf dem Heck stakt das Boot gemächlich voran; die beiden Ruder sind eingezogen. Das Boot treibt unweit des felsigen, von Gestrüpp, Buschwerk und vereinzelten Bäumen belebten Ufers. Im seichten Wasser wächst Schilfrohr. Die Wasserfläche wird von einer leichten Brise bewegt und geht im Hintergrund fließend in Wolken und Nebel über. Eine stimmungsvolle, spätherbstliche Szene zu nächtlicher Stunde bietet sich dar.

Die Aufschrift des Malers oben links gibt dem Bild seinen Titel: *Der ›Verbannte Unsterbliche‹ erfreut sich am Monde. Der Unnütze Unsterbliche* (Chuxian; Beiname Xie Shichens). Es folgen zwei Siegel des Malers: *Xie Sizhong shi, Gusutai xia yiren.*

Der ›Verbannte Unsterbliche‹ dieses Bildes ist kein geringerer als der große Dichter und Freund des Weines Li Taibo (701-762). Sein Freund He Zhizhang gab ihm in einem Gedicht diesen Namen. Verszeilen in einem der bekanntesten Gedichte Li Taibos: *Einsamer Trunk unter dem Mond* könnten dem Bild als poetische Vorlage gedient haben:

*Das Glas erhoben, lad den Mond ich ein,
Mein Schatten auch ist da, — wir sind zu dritt.*

(Übersetzung von Günther Eich, *Lyrik des Ostens*, 303)

Der Maler und Dichter Xie Shichen wurde 1487 in Suzhou, Provinz Jiangsu, geboren. Nur zu verschiedenen Reisen verließ er je seine Heimatstadt. Er entstammte einer wohlhabenden Familie und versuchte allem Anschein nach nie, die Klippen der Beamtenprüfungen zu überwinden, lebte vielmehr für die Kunst. Während sein Frühwerk stark von seinem Vorbild Shen Zhou (Kat. Nr. 98) geprägt wurde, zeichnen sich seine späteren Werke — darunter großformatige Hängerollen – durch große Detailfülle und minuziöse Schilderung mit kräftiger Tuschgebung aus, Elemente, die für die Zhe-Schule typisch sind.

In der Moderne gelangte das Bild in die Sammlung von Cui Gushen, dessen drei Siegel unten links und rechts aufgedrückt sind.   HB

Publiziert: *Zijincheng*, 25 (1984), 44.

103 (Abb. 52)
Abschied in Hao
Lu Zhi (1496-1576)
Hängerolle
Tusche und leichte Farben auf Papier
53,6 × 24,9 cm
2 Siegel des Malers, 14 weitere Siegel

Von erhöhtem Standort bietet sich ein Blick auf eine Wasser- und Hügellandschaft. Schmale Landzungen schieben sich im Mittelgrund weit in den See. Außerhalb der Stadt, deren Mauer von einem hohen Wachturm überragt wird, gruppieren sich Häuser, die auf Pfählen ins seichte Wasser gesetzt sind. Zwei Männer nehmen am Ufer Abschied voneinander. Ein kleines Fährboot mit Segel nähert sich von links. Auf den schmalen Landpartien des Vordergrunds reihen sich Weiden und andere Bäume aneinander. Kräftige Tuschetupfen beleben die erdigen Kuppen des Vordergrunds, den kleinen Hügel im Mittelgrund und die Berge des Hintergrunds. Im oberen Bildfeld stehen zwei Gedichtaufschriften. Die rechte schrieb der Maler, die linke stammt von Wen Jia (1501-1583), dem Freund Lu Zhis. Die Aufschrift des Malers lautet:

Bachstelzen auf der Ebene stehn, ich seh den jüngeren Bruder fahren.
Zwei Reiher in vereintem Flug, zum alten Freunde kehrn sie heim.
Abschied am Huai im alten Qin, wie war das Wetter trefflich.
Blüten des Pfirsich auf dem Wasser im Lenz, ersten Frieden entfaltend.
Herr Sanfeng und mein jüngerer Bruder Xitang waren beide wegen Prüfungsangelegenheiten nach Jinling [Nanjing] unterwegs. Von Lu Zhi, [mit Beinamen] Baoshan, in Hao [Provinz Anhui] zum Abschied gedichtet. Dieses Lebewohl fügt sich zur Absicht des Bildes. Es folgen zwei Namenssiegel des Malers: *Shu, Ping.*

Lu Zhi verwendet in seiner ersten Gedichtzeile eine Metapher (*Bachstelzen auf der Ebene stehn*) für die Bruderliebe, die er dem *Buch der Lieder* (*Shijing*) entlehnt. Sein Gelegenheitsgedicht fügt sich harmonisch zu der schlichten Anmut der Abschiedsszene. Gedichte und Bilder anläßlich eines Abschiedes zu schaffen, war in der Ming-Zeit überaus beliebt.

Lu Zhi, Mannesname Shuping, entstammte einer angesehenen Familie aus Suzhou, Provinz Jiangsu. Über die Beamtenprüfung auf Kreisebene gelangte er nicht hinaus, wurde aber aufgrund seiner Verdienste für einen Ehrentitel vorgeschla-

Abb. 142 (Kat. Nr. 104)

Abb. 143 (Kat. Nr. 105). Ausschnitt

gen. Er scheint nie ein Amt innegehabt zu haben. Die Malerei erlernte er von Wen Zhengming (1470-1559), dem Vater Wen Jias und dem nach Shen Zhou (Kat. Nr. 98) einflußreichsten Maler der Wu-Schule. Er zog sich in späteren Jahren in ein Haus am Zhixing-Berg südlich von Suzhou zurück und führte ein bescheidenes Leben. In seiner Zeit wurde er als Blumen- und Vogel-Maler besonders geschätzt, während heute sein Ruhm vor allem auf seinen Landschaften gründet, die sich durch ihre fragile Zartheit und feine Linearität auszeichnen. Die hohe Wertschätzung des Bildes verdeutlicht seine Sammlungsgeschichte, die durch die Siegel dokumentiert ist. In der Ming-Zeit gehörte es dem vermutlich größten aller chinesischen Privatsammler, Xiang Yuanbian (1525-1590). In der Qing-Zeit gelangte es in die Sammlung des reichen Salzhändlers koreanischer Abkunft, An Qi (ca. 1683-nach 1744). Danach besaß es Liu Shu (1759-1816) und schließlich Pang Yuanji (ca. 1865-1949), der es in seinen Katalog aus dem Jahre 1909 (*Xuzhai minghua lu*) aufnahm. Die beiden jüngsten Siegel (außen links, unterhalb der Bild-

mitte) stammen von dem zeitgenössischen Sammler Sun Shouxi aus Shanghai.   HB

Publiziert: *Xuzhai minghua lu*, II, 1023-1024.

104 (Abb. 142)
Auf Eselsrücken Gedichte rezitierend

Xu Wei (1521-1593)
Hängerolle
Tusche auf Papier
112,2 × 30,3 cm
1 Siegel des Malers, 5 weitere Siegel

Vor leerem Grund reitet ein Gelehrter in weitem Gewand auf einem Esel nach rechts. Er trägt eine hohe Kappe, an der zwei schmale Bänder herabhängen. Der verwitterte Ast eines Pflaumenbaumes mit feinem Gezweig, Blattwerk und Blüten ragt oberhalb des Reiters ins Bild. Mit sparsam eingesetzten, auf das Allernötigste reduzierten Pinselstrichen versteht der Maler eine Szene von großer Anmut zu gestalten. So genügt etwa ein einziger breiter Pinselzug für die hohe Kappe des Gelehrten. In seiner skizzenhaften Abbreviatur steht dieses Tuschebild in der Tradition eines Mei-

sterwerkes von Liang Kai (tätig 1. Hälfte 13. Jh.), das sich im Nationalmuseum von Tōkyō befindet und den Tang-Dichter Li Taibo (701-762) schreitend beim Rezitieren von Gedichten darstellt. Der Gelehrte auf Eselsrücken unter den Zweigen eines Pflaumenbaumes steht ikonographisch in der Nähe von jenen Bildern, die den Tang-Dichter Meng Haoran (689-740) in verschneiter Landschaft auf der Suche nach poetischer Inspiration zeigen (vgl. Kat. Nr. 92).

Das Bild trägt keine Signatur. Unten rechts ist ein – nicht verläßliches – Siegel Xu Weis aufgedrückt: *Xu Tianshuiyue* (Beiname des Malers).

Von den beiden Aufschriften des Bildes entstand jene oben links als erste. Sie stammt von dem bekannten Maler und Connaisseur Dan Zhongguang (1623-1693):

Ein Bild von Xu Tianshuiyue [mit dem Titel] Auf Eselsrücken Gedichte rezitierend. Beglaubigt von Dan Zhongguang. Siegel: Jiangshang waishi.

Die dem hohen Bildformat angepaßte, einzeilige Aufschrift unten rechts stammt von

dem Malerei- und Kalligraphieexperten Zhang Xiaosi (frühes 17. Jh.):

Mit kalligraphischem Duktus gemalte Bilder, das sieht man bei den Alten oft. Diese Hängerolle stammt, obwohl sie keine Signatur oder Aufschrift [des Malers] trägt, zweifelsfrei von der Hand des Herrn Xu Wenchang. Geprüft von Zhang Xiaosi [mit dem Beinamen] Lanyi. Siegel: Zhang Zezhi.

Der vielseitig begabte Xu Wei, dessen Leben eine Folge tragischer Unglücksfälle begleiteten, wurde als Sohn eines Provinzbeamten 1521 in Shanyin, Provinz Zhejiang, geboren. Der früh Verwaiste zeigte bereits in jungen Jahren literarisches und künstlerisches Talent und bestand mit zwanzig Jahren die erste Beamtenprüfung. Zahlreiche Versuche, die nächsthöhere Prüfung zu meistern, scheiterten jedoch. Als Lehrer und Schriftsteller verdiente er zunächst seinen Lebensunterhalt. Von Freunden wie Xie Shichen (Kat. Nr. 102) erlernte er die Malerei. Schließlich nahm ihn der Provinzgouverneur Hu Zongxian in seinen Beraterstab auf. Als dieser jedoch der Kollaboration mit dem designierten Großsekretär

Yan Song bezichtigt wurde und 1565 im Gefängnis Selbstmord beging, brach Xu Wei zusammen und offenbarte Züge einer Geisteskrankheit. Später verstümmelte er sich, setzte seinen eigenen Nachruf auf und unternahm einen Selbstmordversuch. Bald darauf erstach er in einem Anfall von Eifersucht seine dritte Frau. Er wurde zum Tode verurteilt, doch Freunde erwirkten eine Abmilderung in eine Gefängnisstrafe. Nach sieben Jahren kam er 1573 wieder frei und lebte als professioneller Schriftsteller. Seinen Lebensabend verbrachte er in großer Armut bei der Familie eines seiner Söhne.

Xu Wei schätzte unter den von ihm beherrschten Künsten selbst die Kalligraphie am meisten. Erst nach Dichtung und Prosa folgte an vierter Stelle die Malerei. Heute gründet sich sein Ruhm vor allem auf seine expressiv-wilden, in freiem Tuschestil *(Niederschreiben der Idee, xieyi)* ausgeführten Bilder des Blumen- und Vogel-Genres (vgl. Kat. Nr. 105).

Ebenfalls einen Gelehrten auf Eselsrücken zeigt ein – im Detail ausführlicheres – Bild

Xu Weis, das sich heute im Städtischen Museum Osaka befindet (Suzuki (1982-3), III, JM 3-061).

Das ausgestellte Bild gelangte im 18. Jahrhundert in die Sammlung des Gelehrten und Bibliophilen Zhou Yongnian (1730-1791). Das Siegel mit seinem Studionamen als Legende *(Jishuyuan)* ist zwischen zwei weiteren Sammlersiegeln unten links aufgedrückt. HB

Publiziert: Sirén (1956-58), IV, 230, Taf. 257; VII, 194-195. *Palace Museum,* 54.

Abb. 144 (Kat. Nr. 105). Ausschnitt

105 (Abb. 143, 144)
Blumen und Pflanzen
der Vier Jahreszeiten
Xu Wei (1521-1593)
Querrolle
Tusche auf Papier
29,9 × 1081,7 cm
2 Siegel des Malers, 22 weitere Siegel

In einem expressiv-furiosen Tuschespiel reiht Xu Wei (vgl. Kat. Nr. 104) auf der langen Querrolle Blumen und Pflanzen der Vier Jahreszeiten aneinander. Der Darstellung geht das vom Maler in mächtigen Schriftzeichen geschriebene Motto auf eigener Papierbahn voraus:
Die Freude an Wolken und Nebeln. Qingteng (Beiname Xu Weis). Siegel des Malers: *Xiangguanzhai.*
Mit der Päonie, der *Königin der Blumen,* beginnt das Bild. Unter den Blumen der vier Jahreszeiten versinnbildlicht sie den Frühling. In freier Folge ziehen sodann Weintrauben, Bananenblätter und Kassiablüten, Pflanzen und Blumen des Sommers und des Herbstes, am Auge des Betrachters

vorüber. Kiefernzweige leiten über zur kalten Jahreszeit, die mit Bambus im Schnee unvermittelt einsetzt. Dabei gebraucht der Maler den ungewöhnlichen Kunstgriff, die Pflanzen hell gegen den tuschegefärbten Hintergrund abzusetzen. Dadurch entsteht der Eindruck von schneebedecktem Bambus. Zuletzt schließt die winterliche Pflaume mit blühenden Zweigen an. Kiefer, Bambus und Pflaumenblüte gelten als die *Drei Freunde der Kalten Jahreszeit.*
Einen Höhepunkt der Querrolle bildet die Gestaltung der Weinblätter und Trauben. Nichts ist kühl konstruiert, in geradezu ekstatischer Ausgelassenheit erfaßt der Maler in einem virtuosen Spiel des Pinsels das Wesen der Pflanze. Von lichtem Grau bis zu Tiefschwarz reicht die Skala der Tuschetöne, die sich im Lavis überlagern und verschmelzen. Die Einzelform tritt in ihrer Naturnähe zurück und macht expressivem Ausdruck Platz. Em Ende der Rolle steht eine Gedichtaufschrift des Malers:
Mir Altem zum Vergnügen, die Tusche tropfend naß,

mal Blumen ich und Gräser, in Vielfalt übers Jahr.
Sieh es mir nach, wenn ein, zwei Striche fehlen,
geriet doch jüngst des Himmels Ordnung gar in arge Not.
Xu Wei [mit dem Beinamen] Tianchi. Namenssiegel des Malers: *Tianchi shanren.*
Das gleiche Gedicht steht mit einer einzigen Zeichenvariante auch auf einem weiteren, Xu Wei zugeschriebenen Bild im Palastmuseum von Peking (Capon/Pang (1981), Nr. 31).
Xu Wei zählt zusammen mit Chen Shun (Kat. Nr. 101) zu den berühmtesten Mingzeitlichen Malern des Blumen-und-Vogel-Genres. Sie bevorzugten den freien Tuschestil *(xieyi),* reine Formenähnlichkeit war ihnen verpönt. Eine ganze Reihe langer Querrollen Xu Weis mit Darstellungen von Blumen und Pflanzen der vier Jahreszeiten sind erhalten. Auch das Palastmuseum in Peking besitzt eine weitere *(Guobao,* Nr. 45); sie wird durch Gedichte zwischen den einzelnen Motiven in neun Segmente geteilt. Eines der großartigsten

Werke dieser Art besitzt das Museum in Nanjing (Cahill (1978), Abb. 78-80). Jene Rolle trägt wie das ausgestellte Werk nur am Ende ein Gedicht des Malers. In ihrer ausdrucksvollen, vitalen Schöpferkraft stehen sich beide besonders nahe. HB

106 (Abb. 145)
Dong Yuan vereint mit Fan Kuan
Dong Qichang (1555-1636)
Datiert 1633
Hängerolle
Tusche auf Papier
156,8 × 42 cm
2 Siegel des Malers, 2 kaiserliche Siegel

Aus erhöhtem Blickwinkel bietet sich eine in die Tiefe des Raumes gestaffelte See- und Gebirgslandschaft dar. Karstige, zerklüftete Gebirgszüge in weitem S-Schwung beherrschen die Komposition und summieren sich in zahllosen Felskegeln zu einem imposanten Gebirgspanorama, das nur von einem Flußlauf im Mittelgrund unterbrochen wird. Wellige Erdkuppen, von Buschwerk gesäumt und von Bäumen bewachsen, nehmen den Vordergrund ein. Auf einer weiten Lichtung zur Rechten breitet sich eine kleine Siedlung aus. Weitere Häuser sammeln sich am Fuße des Gebirges im Mittelgrund. Am Horizont zeichnet sich eine ferne Bergkette ab. Im oberen Bildfeld erläutert der Maler in seiner Aufschrift die stilistische Besonderheit seines Werkes:
Die überlieferten Werke der großen Meister vom Ende der Yuan-Zeit sind im Süden zahlreich. In Yandu [Peking] gibt es jedoch zahlreiche überlieferte Werke der großen Meister der Nord-Song-Zeit. Als ich im Jahre renshen [1632] wieder nach Chunming [Peking] kam, sah ich sehr viele davon. Ich begann Dong Beiyuan [Dong Yuan; gest. 962] mit Fan Huayuan [Fan Kuan; gest. ca. 1027] zu vereinen. Es gleicht dem Verlust der eigenen Gangart [wie einst bei den Schülern aus der Provinz in der Hauptstadt Handan], doch gibt es im ganzen Land keinen, der dies beurteilen könnte. Im 5. Sommermonat des Jahres guiyou [1633] eigenhändig geschrieben von Xuanzai [Dong Qichang]. Es folgen 2 Siegel des Malers.
Dong Qichang, eine der bedeutendsten Figuren in der Geschichte der chinesischen Malerei, wurde 1555 in Huating, dem heutigen Shanghai, in der Präfektur Songjiang geboren. Er stammte aus einer Familie, die über mehrere Generationen hinweg keine Beamten mehr hervorgebracht hatte.

Nachdem er in seinen Zwanzigern nach Songjiang übergesiedelt war und rasch Eingang in die dortigen Künstler- und Gelehrtenkreise gefunden hatte, arbeitete er als Hauslehrer, u. a. bei dem Kunstsammler Xiang Yuanbian (1525-1590). Hier hatte er Gelegenheit, eine der größten Privatsammlungen kennenzulernen, die es jemals in China gab. Nachdem er im Jahre 1589 die *jinshi*-Prüfung mit großem Erfolg bestand, war ihm eine glanzvolle Beamtenkarriere vorgezeichnet. 1593 wurde er Tutor des kaiserlichen Thronfolgers. Als er aber auf einen Provinzposten abgeschoben werden soll, zieht er sich vom Amt zurück und verbringt mehr als zwanzig Jahre – nur von einer kurzen Wiederaufnahme seiner Beamtentätigkeit unterbrochen – in seiner Heimat. Dort kommt es 1616 zu einem gravierenden Zwischenfall. Seine Familie hatte sich durch arrogantes Verhalten bei der Bevölkerung so unbeliebt gemacht, daß nach weiteren Übergriffen ein regelrechter Aufstand ausbrach und sein Anwesen größtenteils niedergebrannt wurde. Er mußte mit seiner Familie fliehen und fand in den nächsten Jahren bei Freunden Obdach. 1625 wurde er mit dem ehrenvollen Amt eines Präsidenten des Ritenministeriums in Nanjing betraut und im Spätjahr 1631 wieder nach Peking berufen, um die Ausbildung des Thronfolgers zu leiten. Im Frühjahr des folgenden Jahres kam er in der Hauptstadt an und übte über zwei Jahre dieses Amt aus. In dieser Zeit entstand das ausgestellte Bild. Wie Dong Qichangs Aufschrift bezeugt, vereint er darin den Stil von Dong Yuan, einen Meister des Südens, mit jenem von Fan Kuan, einem Meister des Nordens. In seiner berühmten Theorie der ›südlichen‹ Schule der Literatenmalerei nimmt Dong Yuan als einer der Ahnherren einen besonderen Platz ein. Er steht am Anfang einer Tradition, der sich auch Dong Qichang verpflichtet fühlt. Gegenüber den monumentalen Gebirgsmassen eines Fan Kuan, nehmen sich die wolkenumhüllten Berglandschaften des Südens, wie sie Dong Yuan gestaltete, weniger dramatisch aus. Dong Qichang führt in seinem Bild beide Traditionen zu einer Synthese und erweist damit in seiner letzten Lebensphase auch dem Meister des Nordens, Fan Kuan, seine Reverenz. Im oberen Bildfeld ist jeweils ein Siegel der Kaiser Qianlong (Saumsiegel) und Jiaqing aufgedrückt. Das Bild wurde nicht in den Kaiserlichen Katalog (SQBJ) aufgenommen und folglich vom Kaiser nur mäßig bewertet. HB

Abb. 145 (Kat. Nr. 106)

107 (Abb. 146)
Spielende Kinder
Chen Hongshou (1599-1652)
Hängerolle
Tusche und Farben auf Seide
150 × 67,3 cm
2 Siegel des Malers, 2 Sammlersiegel

In seiner eigenwilligen, fast skurril zu nen-
nenden Malweise stellt Chen Hongshou
vier Kinder dar, die sich in der Verehrung
einer Buddhastatue üben. Ein Junge hält in
den erhobenen Händen eine Chrysanthe-
men-Vase. Dahinter, den Körper halb verdeckt, neigt ein anderer den Kopf zu Boden. Er hat offenbar nicht bemerkt, daß
ihm dabei die Hose heruntergerutscht ist.
Der hinter ihm kniende Junge mit den zum
Gebet gefalteten Händen, ist dadurch anscheinend in seiner Übung etwas irritiert
worden. Der vierte, vor dem im Hintergrund plazierten, durchbrochenen Taihu-
Felsen kniende Junge, der ein Glöckchen in
der rechten Hand hält, dreht sich neugierig
nach dem entblößten Hinterteil um. Der
pagodenähnliche Gegenstand ist ein Holz-
spielzeug – die Nachahmung einer Lan-
zenspitze.
Chen Hongshou greift mit seinem archaisierenden Malstil auf den Altmeister der
chinesischen Figurenmalerei Gu Kaizhi
(348-409) zurück, arbeitet aber gleichzeitig mit der Song-zeitlichen Technik der
dünnen Umrandungslinie *(baimiao)*. Seine
Bilder sind häufig nachgeahmt worden.
Die Aufschrift lautet: *Gemalt von Laolian
Hongshou in der Hulan coatang-Halle;* Siegel: *Zhanghou* und *Chen Hongshou yin.* Die
Hulan coatang genannte Halle ist vermutlich der Name eines Studios des Malers,
ließ sich aber in den biographischen Quellen nicht verifizieren.
In der rechten unteren Ecke des Bildes befinden sich zwei Sammlersiegel.   GD

Abb. 146 (Kat. Nr. 107)

XI Die Hofmaler der Qing-Zeit

Unter dem Begriff Hofmaler werden in China unterschiedliche Gruppen von Künstlern zusammengefaßt, aber allen gemeinsam ist, daß sie entweder im Kaiserpalast tätig waren oder exklusiv für den Kaiserhof malten. Eine solche Tätigkeit war nicht in jedem Fall eine Lebensaufgabe, sondern viele Künstler führten derartige Arbeiten nur für einen begrenzten Zeitraum aus.

Was den sozialen Status der Hofmaler betrifft, so wurde der größte Teil von ihnen auf eine Stufe mit Handwerkern gestellt. Die meisten der von ihnen ausgeführten Bilder sind nicht signiert und ihre Namen sind auch nicht überliefert. Da es sich bei ihren Werken um Auftragsarbeiten handelte, hatten sie nur wenig Möglichkeiten, einen individuellen Stil zu entwickeln. Sie mußten sich nach den vorgegebenen Themen und dem gewünschten Stil richten.

So war beispielsweise bei den Bildnissen der Kaiser (Kat. Nr. 1-4) und Kaiserinnen (Kat. Nr. 5-6) in Staatsroben die Darstellungsweise bis ins Detail vorgeschrieben, obwohl freilich bei diesen Bildern Qualitätsunterschiede festzustellen sind. Auch die Maler, die die großen Zeremonien in meterlangen Rollbildern (Kat. Nr. 23-32) festhielten, gehören vielfach zu den anonymen Handwerker-Künstlern.

Einige Hofmaler sind jedoch namentlich bekannt. Es waren solche, die nicht nur als Maler tätig waren, sondern auch ein Amt ausübten. Einer von ihnen war der Gelehrte Jiang Tingxi (Kat. Nr. 108), der sich als Blumenmaler ein solches Renommée verschafft hatte, daß ihm eine Beamtenkarriere durch persönliche kaiserliche Begünstigung erleichtert wurde. Wenn der Kaiser bestimmte Künstler persönlich bevorzugte, war die Frage nach dem Beamtengrad nicht von entscheidender Bedeutung.

Dies war sicher auch der Fall bei Chen Mei (Kat. Nr. 112), der ein bescheidenes Amt innehatte, sich aber in erster Linie durch Alben wie die *Freizeitvergnügungen der kaiserlichen Konkubinen* (Kat. Nr. 112) das Wohlwollen von Kaiser Qianlong sicherte. In diese Gruppe des Katalogs sind auch Li Yin (Kat. Nr. 109) und Yuan Yao (Kat. Nr. 110) eingeordnet worden. Sie arbeiteten nur zeitweise als Hofmaler am Kaiserhof. Ihre beiden hier ausgestellten Bilder greifen bewußt auf die monumentale Song-zeitliche Landschaftsmalerei zurück. Diese Rückbesinnung auf die Song-Malerei kam auch den mandschurischen Kaisern gelegen, die die chinesische Tradition des kaiserlichen Mäzenatentums fortsetzen wollten. Das Neue bei beiden Künstlern liegt in der Art und Weise, wie sie verschiedene traditionelle Motive der Landschafts- und Genremalerei in einem einzigen Bild kombinieren. Es kommt noch hinzu, daß sie zumindest ansatzweise Bildvorstellungen der europäischen Malerei verwerteten, die sie durch europäische Künstler, die in diesen Jahren am Kaiserhof tätig waren, kennengelernt hatten.

Einen Sonderfall bilden die am Kaiserhof in Peking tätigen europäischen Künstler, von denen die meisten als Jesuitenmissionare nach China geschickt worden waren. Eine Voraussetzung für den Eintritt in den Jesuitenorden war die Kenntnis eines Handwerks oder Wissenschaftsgebietes. So befanden sich unter den Missionaren hervorragende Astronomen, Mathematiker, Architekten, Maler und dergleichen. Die drei Kaiser Kangxi (reg. 1662-1722), Yongzheng (reg. 1723-1735) und Qianlong (reg. 1736-1795) zeigten großes Interesse an den naturwissenschaftlichen und künstlerischen Leistungen von Männern wie Giuseppe Castiglione (Kat. Nr. 41 und 45) Jean-Denis Attiret (Kat. Nr. 114), Ignatius Sichelbart (Kat. Nr. 115) u. a. Außerhalb des Kaiserpalastes war jedoch die Resonanz auf die westlichen Maltech-

niken gering. Es ist kein Fall eines chinesischen Privatsammlers bekannt geworden, der Bilder der Europäer gesammelt hätte, obwohl es neben Peking noch andere Missionsstationen der Jesuiten gegeben hat. Der einzige Ort außer Peking, wo in der Druckgraphik die Zentralperspektive angewandt wurde, war die Stadt Suzhou.

Die meisten chinesischen Künstler betrachteten diese Art von Malerei eher als eine Kuriosität, für die sich die drei oben genannten Mandschu-Kaiser begeisterten. Nach dem Tode von Kaiser Qianlong im Jahre 1799 kam die europäische Malweise wieder außer Mode – vielleicht mit Ausnahme der speziell für den Export nach Europa und Amerika gedachten Werke. Die Gestaltungsmittel der Schattierung und der Zentralperspektive waren mit jahrhundertelang gewachsenen chinesischen ästhetischen Vorstellungen nicht vereinbar. Es gab einige chinesische Hofmaler, wie Jiao Bingzhen (Ende 17./1. H. 18. Jh.) und seinen Schüler Leng Mei (Kat. Nr. 113), die Kontakt mit den am Hof tätigen europäischen Künstlern hatten und zeitweise auch selbst mit ausländischen Malstilen experimentierten. Aber anders als in Japan, wo die Auseinandersetzung mit der europäischen Malweise auf fruchtbaren Boden stieß, wie z. B. bei Shiba Kōkan (1747-1818), verspürten die chinesischen Connaisseure nur wenig Lust, sich damit intensiver zu beschäftigen.

Selbst dort, wo westliche und chinesische Künstler gemeinsam arbeiteten, wie etwa bei den »Pferdeporträts« von Attiret (Kat. Nr. 114) und den »Hundeporträts« von Sichelbart (Kat. Nr. 115), blieb der Lerneifer gering. Auf diesen Bildern wurden die Tiere von den Europäern gemalt, aber die Hintergrundlandschaften von nicht namentlich bekannten chinesischen Künstlern, die ganz der traditionellen chinesischen Malweise verhaftet blieben.　　　　GD

Abb. 147 (Kat. Nr. 108). Ende der Querrolle

108 (Abb. 147)
**Gräser und Blumen jenseits
der Großen Mauer**
Jiang Tingxi (1669-1732)
Datiert 1705
Querrolle
Tusche und Farben auf Seide
38 × 511,2 cm
2 Siegel des Malers, 8 Standardsiegel von
Kaiser Qianlong

Jiang Tingxi stammte aus Changshu in der
Provinz Jiangsu. Nachdem er 1699 mit
dem ersten Staatsexamen den *juren*-Grad
erlangt hatte, wurde er als Maler an den
Kaiserhof berufen, denn er hatte sich besondere Anerkennung durch seine Blu-
mendarstellungen, die sogar in die Palastsammlung aufgenommen wurden, verschafft. Obwohl er 1703 die hauptstädti-
sche Prüfung nicht bestand, ließ Kaiser
Kangxi, der ihm wohlgewogen war, ihn an
der Palastprüfung teilnehmen. So erlangte
er 1703 doch noch den *jinshi*-Grad der
dritten Staatsprüfung und diente dann
in verschiedenen Ministerien. Anläßlich
der Thronübernahme durch Kaiser
Yongzheng im Jahre 1723 wurde er einer
der Vizepräsidenten des Ritenamtes. Bis
heute blieb sein Name berühmt, weil Kaiser Yongzheng ihn damals auch zum neuen
Herausgeber der monumentalen, 10 000
Bände umfassenden Enzyklopädie *Gujin
tushu jicheng* ernannte, welche bereits 1725
dem Thron vorgelegt werden konnte.
In seiner Aufschrift am Ende der Bildrolle
erwähnt Jiang Tingxi ausdrücklich, daß er
66 verschiedene Arten von Pflanzen dargestellt habe. Während in der akademischen
Tradition sonst oft mit jeder Blume eine bestimmte Symbolik verbunden ist, kann man

bei dieser großen Anzahl offensichtlich ein
botanisches Interesse erkennen.
Die vorliegende Querrolle ist im zweiten
Teil des *Kaiserlichen Kataloges (SQBJ xu)*
verzeichnet und kann daher als repräsentatives Werk von Jiang Tingxi angesehen
werden.   GD
Publiziert: *SQBJ xu*, III, 1166.

109 (Abb. 152)
Unterwegs im Wagen
Li Yin (Ende 17./Anfang 18. Jh.)
Hängerolle
Tusche und Farben auf Seide
133,5 × 73,5 cm
1 Siegel des Malers

Li Yin, ein aus Yangzhou stammender Maler, hat in diesem Werk den Versuch unternommen, verschiedene Bildtraditionen zu kombinieren. Laut seiner eigenen Aufschrift bezieht er sich auf den Song-Maler Guo Xi (ca. 1001-ca. 1090), von dem in alten Katalogen ein heute nicht mehr nachweisbares Bild mit dem Titel *In langgestreckten Tälern unterwegs im Wagen (Changgu panche)* dokumentiert ist. Li Yins Anleihen bei Guo Xi betreffen hauptsächlich die untere Hälfte des Bildes, wo zwischen einer Felsgruppe mit filigran verästelten Bäumen ein gewundener Weg zu einer Raststation führt. Die Dorfszene erinnert an Ausschnitte aus Zhang Zeduans Bildrolle *Qingming shanghe tu* (vgl. Kat. Nr. 97). Über Höhen führt der Weg nach hinten zu einem breiten Fluß. Daß hier anstelle von hoch aufragenden Bergen

ein Flußbett liegt, zeigt wohl den Einfluß westlicher Malweise. In seiner Aufschrift bemerkt Li Yin, daß die heutigen Maler zu viel Aufmerksamkeit auf die Ausarbeitung des Vordergrundes legten und dabei die Gestaltung der Bildtiefe vernachlässigten. Er selbst habe in diesem Bild versucht, dadurch, daß er Kamelwagen aus der Ferne kommen ließ, eine Gegenbewegung anzudeuten. Nach James Cahill wollte Li Yin sogar in parodistischer Absicht die Unvereinbarkeit von chinesischem und westlichem Malstil demonstrieren. Yuan Yao (Kat. Nr. 110), ein Hofmaler aus dem 18. Jh., hat das gleiche Thema gemalt, aber seine Version in einer Hügelkette ausschwingen lassen (*YYDY*, 12 (1981), 26).   GD

Publiziert: *Sō-Gen*, II, 334. Cahill (1982.1), 3.32. *Yangzhou huajia*, 38 (Farbabb.); 58-59 (Nr. 2).

110 (Abb. 148, 151)
Die Sage vom Pfirsichblütenquell
Yuan Yao (tätig ca. 1744-1755)
Datiert 1746
12 Hängerollen
Tusche und Farben auf Seide
Jede Rolle 220,2 × 59,2 cm
2 Siegel des Malers (auf der 3. Rolle)

Die Sage vom Pfirsichblütenquell erzählt die Geschichte eines Fischers, der einen Fluß hinauffährt, bis er zu dem von Pfirsichbäumen bewachsenen Quellgebiet gelangt. Dort entdeckt er den Eingang zu einer Höhle, auf deren anderer Seite er eine paradiesische Landschaft vorfindet. Die Menschen leben dort in heiterer Zufriedenheit und wissen nichts von dem, was sich außerhalb ihres Gebietes zuträgt. In ihrer Neugier laden sie den Fremden zu sich nach Hause ein, wo er ein paar Tage bei ihnen verweilt. Nach seiner Rückkehr berichtet der Fischer dem Magistratsbeamten von seinem seltsamen Erlebnis, aber eine erneute Suche nach dem Paradies bleibt erfolglos.

Dieses häufig dargestellte Thema ist hier sehr monumental gemalt. Entgegen der

Abb. 148 (Kat. Nr. 110)

üblichen Leserichtung beginnt die Legende links, mit dem Fluß unter Pfirsichbäumen. Der Fischer hat dort sein Boot festgebunden und die Höhle bereits durchschritten. In der sechsten Rolle sieht man ihn mit dem Ruder unterm Arm vor einer Brücke, wo er von mehreren Personen begrüßt wird. Die Rollen 6-9 zeigen die kleine Ortschaft, wo der Fischer von den Leuten bewirtet wird. Auf den letzten drei Rollen zieht sich eine weitläufige Gebirgs- und Flußlandschaft bis in die Ferne. Die Rückkehr des Fischers ist nicht dargestellt.

Yuan Yao aus Jiangdu in der Provinz Jiangsu war ein Neffe des Yuan Jiang und ein hochgeschätzter Hofmaler unter Kaiser Qianlong. Von ihm sind zahlreiche Monumentalbilder erhalten. Das ungewöhnliche Format dieses Bilderzyklus läßt vermuten, daß es anstelle einer großformatigen Wandmalerei aufgehängt wurde.

Ungewöhnlich ist, daß die Signatur des Malers auf die dritte Rolle und nicht an den Rand der Komposition geschrieben ist. Sie lautet: *Bild von der Sage vom Pfirsichblütenquell, im Jahre bingyin [1746] im qinghe-Monat [4. Monat] von Yuan Yao gemalt.* 2 Siegel.   GD

111 (Abb. 149, 150, 157)
Die Konkubinen von Kaiser Yongzheng
Anonym
Vier aus einer Serie von zwölf Hängerollen
Tusche und Farben auf Seide
Jede Rolle 184 × 98 cm

Die vier Rollen stammen aus einer Serie
von zwölf Bildnissen von Konkubinen Kaiser Yongzhengs (reg. 1723-1735). Bereits
als Prinz widmete er sich intensiv dem Studium der chinesischen und insbesondere
der buddhistischen Literatur. Sein Vater
hatte ihm im Sommerpalast *(Yuanmingyuan)* eine Villa überlassen, die Yongzheng
auch nach seiner Thronübernahme mehrere Monate im Jahr aufsuchte.
Auch diese Innenansichten stellen Interieurs des Sommerpalastes dar. Die Namen
der dargestellten Konkubinen lassen sich
nicht im einzelnen für jedes Bild feststellen.
Die Anzahl zwölf mag eine jahreszeitliche
Anordnung der Bildnisse vermuten lassen,
doch ist dies nicht konsequent eingehalten.

111.1 Durch ein Mondfenster wird der
Blick in einen Raum gewährt, in dem eine
Hofdame an einen Tisch gelehnt sitzt. Sie
hält in der rechten Hand eine dunkle Kette
und schaut auf zwei spielende Kätzchen im
Bogen des Mondfensters. Auf dem mit einer Marmorplatte eingelegten Tisch stehen
zwei Siegel mit Löwenknauf, die Nachbildung eines antiken Zeremonialgefäßes
vom Typ *ding* sowie eine Vase, in der die
Nachbildung eines *lingzhi*-Pilzes steht. An
der Wand hängt eine Bildrolle mit einer
Landschaftsmalerei im Stil von Mi Fu
(1052-1107).
Im linken Teil sehen wir ein Bücherregal
und daneben auf einem kleinen Tisch eine
Stockuhr englischer oder französischer
Bauart aus dem späten 17. Jahrhundert, die
wahrscheinlich als Gastgeschenk von den
Jesuiten nach China mitgebracht wurde.
Das Fenster hat einen stilisierten links- und
rechtsgedrehten Swastika-Dekor.

111.2 Das zweite Bild zeigt eine Hofdame
in einem Schreibkabinett. Die Regale sind
mit verschiedenen archaischen Gefäßen,
Porzellanschalen, Kannen, Lackkästen
und Büchern bestückt. Europäische Gesandte im 18. Jahrhundert, die den Sommerpalast *(Yuanmingyuan)* besuchen durften, bestätigten, daß diese Räume mit
Kunstgegenständen angefüllt waren.   GD

Publiziert: *Lidai shinü hua,* 30, 31 (Auswahl). Huang
Miaozi (1983), 28-34.

Abb. 149 (Kat. Nr. 111.1)

150. *Eine Konkubine von Kaiser Yongzheng.*
Ära Yongzheng
Katalog Nr. 111.2

152. *Unterwegs im Wagen. Li Yin*
(Ende 17./Anfang 18. Jh.)
Katalog Nr. 109

151. *Die Sage vom Pfirsichblütenquell.*
Yuan Yao. 1746. Detail (Seite 234-235)
Katalog Nr. 110

樹暗不斷烟尾蜂時随蜜蕊味荔
坦蘚文結檜两篁陰難見日松梢
風過蔷藤花印肩飢鼯啄山栗

辛丑冬日寫於岳華嵒

153. Eichhörnchen auf einer Kastanie.
Hua Yan. 1721
Katalog Nr. 125

154. Vielfältiges Grün in klaren Bergen.
Wang Yuanqi (1642-1715)
Katalog Nr. 118

155. *Landschaft nach Dong Yuan.*
Gong Xian (ca. 1618-1689)
Katalog Nr. 122

156. *Freizeitvergnügungen der Kaiserlichen Konkubinen.*
Chen Mei. 1738. Katalog Nr. 112

Abb. 157 (Kat. Nr. 111)

112 (Abb. 156)
Freizeitvergnügungen der kaiserlichen Konkubinen
Chen Mei (1. H. 18. Jh.)
Datiert 1738
Fünf aus einer Serie von zwölf Albumblättern
Tusche und Farben auf Papier
Jedes Blatt 37 × 31 cm
1 Siegel des Malers, 1 Siegel von Kaiser Qianlong auf jedem Blatt, z. T. auch andere Qianlong-Siegel an den Falzstellen des Albums

Dieses *Vergnügen im Laufe der Monate* genannte Album besteht aus 12 Blättern, die für jeden Monat ein typisches Freizeitvergnügen der kaiserlichen Konkubinen darstellen. Über jedem Blatt sind entsprechende Eulogien in der Form von Sieben-Wort-Kurzgedichten von Liang Shizheng (1697-1763) in jeweils zwei Strophen angebracht. Die Eulogie auf dem letzten Blatt ist auf das Jahr 1738 datiert.
Die fünf ausgewählten Blätter illustrieren die folgenden Monate des Mondkalenders:
2. Monat: *Zwischen Weiden auf der Schaukel stehen*
3. Monat: *Beim Brettspiel [weiqi] im Lustpavillon*
6. Monat: *Im Smaragdteich Lotosblüten einsammeln*
8. Monat: *Auf der Qiong-Terrasse sich am Vollmond erfreuen*
11. Monat: *Beim Kohlebecken sich in Altertümer vertiefen*
Die Lebensdaten des Künstlers sind nicht genau bekannt. Er stammte aus Songjiang bei Shanghai und wirkte von der späten Ära Kangxi bis zur frühen Ära Qianlong. Es gelang ihm über die Vermittlung seines Bruders, der in Peking lebte, das Amt eines Hofmalers zu erlangen. Versiert in allen Sparten chinesischer Malerei, hatte er auch Kontakt mit den Jesuitenmalern Giuseppe Castiglione (Kat. Nr. 41, 45) und Jean-Denis Attiret (Kat. Nr. 114). Auch dieses Album zeigt einen dezenten Einfluß europäischer Malerei.
Kaiser Qianlong schätzte das Album sehr und ließ es von einigen bekannten Elfenbeinschnitzern als Elfenbeinschnitzerei ausführen.   GD

Publiziert: Yang Xin (1980.1), (Abb. der Bl. Nr. 10 u. 12).

113 (Abb. 158)
Hasenpaar unter einem Wutong-Baum
Leng Mei (tätig in der Ära Kangxi)
Hängerolle
Tusche und Farben auf Seide
175,9 × 95 cm
2 Siegel des Malers, 1 Siegel von Kaiser
Qianlong, 1 Sammlersiegel

Unter einem Wutong-Baum treffen zwei
Hasen zusammen. Sie scheinen mit ge-
spitzten Ohren auf etwas zu lauschen.
Das Bild enthält wahrscheinlich eine Anspielung auf die bekannte Romanze zwischen Kaiser Minghuang (reg. 712-755)
der Tang-Dynastie und seiner Lieblings-
frau Yangguifei, die 756 in Mawei hinge-
richtet wurde. Sie trafen sich oft unter einem Wutong-Baum. Yangguifei fand auch
im Monat des Wutong-Baumes *(tongyue)*
den Tod. Ein Yuan-zeitliches Theaterstück
mit dem Kurztitel *Der Regen unter dem
Wutong-Baum (Wutongyu)* behandelt diese
Romanze, in der Kaiser Minghuang seine
Geliebte des öfteren seine Mondgöttin
nennt. Der Hase wiederum ist auch das
Symboltier für den Mond, wo er das Elixier
der Unsterblichkeit in einem Mörser
stampft. Die Chrysanthemen versinnbildli-
chen ebenfalls die Idee des langen Lebens.
Beide Symbole zusammengenommen sollen die Idee der ewigen Liebe zum Ausdruck bringen.
Leng Mei, ein chinesischer Hofmaler, war
ein Schüler von Jiao Bingzheng. Beide
Künstler beschäftigten sich auch mit westlicher Malerei. Der in der chinesischen
Maltradition ungewöhnliche Lichtreflex in
den Pupillen der Hasenaugen ist wohl ein
Zeichen westlichen Einflusses.
In der linken unteren Ecke ist das Bild signiert: *Von dem Untertan Leng Mei respektvoll gemalt;* 2 Siegel. Unten rechts steht ein
nicht verifizierbares Sammlersiegel. Das
Siegel auf der Montierung über dem Bild
stammt von Kaiser Qianlong.   GD

Publiziert: *Gugong ZK,* 70 (1933), 3. *Zhongguo hua,* 2
(1984), 38.

Abb. 158 (Kat. Nr. 113)

114 (Abb. 159)
Zehn rassige Pferde
Jean-Denis Attiret (Wang Zhicheng;
1702-1768)
Zwischen 1737 und 1745
Album mit 10 Blättern
Tusche und Farben auf Papier
Jedes Blatt 24,4 × 29 cm
2 Siegel des Malers, 2 Siegel von Ji Huang,
8 Standardsiegel von Kaiser Qianlong

Jean-Denis Attiret erlernte die Malerei bei
seinem Vater in Dôle in Frankreich und
ging später nach Rom. Nach seiner Ausbildung arbeitete er in Lyon. 1735 trat er in
die Gesellschaft Jesu ein und wurde 1737
nach China geschickt. Einen chinesischen
Beamtenrang, den ihm Kaiser Qianlong
anbot, lehnte er ab. Außer seinen Bildern
hinterließ er auch eine bekannte Beschreibung der kaiserlichen Gärten und Paläste.
Er starb in China.
Die zehn Albumblätter zeigen zehn Rassepferde. Attiret hat selbst wohl nur die
Pferde gemalt, die Hintergrundlandschaften dürften von chinesischen Künstlern
ausgeführt worden sein. Die mandschurischen Namen der Pferde sind jeweils in das
Bild hineingeschrieben. Durch den Falz,
mit einem kaiserlichen Siegel darüber getrennt, stehen links von den Darstellungen
zehn Eulogien, die für die Nummern 1, 3,
5, 7 und 9 von Zhang Zhao (1691-1745),
und für die Nummern 2, 4, 6, 8 und 10 von
Liang Shizheng (1697-1763) verfaßt wurden. Zhang und Liang waren beide hohe
Beamte, angesehene Kalligraphen und
Mitkompilatoren des ersten Teiles der *Kaiserlichen Kataloge* von 1745 (*Shiqubaoji*
und *Midianzhulin*). Das Todesjahr von
Zhang Zhao ergibt für die Datierung des
Albums den Terminus *ante quem*. Die Kalligraphien wurden auf allen zehn Blättern
von Ji Huang (1711-1794) geschrieben.
Die Pferde tragen alle individuelle Namen.
Es handelt sich bei den Bildern also um
»Pferdeporträts«. Zum Teil sind ihre Namen von historischen Pferdenamen entlehnt, zum Teil bezeichnen sie die Rassenzugehörigkeit oder bestimmte Eigenschaften.
So trägt z. B. das zweite Pferd den chinesischen Namen *Hanhuliu*. *Liu* bezeichnet ein
rotes Pferd mit schwarzem Schwanz. Es ist
der Rasse nach ein Schecke. Die Übersetzung des ganzen Namens lautet demnach:
der Schecke *Brüllender Tiger*.
Bei Nr. 4, *Pilixiang*, kommt ebenfalls eine
Charaktereigenschaft des Pferdes zum
Ausdruck. Mit *xiang* bezeichnet man ein

Pferd, das beim Rennen den Kopf nach
oben streckt (Himmelgucker). Die Übersetzung lautet also: der Himmelgucker
Donnerschlag.
Die Eulogien beschreiben in poetischer
Sprache Merkmale und Charaktereigenschaften der Pferde. GD

Publiziert: *SQBJ xu*, VI, 3056-3057. *Zijincheng*, 10 (1981), 38-39.

115 (Abb. 160)
Zehn edle Jagdhunde
Ignatius Sichelbart (Ai Qimeng;
1708-1780)
Zwischen 1745 und 1758
Album mit 10 Blättern
Tusche und Farben auf Papier
Jedes Blatt 24,5 × 29,3 cm
2 Siegel des Malers, 2 Siegel des
Kalligraphen Ji Huang, 8 Standardsiegel
von Kaiser Qianlong

Ignatius Sichelbart (Sichelbarth, Sickelpart) wurde 1708 in Neudeck in Böhmen
geboren. Er trat 1736 in den Jesuitenorden
ein, und man schickte ihn 1745 nach
Peking. Dort erhielt er den chinesischen
Namen Ai Qimeng und den Beinamen
Xing'an. Anfangs noch ein Schüler von
Giuseppe Castiglione (1688-1766) (Kat.
Nr. 41, 45) war er damals der jüngste europäische Maler an der *Halle der Wunscherfüllung (Ruyiguan)*. Kaiser Qianlong
schätzte ihn persönlich, obwohl seine Malerei qualitativ den Werken von Castiglione
und Attiret nicht gleichkam. Anläßlich seines 70. Geburtstages wurde er vom Kaiser
reich beschenkt. Sichelbart starb 1780 in
Peking.
Die zehn Albumblätter mit »Porträts« von
zehn individuellen Jagdhunden verschiedener Rasse gehen auf Vorlagen von Castiglione zurück, die dieser wesentlich größer auf Seidenrollen ausgeführt hat. Die
Originale befinden sich heute im Palastmuseum in Taibei. Auch die chinesischen Namen der Hunde stimmen überein. Ähnlich
wie bei den zehn »Pferdeporträts« von Attiret (Kat. Nr. 114) ist auch in diesem Fall
anzunehmen, daß Sichelbart lediglich die
Tiere selbst gemalt hat, während die Hintergrundlandschaften von assistierenden
chinesischen Schülern ergänzt wurden.
Diese Hintergrundlandschaften sind bei
Castiglione und Sichelbart auch nicht identisch.
Jeder Darstellung sind von Kaiser Qianlong in Auftrag gegebene Eulogien beigefügt. Liang Shizheng (1697-1763) verfaßte

die Gedichte für die Nummern 1, 3, 5, 7
und 9; Wang Youdun (1692-1758) jene für
die Nummern 2, 4, 6, 8 und 10. Das Todesjahr von Wang Youdun ist der Terminus
ante quem für die Datierung des Albums.
Der Kalligraph für alle Eulogien ist Ji
Huang (1711-1794).
Die Namen der Hunde lauten: (Nr. 1)
Sternengucker-Wolf; (2) *Eisblumen-Vogel*;
(3) *Schwarzjaspis-Drache*; (4) *Himmelshüpfer-Elster*; (5) *Blauwasser-Drache*; (6) *Streifenbrokat-Tiger*; (7) *Schneepfoten-Hetzhund*; (8) *Goldflügel-Windhund*; (9) *Lackfleck-Rüde*; (10) *Rotgelber Panther*.
Als Beispiel sei hier die Würdigung des
Schneepfoten-Hetzhundes (Xuezhaolu) von
Liang Shizheng übersetzt:
*Namensgebung: Er kommt aus dem Lande
Han, das hügelreich ist und viele kleine, steil
aufragende Berge hat.*
*Herkunft: Seine Heimat ist im äußersten
Norden. Er ist von kraftvoller Geschmeidigkeit und hat tuscheschwarze Augen.*
*Gangart: Er hat glöckchenförmige weiße
Pfoten und sein Gang ist so leicht wie auf
Schneeflocken.*
*Lauftempo: Wenn er hoch springt, als würde
er die Wolken erreichen, werden die Vögel
aufgescheucht und wilde Tiere erstarren vor
Schreck.*
(Jagd)pause: Selbst wenn er völlig frei herumläuft, kehrt er auf ein Zeichen sofort wieder zurück, sobald die kaiserliche Jagd unterbrochen wird.
Das Album ist im zweiten Teil des *Kaiserlichen Kataloges* von 1793 mit dem Wortlaut
der Gedichte verzeichnet. GD

Publiziert: *SQBJ xu*, VI, 3054-3055. *Zijincheng*, 24 (1984), 47-48 (Auswahl der Nummern 4, 10, 9 u. 7).

Abb. 159 (Album mit 10 Blättern) (Kat. Nr. 114)

霜花鵲贊
誰鉏松根劇茯苓俏
壘白望如雲傅長叉緩
口蹄結鈴左右執蝶惟
所今軒然如鶻糶霜
翎從肩趨免兔空部垌
寒光刺地風冷冷渠叟
西旅咸來庭

睒星狼贊
稟靈乎斗精猖狪之
英原平艸淺疾馳若
鷩訝無曜之西流儌
熱電之東騰洶殊姿
之莫稠凱猛相之堪瞑
衡永無罣乎尾彙瞑
奎光而共明

驀空鵲贊
儴彼宋鵲維古之良云
何蓴空不牙躡張怪月
發制豐頹昂藏膃舒
素月脊凝元霜歲雎指
使陵谿越岡頻仲振
還庭龍騰驤錫之錄鈢
三驅泛王

墨玉螭贊
黶然而靜名煙之沐
黝茲而深若雲之族非
鮭非羅翔端是卜乃振
於淵乃驤於陸春郊塵
定翠罩交屬弓怒搖
報矢躍籠籠罷呈前驅
百獸懦伏騰波駭龍橫
山越谷

斑錦彪贊
從野虞陪長楊劉城雷
挺飛黃振廐拘愁悶爍
生先盘蒙皮子如馬凱
委質号同羣犖百獸
而凌遠擘萬騎而陸景
迴闤闠以獨立煥炳蔚
之文章

蒼水虯贊
魚鱗之屋久蘊德踰波
嘉起勢莫測暖距厥姿
蒼厥色盛氣震涌牛可
食春蒐秋獼時不惑馴
攫材官養全力登高縱
蝶忽迅邁若乘風雲往
無外

金翅獫贊
北國之殊如榴之膏裏
精於斗夏氣於金時
狀星峒牙絡戟森擧身
芟葛鈎爪為鋒特扺攫
後趨踰歘嶺岑凌兒寔
崖塹軼窊林凌雲鵲鼇
騁阻驪駿煒緎莫黃曰
驅前禽

雪爪盧贊
靈之名來自韓哭屬
邱踈崇巒靈之生聱
北極橋以鳶望如墨
靈之行蹄結鈴欹禾
素踏雪輕靈之馳凌
青霞鳥爭駿獸不驊
靈之息乏猶逸旋蜿
跧校獵畢

茹黃豹贊
南山之霧子七日其間
文章以咸芳超越斯駿
粲采金英子維也則中古
有载黃号錫名戴同
有茄田吉日子涇
皇行狩搏獸於敖号
祁祁孔有

漆點猱贊
靈重鑣齋風傳氣剽
勁疾如湍錫爾名宜
為獢望若墨超層藝
張四距霜戈攢朝而
鐵擇兩餐志咋帶寧
顧瞡叫貲微緎周垣
飽鮮肥承渥歡雖百
挨莫敢干

Abb. 160 (Album mit 10 Blättern) (Kat. Nr. 115)

XII Literatenmaler der Qing-Zeit

Die Eroberung Chinas durch die Mandschu, die sich anfangs als Herrenvolk sahen und bisweilen mit großer Härte gegen die Bevölkerung vorgingen, schien für weite Kreise der Oberschicht nicht nur den Verlust von Machtpositionen, sondern auch den Untergang ihrer kulturellen Tradition zu bedeuten. In ihrer Verzweiflung darüber zogen sich viele Literaten aus dem öffentlichen Leben zurück und verweigerten sich so dem neuen Regime. Für manche von ihnen war gar der Eintritt ins Kloster die radikale Konsequenz, die zugleich Zuflucht vor politischer Verfolgung bot. Der moralische Makel, der einem Dienst unter zwei aufeinanderfolgenden Dynastien anhaftete, verbot ohnehin all denen, die noch unter den Ming ihre Examina abgelegt hatten, eine Karriere im Staatsdienst, wenn es auch zahlreiche Ausnahmen gab.

Die schon 1646 wieder eingeführten Staatsexamina waren für den Aufbau einer loyalen Beamtenschaft von großer Bedeutung. Das Vertrauen der Literaten, dieser zahlenmäßig dünnen Oberschicht, deren Mitwirkung bei der Verwaltung des riesigen Reiches unverzichtbar war, allmählich zurückzugewinnen, gelang den Mandschu vor allem durch die großzügige Förderung der chinesischen Kultur. Doch nicht nur politische Taktik, sondern auch eine ernsthafte Faszination bewog die Qing-Kaiser ab der zweiten Generation dazu, sich als Schirmherren dieser Kultur zu präsentieren. Kaiser Kangxi gab umfangreiche wissenschaftliche und lexikalische Projekte und Texteditionen in Auftrag, u. a. ein nach seiner Regierungsdevise benanntes Lexikon der chinesischen Sprache, ein nach Reimen geordnetes Wörterbuch mit 558 Kapiteln *(juan)*, eine Sammlung von nahezu 49 000 Gedichten der Tang-Zeit und eine 1725 fertiggestellte illustrierte Enzyklopädie mit 10 000 Kapiteln. Die wichtigste Kompilation zu Kalligraphie und Malerei war das 1708 fertiggestellte *Peiwenzhai shuhuapu* mit 100 Kapiteln, das exzerpierte Texte aus 1844 Quellen enthält. Diese großen Editionen der Qing-Dynastie, deren Krönung die unter Kaiser Qianlong herausgegebene Kompilation des gesamten damals bekannten Schrifttums in 79 582 Kapiteln darstellte, bedeuteten eine beispiellose Zusammenfassung literarischer, philosophischer und ästhetischer Traditionen. Zudem waren sie geeignet, einen Teil des geistigen Potentials von Literaten ohne feste Anstellung im Staatsdienst zu binden und unter Kontrolle zu halten.

Die Anziehungskraft, die die chinesische Kultur auf die fremden Eroberer ausübte und schon früh zur Sinisierung der mandschurischen Oberschicht beitrug, ist in dem ersten Bild dieser Gruppe gut dokumentiert, dem Porträt des Singde (Kat. Nr. 116), eines hohen mandschurischen Militärs, der sich in einem rein chinesischen Gelehrtenambiente darstellen ließ. Daß diese Haltung auch von chinesischen Literaten gewürdigt wurde, zeigen die zahlreichen Kolophone auf diesem Bild.

Zu den Literaten, die noch unter der Ming-Dynastie gedient hatten und nach 1644 keine Ämter mehr annahmen, gehört Wang Jian (Kat. Nr. 117). Er gilt gemeinsam mit Wang Shimin (1592-1680) als Begründer der sogenannten »orthodoxen Schule«. Diese Maler fühlten sich in einer Zeit politischen und geistigen Umbruchs in besonderem Maße der Tradition der Literatenmalerei verpflichtet. Stark beeinflußt von Dong Qichang (Kat. Nr. 82 und 106), Wang Shimins Lehrer, orientierten sie sich an den Stilen älterer Meister. In den Aufschriften zu ihren Gemälden nennen sie die jeweiligen Vorbilder und erörtern deren Rang und Bedeutung in der Geschichte der Malerei. Damit wurde bei ihnen der Stil zum eigentlichen Thema der Bilder. Der Enkel und Schüler Wang Shimins, Wang Yuanqi (Kat. Nr. 118), der das Trauma des Dynastiewechsels nicht mehr persönlich erlebt hatte, durchlief eine steile Beamtenkarriere, die ihn in seinen späten Jahren an den Hof führte. Als Maler und Kunstsachverständiger stand er bei Kaiser Kangxi in hoher Gunst. So fungierte er auch als Herausgeber des erwähnten *Peiwenzhai shuhuapu*. Obwohl selbst kein Hofmaler im eigentlichen Sinn, beeinflußte er nachhaltig den Stil der Hofmalerei. Die orthodoxe Schule war in ihrer traditionsbewußten, eher konservativen Einstellung am ehesten dazu geeignet, die persönliche Protektion des Kaisers zu gewinnen, zumal dieser die Malerei und Kalligraphie Dong Qichangs, des geistigen Ahnen dieser Schule, außerordentlich schätzte.

Ein weiterer von Kangxi mit hohen Ehren bedachter Maler dieser Stilrichtung war Wang Hui. Er ist in dieser Ausstellung mit den Bildern von der Südreise des Kaisers Kangxi vertreten, deren Ausführung er beaufsichtigte, und wurde deshalb der Gruppe III zugeordnet (Kat. Nr. 23-25).

Wu Li (Kat. Nr. 119), ein gleichaltriger Freund Wang Huis, ebenso wie dieser ein Schüler von Wang Shimin und Wang Jian, führte ein sehr zurückgezogenes Leben und legte nie ein Examen ab. Außergewöhnlich für einen tief in der Tradition verwurzelten Literaten war seine Konversion zum katholischen Glauben. Der ein Jahr jüngere Yun Shouping (Kat. Nr. 120) brachte zwar in seinem Werk seine politischen Ressentiments nicht zum Ausdruck, war aber unter der neuen Dynastie, gegen die sein Vater noch aktiv gekämpft hatte, nicht bereit, die Examina abzulegen oder gar Beamter zu werden.

Eine entschiedenere Gegnerschaft dem fremden Regime gegenüber nahmen viele Maler der Lokalschulen von Anhui und Nanjing und die oft als Individualisten bezeichneten, unabhängig von gängigen Schulrichtungen arbeitenden Maler ein. Ähnlich wie Hongren (Kat. Nr. 121), der die ersten Jahre der Qing-Dynastie auf der Flucht verbrachte und sogar Mönch wurde, tauchte Gong Xian (Kat. Nr. 122) erst 1651 wieder aus der Verborgenheit auf. Aus vielen seiner Gedichte spricht tiefer Haß auf die fremden Herrscher und seine Bilder sind von einer melancholischen Grundstimmung durchwoben. Für zahlreiche Maler dieser Generation, für die die politischen Umwälzungen die Abkehr vom öffentlichen Leben erzwangen, stellte die Landschaft eine Zuflucht in ihrer inneren Emigration dar. Sein Extrem konnte dieser Rückzug in einer mystischen Weltferne erreichen, wie sie in Mei Qings (Kat. Nr. 123) Bildaufschrift ihren Ausdruck fand. Bei Zhu Da (Kat. Nr. 124), dem Verwandten des Ming-Kaiserhauses, der die Mönchsgelübde wohl auch zu seiner persönlichen Sicherheit ablegte, fand die soziale Entwurzelung Ausdruck in einer eigenwilligen Exzentrik. Diese Form des Protestes war von der chinesischen Gesellschaft schon immer akzeptiert worden, sofern sie von Leuten ausgeübt wurde, die aus dem konventionellen Rahmen gesellschaftlicher Verpflichtungen ausgebrochen waren.

Gut zwei Generationen später lebte Hua Yan (Kat. Nr. 125). Er malte zu einer Zeit starken wirtschaftlichen Aufschwungs in Yangzhou, einem Ort, der dem Salzhandel seinen besonderen Reichtum verdankte. Dem Geschmack der Kaufleute, die sich als Mäzene von Gelehrten und Künstlern hervortaten, kamen die großflächigen, virtuos ausgeführten, stark farbigen Bilder der Yangzhou-Maler entgegen. In den intimen

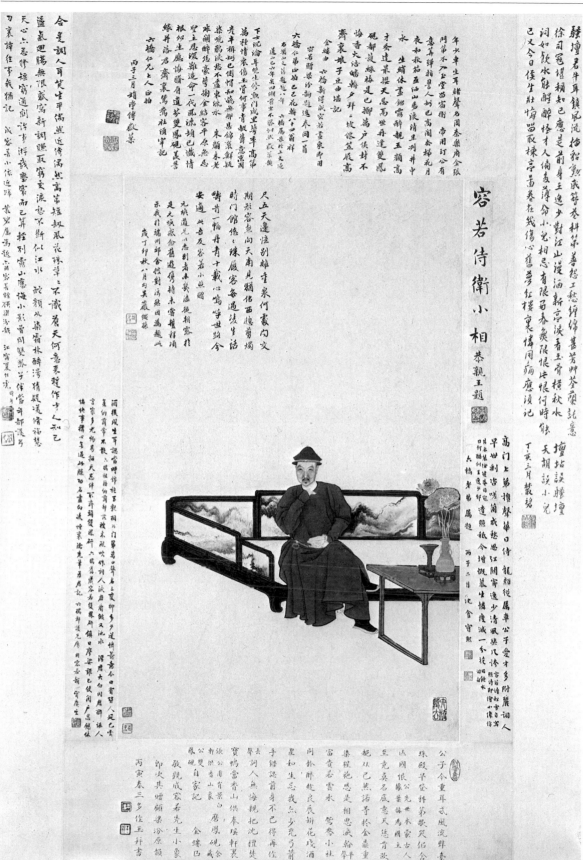

Abb. 161 (Kat. Nr. 116)

Darstellungen von Blumen und Vögeln, die die bevorzugten Motive bildeten, klingt eine heiter-verspielte Stimmung an. Wie am Anfang dieser Gruppe von Literatenmalern steht auch am Ende ein Porträt (Kat. Nr. 126). Der Maler, Fei Danxu, der bereits in der späten Qing-Zeit lebte, als der ausländische Einfluß in dem durch wirtschaftliche und innenpolitische Probleme geschwächten chinesischen Kaiserreich spürbar wurde, entsprach als professioneller Maler nicht mehr dem ursprünglichen Ideal der Literaten, nur zum eigenen Vergnügen und für gleichgesinnte Freunde zu malen. Aber zu seiner Zeit waren die sozialen und stilistischen Grenzen zwischen Literaten- und professioneller Malerei bereits weitgehend verschwommen. Die Literaten waren oft – wie schon manches Mal in früheren Zeiten – gezwungen, sich ihren Lebensunterhalt mit der Malerei zu verdienen. Zudem hatte die Literatenmalerei stilistisch einen starken Einfluß auf Professionelle und Hofmaler ausgeübt, so daß ihre ästhetischen Ideale der Intuition und Spontaneität – in der Song-Zeit im bewußten Gegensatz zur damals vorherrschenden Tradition geprägt – zum allgemein anerkannten Standard geworden waren. MR

einer der besten Porträtisten seiner Zeit. Auch dieses Bild bestätigt sein Renommée. Er stammte aus Yangzhou, hielt sich zeitweilig als Hofmaler in Peking auf, kehrte aber wieder in seine Heimatstadt zurück. Die Aufschriften des Bildes lassen sich in drei Gruppen einteilen. Nach Singdes Tod befand sich das Bild im Besitz von Yan Shengsun (1623-1702), dessen Kolophon in der linken oberen Ecke der Bildfläche auf 1687 datiert ist.

Die zweite Gruppe umfaßt vier Kolophone, die außerhalb der Bildfläche auf die Montierung geschrieben sind. Unten schreibt im Jahre 1926 der damalige Besitzer, ein Mongole namens Sanduo, mit dem Beinamen Liuqiao. Während Sanduo im Besitz des Bildes war, schrieben 1936 drei seiner Freunde Kolophone (oben, links und rechts außen) auf das Bild.

Die letzte Gruppe umfaßt zwei Kolophone: links oben auf der Montierung ein Text von Xia Renhu, der mitteilt, daß das Werk sich im Besitz von Zhang Boju befinde. Oben rechts auf der Montierung steht die Aufschrift von Zhang Boju selbst, einem zeitgenössischen Sammler, der kürzlich verstorben ist. GD

Publiziert: *Yangzhou huajia*, Nr. 29.

Ranxiang yilao (Beiname), *Wang Jian*. Siegel: *Wang Jian zhi yin;* am Anfang der Aufschrift: *Laiyunguan*.
Rechts oben trägt das Bild das kaiserliche Siegel *Qianlong yulan zhi bao*, rechts unten ein Siegel der Palastsammlung aus der Ära Xuantong (1909-1911).
Wang Jian (1598-1677), geboren in Taicang, Provinz Jiangsu, erhielt aufgrund der Verdienste seines berühmten Großvaters Wang Shizhen (1526-1590) mit 37 Jahren das Amt eines Präfekten, zog sich aber schon zwei Jahre später ins Privatleben zurück. Er war eng befreundet mit dem sechs Jahre älteren Wang Shimin, dem Schüler Dong Qichangs (Kat. Nr. 82 und 106). Gemeinsam prägten »die beiden älteren Wang« Ausdruck und Arbeitsweise der orthodoxen Schule, indem sie bestimmte Stil- und Kompositionsmerkmale der von ihnen kopierten Song- und Yuan-zeitlichen Maler zu einem festen Repertoire fügten. Das intensive Studium der alten Meister schien ihnen eine wichtige Voraussetzung für ihr eigenes Schaffen zu sein. Entscheidend war jedoch die individuelle Interpretation, das Erfassen der Atmosphäre mit den Mitteln einer souverän beherrschten Formensprache. MR

Publiziert: *Guwu, juan* 6, 23 a.

116 (Abb. 161)
Bildnis des Singde
Yu Zhiding (1647-ca. 1709)
Hängerolle
Tusche und Farben auf Papier
59,5 × 36,4 cm
2 Siegel des Malers, 13 Siegel der Kolophonschreiber und Besitzer

Singde (chin.: Xingde; 1655-1685), in dem Bild mit seinem Beinamen Rongruo und seinem militärischen Titel bezeichnet, war einer der herausragenden mandschurischen Gelehrten seiner Zeit; er galt als talentierter Verfasser von Liedern *(ci)* und pflegte freundschaftliche Beziehungen mit chinesischen Literaten. Er entstammte einer einflußreichen Familie und seine Kontakte zu Kaiser Kangxi verschafften ihm bei chinesischen Beamten großen Respekt. Singde wurde um 1676 zu einem Offizier der kaiserlichen Garde ernannt. Der militärische Titel *(shiwei)* erlaubt eine Eingrenzung für die Datierung des Bildes. Trotz seines militärischen Ranges läßt Singde sich hier in einem Gelehrtenambiente, auf einer marmorgetäfelten Bank darstellen.
Der Maler des Bildes, Yu Zhiding, gilt als

117 (Abb. 162)
Hütte am Gebirgsfluß
Wang Jian (1598-1677)
Hängerolle
Tusche auf Papier
80,1 × 41 cm
2 Siegel des Malers, 2 Sammlersiegel

Eine flache Felsbank im Vordergrund, verlassene Hütten unter hohen Bäumen und der hochaufragende Berg am jenseitigen Flußufer – dies sind Bildelemente, die an den Yuan-zeitlichen Maler Ni Zan (1301-1374) erinnern. Auf ihn nimmt auch die Bildaufschrift Bezug, die nach einem Sieben-Wort-Gedicht – der Schilderung einer einsamen Frühlingsstimmung – fortfährt:
Von Ni Zan gibt es [ein Bild mit dem Titel] Hütte am Gebirgsfluß. Es befand sich einmal im Besitz des Herrn Wang Wenke [Wang Ao (1450-1524)] aus Wujun [Suzhou] und gelangte später an Wang Chang'an; von ihm bekam ich es einmal zu sehen. Heute weiß ich nicht, wohin es geraten ist. Müßig saß ich unter Pflaumenbäumen am Flußufer. Das Wetter war klar. Ich wusch das Tuschebecken und breitete Papier aus. Gelassen ahmte ich die Stimmung [jenes Bildes] nach, ohne nach formaler Ähnlichkeit zu trachten.

118 (Abb. 154, 163)
Vielfältiges Grün in klaren Bergen
Wang Yuanqi (1642-1715)
Hängerolle
Tusche und leichte Farben auf Seide
139,5 × 61 cm
1 Siegel des Malers, 4 Sammlersiegel

Wang Yuanqis künstlerische Begabung wurde schon in seiner Kindheit von seinem Großvater Wang Shimin (1592-1680), dem Schüler Dong Qichangs (Kat. Nr. 82 und 106) entdeckt und gefördert. Geboren 1642 in Taicang, Provinz Jiangsu, erwarb er 1670 den *jinshi*-Grad und diente in verschiedenen Funktionen, ab 1699 in Peking. Dort wurde er Berater für die kaiserliche Kunstsammlung und Mitglied der *Hanlin*-Akademie.
Wie außerordentlich ihn Kaiser Kangxi schätzte, bezeugt eine Anekdote (*Guochao hua zhenglu*, 52): Der Kaiser habe ihn malen lassen, ihm über den Tisch gebeugt zugeschaut und dabei die Zeit vergessen. Die kaiserliche Protektion stärkte Wang Yuanqis Ansehen und damit den Einfluß der orthodoxen Schule bei Hof.
Wang Yuanqi gelang es, innerhalb des ei-

Abb. 162 (Kat. Nr. 117)

gen Rahmens, den das Malen im Stile alter Meister vorgab, zu einem äußerst individuellen Stil zu finden. Aus wenigen gleichförmigen Grundelementen baut er seine Landschaften mit einem ausgeprägten Sinn für rhythmische Bewegung auf. Die Darstellung der in der Natur wirkenden Kräfte, die er mit dem aus der Geomantik entlehnten Begriff der *Drachenadern (longmo)* umschreibt, ist auch ein zentrales Thema seines maltheoretischen Traktates *Zerstreute Notizen am verregneten Fenster (Yuzhuang manbi)*.

In seinen späten Werken – etwa ab 1705 – arbeitet er mehr und mehr mit dem Kontrast zwischen bemalten und freien Flächen *(xushi – leer und fest)* und findet zu einem archaisch anmutenden, in seiner scheinbaren Ungelenkigkeit dennoch sorgfältig gesetzten Pinselstrich.

Vielfältiges Grün in klaren Bergen, das dagegen noch eher zurückhaltend gemalt ist, dürfte etwa um 1700 entstanden sein, als Wang Yuanqi bereits am Hofe diente. Am linken Rand signierte er wie ein Palastmaler: *Der Untertan Wang Yuanqi malte [dies] ehrerbietig* und benutzte darunter das Siegel *Chen Yuanqi (Untertan Yuanqi)*.

Die respektvolle Kürze der Aufschrift erlaubte ihm nicht, wie sonst sein stilistisches Vorbild zu nennen. Die konischen, oben gerundeten Felsformen im mittleren Bereich des Bildes, die parallelen *Hanffaser*-Strukturlinien und die meist mit flachem Pinsel gesetzten Vegetationstupfen weisen das Bild jedoch als »im Stile Huang Gongwangs« (1269–1354) aus. In der Komposition, der zentral im Vordergrund gelegenen Insel mit einer hohen Baumgruppe und dem dahinter steil aufragenden Bergmassiv, klingt die Erinnerung an Guo Xi (ca. 1001–ca. 1090), den Meister der monumentalen Landschaftsmalerei der Nord-Song-Zeit, an. Die Rolle trägt oben das Siegel Kaiser Qianlongs: *Qianlong yulan zhi bao*, rechts unten ein Siegel der Palastsammlung aus der Xuantong-Ära (1909–1911), ein ornamentales Sammlersiegel und links unten das nicht identifizierte Sammlersiegel *Rouzeng*.   MR

Publiziert: *Guwu, juan* 6, 26 b.

Abb. 163 (Kat. Nr. 118). Detail

119 (Abb. 164)
Fischerboot am entlegenen Hang
Wu Li (1632-1718)
Datiert 1670
Hängerolle
Tusche und leichte Farben auf Seide
119 × 61,3 cm
3 Siegel des Malers, 3 Sammlersiegel

Mit dieser grandiosen Flußlandschaft zeigt sich Wu Li als der Eigenwilligste der orthodoxen Maler. Die nur ausschnitthaft dargestellte, überhängende steile Felswand und die sich weit in die Bildtiefe erstreckenden, sanft auslaufenden Hügel weichen völlig ab von den üblichen, weniger dramatischen Kompositionsschemata. Das ist umso erstaunlicher, als es sich um ein relativ frühes Werk handelt. Die harten, fast metallischen Konturen und langgezogenen parallelen Strukturlinien, die hier gut seinen Frühstil zeigen, werden später abgelöst von einem kurzen, trockenen Pinselstrich und einer kreidig weichen Flächigkeit. Fast nie fehlen auf Wu Lis Bildern die hohen, bizarr verdrehten Kiefern mit fein gezeichneten Nadeln, die auf Wang Meng (1308-1385), sein bevorzugtes stilistisches Vorbild, zurückgehen.

Das Bild trägt eine Aufschrift des Malers mit einem Sieben-Wort-Gedicht und einer Widmung an einen gewissen Herrn Xu:

Verlassene Hänge weithingestreckt –
Nebel zehn Meilen lang.
Westlich vom Weidensteg
sind Fischerboote verstreut.
Weiße Blüten im grünen Gerank
am niedrigen Schilf,
Möven gereiht auf flachem Sand –
sinkender Sonnenball.

Im kleinen Frühling [= dem 10. Monat] des Jahres gengxu [1670] beschriftet und dem »Alten von der Felsklippe« (Yanweng), dem alten Herrn Xu dargeboten zur Verbesserung. Yushan [Mannesname Wu Lis] aus Yushan [Ortsname], Wu Li. Siegel: *Wu Li, Yushan.* Unten rechts: *Mojing.*

Außerdem trägt das Bild drei Siegel des Sammlers Gong Erduo aus Taizhou, Jiangsu (Anf. 20. Jh.).

Wu Li, ein Altersgenosse und Freund Wang Huis (Kat. Nr. 23-25), stammte wie dieser aus Changshu, Provinz Jiangsu, und studierte die Malerei bei Wang Shimin (1592-1680) und Wang Jian (1598-1677, Kat. Nr. 117). Zu den Inhalten seines zurückgezogenen Lebens gehörten außerdem Dichtung und Musik, Philosophie und Religion. Erstaunlich für einen so fest in der kulturellen Tradition verwurzelten Li-

Abb. 164 (Kat. Nr. 119)

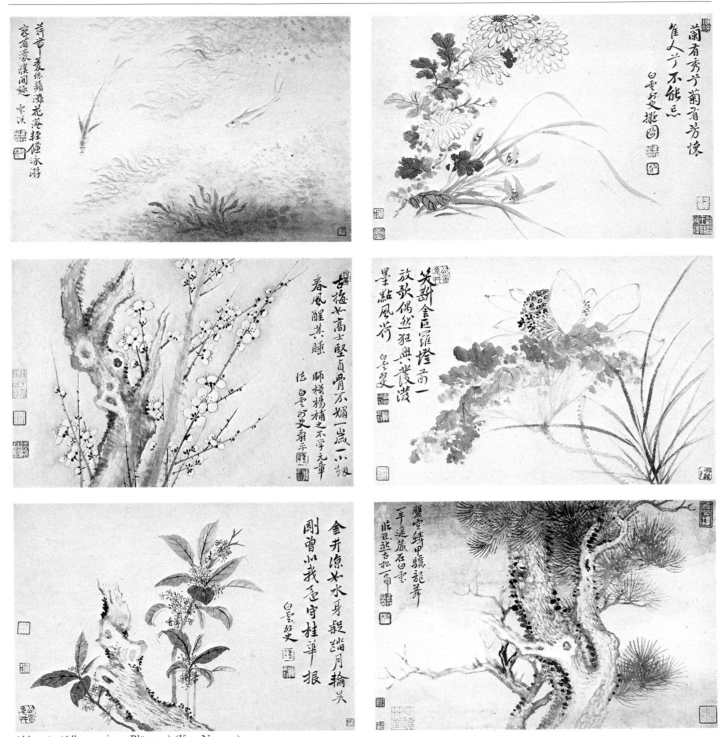

Abb. 165 (Album mit 10 Blättern) (Kat. Nr. 120)

teraten war seine Konversion zum Christentum. 1681 ging er nach Macao, studierte bei den Jesuiten Latein und Theologie und wurde 1688 zum Priester geweiht. Sein restliches Leben verbrachte er mit missionarischer Arbeit in der Gegend von Nanjing und Shanghai.

Sein Spätwerk blieb allerdings unbeeinflußt von westlicher Malerei, der er in Macao begegnet war.   MR

Publiziert: Capon/Pang (1981), Nr. 45.

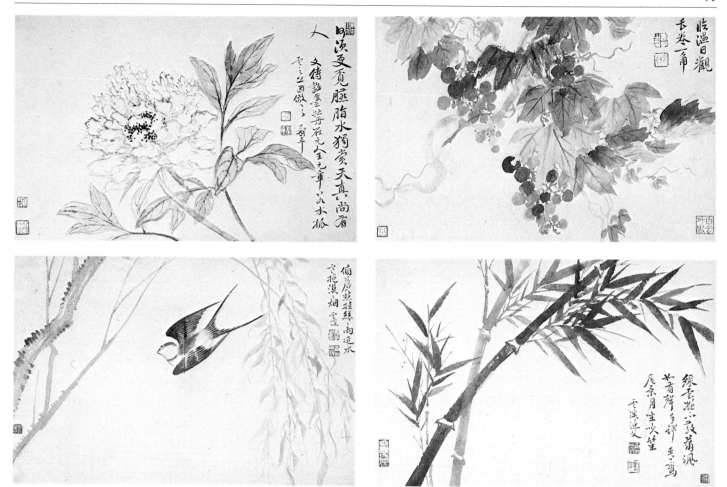

120 (Abb. 165)
Pflanzen und Tiere
Yun Shouping (1633-1690)
Album mit zehn Blättern
Tusche und leichte Farben auf Papier
24 × 37,2 cm
24 Siegel des Malers, 26 Sammlersiegel

Yun Shouping, der aus einer Beamtenfamilie im Kreis Wujin, Provinz Jiangsu, stammte, zeigte schon als Kind außerordentliche literarische Fähigkeiten. Eine glänzende Karriere hätte ihm bevorstehen können, wäre der stolze und sensible Jugendliche nicht geprägt worden vom Zusammenbruch der alten Dynastie und den Kämpfen, bei denen sein Vater auf der Seite der Ming stand. So legte Yun Shouping nie die Staatsexamina ab, sondern lebte von der Malerei. Wie der fast gleichaltrige Wang Hui (Kat. Nr. 23-25), mit dem ihn eine enge Freundschaft verband, malte er auch Landschaften, doch berühmt geworden ist er vor allem wegen seiner Blumenbilder. Hierin war er so erfolgreich, daß Generationen von Malern nach ihm seiner zarten Farbgebung und Lebendigkeit in der Darstellung zu folgen suchten. Trotz feiner Beobachtung der Natur orientierte er sich sehr bewußt an den Song- und Yuan-zeitlichen Meistern und übertrug so die kunsthistorische Betrachtungsweise der orthodoxen Schule von der Landschafts- auf die Blumenmalerei. Die zehn Blätter dieses Albums zeigen in einer skizzenhaften Leichtigkeit, fast nur mit Tusche ausgeführt, Naturszenen, für die der Maler in den Aufschriften z. T. ältere Vorbilder nennt.

Blatt 1 · Trauben
›Ein Stück der langen Rebe‹ nach Wen Riguan
Wen Riguan (gest. 1295) war ein auf Traubenbilder spezialisierter Mönch in der Gegend von Hangzhou. Mit seinem zart abgestuften Tuschelavis und der bewegten Darstellung gelingt Yun ein frischer, atmosphärischer Eindruck.

Blatt 2 · Päonie
Warum nach Rouge suchen, [da es doch] noch Menschen gibt, die sich einzig am Natürlichen freuen? . . .
Yun vergleicht die nur mit Tusche gemalte Päonie in ihrer Schlichtheit mit einer ungeschminkten Frau. Dann erwähnt er, daß er die Päonien Wen Zhengmings (1470-1559) höher schätze als die von drei bekannten Yuan-Malern.

Blatt 3 · Orchis und Chrysantheme
Die Orchis besitzt Eleganz, die Chrysantheme Duft; denk' ich an einen guten Menschen, kann ich ihn nicht vergessen.
Hier zitiert Yun aus einem dem Han-Kaiser Wudi (reg. 140-87 v. Chr.) zugeschriebenen Gedicht.

Blatt 4 · Fische
Die eleganten Bewegungen der Fische und der im ufernahen Wasser driftenden Pflanzen stehen in lebendigem Zusammenhang.

Blatt 5 · Bambus
Etwas schematisch wirkt dieser Ausschnitt zweier sich kreuzender Bambuspflanzen.

Blatt 6 · Schwalbe
Blaß lavierte Weidenzweige wölben sich über einer Schwalbe im Flug.

Blatt 7 · Lotos

Lachend füll' ich den goldenen Becher
und sing' vor der Lampe ein Lied
Plötzlich packt mich die wilde Laune
Die Tusche verspritzend, mal' ich Lotos im
Wind.

Das Verspritzen der Tusche *(pomo)*, ein halb dem Zufall überlassenes Spiel mit graphischen Effekten, wird seit der Tang-Zeit mit einem ekstatischen, oft berauschten Zustand des Künstlers assoziiert.

Blatt 8 · Pflaumenblüten

Die Knospen und Blüten des alten Pflaumenbaumes sind mit einer blaßblauen Umrandung vom Hintergrund abgesetzt.

Blatt 9 · Kiefernäste

Ausschnitthaft sind die z. T. kahlen, verdrehten Stämme und Äste einer alten Kiefer dargestellt: . . . *Stück einer alten Kiefer nach Juran.* (tätig ca. 960-980)

Blatt 10 · Zimtblüten

Aus einem alten, knorrigen Ast brechen frische Blütenzweige hervor, deren dünn lavierte Blätter die Leichtigkeit betonen.

Mit Ausnahme des ersten und neunten Blattes tragen alle Blätter des Albums Yuns Signatur, insgesamt kommen 12 verschiedene seiner Siegel und 21 verschiedene Sammlersiegel vor. Das Titelschildchen schrieb der früheste identifizierbare Sammler, der Archäologe und Siegelschneider Huang Yi (1744-1802), der sich in seinen eigenen Blumenbildern auch Yun Shouping zum Vorbild nahm. Später besaß der Kalligraph und Kunstsachverständige Wu Yun (1811-1883) das Album, ausgewiesen durch fünf seiner Siegel. Der Connaisseur und Mitarbeiter des Palastmuseums Xu Bangda (geb. 1911), vertreten mit sechs Siegeln, besaß das Album bereits 1938. Das geht aus dem damals geschriebenen Kolophon von der Hand seines Lehrers Wu Hufan (1894-1968) hervor. MR

Abb. 166 (Kat. Nr. 121)

121 (Abb. 166)
Das Pflaumenblütenstudio
Hongren (1610-1664)
Datiert 1659
Tusche auf Papier
55,5 × 37 cm
1 Siegel des Malers, 2 Sammlersiegel

Hongren, geboren 1610 in Shexian, Provinz Anhui, trug bis zu seiner Ordination als Priester im Jahre 1646 den weltlichen Namen Jiang Tao. Sein noch in den letzten Jahren der Ming-Dynastie abgelegtes *zhusheng*-Examen (Lizentiat) hätte ihm Zugang zu einem Amt ermöglicht. Doch als 1645 die Qing-Truppen seine Heimat eroberten, floh er zunächst nach Süden. Dort wurde er chan-buddhistischer Mönch, womit er sich gegen den Dienst für die neuen Machthaber entschied und etwaiger politischer Verfolgung entzog. 1651 kehrte er in seine Heimat zurück und verbrachte sein restliches Leben in Klöstern der Umgebung von Shexian und der nahegelegenen Huangshan-Berge.

Hongren gilt als der bedeutendste Maler der Anhui-Schule, einer lokalen Stilrichtung, die auf keine lange Tradition zurückblicken konnte. Erst in der Ming-Zeit wurde das südliche Anhui zu einem wichtigen Handelszentrum mit einer örtlichen Gelehrtenschicht. Das enge Zusammenwirken von Künstlern, Holzschneidern und Druckern brachte die Druckgraphik auf ein bis dahin unerreicht hohes Niveau

und erklärt z. T. den graphischen Stil in der Landschaftsmalerei der Anhui-Schule, der bei einer Umrißzeichnung der Felsformen mit trockenem Pinsel auf plastische Ausgestaltung fast völlig verzichtet. Die spröde Berglandschaft der Huangshan-Berge kam der Ausprägung dieses sparsamen Stils durchaus entgegen. Als stilistisches und wohl auch menschliches Vorbild diente den frühen Anhui-Malern der Yuan-Meister Ni Zan (1301-1374), der sich auch unter einer Fremdherrschaft in die Abgeschiedenheit zurückgezogen hatte.

Ohne eine Vorstellung zu vermitteln von Hongrens oft monumentalen Felsformen oder seinem souveränem Spiel mit räumlicher Tiefe, zeigt das »Pflaumenblütenstudio« doch etwas von seinem zurückhaltenden Gebrauch des Pinsels: ein aus dem Wasser ragender Felsen, spärlich mit Bambus bewachsen; der Weg hinauf zum offenen Pavillon, durch einige Stufen angedeutet, und als beherrschendes Bildelement ein Pflaumenbaum mit noch kahlen Ästen, der auf das zeitige Frühjahr hinweist.

Wie aus der Aufschrift hervorgeht, entstand das Bild anläßlich des Neujahrsbesuchs eines Freundes:

Ein Vogel in der Kälte nach dem Schnee
hat auf die Pflaumenblüte acht:
Eng beieinander hockt ihr zwei,
einer Familie gleich.
Ein Glück! Der Neujahrsbrauch
ist bei uns schlicht:
Das Wasser hole ich im irdnen Topf,
gemächlich koche ich den Tee.

Weiterhin erwähnt die Aufschrift als Entstehungsdatum den Neujahrstag 1659 und endet mit der Signatur des Malers und seinem Siegel *Jianjiang* (Mönchsname).

Das Bild trägt zwei moderne Sammlersiegel: *Beiqiuge* und *Hu Xiaozhuo cang*. MR

122 (Abb. 155)
Landschaft nach Dong Yuan
Gong Xian (ca. 1618-1689)
Hängerolle
Tusche und leichte Farben auf Seide
164,3 × 97 cm
2 Siegel des Malers, 7 Sammlersiegel

Im Bildmittelpunkt das einzelne Haus, umgeben von einem dichten Wäldchen, rechts eine offene Wasserfläche und der dahinter ansteigende Berg: diese klar gegliederte Komposition wirkt noch überschaubarer durch die einheitliche Pinseltechnik. Mit sparsamen Linien umrissene Flächen gewinnen Plastizität durch zahllose über ein

Abb. 167 (Kat. Nr. 123)

blasses Lavis geschichtete Tupfen in verschiedenen Helligkeitswerten. Die faszinierende Wirkung von Gong Xians Bildern beruht vor allem auf dem Spiel mit Licht und Schatten, das sich zu dramatischen Beleuchtungseffekten steigern kann, etwa in dem von einem geheimnisvollen Licht durchdrungenen Nebelfeld hinter der vorderen Baumgruppe.

Das plastische Helldunkel der Felspartien läßt den Einfluß europäischer Buchillustrationen vermuten, die im 17. Jahrhundert durch die Jesuiten nach Nanjing, Gong Xians Wirkungsstätte, gelangt waren. Er selbst bezieht sich allenfalls auf die chinesischen alten Meister. So gibt er in der Aufschrift zu dieser Hängerolle an, er habe *ein echtes Werk von Dong Yuan [gest. 962] kopiert.* Es handelt sich um eine freie Interpretation, in der die ruhige Atmosphäre, die Klarheit der Komposition und die weichen, runden Hügelkuppen des Vorbildes noch anklingen.

Das Selbstbewußtsein, mit dem Gong Xian das Kopieren alter Werke, die Beobachtung der Natur und wohl auch Anregungen durch westliche Darstellungsweisen vereint und daraus seinen unverwechselbar eigenen Stil formt, spricht aus dem Satz: *Es gab niemanden vor mir und es wird niemanden nach mir geben. (Duhua lu, juan 2, 30)* Diesen Ausspruch überlieferte in einer biographischen Skizze Zhou Lianggong (1612-1672), der Mäzen einer Gruppe von Nanjinger Künstlern, zu deren acht berühmtesten *(Jinling bajia)* auch Gong Xian gezählt wird.

In Nanjing hatte Gong seine Jugendjahre verbracht, war nach der Eroberung der Stadt durch die Qing-Truppen untergetaucht und erst zehn Jahre später zurückgekehrt, aber er lebte in Abgeschiedenheit, verbittert über die neuen Herrscher.

Die melancholische Grundstimmung seiner Bilder und Gedichte spricht auch aus dem Sieben-Wort-Gedicht dieser Aufschrift:

Das tiefe Wasser leuchtet weit
ins Himmelsblau hinein
und weiße Möven schwärmen auf
als Streif im grauen Dunst.
Die Zither quer vor mir – ihr Klang zieht Kreise
über tausend Wälder hin.
Den ganzen Tag im obersten Geschoß
bin ich mit meiner Traurigkeit allein.

Er signiert *Yeyisheng (der in der Wildnis vernachlässigte Gelehrte), Gong Xian.* Siegel: *Gong Xian, Banqian.*

Die Aufschrift rechts unten auf der Montierung hat 1941 der Maler Xu Zonghao (1880-1957) geschrieben und darin als Besitzer einen gewissen Baoshu genannt. Von Xu stammt auch das Siegel rechts unten auf dem Bild. Links sind zwei Siegel eines Sammlers namens Sun Fuchang aus Shanxi und zwei weitere nicht identifizierte Siegel.

MR

123 (Abb. 167)
Der Himmelsstadtgipfel im Huangshan-Gebirge

Mei Qing (1623-1697)
Hängerolle
Tusche auf Papier
184,2 × 48,8 cm
2 Siegel des Malers

Vor einem monumentalen, bizarr-phantastischen Gebirgsmassiv stehen auf einem Felsplateau zwei Männer plaudernd beisammen. Über einen steilen Weg gelangten sie zu der Terrasse mit dem pavillonartigen Gebäude, das von im Halbrund angeordneten Kiefern umschirmt wird. Schmale, langgezogene Wolkenbänke schieben sich zwischen schlanken Felsentürmen hindurch. Aus den dichten Wolken des Hintergrunds ragen zwei Bergkuppen hervor. Dargestellt ist der Himmelsstadtgipfel *(Tiandu feng)* im Huangshan-Gebirge in der Provinz Anhui. Er füllt das schmale hohe Bildformat bis zum oberen Rand.

Oben links steht die Aufschrift des Malers. Sein zweistrophiges Sieben-Wort-Gedicht lautet:

Zehn Jahre träumte ich insgeheim schon,
Xuanyuan, den Gelben Kaiser, zu treffen.
Erst beim erneuten Erlebnis der gestaffelten
Steilhänge erkannte ich das göttliche Abbild.
Die Wolkenstadt im Himmel, [daoistischem]
Atmen zum Frommen;
In den Bergen des Südens, aufgereiht wie
Söhne und Enkel.
Himmelhoch türmen sich Gipfel, vollends der
Erde entbehrend.
Wo Pfade sich in dichten Wolken verlieren,
Wohnstatt nur noch von Affen.
Wer sagt, auf der Zinnoberterrasse sei das
Geisterfeuer erloschen?
Zinnober und Wasser der Quelle sind selbst
heute noch warm.
Den Himmelsstadtgipfel malte ich frei nach
Jing [Hao (tätig spätes 9./frühes 10. Jh.)] und
Guan [Tong (tätig frühes 10. Jh.)].
Hinzugeschrieben von Mei Qing [mit dem
Beinamen] Jushan.

Siegel des Malers: *Quxing Qing* und *Yuangong.*

Das Gedicht huldigt der atemberaubenden Schönheit des Tiandu-Gipfels aus der Wohnung des legendären, urzeitlichen Herrschers Huangdi, des Gelben Kaisers, der hier als daoistischer Unsterblicher aufgefaßt wird. Die daoistische Schule wird oft als die *Lehre vom Gelben Kaiser und Laozi* bezeichnet. Mit dem im Gedicht genannten Zinnober und Quellwasser sind Grundsubstanzen der daoistischen Alchemie für die Herstellung von lebensverlängernden Elexieren und der Pille der Unsterblichkeit benannt.

Mei Qing, Sproß einer verarmten Gelehrtenfamilie, stammte aus Xuancheng, Provinz Anhui. Seine Heimat verließ er nur zu verschiedenen Reisen. Er bestand die Provinzprüfung, scheiterte aber trotz mehrfacher Versuche an der hauptstädtischen Prüfung. Er liebte die Huangshan-Berge, die er oft besuchte, u. a. auch mit seinem jüngeren Freund, dem bedeutendsten der Individualisten-Maler, Shitao (1641-nach 1707). Mei Qing kam erst spät zur Malerei. In der Dichtkunst hatte er sich zuvor bereits einen Namen gemacht.

Immer wieder hat Mei Qing die Szenerie der Huangshan-Berge gemalt, häufig im Format des Albums. Der Himmelsstadtgipfel zählt zu seinen bevorzugten Motiven. Stilistisch gehörte Mei Qing zur Anhui-Schule. Die Maler dieser Gruppe malten mit Vorliebe ihre heimatliche Landschaft, vor allem die Huangshan-Berge. Eine trokkene Pinselmanier sowie die unruhig bewegte Linie kennzeichnen diese Schulrichtung.

Mei Qing nennt in seiner Aufschrift Jing Hao und Guang Tong als Vorbilder. Diese beiden Meister des Nordens hatten maßgeblichen Anteil an der Entstehung der monumentalen Gebirgsmalerei.   HB

Publiziert: *Sekai*, Nr. 279. Capon/Pang (1981), Kat. Nr. 49.

124 (Abb. 168)
Mynah-Star auf herbstlichem Baum
Zhu Da (1626?-1705?)
Datiert 1703
Hängerolle
Tusche auf Papier
149,5 × 70 cm
3 Siegel des Malers

Auf einem nach unten weisenden Ast eines verwitterten Baumes an einer Uferböschung sitzt ein Mynah-Star und putzt sich sein Gefieder. Ein großer Fisch schwimmt unweit des Ufers nach links. Der Mynah-

Abb. 168 (Kat. Nr. 124)

Star zählt zu den beliebten Motiven des Malers. Dieser Vogel, im Nachahmen von Lauten anderer Vögel begabt, wurde in China gerne zum Sprechen gebracht.

Ein Gegenstück zu dieser Hängerolle, auch sie mit einer Darstellung eines Mynah-Star auf einem knorrigen Ast, befindet sich ebenfalls im Palastmuseum in Peking (*YYDY*, 19 (1983), 15).

Oben links signiert der Maler sein Bild: *An einem Frühlingstag des Jahrs guiwei [1703] skizziert von Bada shanren*; es folgen zwei Siegel des Malers: *Bada shanren, Heyuan*; ein weiteres Siegel des Malers steht unten links: *Zhenshang*.

Zhu Da, einer der schillerndsten exzentrisch-genialen Maler Chinas, stammte aus Nanchang, Provinz Jiangsu und war ein Abkömmling des Ming-Kaiserhauses, einer der zahlreichen Nachkommen einer kaiserlichen Nebenlinie. Nach dem Sturz der Ming-Dynastie zog er sich in die Berge bei Nanchang zurück und wurde buddhistischer Mönch. In den langen Jahren sei-

nes Mönchtums kam es zu mentalen Störungen, verschiedene Anekdoten weisen auf einen vorübergehenden Ausbruch von Wahnsinn. Auch soll er eines Tages das Schriftzeichen *ya (stumm)* an seine Tür geheftet und von diesem Zeitpunkt an nicht mehr gesprochen haben, ein Umstand, der wohl mit der angeborenen Stummheit seines Vaters zusammenhängt. Nach 1644 nahm er neben vielen Beinamen auch jenen des Bada shanren an, was einer Deutung zufolge mit *Eremit der Acht Himmelsrichtungen* übersetzt werden muß. Viele seiner Werke schuf er nach zeitgenössischen Berichten im Weinrausch.   HB

Publiziert: *Kokyū*, Nr. 87. YYDY, 19 (1983), 15.

125 (Abb. 153)
Eichhörnchen auf einer Kastanie
Hua Yan (1682-1765)
Datiert 1721
Hängerolle
Tusche und Farben auf Papier
145,5 × 57 cm
3 Siegel des Malers, 4 weitere Siegel

Auf einem knorrigen, bizarr verwachsenen Kastanienbaum, der sich seitlich an einen überhängenden, landschaftsüberschauenden Felsvorsprung klammert, tummeln sich sechs Eichhörnchen. Auf seinen Hinterbeinen stehend knabbert eines von ihnen ganz rechts an einer Kastanie. Andere sind bei possierlichem Spiel dargestellt, klettern auf dem Baumstamm oder springen von Ast zu Ast. Ihr dichtes Fell ist mit zahllosen kurzen Pinselstrichen in seiner flockigen Weichheit bravourös erfaßt. Die minuziöse Schilderung der Eichhörnchen steht im Gegensatz zu der summarischer wiedergegebenen Hügel-und-Seelandschaft, die sich unten links in die Tiefe erstreckt. Vegetationstupfen beleben die Landschaft und den Felsen zur Rechten, aus dem unterhalb der Kastanie Bambusgestrüpp hervorwächst. Oben rechts steht eine Gedichtaufschrift des Malers:

Im Dunkel der Bäume steht nicht endender Nebel.
Die Bienen am Fels, bisweilen tropft Honig herab.
Ein Bett aus Gestrüpp, eine Wand von Lizhi, verflochten mit Moos.
Wacholder im Regen, düster der Bambus, kaum ist die Sonne zu sehn.
Die Astspitzen der Kiefern durchstreicht der Wind und Blüten des Efeu fallen herab.
Aufblickend sah ich hungrige Eichhörnchen, an Bergkastanien nagend.

Abb. 169 (Kat. Nr. 126)

Pang Yuanji (ca. 1865-1949), einem bekannten Shanghaier Sammler, der es in seinen Katalog *Xuzhai minghua lu* von 1909
aufnahm. HB

Publiziert: *Xuzhai minghua lu*, III, 1302-1303. *Yangzhou huajia*, Nr. 31.

126 (Abb. 169)
Porträt des Chen Yunke
Fei Danxu (1801-1850)
Datiert 1833
Hängerolle
Tusche und leichte Farben auf Papier
85 × 59,5 cm
1 Siegel des Malers, 6 weitere Siegel

Inmitten eines Stein- und Bambusgartens
sitzt ein kahlköpfiger Gelehrter in weitem,
schlichten Gewand in bequemer Haltung
auf einer natürlichen Felsenbank. Leicht
stützt er sich mit seinem linken Arm auf einem Felsblock zu seiner Linken ab. Er hat
die Beine lässig übereinander geschlagen,
seine Rechte ruht auf dem Knie auf. Das
frontal gezeigte Gesicht des alten Mannes
ist fein modelliert und leicht farbig unter-
legt. Mit wachen Augen und einem leichten
Lächeln auf den Lippen wendet er den
Kopf dem Betrachter zu.
Die flache Felsenbank wird zur Rechten
von Bambus eingefaßt, der auch hinter
den hohen, schroff ansteigenden und leicht
überhängenden Felsblöcken zur Linken
hervorwächst. Das kräftige Schwarz des
Bambusblattwerks im Vordergrund
schwächt sich in feiner Abstufung nach
hinten zu ab.
Außen rechts die Aufschrift des Malers:
*Im elften Monat, dem Winter des Jahres guisi
[1833] für Herrn Yunke skizziert von Fei
Danxu [mit dem Beinamen] Xiaolou.* Es
folgt das Siegel des Malers: *Zitiao.*
Eine weitere Aufschrift auf der Montierung unten links stammt von dem sechsten
Enkel des Porträtierten, Chen Yuanlu, der
das Bild im Jahre 1844 montieren ließ.
Fei Danxu, Mannesname Zitiao, stammte
aus Wucheng in der Provinz Zhejiang. Gemeinsam mit Gai Qi (1774-1829) zählt dieser professionelle Künstler zu den promi-
nentesten Malern des in der späten Qing-
Zeit beliebten Genres der Figuren- und
Porträtmalerei.
In moderner Zeit gelangte das Bild in die
Sammlung des lange in Peking lebenden
Malers und Siegelschneiders Xu Zonghao
(1880-1957), dessen vier Sammlersiegel
oben links und unten rechts und links aufgedrückt sind. HB

*An einem Wintertage des Jahres xinchou
[1721] von Hua Yan [mit dem Beinamen]
Qiuyue skizziert.* Es folgen zwei Malersiegel: *Hua Yan zhi yin; Qiuyue;* weiteres Malersiegel am Anfang der Aufschrift.
Hua Yan, der technisch Versierteste und
Vielseitigste der Maler aus der Gruppe der
sogenannten *Acht Sonderlinge von Yangzhou,* stammte aus der Provinz Fujian, sie-
delte aber schon früh nach Hangzhou,
Provinz Zhejiang, über. Hier verbrachte er
neben längeren Aufenthalten in Yangzhou,
Provinz Jiangsu, den größten Teil seines
Lebens. In Hangzhou gehörte er einem der

bedeutendsten Literatenzirkel der Stadt
an.
Zu seiner Zeit war Hua Yan am bekanntesten für seine Bilder des Blumen-und-Vogel-Genres sowie von Insekten und Tieren,
während sich heute sein Ruhm vor allem
auf seine Landschaften gründet. Ein weiteres Eichhörnchenbild des Malers befindet
sich ebenfalls im Palastmuseum von Peking
(Capon/Pang (1981), Nr. 71).
Das Bild gelangte im 19. Jh. in die Sammlung von Shen Shuyong (1832-1873) aus
Nanhui, im Gebiet des heutigen Shanghai.
Schließlich kam es in die Sammlung von

Anhang

Verzeichnis der chinesischen Namen und Begriffe

Vorbemerkung

Die Namen der chinesischen Provinzen, Dynastien und Feudalstaaten sowie die für die Datierung gebräuchlichen zyklischen Zeichen wurden nicht aufgenommen, da ihre Schreibung anderenorts leicht nachgeschlagen werden kann. Nicht enthalten sind außerdem Namen und Buchtitel der Bibliographie.

de 德
Dechu 德初
deng 鐙
dengji yi 登極儀
Dengjiang 澄江
Dezong shilu 德宗實錄
Di'anmen 地安門
ding 鼎
Ding Guanpeng 丁觀鵬
Ding Yunpeng 丁雲鵬
dingyao 定窯
Ditan 地壇
Dong Beiyuan 董北苑
Dong Gao 董誥
Dong Qichang 董其昌
Dong Yuan 董源
Donghuamen 東華門
Dongting 洞庭
Dongwusuo 東五所
Dou Wan 竇綰
doucai 斗彩
Dousi 都泗
Du Qiong 杜瓊
Duanmen 端門
Duanningdian 端凝殿
Dunhuang 敦煌

Elute 厄魯特
Erchen zhuan 二臣傳
Ernü yingxiong
    zhuan 兒女英雄傳
Erya 爾雅

fajia 法家
falangcai 琺瑯彩
Fan Huayuan 范華原
Fan Kuan 范寬
Fangrunxuan 芳潤軒
Fanhualou 梵華樓
fei 妃
Fei Danxu 費丹旭
fencai 粉彩
Feng Dao 馮道
Feng Fu 馮婦
Fengcheng 鳳城
fengwei 鳳尾
Fengxiandian 奉先殿
fengyu 鳳輿
fu (Gefäßtyp) 鍑
fu (Glück) 福
fu (Fledermaus) 蝠
fu (Prosagedicht) 賦
Fu Longan 福隆安
Fu Shan 傅山
Fufushi 復父氏
fugui 富貴
fujin 福晉
fushi 副使
Fushun 撫順

Gai Qi 改琦
Gao Kegong 高克恭
gao tian 告天
Gao Xiang 高翔
Gaozong 高宗
Gaozu 高祖
gaozu bei 高足杯
ge 哥
geming 革命
geyao 哥窯
Gong 恭
Gong Erduo 宮爾鐸
Gong hua 恭畫
Gong Kai 龔開
Gong Xian 龔賢
gongbu 工部
gu 觚
Gu Fang 顧昉
Gu Yanwu 顧炎武
guan (Gefäßtyp) 罐
guan 官
Guan Ping 關平
Guan Tong 關同
Guan Yu 關羽
Guangxu 光緒
Guangyun zhi bao 廣運之寶
Guangzhou 廣州
guanjiao 官窯
guanyao 官窯
Guanyin 觀音
Guanzi 管子
Gugong bowuyuan 故宮博物院
gui (Gefäßtyp) 簋
gui (Jadezepter) 珪
guifei 貴妃
Guiling 桂嶺
Gujin tushu jicheng 古今圖書集成
Gulou 鼓樓
Guo Xi 郭熙
Guochao yuanhua lu 國朝院畫錄
guozijian 國子監
Gusutai xia yiren 姑蘇台下逸人
Guwu chenliesuo 古物陳列所
Guyu tukao 古玉圖考
Guyu tupu 古玉圖譜

Haiyun 海雲
Han 瀚
Han Chi 韓勅
Han Feizi 韓非子
Handan 邯鄲
Hangzhou 杭州
Hanhuliu 闞虎騮
Hanlin 翰林
Hanlinyuan 翰林院
Hao 濠
He Zhizhang 賀知章
hejin 合巹
Heyuan 何園
Hezhen 赫真
Honglou meng 紅樓夢
hongmu 紅木
Hongren 弘仁

Hongshan 紅山
Hongwenguan 弘文館
Hongwu 洪武
Hongzhi 弘治
hou (Affe) 猴
hou (Minister) 侯
Houji 后稷
Houyoumen 後右門
Houzuomen 後左門
hu 壺
Hu Jing 胡敬
Hu Xiaozhuo cang 胡小琢藏
Hu Zongxian 胡宗憲
Hua Yan 華嵒
Hua Yan zhi yin 華嵒之印
huagong 畫工
Huai 淮
Huaihe 淮河
Huaji 畫繼
huajia 花甲
Huan Xuan 桓玄
Huang 璜
Huang Ding 黃鼎
Huang Gongwang 黃公望
huang guifei 皇貴妃
Huang Ji 黃基
Huang Quan 黃筌
Huang Shen 黃慎
huang taihou 皇太后
Huang Tingjian 黃庭堅
Huang Yi 黃易
Huang Yizhi 黃一之
Huang Zeng 黃增
Huangchao liqi tushi 皇朝禮器圖式
huangcheng 皇城
huangdi 皇帝
huangdi xingle tu 皇帝行樂圖
Huanghe 黃河
huanghou 皇后
Huangjidian 皇極殿
Huangjimen 皇極門
Huangshan 黃山
huangtian shangdi 皇天上帝
Huating 華亭
Huayan 華嚴
Huayuan 畫院
Huayuanchu 畫院處
hubu 戶部
Huizong 徽宗
Hulan caotang 護蘭草堂
Hunhe 渾河
Huoshen 火神
Hushenqiang ji 虎神槍記

Ji Huang 嵇璜
Jia 嘉
Jiading 嘉定
jiaguwen 甲骨文
Jiajing 嘉靖
Jianfugong 建福宮
Jianfugong huayuan 建福宮花園
Jiang Jieshi 蔣介石
Jiang Pu 蔣溥

Jiang Tao 江韜
Jiang Tingxi 蔣廷錫
Jiang Xiang 姜瓖
Jiangdu 江都
Jiangnan 江南
Jiangshang waishi 江上外史
Jiangxia 江夏
Jianjiang 漸江
Jianting 蔄亭
Jiao Bingzhen 焦秉貞
Jiaolou 角樓
Jiaoshanshi 角閃石
jiaotao 攲飈
Jiaotaidian 交泰殿
Jiaoyubu dianyan zhi zhang 教育部點驗之章
Jiaqing 嘉慶
jie 節
Jigulu bawei 集古錄跋尾
jihong 霽紅
jilan 霽藍
Jin 金
Jin Kun 金昆
Jin Nong 金農
Jin Tingbiao 金廷標
Ji'nan 濟南
Jing Hao 荊浩
Jing'an 靜菴
Jingdezhen 景德鎮
Jingfugong 景福宮
Jingrengong 景仁宮
Jingshan 景山
Jingyanggong 景陽宮
Jinling 金陵
Jinling bajia 金陵八家
Jinshan 金山
jinshi 進士
Jinshui 金水
Jinshuiqiao 金水橋
jinwen 金文
jinyi 錦衣
Jishuyuan 籍書園
Jiulongbi 九龍壁
jiufeng qugai 九鳳曲蓋
jiyan 几筵
juan 卷
Juana shengjingdian 卷阿勝境殿
jue 玦
junyao 均窰
junzi 君子
Juran 巨然
juren 舉人
Jurong 句容

Kaifeng 開封
kaishu 楷書
kang 炕
Kangxi 康熙
Kangxi zidian 康熙字典
Kaogutu 考古圖
Keqiao 柯橋
kesi 緙絲
Kongmiao Liqibei 孔廟禮器碑

Kuaiji 會稽
Kuaixue shiqing tie 快雪時晴帖
kuang 狂
kuangcao 狂草
kui 夔
Kun 昆
Kun Qian 昆虔
Kunlun 崑崙
Kunninggong 坤寧宮
Kunningmen 坤寧門

Laiyunguan 來雲館
Lan Caihe 藍采和
Lang Shining 郎世寧
Lantingxu 蘭亭序
Lanyi 嬾逸
Laolian Hongshou 老蓮洪綬
Laozi 老子
lei 罍
Leng Mei 冷枚
Leshantang 樂善堂
Leshoutang 樂壽堂
li 禮
Li Bo 李白
Li E 厲鶚
Li Fangying 李方膺
Li Shan 李鱓
Li Si 李斯
Li Taibo 李太白
Li Yin 李寅
Li Yu 李煜
Li Zai 李在
Li Zhichao 李智超
Li Zicheng 李自成
Liang Qichao 梁啓超
Liang Shizheng 梁詩正
Liangshui 涼水
Liangzhu 良渚
Liaoyang 遼陽
libu 禮部
lifu 禮服
Liji 禮記
Lin Liang 林良
Lin'an 臨安
lingzhi 靈芝
Linru 臨汝
Liqibei 禮器碑
lishu 隸書
liu 駵
Liu Bei 劉備
Liu Biao 劉表
liu bu 六部
Liu Jue 劉玨
Liu Jun 劉俊
Liu Sheng 劉勝
Liu Shu 劉恕
Liuqiao 六橋
lizhi 荔枝
longchi 龍池
longmo 龍脈
Longquan 龍泉
longquanyao 龍泉窰
longting 龍亭

Longyu huang tai-hou 隆裕皇太后
lu (Gehalt) 祿
lu (Hirsch) 鹿
lu (Weihrauchbrenner) 爐
Lu Zhi 陸治
luanyi wei 鑾儀衛
luanyi xiao 鑾儀校
Luo Ping 羅聘
Luofu 羅浮
Luohan 羅漢
Lü Dalin 呂大臨
Lü Ji 呂紀
Lülü zhengyi 律呂正義
Lülü zhengyi houbian 律呂正義後篇

Ma Chengyuan 馬承源
Ma Hezhi 馬和之
Ma Shi 馬軾
Ma Yuan 馬遠
mancheng 慢城
Manjianghong 滿江紅
mati 馬蹄
Mawei 馬嵬
Mei Qing 梅清
Mei Sheng 枚乘
Meng Haoran 孟浩然
Mengjin 孟津
Mengke 孟克
Mengyin 蒙陰
Mengzi 孟子
Mi Fu 米芾
Mi Youren 米友仁
Midianzhulin 秘殿珠林
Ming 明
mingbian 鳴鞭
Mingdi 明帝
mingfu 命婦
Minghuang 明皇
minyao 民窰
mogupai 沒骨派
Mojing 墨井
mu 畝
Mu Yiqin 穆益勤
mudan 牡丹
Mulan 木蘭

nacai 納采
Nan Huairen 南懷仁
Nan Song yuanhua lu 南宋院畫錄
Nanchang 南昌
Nange 南哥
Nangou 南溝
Nanhai 南海
Nanhaizi 南海子
Nanhui 南滙
Nanjing 南京
Nansansuo 南三所
nanshufang 南書房

Tang Ying 唐英
tao 套
Tao Yuanming 陶淵明
Taocun caotang 桃村草堂
Taolu 陶錄
taotie 饕餮
Teku 特庫
tian 天
Tiananmen 天安門
tianbai 甜白
Tianchi 天池
Tianchi shanren 天池山人
tiandao 天道
Tiandu feng 天都峰
Tianjia zaxing 田家雜興
Tianjin 天津
tianlan 天藍
tianming 天命
Tiantan 天壇
tianxia 天下
tianzi 天子
Tianzi wannian 天子萬年
tianzi zhi bao gui 天子之寶匱
tieluo dahua 貼落大畫
Tihedian 體和殿
Tingwei 廷偉
Tingzhen 廷振
Tiyuandian 體元殿
Tongzihe 筒子河

Waicheng 外城
wan 碗
Wang Ao 王鏊
Wang Chang'an 王長安
Wang Duo 王鐸
Wang E 王諤
Wang Fu 王紱
Wang Fuzhi 王夫之
Wang Guowei 王國維
Wang Hui 王翬
Wang Jian 王鑑
Wang Jian zhi yin 王鑑之印
Wang Meng 王蒙
Wang Mo 王墨
Wang Shan 王掞
Wang Shimin 王時敏
Wang Shishen 王士慎
Wang Shizhen 王世貞
Wang Wenke 王文恪
Wang Xianzhi 王獻之
Wang Xishan 王錫闡
Wang Xizhi 王羲之
Wang Xun 王珣
Wang Yi 王廙
Wang Youdun 汪由敦
Wang Yuanqi 王原祈
Wang Zhao 汪肇
Wang Zhicheng 王致誠
wangdao 王道
Wanli 萬曆
wanshoujie 萬壽節
Wanshuyuan 萬樹園
Weichang 圍場

weiqi 圍棋
Wen 文
Wen Jia 文嘉
Wen Riguan 溫日觀
Wen Zhengming 文徵明
wenfang sibao 文房四寶
Wenhuadian 文華殿
Wenkang 文康
Wenmiao 文廟
Wenshu pusa 文殊菩薩
Wenwang 文王
Wenyuange 文淵閣
Wolongshan 臥龍山
Wu (Kaiser) 武
Wu (-Schule) 吳
Wu Dacheng 吳大澂
Wu Daozi 吳道子
Wu Hufan 吳湖帆
Wu Li 吳歷
Wu Liangci 武梁祠
Wu Sangui 吳三桂
Wu Wei 吳偉
Wu Yun 吳雲
wucai 五彩
Wucheng 烏程
Wuchengdian 武成殿
Wude 吳得
Wudi 武帝
wugu fengrang 五穀豐穰
Wuhan 武漢
Wujin 武進
Wujun 吳郡
Wuling 武陵
Wumen 午門
Wuqu 吳趨
Wutaishan 五台山
wutong 梧桐
Wutongyu 梧桐雨
wuwei 無為
Wuxi 無錫
Wuyingdian 武英殿

xi 洗
Xia Gui 夏珪
Xia Renhu 夏仁虎
Xia Zhi 夏芷
Xi'an 西安
Xiancan 先蠶
Xianfeng 咸豐
Xianfugong 咸福宮
xiang 驤
Xiang Yuanbian 項元汴
Xiang Yuanqi 項元淇
xiangpu 相撲
xianhong 鮮紅
Xiannong 先農
Xiannongtan 先農壇
xianren 仙人
Xianruoguan 咸若館
Xianyi 先醫
Xiangguanzhai 湘管齋
xiao 孝
Xiao 嘯

Xiaocheng 孝誠
Xiaoding jing 孝定景
　　huanghou 皇后
Xiaolou 曉樓
xiaoren 小人
Xiaoshan 蕭山
Xiaoxian (Kaiserin) 孝賢
Xiaoxian (Wu Wei) 小仙
xiaozhuan 小篆
Xie Huan 謝環
Xie Shichen 謝時臣
Xie Sizhong shi 謝思忠氏
xiesheng 寫生
xieyi 寫意
Xifeng 西豐
Xihuamen 西華門
Xin'an 新安
Xing'an 醒庵
Xingde 性德
Xinglongshan 興龍山
Xingning 興寧
xingshu 行書
Xinzheng 新鄭
Xiqinggujian 西清古鑑
Xiqingyanpu 西清硯譜
Xiuning 休寧
Xiuyan 岫巖
Xitang 西塘
Xiwangmu 西王母
Xixing 西興
Xixingzhen 西興鎮
Xiyuan 西苑
Xizhi 羲之
Xizhimen 西直門
Xu 徐
Xu Bangda 徐邦達
Xu Hao 徐浩
Xu Jihai 徐季海
Xu Shen 許慎
Xu Tianshuiyue 徐田水月
Xu Wei 徐渭
Xu Wenchang 徐文長
Xu Zonghao 徐宗浩
Xuancheng 宣城
Xuande 宣德
Xuanhe 宣和
Xuanhe bogutulu 宣和博古圖錄
Xuanqiong baodian 玄穹寶殿
Xuantong 宣統
Xuanyuan 軒轅
Xuanzai 玄宰
Xuanzong 宣宗
Xuebutang 學圃堂
xuesheng 學生
Xuezhaolu 雪爪廬
xunfu 巡撫
xushi 虛實
Xuzhai minghua lu 虛齋名畫錄

ya 啞
Yan Gongyuan 顏恭遠
Yan Hui 顏輝
Yan Shengsun 嚴繩孫

Yan Song 嚴嵩
Yandu 燕都
yang 陽
Yang Boda 楊伯達
Yang Jin 楊晉
Yangguifei 楊貴妃
Yangxindian 養心殿
Yangxingdian 養性殿
Yangzhou 揚州
Yangzhou baguai 揚州八怪
Yangzi 揚子
yannian 延年
Yanweng 嚴翁
Yao 堯
Yao Wenhan 姚文瀚
Yeyisheng 野遺生
Yihuan 奕譞
Yihui 奕譓
yijia 儀駕
Yijing 易經
Yili 儀禮
yimin 遺民
yin 陰
Yinghuadian 英華殿
Yingtai 瀛台
Yingzong 英宗
Yixin 奕訢
yizheng dachen 議政大臣
Yizhu 奕詝
Yongdingmen 永定門
Yonghegong 永和宮
Yongle 永樂
Yongle dadian 永樂大典
Yongping 永平
Yongqing 永清
Yongshougong 永壽宮
Yongxing 永瑆
Yongyousi 永祐寺
Yongzheng 雍正
Yu 禹
Yu Chenglong 于成龍
Yu Minzhong 于敏中
Yu Zhiding 禹之鼎
Yuan Jiang 袁江
Yuan Shangtong 袁尚統
Yuan Yao 袁曜 (袁耀)
Yuangong 淵公
Yuanmingyuan 圓明園
yuanti 院體
yubao 御寶
yue (Musik) 樂
yue 越
yue cebao 閱冊寶
Yuegulou 閱古樓
Yueji 樂記
Yuele 盂樂
Yuetan 月壇
Yuewang 越望
Yufu 漁夫
Yufu tuhui zhi ji 御府圖繪之記
Yuhuage 雨花閣
Yuhuayuan 御花園
yuhuchun ping 玉壺春瓶

Yuke Sanxitang Shi- 御刻三希堂石
qubaoji fatie 渠寶笈
yulan 御覽
Yun Shouping 惲壽平
yuronghua 御容畫
Yushan (Ort) 虞山
Yushan (Wu Li) 漁山
yushi (Jadestein) 玉石
yushi (Zensor) 御史
Yuzhuang manbi 雨窗漫筆

Zaobanchu 造辦處
zhama 詐馬
Zhang 章
zhang 璋
Zhang Boju 張伯駒
Zhang Lu 張路
Zhang Pengge 張鵬翮
Zhang Xianzhong 張獻忠
Zhang Xiaosi 張孝思
Zhang Yanyuan 張彥遠
Zhang Ying 張英
Zhang Zeduan 張擇端
Zhang Zezhi 張則之
Zhang Zhao 張照
Zhang Zongcang 張宗蒼
Zhanghou 章侯
zhangma 仗馬
Zhao Boju 趙伯駒
Zhao Kuangyin 趙匡胤
Zhao Mengfu 趙孟頫
Zhao Pu 趙普
Zhe 浙
Zhendong 鎮東
Zheng Banqiao 鄭板橋
Zheng Chenggong 鄭成功
Zheng He 鄭和
Zhengde 正德
zhengshi 正使
Zhengyangmen 正陽門
Zhenshan 真山
Zhenshang 真賞
Zhixing 支硎
zhong 鐘
Zhong Kui 鐘馗
Zhongcuigong 鐘粹宮
Zhonggong 中宮
zhongguo 中國
Zhonghai 中海
zhonghe shaoyue 中和韶樂
Zhonghedian 中殿
Zhonglou 鐘樓
Zhongnanhai 中南海
zhongqiu 中秋
zhongshu 中書
Zhongyoumen 中右門
Zhongzhengdian 中正殿
Zhongzuomen 中左門
Zhou Cang 周倉
Zhou Chen 周臣
Zhou Lianggong 周亮工
Zhou Xingsi 周興嗣
Zhou Yongnian 周永年

Zhu Da 朱耷
Zhu Jianshen 朱見深
Zhu Ruoji 朱若極
Zhu Yuanzhang 朱元璋
Zhu Yunming 祝允明
zhuanshu 篆書
zhuanyunyou 轉雲游
Zhuge Liang 諸葛亮
Zhushen 竹溪
zhusheng 諸生
ziguang 紫光
Ziguangge 紫光閣
Zijincheng 紫禁城
Zitiao 子苕
ziwei 紫微
zongdu 總督
zongli yamen 總理衙門
zu 俎
zun 尊

Bibliographie

Bauer (1974) – Bauer, Wolfgang: China und die Hoffnung auf Glück. München 1974. (1971).

Beurdeley (1971) – Beurdeley, Michel et Cécile: Castiglione, peintre jésuite à la cour de Chine. Paris 1971.

Bieg (1971) – Bieg, Lutz: Huang T'ing-chien (1045-1105). Leben und Dichtung. Diss. Heidelberg 1971.

Bright (1979) – Bright, Robert E.: »Sur les pas de l'Empereur K'ang Hi.« In: Connaissance des Arts (1979), 70-73.

Cahill (1978) – Cahill, James Francis: Parting at the shore. Chinese painting of the early and middle Ming dynasty, 1368-1580. New York, Tōkyō 1978.

Cahill (1982.1) – Cahill, James Francis: The compelling image. Nature and style in seventeenth-century Chinese painting. Cambridge (Mass.), London 1982.

Cahill (1982.2) – Cahill, James Francis: The distant mountains. Chinese painting of the late Ming dynasty, 1570-1644. New York, Tōkyō 1982.

Capon/Pang (1981) – Capon, Edmund/Pang, Mae Anna: Chinese paintings of the Ming and Qing dynasties. 14th-20th centuries. [Ausstellungskatalog: Australien] o. O. 1981.

Castel (1938) – Castel, Wolf Dieter Graf zu: Chinaflug. Berlin, Zürich 1938.

Chen Congzhou (1957) – Chen Congzhou: »Shaoxing Dayuling ji Lanting diaochaji« In: Wenwu / (1957), 40-43.

Chengde Bishu shanzhuang – Chengdeshi wenwuju/Zhongguo renmindaxue Qingshi yanjiusuo (Hrsg.): Chengde Bishu shanzhuang. Peking 1980.

Cohn (1948) – Cohn, William: Chinese painting. London 1948.

Creel (1965) – Creel, H. G.: »On the origin of Wu-wei.« In: Symposium in honor of Dr. Li Chi on his 70th birthday. Taibei 1965. I, 105-137.

Creel (1970) – Creel, H. G.: The origin of statecraft in China. Chicago 1970.

Da Qing huidian. – Kun Gang (Komp.): Qinding da Qing huidian. (1899). Nachdruck (24 Bde.). Taibei 1976.

Dihou shenghuo – Gugong bowuyuan / Zhongguo lüyou chubanshe (Hrsg.): Zijincheng dihou shenghuo, 1644-1911. Peking 1981.

Duhua lu — Zhou Lianggong: Duhua lu. (1673). Ausgabe Huashi congshu. Nachdruck Tōkyō 1972. (Shanghai 1962).

Elvin (1973) – Elvin, Marc: The pattern of the Chinese past. London 1973.

Eminent Chinese – Hummel, Arthur W. (Hrsg.): Eminent Chinese of the Ch'ing period (1644-1912). Nachdruck Taibei 1964 (Washington 1943-44).

Feifel (1959) – Feifel, Eugen: Geschichte der chinesischen Literatur. Mit Berücksichtigung ihres geistesgeschichtlichen Hintergrundes. Darmstadt 1959 (Peking 1945).

Fong Wen (1973) — Fong Wen / Fu Marilyn: Sung and Yuan painting. [Ausstellungskatalog] New York 1973.

Franke (1930-52) – Franke, Otto: Geschichte des chinesischen Reiches. Eine Darstellung seiner Entstehung, seines Wesens und seiner Entwicklung bis zur neuesten Zeit. 5 Bde. Berlin, Leipzig 1930-1952.

Frankel (1976) – Frankel, Hans. H.: The flowering plum and the palace lady. New Haven, London 1976.

Fu Jinxue (1980) – Fu Jinxue: »Qingdai ›Bingxitu‹.« In: Zijincheng 3 (1980), 36-38.

Fu Yongjun (1981) – Fu Yongjun: »Guanjiao he sijiao.« In: Zijincheng 5 (1981), 8.

Goepper (1965) – »Kalligraphie.« In: Werner Speiser u. a.: Chinesische Kunst. 193-246. Fribourg, Zürich 1965.

The great bronze age – Fong Wen (Hrsg.): The great bronze age of China. An exhibition from the People's Republic of China. [Ausstellungskatalog] New York 1980.

Greiner (1977.1) – Greiner, Peter: »Das Hofzeremoniell der Ming.« In: Voigt, Wolfgang (Hrsg.): Vorträge. XIX. Dt. Orientalistentag, 1975, Freiburg. ZDMG, Supplement III, 2. 1272-1282. Wiesbaden 1977.

Greiner (1977.2) – Greiner, Peter: Thronbesteigung und Thronfolge im China der Ming (1368-1644). (Abhandlungen für die Kunde des Morgenlandes 43,1). Wiesbaden 1977).

de Groot (1918) – de Groot, J. J. M.: Universismus. Berlin 1918.

Gugong SHJ – (Guoli) Beiping Gugong bowuyuan (Hrsg.): Gugong shuhuaji. 47 Bde. Peking 1930-36.

Gugong YK – Gugong bowuyuan yuankan. Peking 1 (1958) —

Gugong ZK – Gugong zhoukan. 1-510. Peking 1930-36.

Guobao – Zhu Jiajin (Hrsg.): Guobao. Hongkong 1983.

Guochao hua zhenglu – Zhang Geng: Guochao hua zhenglu. (1739). Ausgabe Huashi congshu. Nachdruck Tōkyō 1972 (Shanghai 1962).

Guochao yuanhua lu – Hu Jing: Guochao yuanhua lu. (1816). Ausgabe Huashi congshu. Nachdruck Tōkyō 1972 (Shanghai 1962).

Guwu – He Yu u. a. (Komp.): Neiwubu guwu chenliesuo shuhua mulu. (1925). Nachdruck Taibei 1978.

Harada (1936) – Harada Kinjirō (Hrsg.): Shina meiga hōkan. = The pageant of Chinese painting. Tōkyō 1936.

Hauer (1926) – Hauer, Erich: Huang-Ts'ing k'ai-kuo fang-lüeh. Die Gründung des mandschurischen Kaiserreiches. Berlin, Leipzig 1926.

Heilesen (1980.1) – Heilesen, Simon B.: »Southern journey.« In: BMFEA 52 (1980), 89-144.

Heilesen (1980.2) – Heilesen, Simon B.: Nanxuntu, Malerier af Kangxi Kejserens Rejse i Sydkina i 1689. En Introduktion. [Ausstellungskatalog] Kopenhagen 1980.

Heydenreich (1972) – Heydenreich, Ludwig H.: Italienische Renaissance. Anfänge und Entfaltung in der Zeit von 1400-1460. München 1972.

Hsiao Kungchuan (1964) – Hsiao Kungchuan: »Legalism and autocracy in China.« In: Tsing Hua Journal of Chinese Studies, N. S. IV, 2, (1964), 108-121.

Huang Miaozi (1980) – Huang Miaozi: »Ji ›Soushantu‹«. In: Gugong YK 3 (1980), 17-18.

Huang Miaozi (1983) – »Yongzheng fei huaxiang«. In: Zijincheng 20 (1983), 28-34.

Huang Pei (1974) – Huang Pei: Autocracy at work. A study of the Yung-cheng period, 1723-1735. Bloomington, London 1974.

Im Schatten hoher Bäume – Lothar Ledderose (Hrsg.): Im Schatten hoher Bäume. Malereien der Ming- und Qing-Dynastien (1368-1911) aus der Volksrepublik China. [Ausstellungskatalog] Baden-Baden 1985.

Jinshu – Fang Xuanling u. a. (Komp.): Jinshu. (648). Ausgabe Zhonghua shuju, 10 Bde. Peking 1974.

Kahn (1971) – Kahn, Harold L.: Monarchy in the emperor's eyes. Image and reality in the Ch'ien-lung reign. Cambridge (Mass.) 1971.

Kokyū – Nichū-koku kōsei jōkajūshūnen kinen. Pekin Kokyū hakubutsuin ten. [Ausstellungskatalog] Tōkyō, 1982.

Kokyū hakubutsuin – Koyama Fujio u. a. (Hrsg.): Kokyū hakubutsuin. 2 Bde. Tōkyō 1975.

Kroker (1953) – Kroker, Eduard J. M.: »Die Legitimation der Macht im chinesischen Altertum.« In: Sinologica 3 (1953), 129-144.

Laing (1969) – Laing, Ellen Johnston: Chinese paintings in Chinese publications, 1956-1968. An annotated bibliography and an index to the paintings. (Michigan papers in Chinese studies 6). Michigan 1969.

Lawton (1973) – Lawton, Thomas: Freer Gallery of Art fiftieth anniversary exhibition. II. Chinese figure painting. [Ausstellungskatalog] Washington 1973.

Ledderose (1977.1) – Ledderose, Lothar: »Die Kaiserliche Sammlung als Instrument der Kulturpolitik in China.« In: Voigt, Wolfgang (Hrsg.): Vorträge. XIX. Deutscher Orientalistentag, 1975, Freiburg. ZDMG, Supplement III, 2. 116-127. Wiesbaden 1977.

Ledderose (1977.2) – Ledderose, Lothar: »Der politische und religiöse Charakter der Palastsammlungen im chinesischen Altertum.« In: Goepper, Roger u. a. (Hrsg.): Zur Kunstgeschichte Asiens. 153-159. Wiesbaden 1977.

Ledderose (1978) – Ledderose, Lothar: »Some observations on the imperial art collection in China.« In: Transactions of the Oriental Ceramic Society 43 (1978-79), 33-46.

Ledderose (1979) – Ledderose, Lothar: Mi Fu and the classical tradition of Chinese calligraphy. Princeton 1979.

Ledderose (1985) – Ledderose, Lothar: »Machang durchbricht die feindlichen Linien. Ein chinesisches Historienbild in Berlin.« In: Wissenschaftskolleg zu Berlin. Jahrbuch 1983/84. 181-193. Berlin 1985.

Lee (1962) – Lee, Sherman: »The lantern night excursion of Chung K'uei.« In: The Bulletin of the Cleveland Museum of Art 49,2 (1962), 36-42.

Lidai shinü hua – Gugong bowuguan (Hrsg.): Gugong bowuyuan cang lidai shinü hua xuanji. Tianjin 1981.

Linke (1982) – Linke, Bernd-Michael: Zur Entwicklung des mandjurischen Khanats zum Beamtenstaat. Sinisierung und Bürokratisierung der Mandjuren während der Eroberungszeit. Wiesbaden 1982.

Lyrik des Ostens – Gundert, Wilhelm u. a. (Hrsg.): Lyrik des Ostens. München 1957. (1952).

Ming biography – Goodrich, L. Carrington (Hrsg.)/Fang Chaoying (Mithrsg.): Dictionary of Ming biography 1368-1644. 2 Bde. New York, London 1976.

Mingdai gongting – Gugong bowuyuan (Hrsg.): Mingdai gongting yu Zhepai huihua xuanji. Peking 1983.

Mu Yiqin (1983) – »Mingdai gongting huihua. ›Xuanzong xingle tu‹.« In: Gugong YK 2 (1983), 38-42; Tafel 4 u. 5.

Nanxun hucong jilüe – Zhang Ying (1638-1708): Nanxun hucong jilüe. Ausgabe Zhaodai congshu. (1833).

Nanxun shengdian – Nanxun shengdian. (1771). Nachdruck Taiwan 1966 (1882).

Needham (1956) – Needham, Joseph: Science and civilisation in China. II. History of scientific thought. Cambridge 1956.

Nie Chongzheng (1979) – Nie Chongzheng: »Lang Shining he tadi lishihua, youhua zuopin.« In: Gugong YK 3 (1979), 39-43.

Nie Chongzheng (1980) – Nie Chongzheng: »Lang Shining. Gongzhi Qingting di Yidali huajia.« In: Zijincheng 4 (1980), 32-33.

Nie Chongzheng (1981) – »Qingdai lishihua juzuo. ›Kangxi nanxun tu‹.« In: Gugong YK 2 (1981), 75-79.

Nie Chongzheng/Yang Xin (1980) – »›Kangxi nanxun tu‹ di huizhi.« In: Zijincheng 4 (1980), 16-17.

Oertling (1980) – Oertling, Sewall Jerome II: Ting Yün-p'eng. A Chinese artist of the late Ming dynasty. Diss. University of Michigan, Ann Arbor. Ann Arbor, UM 8025740.

Ogawa (1973) – Ogawa Tamaki (Übers.): So Shoku. 2 Bde. (Chūgoku shijin zenshū 2,6). Tōkyō 1973 (1962).

Palace Museum – Gugong bowuyuan (Hrsg.): Gugong bowuyuan. = The Palace Museum. Peking 1978.

Qingdai dihou xiang – Beiping Gugong bowuyuan (Hrsg.): Qingdai dihou xiang. 4 Bde. Peking 1931.

Qingshigao – Zhao Erxun u. a. (Komp.): Qingshigao. (1927-28). Ausgabe Zhonghua shuju, 48 Bde. Peking 1977.

Quan Tangshi – Cao Yin u. a. (Komp.): Quan Tangshi. (1703). Ausgabe Zhonghua shuju, 25 Bde. Peking 1979 (1960).

Salmony (1938) – Salmony, Alfred: Carved jade of ancient China. Berkeley 1938.

Schafer (1963) – Schafer, Edward H.: The golden peaches of Samarkand. A study of T'ang exotics. Berkeley, Los Angeles 1963.

Seidel (1981) – Seidel, Anna: »Kokuhō. Note à propos du terme ›Trésor National‹ en Chine et au Japon.« In: Bulletin de l'École Française d'Extrême-Orient 69 (1981), 229-261.

Seidel (1983) – Seidel, Anna: »Imperial treasures and taoist sacraments. Taoist roots in the apocrypha.« In: Strickmann, Michel (Hrsg.): Tantric and taoist studies in honour of R. A. Stein. II. (Mélanges Chinois et Bouddhiques 21) 291-371. Brüssel 1983.

Sekai – Higuchi Takayasu (Hrsg.): Kokyū hakubutsuin. (Sekai no hakubutsukan, 21). Tōkyō 1978.

Shan Guoqiang (1981) – »Mingdai gongtinghua zhong di San Guo gushi ticai.« In: Gugong YK 1 (1981). 43-48; Tafel 1-3.

Shaoxing fuzhi – Shaoxing fuzhi. (1792) Nachdruck in: Zhongguo fangzhi congshu. Huazhong difang. Nr. 221. Taibei 1975.

Shi Anchang (1983) – Shi Anchang: »Dong Han ›Liqibei‹.« In: Zijincheng 19 (1983), 42-43.

Shilu – Jiang Tingxi (1669-1732) u. a. (Komp.): Da Qing Shengzu Renhuang di shilu. Nachdruck Taibei 1964.

Shodō zenshū – Shodō zenshū. 28 Bde. Tōkyō 1954-1967.

Shoseki meihin sōkan – Kanda Kiichiro/ Nishikawa Yasushi (Hrsg.): Shoseki meihin sōkan. 208 Bde. Tōkyō 1964-1981.

Sirén (1956-58) – Sirén, Osvald: Chinese painting. Leading masters and principles. 7 Bde. London, New York 1956-58.

Sō-Gen – Sō-Gen-Min-Shin meiga taikan. [Ausstellungskatalog] Tōkyō 1931.

Spence (1966) – Spence, Jonathan D.: Ts'ao Yin and the K'ang-hsi emperor, bondservant and master. New Haven, London 1966.

Spence (1974) – Spence, Jonathan D.: Emperor of China. Self-portrait of K'ang-hsi. New York 1974.

SQBJ chu – Zhang Zhao u. a. (Komp.): Shiqubaoji. (1745). Nachdruck Taibei 1971.

SQBJ xu – Wang Jie u. a. (Komp.): Shiqubaoji, xubian. (1793). Nachdruck Taibei 1971.

SQBJ san – Hu Jing u. a. (Komp.): Shiqubaoji, sanbian. (1816). Nachdruck Taibei 1969.

Suzuki (1982-83) – Suzuki, Kei (Hrsg.): Comprehensive illustrated catalog of Chinese paintings. 5 Bde. Tōkyō 1982-83.

Treasures – Walt Disney World (Hrsg.): Treasures of the Forbidden City. Three centuries of Chinese imperial art. [Ausstellungskatalog: World Showcase, Epcot Center] o. O. 1984.

t'Serstevens – t'Serstevens, Michèle: »Un rouleau Chinois.« In: Revue du Louvre 12 (1962), 41-43.

Vanderstappen (1956), (1957) – Vanderstappen, Harrie: »Painters at the early Ming court (1368-1435).« In: Monumenta Serica 15 (1956) 258-302; 16 (1957) 315-346.

Wang Shixiang (1981) – Wang Shixiang: »Qingdai di xiangpu.« In: Zijincheng 5 (1981), 5-7.

Watson (1961) – Watson, Burton: Records of the Grand Historian of China, translated from the Shih-chi of Ssu-ma Ch'ien. 2 Bde. New York, London 1961.

Weng/Yang (1982) – Weng Wango/Yang Boda: Das Palastmuseum Peking. Die Schätze der verbotenen Stadt. München 1982.

Wilhelm (1976) – Wilhelm, Richard (Übers. und erläutert): I Ging. Das Buch der Wandlungen. Düsseldorf, Köln 1976. (1923).

Xu zizhi tongjian – Xu zizhi tongjian. (1123). Ausgabe Zhonghua shuju, 12 Bde. Shanghai 1964.

Xuzhai minghua lu – Pang Yuanji: Xuzhai minghua lu. (1909). Ausgabe. Yishu shangjian xuanzhen. Taibei 1971.

Yang Boda (1982) – Yang Boda: »Wanshuyuan ciyan tu‹ kaoxi.« In: Gugong YK 4 (1982), 3-21.

Yang Chenbin – Yang Chenbin: »Du Qiantang, ye yuling. Lüetan ›Kangxi nanxun tu‹ dijiu juan.« In: Zijincheng 5 (1981), 24-29.

Yang Xin (1980.1) – Yang Xin: »Gongting feipin shenghuo tujing. ›Yueman qingyou ce‹.« In: Zijincheng 3 (1980), 19-21.

Yang Xin (1980.2) – Yang Xin: »Yuqi fengchi chu Beijing. Tan ›Kangxi nanxun tu‹ diyi juan.« In: Zijincheng 4 (1980), 20.

Yang Xin (1981.1) – Yang Xin: »Luanqi liedui guo jinling. ›Kangxi nanxun tu‹ diyi juan.« In: Zijincheng 6 (1981), 24-29.

Yang Xin (1981.2) – Yang Xin: »Bu wei jiangshan zuo shengyou. ›Kangxi nanxun tu‹ dishi juan xiabu jieshao.« In: Zijincheng 7 (1981), 26-27 und 42-43.

Yang Xin (1981.3) – Yang Xin: »Liudai qiluo diwang zhou. Jieshao ›Kangxi nanxun tu‹ dishiyi juan qianbanbu.« In: Zijincheng 8 (1981), 19-23.

Yang Xin (1981.4) – Yang Xin: »Zhuangzai! Changjiang. ›Kangxi nanxun tu‹ dishiyi juan houduan jieshao.« In: Zijincheng 9 (1981), 25-27.

Yang Xin (1981.5) – Yang Xin: »Luanjia hui jingshi. ›Kangxi nanxun tu‹ dishier juan jieshao.« In: Zijincheng 10 (1981), 23-25.

Yangzhou huajia – Kao Mayching (Hrsg.): Gugong bowuguan cang Qingdai Yangzhou huajia zuopin. = Paintings by Yangzhou artists of the Qing dynasty from the Palace Museum. Hongkong 1984.

Yu Zhuoyun (1982) – Yu Zhuoyun (Hrsg.): Zijincheng gongdian. Hongkong 1982.

YYDY – Yiyuan duoying. Shanghai 1 (1978) —

von Zach (1958) – Zach, Erwin von: Die chinesische Anthologie. 2 Bde. (Harvard Yenching Institute Series 18). Cambridge (Mass.) 1958.

Zhongguo hua – Zhongguo hua. Peking 1 (1957) —

Zhongguo huihuashi – Xu Bangda (Hrsg.): Zhongguo huihuashi tulu. Bd. 2 (Zhongguo meishushi tulu congshu). Shanghai 1984.

Zhongguo meishu – Zhongguo meishu. Peking 2 (1981).

Zhoushu – Linghu Defen u. a. (Komp.): Zhoushu. (635). Ausgabe Zhonghua shuju, 3 Bde. Peking 1971.

Zijincheng – Zijincheng. = Forbidden City. Hongkong 1 (1980) —

Weiterführende Literatur

Zur Geschichte und Kulturgeschichte
Franke, Herbert/Trauzettel, Rolf: Das chinesische Kaiserreich. (Fischer Weltgeschichte 19). Frankfurt, Hamburg 1968.
Bauer, Wolfgang: China und die Hoffnung auf Glück. München 1974. (1971).
Gernet, Jacques: Die chinesische Welt. Die Geschichte Chinas von den Anfängen bis zur Jetztzeit. Frankfurt 1979.
Needham, Joseph: Science and civilisation in China. Cambridge 1954-.

Zur Archäologie und Kunstgeschichte allgemein
Fontein, Jan/Hempel, Rose: China, Korea, Japan. (Propyläen Kunstgeschichte 17). Berlin (West) 1968.
Goepper, Roger: Kunst und Kunsthandwerk Ostasiens. Ein Handbuch für Sammler und Liebhaber. München 1968.
Chang, Kwang-chih: The archaeology of ancient China. 3. erw. Aufl. New Haven, London 1977. (1963).
Thilo, Thomas: Klassische chinesische Baukunst. Strukturprinzipien und soziale Funktion. Leipzig, Wien 1977.
Brinker, Helmut/Goepper, Roger: Kunstschätze aus China. 5000 v. Chr. bis 900 n. Chr. Neuere archäologische Funde aus der Volksrepublik China. [Ausstellungskatalog]. Zürich u. a. 1980.

Zum Palastmuseum Peking
Weng Wango/Yang Boda: Das Palastmuseum Peking. Die Schätze der verbotenen Stadt. München 1982.
Yu Zhuoyun (Hrsg.): Palaces of the forbidden city. New York, London 1984.

Zum Kunstgewerbe
Loehr, Max: Ancient Chinese jades from the Grenville L. Winthrop collection in the Fogg Art Museum, Harvard University. [Ausstellungskatalog]. Cambridge (Mass.) 1975.
Medley, Margaret: The Chinese potter. A practical history of Chinese ceramics. Oxford 1976.
Fong Wen (Hrsg.): The great bronze age of China. An exhibition from the Peoples Republic of China. [Ausstellungskatalog]. New York 1980.

Zur Kalligraphie
Fu, Shen C. Y. u. a.: Traces of the brush. Studies in Chinese calligraphy. [Ausstellungskatalog]. New Haven (Conn.) 1977.
Ledderose, Lothar: Mi Fu and the classical tradition of Chinese calligraphy. Princeton 1979.

Zur Malerei
Gulik, Robert H. van: Chinese pictorial art as viewed by the connoisseur. (Serie Orientale Roma 19) Rom 1958.
Cahill, James Francis: Hills beyond a river. Chinese painting of the Yüan dynasty, 1279-1368. New York, Tōkyō 1976.
ders.: Parting at the shore. Chinese painting of the early and middle Ming dynasty, 1368-1580. New York, Tōkyō 1978.
ders.: The distant mountains. Chinese painting of the late Ming dynasty, 1570-1644. New York, Tōkyō 1982.
Ledderose, Lothar (Hrsg.): Im Schatten hoher Bäume. Malereien der Ming- und Qing-Dynastien (1368-1911) aus der Volksrepublik China. [Ausstellungskatalog]. Baden-Baden 1985.

China
im Insel und Suhrkamp Verlag

China
im Insel und Suhrkamp Verlag

Berlin verbindet

Brücken zu fremden
Kulturen werden errichtet.
Das Netz der Kunst- und
Handelszentren unserer
Welt wird permanent enger.
Berlin – die Stadt, wo
Forschung und Wissen-
schaft, Kultur und Musen
täglich ihr Debüt geben.
Berlin – die Stadt, wo Philo-
sophie, Kunst und Ästhetik

von Anfang an ihren Platz
hatten. Ein Ort des Austau-
sches und der Begegnungen.

Ein Stück Berlin –

Sparkasse
Girozentrale in Berlin

ZUR TÄGLICHEN HORIZONT-ERWEITERUNG:

BERLINS FORUM FÜR POLITIK UND KULTUR

DER TAGESSPIEGEL

UNABHÄNGIGE BERLINER MORGENZEITUNG

gründlich sachlich kritisch

Geschäftsstellen: B 15 Kurfürstendamm 188; Tel. 26 93 336; B 19 Kaiserdamm 7; Tel. 26 93 330; B 20. Markt 2/3. Tel. 3 33 18 18 / 3 33 55 29; B 26 Wilhelmsruher D. 247. Tel. 4 11 26 44. B 28. Heinsestr. 37. Tel. 4 04 30 39. B 30. Potsdamer Str. 87. Tel. 26 93 289. B 31. Hohsteinische Str 37. Tel. 26 93 347 / 8 61 70 01. B 33. Hohenzollerndamm 94. Tel. 26 93 334; B 38. Spanische Allee 138. Tel. 8 03 30 33 / 8 03 89 61; B 41. Bundesallee 115. Tel. 26 93 345. B 42. Tempelhofer Damm 2. Tel. 26 93 332. B 44 Karl-Marx-Str. 184. Tel. 26 93 341. B 45. Baseler Str. 12. Tel. 26 93 338. B 46. Leonorenstr. 71. Tel. 26 93 337. B 47. Neuköllner Str. 259. Tel. 6 61 30 20; B 52. Scharnweberstr. 49. Tel. 26 93 343; B 65. Müllerstr. 122 b. Tel. 26 93 340

Verlag Der Tagesspiegel GmbH, 10... 01 83 773 / Telegramme: Tagesspiegel... Handel und Industrie. Berliner Com... 105-105 / Bonner Redaktion. 5300 Bon... freier Zustellung durch eigene Boten... nungsweise: tgl. außer nach Sonn- u... Anzeigenpreisliste Nr. 21 a / Erfüllun...

Pauschal-Arrangement „Sommer in Berlin"

Zur China-Ausstellung, die am 12.5.1985 eröffnet wird, bietet das Hotel Steigenberger ein attraktives Arrangement an – wahlweise ein Wochenende von Freitag bis Sonntag oder drei Tage im Juli/August.

Nach der individuellen Anreise, einer ersten Übernachtung in einem der komfortabel ausgestatteten Zimmer und dem einladenden Frühstücksbuffet ist man richtig eingestimmt auf die

„Schätze aus der verbotenen Stadt". Mit U-Bahn, Bus oder S-Bahn ist es nur eine kurze Fahrt zum Gropius-Bau, wo die Kunstwerke einer fremdartigen, exotischen Kultur aus über 3000 Jahren den Besucher in eine andere Welt eintreten lassen. Man muß sich Zeit nehmen, denn die Vielfalt an Formen, Farben und Gestaltungselementen erschließt sich nicht im Vorbeigehen. Für alles, was man in Berlin unternehmen kann, stehen dem unkundigen Gast die Direktionsassistentinnen des Hotels Steigenberger mit Rat und Tat zur Seite, ob es nun um den Besuch der Oper, eine Dampferfahrt auf der Havel oder einen Spaziergang über die Bundesgartenschau geht. Bei Übernach-

tung im Doppelzimmer beträgt der Preis pro Person 197,00 DM (Wochenende) bzw. 267,00 DM (3 Tage im Juli/August) einschließlich Frühstücksbuffet.

Das Hotel Steigenberger in Berlin – eine der ersten Adressen im Herzen der Stadt

Nur wenige Bummel-Minuten von Gedächtniskirche und Ku'damm entfernt, liegt das neue Hotel Steigenberger. Es bietet den Luxus und Service eines klassischen Grandhotels und hat in Komfort, Service und gastronomischer Leistung Weltniveau. Es erwarten Sie: ein de Luxe-Restaurant, Berliner Stube, Berliner Bier-Bar „Steigenberger Ecke", Café, Piano-Bar, Hallenschwimmbad, Sauna, Solarium, Fitness-Raum, 12 Tagungsräume, Parkplätze, Tiefgarage. Lassen Sie sich über die attraktiven Wochenend-Arrangements und das aktuelle Tagungsangebot informieren.

Hotel Steigenberger, Los-Angeles-Platz 1
1000 Berlin 30, Telefon 030/21080

HOTEL STEIGENBERGER

Wer wählerisch ist, hat oft wenig Alternativen.

 **Lufthansa**

Buchung und Beratung in Ihrem Reisebüro mit Lufthansa-Agentur.

Erdgeist

Dreifarbenglasur
China, Tang-Dynastie
ca. 680–750, Höhe 64 cm

VENZKE BERLIN

Die Kunst, Kunst zu versichern

Kunstwerke, Sammlungen oder Ausstellungen zu versichern, ist eine besondere Kunst.
Sie sollten sich deshalb nur einem Spezialisten anvertrauen, der langjährige und weltweite Erfahrungen gesammelt hat. Die Oskar Schunck KG versichert seit über 60 Jahren Kunst und Kunsttransporte national und international.
Eine Referenz: Die „Stiftung Preußischer Kulturbesitz" in Berlin. Partner von uns seit 1966.
Sprechen Sie mit uns.

Schwere Flügel

Mit einem einzigen Buch den Blick auf ein
ganzes Land und seine weithin unbekannte Literatur
zu öffnen, das gelingt der chinesischen Schriftstellerin
Zhang Jie mit ihrem Roman ›Schwere Flügel‹. Ihr
Buch ist eine Entdeckungsreise durch Chinas Arme-Leute-
Stuben und Bonzenpaläste, in die Gesellschaft von Intriganten
und Idealisten, von Klugen und Machtbesessenen, von
Schiebern und Geschobenen. Und je weiter der Leser in das
Land vordringt, desto mehr wird er in den Bann von
Zhang Jie's Bildern gezogen, denn sie ist eine Meisterin des
Details und wie die chinesischen Maler besitzt sie die
Fähigkeit, das Große im Kleinen abzubilden.
Der Leser nimmt am Leben von Zhang
Jie's Personen teil und am Ende seiner
abenteuerlichen Lesereise stellt er fest,
daß er sich in einer Welt zu Hause fühlt,
die bei aller Andersartigkeit längst
nicht so fremd ist, wie uns die Ideologen
gerne weismachen wollen. ›Schwere
Flügel‹ ist der erste in deutscher Sprache
erschienene Roman über das heutige
China, spannend, aufschluß-
reich und poetisch zugleich.

ZHANG JIE
SCHWERE FLÜGEL
Roman
Aus dem Chinesischen von
Michael Kahn-Ackermann
340 Seiten. Leinen.
DM 39,80

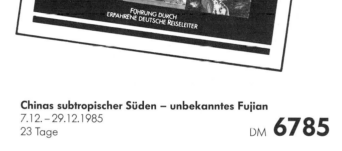

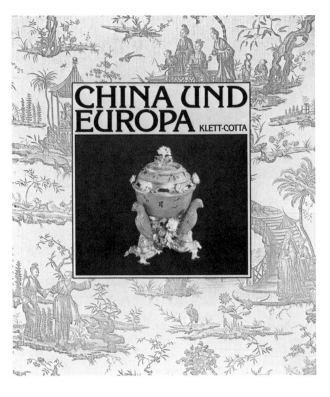